"十四五"职业教育国家规划教材

公路养护技术与管理

(第5版)

袁 芳 主 编
郭 芳　慕容明海　柏江源 副主编
彭富强 主 审

人民交通出版社
北京

内 容 提 要

本教材为"十四五"职业教育国家规划教材。全书共分13个单元、62个课题,主要内容包括:公路养护基础知识,路基养护,沥青路面养护,水泥混凝土路面养护,桥梁、涵洞养护,隧道养护,路线交叉养护,交通工程及沿线设施养护,绿化养护与环境保护,防灾与突发事件处置,养护作业安全,技术管理,养护质量检验评定。

本教材可作为高等职业教育道路与桥梁工程技术、道路养护与管理及相关专业教学用书,亦可作为公路养护技术及管理人员的培训教材或参考读物。

本教材有配套的教学课件,教师可通过加入"职教路桥教学研讨群"(QQ:561416324)获取。此外,本教材配有数字化学习资源,读者可通过扫描封面资源码免费观看。

图书在版编目(CIP)数据

公路养护技术与管理 / 袁芳主编. — 5 版. — 北京:
人民交通出版社股份有限公司, 2024.6(2025.7重印)
ISBN 978-7-114-19478-8

Ⅰ.①公… Ⅱ.①袁… Ⅲ.①公路养护—技术管理
Ⅳ.①U418

中国国家版本馆 CIP 数据核字(2024)第 068581 号

"十四五"职业教育国家规划教材
Gonglu Yanghu Jishu yu Guanli

书　　名:	公路养护技术与管理(第5版)
著 作 者:	袁　芳
责任编辑:	刘　倩
责任校对:	赵媛媛　龙　雪　卢　弦
责任印制:	张　凯
出版发行:	人民交通出版社
地　　址:	(100011)北京市朝阳区安定门外外馆斜街 3 号
网　　址:	http://www.ccpcl.com.cn
销售电话:	(010)85285911
总 经 销:	人民交通出版社发行部
经　　销:	各地新华书店
印　　刷:	北京印匠彩色印刷有限公司
开　　本:	787×1092　1/16
印　　张:	25.5
字　　数:	619 千
版　　次:	2002 年 8 月　第 1 版　2010 年 5 月　第 2 版 2015 年 1 月　第 3 版　2020 年 8 月　第 4 版 2024 年 6 月　第 5 版
印　　次:	2025 年 7 月　第 5 版　第 2 次印刷　总第 31 次印刷
书　　号:	ISBN 978-7-114-19478-8
定　　价:	65.00 元

(有印刷、装订质量问题的图书,由本社负责调换)

第5版前言

"公路养护技术与管理"课程是道路养护与管理专业的一门职业技术课,是"路基路面工程""桥梁工程"等课程的后续专业核心课,其培养的职业能力对应道路桥梁养护工作岗位需求,具有较强的综合性和实践性。本课程的主要学习内容包括国家公路养护方针政策及现行相关规范、标准,路况调查与评定,公路损坏原因分析,养护对策和方案确定,养护工程设计,公路与桥梁工程等构造物的病害分析、养护维修施工,以及养护技术管理的基本原理、方法和模式等知识。此外,"公路养护技术与管理"课程也是道路与桥梁工程技术专业及其他相关专业的重要课程,承接基础课和专业平台课,为学生顶岗实习及就业拓展方向和范围。

《公路养护技术与管理》第1版于2002年8月出版,于2006年被教育部评选为普通高等教育"十一五"国家级规划教材。2010年5月,本教材第2版出版。2013年,本教材入选教育部"十二五"职业教育国家规划教材,并于2015年1月出版了第3版。2020年8月,本教材第4版出版。2023年,本教材入选教育部"十四五"职业教育国家规划教材。经过不断更新改版与完善,教材质量不断提升。本教材自首版出版以来在全国相关院校广泛使用,备受肯定。

近几年我国公路养护方面的规范和标准进行了大范围的修订,同时国家大力推动职业教育发展,尤其重视教材建设,在此基础上本教材进行了第5版修订。新版教材力求突出"以能力为本位、以实践为主线、以项目为主体"的设计理念,将职业岗位能力所需知识点融入项目中,通过纸质教材与配套资源的有效衔接,依托项目进行系列化练习,熟练掌握岗位所需知识和技能,并不断强化,持续培养其职业能力。

1. 校企双元合作开发,有机衔接工作岗位要求

在修订工作开始前,本书编写团队对多家企业进行了调研,对公路养护施工企业的相关岗位进行了工作任务和职业能力分析,明确了学生进行公路养护施工及养护施工项目管理的培养目标。教材内容紧贴行业企业发展实际情况和职业标准,与工作岗位高度匹配。教材内容和配套资源的选取紧紧围绕完成工作任务的需要,并结合国内外公路养护新理念、新设备、新工艺、新材料的发展,力求反映当前公路养护技术的最新发展水平。

2. 教材模式创新,以"三全"典型项目为载体

教材采用单元、课题方式进行内容架构,配套了一个涵盖教材全模块、体现公路养护项目全流程、指导教学和学习全过程的课程设计。既保持了学科知识的完整性和连贯性,也体现了将知识、能力和正确价值观培养的有机结合,反映了教育教学改革的先进理念;同时也符合教学模式与方法改革创新等方面的需要,满足项目学习、案例学习、模块化学习等不同学习方式的要求。注重以真实工程项目、典型工作任务、案例等为载体组织教学,从而实现了教材传统与现代模式的有机结合与转化。

3. 教材内容完备,兼具实用性和时效性

教材内容完备,几乎涵盖了公路养护全过程的所有内容,从最先的路况调查到路况评定、养护决策、养护设计、养护作业及最终的养护质量评定等。教材融入了行业的新技术、新工艺、新材料、新设备、新规范,增强了专业教材的实用性与时效性。其既可作为高职学生教材,也可作为公路养护工等相关人员技术培训、考证辅导用书。

4. 数字资源丰富,符合教育数字化的需求

围绕深化教学改革和教育数字化发展需求,初步形成课程建设、教材编写、配套资源开发、信息技术应用统筹推进的新形态一体化教材。教材除配套典型项目任务的课程设计外,还精选了几十个视频、动画资源,读者可扫描书中二维码进行观看。丰富的学习形式,大大提高了学生学习的积极性,激发学生的学习兴趣和求知欲。

教材内容共分13个单元62个课题,教材使用者可根据需要自主选择学习内容。本教材由湖南交通职业技术学院袁芳担任主编,湖南交通职业技术学院郭芳、湖南交通职业技术学院慕容明海、湖南高速铁路职业技术学院柏江源担任副主编,湖南交通职业技术学院彭富强担任主审。具体编写分工如下:第1、7、10单元由湖南交通职业技术学院慕容明海编写,第2、3、4、8、9单元由湖南交通职业技术学院袁芳编写,第5、6单元由湖南交通职业技术学院郭芳编写,第11、12、13单元由湖南高速铁路职业技术学院柏江源编写。

教材在编写过程中得到了湖南高速养护工程有限公司的大力支持,并选择使用了一些优秀的公开资源,在此一并表示诚挚的感谢。

限于编者水平有限及实践经验,疏漏与错误之处在所难免,敬请读者提出宝贵意见,以便再版时修改。

编 者
2024年4月

本教材配套资源索引

本教材配套了丰富的教学资源,不但可辅助教学,激发学生的学习兴趣和积极性,有助于学生更好地理解和掌握相关知识,同时还可以为教师组织和实施教学服务。

本教材配套资源分为视频、动画资源和《公路养护技术与管理课程设计》(电子活页)两部分。

一、视频、动画资源

表中列出了资源对应文中页码,正文里对应知识点列有相关资源标识。

资源编号	资源名称	对应页码	资源编号	资源名称	对应页码
1-1	养路工人的一天	041	4-2	共振碎石化	218
3-1	贴缝施工	132	4-3	MHB碎石化	218
3-2	贴缝机	132	4-4	超薄白改黑	221
3-3	坑槽冷料冷补	136	5-1	桥梁伸缩缝维修	254
3-4	坑槽修补示范	137	5-2	壁可法注浆	263
3-5	含砂雾封层	146	5-3	桥梁粘贴纤维布加固	265
3-6	微表处	154	5-4	顶升法桥梁支座更换	291
3-7	碎石封层	160	10-1	应急处置	367
3-8	纤维碎石封层	162	10-2	防雪走廊	374
3-9	复合封层	164	10-3	草方格固沙	376
3-10	就地热再生	182	11-1	养护作业安全警示片	387
3-11	冷再生	183	11-2	公路养护安全作业规范解析	387
4-1	水泥路面裂缝的维修	196			

资源使用方法:

1. 扫描封面资源码;
2. 关注"交通教育出版"微信公众号;
3. 公众号弹出"购买成功"通知,点击"查看详情",进入后即可查看资源;
4. 也可进入"交通教育出版"微信公众号,点击下方菜单"用户服务-图书增值",选择已绑定的教材进行观看和学习。

欢迎各位使用,如有相关问题,可打技术服务电话:010-59757817。

二、《公路养护技术与管理课程设计》(电子活页)

本教材配套了以某高速公路技术状况评定与维修方案设计为例的课程设计,以电子活页的方式呈现,供学生学习使用。其包括路基技术状况调查及评价、路面技术状况调查及评价、其他状况调查结果、沿线设施技术状况检测评价、沥青混凝土路面处治及加铺方案、水泥混凝土路面处治及加铺方案、桥梁养护与维修、隧道养护与维修、公路绿化养护与环境保护、养护作业安全等公路养护全过程内容,使学生及时将理论知识转化为实践应用。课程设计紧扣教材,可根据教学进度随课堂使用;也可以装订成册,在课程学习结束时作为课程考核评价使用。有需要的教师可扫描下方二维码获取。

课程设计(电子活页)

目 录
Contents

单元 1　公路养护基础知识 ··· 001
　课题 1-1　公路损坏原因分析 ··· 001
　课题 1-2　公路养护基本规定 ··· 005
　课题 1-3　路况检查与结构监测 ··· 008
　课题 1-4　公路技术状况评定 ··· 014
　课题 1-5　养护决策 ··· 035
　课题 1-6　养护工程设计 ··· 037
　复习思考题 ··· 041

单元 2　路基养护 ··· 042
　课题 2-1　一般规定 ··· 042
　课题 2-2　路基状况调查 ··· 045
　课题 2-3　路基日常养护 ··· 049
　课题 2-4　路肩养护 ··· 054
　课题 2-5　路堤与路床病害处治 ··· 059
　课题 2-6　边坡病害处治 ··· 071
　课题 2-7　既有防护及支挡结构物病害处治 ································· 085
　课题 2-8　排水设施养护 ··· 091
　课题 2-9　特殊路基养护与病害处治 ······································· 099
　课题 2-10　路基改善工程 ·· 119
　复习思考题 ··· 122

单元 3　沥青路面养护 ·············· 123
课题 3-1　一般规定 ·············· 123
课题 3-2　日常养护 ·············· 127
课题 3-3　病害处治 ·············· 130
课题 3-4　养护工程设计要求 ·············· 144
课题 3-5　封层 ·············· 145
课题 3-6　功能性罩面 ·············· 165
课题 3-7　结构性补强 ·············· 171
课题 3-8　局部加宽 ·············· 174
课题 3-9　桥隧沥青铺装养护 ·············· 176
课题 3-10　水泥混凝土路面沥青铺装养护 ·············· 180
课题 3-11　绿色养护 ·············· 181
复习思考题 ·············· 190

单元 4　水泥混凝土路面养护 ·············· 192
课题 4-1　养护要求、内容和日常养护 ·············· 192
课题 4-2　常见病害的处治 ·············· 196
课题 4-3　水泥混凝土路面加宽 ·············· 206
课题 4-4　水泥混凝土路面再生利用 ·············· 208
课题 4-5　水泥混凝土加铺层 ·············· 209
课题 4-6　沥青混凝土加铺层 ·············· 213
复习思考题 ·············· 222

单元 5　桥梁、涵洞养护 ·············· 223
课题 5-1　桥梁检查 ·············· 224
课题 5-2　桥梁技术状况评定 ·············· 242
课题 5-3　桥面系的养护与维修 ·············· 252
课题 5-4　桥梁上部结构的养护与维修 ·············· 258
课题 5-5　桥梁下部结构的养护 ·············· 275
课题 5-6　支座的养护与维修 ·············· 281
课题 5-7　调治构造物的养护与维修 ·············· 294

课题 5-8	桥梁灾害防治与抢修	295
课题 5-9	超重车辆过桥措施	301
课题 5-10	涵洞养护	302
复习思考题		307

单元 6　隧道养护　308

课题 6-1	概述	308
课题 6-2	隧道养护等级与技术状况评定	309
课题 6-3	隧道土建结构的检查与技术状况评定	312
课题 6-4	隧道土建结构的保养维修与病害处治	321
课题 6-5	隧道机电设施的养护与技术状况评定	332
课题 6-6	隧道其他工程设施的养护与检查评定	336
课题 6-7	隧道安全管理	339
复习思考题		341

单元 7　路线交叉养护　342

复习思考题　345

单元 8　交通工程及沿线设施养护　346

课题 8-1	交通工程及沿线设施养护对象及要求	346
课题 8-2	交通安全设施养护	350
复习思考题		359

单元 9　绿化养护与环境保护　360

课题 9-1	绿化养护	360
课题 9-2	公路环境保护	362
复习思考题		364

单元 10　防灾与突发事件处置　365

| 课题 10-1 | 一般规定、内容与要求 | 365 |
| 课题 10-2 | 公路防洪与水毁抢修 | 369 |

课题 10-3　公路防冰与防雪 ………………………………………………… 371
　　课题 10-4　公路防沙 ……………………………………………………… 375
　　复习思考题 ……………………………………………………………… 377

单元 11　养护作业安全 ………………………………………………………… 378
　　复习思考题 ……………………………………………………………… 387

单元 12　技术管理 …………………………………………………………… 388
　　复习思考题 ……………………………………………………………… 390

单元 13　养护质量检验评定 …………………………………………………… 391
　　复习思考题 ……………………………………………………………… 392

参考文献 ……………………………………………………………………… 393

单元1 UNIT ONE

公路养护基础知识

知识目标

1. 了解公路养护人员应具备的基本职业素养;
2. 熟悉相关法律法规与规范标准对公路养护的要求和规定;
3. 掌握路况检查、路况评定及公路技术状况评定的相关知识。

能力目标

1. 能够正确分析公路损坏原因;
2. 能够进行路况检查;
3. 能够进行公路技术状况评定和分析;
4. 能够根据路况评定的结果并结合实际情况制订养护对策。

课题1-1　公路损坏原因分析

公路竣工并交付使用后,在反复的行车荷载作用和自然因素的影响下,特别是随着交通量和轴载的不断增加、部分筑路材料的性质衰变,加上在设计、施工中存在的某些缺陷,公路的使用功能将逐渐下降。

一、车辆荷载

1. 作用于公路上的车辆荷载

(1) 行驶车辆通过车轮传递给路面的垂直压力,其大小主要取决于车辆的类型和轴载。

(2) 车辆起动、制动、变速、转向以及克服各种行车阻力作用于路面的水平力,其大小除与车辆的行驶状况和轮胎性质有关外,还与路面的类型及其干湿状况有关。

(3) 车辆行驶时自身振动以及因路面不平整引起车辆颠簸产生振动而对路面作用的动压

力,其大小主要与车速、路面的平整度和车辆的减振性能有关。车速越高、路面平整度越差、车辆减振性能越差,对路面产生的动压力就越大。

(4)车辆行驶时,在车轮的后方与路面之间形成暂时的真空而对路面产生真空吸力。真空吸力主要对材料黏结力差的中、低级砂石路面起作用,导致路面集料松动,路面结构逐步发生破坏。

2. 车辆荷载作用分析

在车轮垂直荷载作用下,路面将产生压缩和弯曲,并传递至路基。柔性路面因其材料的黏弹性质不仅产生弹性变形,还将伴随加载时间产生滞后弹性变形和不可恢复的塑性变形。在多次加载和卸载的过程中,如果压力不超过一定的限度,不可恢复的变形将逐渐变小,而弹性变形增加,使路面密实度得到增加而强化;但当压力超过一定限度时,就会发生很大的不可恢复的塑性变形。在多次重复荷载作用下,路面因竖向塑性变形的累积而逐渐产生沉降。对于采用黏土做结合料的碎石、砾石路面,在雨季潮湿状态下以及沥青路面在夏季高温时,这种表现尤为明显。高等级公路的沥青路面,由于渠化交通的作用,会导致车辙产生。

对于水泥混凝土、沥青混凝土以及无机结合料稳定材料等整体材料的路面,当车轮重复垂直荷载作用超过材料的疲劳强度时,路面将产生疲劳开裂破坏。重复荷载作用的次数越多,材料的抗疲劳强度则越小。

行车产生的水平力主要作用在路面的上面层,引起路表面变形而影响其平整度。

水平力对路面的影响,首先表现在对路面的磨损上。路面的磨损主要由车辆在行驶过程中车轮产生滑移而造成。强烈的路面磨损一般发生在车辆制动路段上,如公路的下坡段、小半径平曲线段和交叉口进口段以及通过居民点和交通稠密的路段上;在曲线上,因车辆侧向滑移也会使路面产生磨损。

路面磨损除受行车的作用外,天气因素(如雨水冲刷和风蚀)也是重要的影响因素。同时,路面磨损在很大程度上还与路面类型及材料性质有关。石料越耐磨,则路面磨损越小。在相同的条件下,碎石、砾石等中低级路面的磨损量最大,水泥混凝土路面磨损量较小,沥青路面磨损量最小。

路面磨损不但使路面材料受到损失并使路面厚度减薄,而且由于外露石料表面被磨光,使得路面的摩擦因数衰减,从而影响行车安全。

对于黏结力较弱的碎石、砾石和沥青碎石路面,车轮的水平力会使其路面表面粒料被拉脱,并逐渐扩大形成坑槽。在雨天泥泞时,带有黏土的车轮行驶在碎石、砾石路面上,也会使其表面粒料产生拉脱。

在车轮垂直力与水平力的综合作用下,路面中将产生较大的剪应力。当剪应力超过面层的抗剪强度时,路面将失稳变形。面层的抗剪强度除由粒料颗粒间的摩阻力提供外,在很大程度上还依赖于结合料的黏结力。结合料的黏结力易受水温条件变化的影响,面层的抗剪强度也随水温条件的变化而变化。一些沥青混凝土路面,特别是当细料和沥青含量偏多或沥青稠度过低时,在夏季高温季节常产生拥包、波浪变形的原因就在于此。按碎石嵌挤原则铺筑的碎石路面和沥青碎石路面,由于其强度主要由碎石之间的嵌挤力和内摩阻力构成,受水温条件的影响较小,因而通常很少出现这类变形病害。

路面之所以会出现有规律的波浪变形,与车辆行驶重复地产生一定频率的振动和冲击有关。在车辆的这种动力作用下,轮胎对路面的水平推移、磨耗及真空吸力等作用也具有相应的规律性,从而使路面产生有规律的波浪变形。

车辆产生冲击、振动的能量大部分消耗在轮胎和减振装置的变形上,部分作用于路面,使路面产生周期的振动变化,并在路面中产生周期性的快速变向应力。动力作用对路面的影响与路面的刚度有关,路面的刚度越强,车辆对路面的破坏性就越大。由于路面的振动,可能产生对路面强度有破坏的应力,使得水泥混凝土路面出现裂纹,碎石路面密实度降低,潮湿的路基土在受到振动后引起湿度的重分布而可能危害路面,并使路基土挤入粒料层而影响其功能。沥青路面由于具有较大的吸振能力,起到了车轮冲击、振动的减振器作用,所以振动对它的影响较小。

当车辆产生周期性动力作用的频率与路面的固有振动频率相接近时,路面将发生振幅和加速度很大的共振,对路面会产生较大的破坏作用。

图1-1所示为路面损坏严重的情况。

a)　　　　　　　　　　　　　　　　　b)

图1-1　路面损坏严重

二、自然因素

1. 自然因素的影响

对路面产生影响的自然因素主要有温度变化、湿度变化、风、雨雪、空气和地震等。

暴露于大气中的路面,直接受大气温度的影响。路面温度随气温(一年四季和昼夜)的周期性变化而变化,并沿路面厚度方向产生温度梯度。

冬季的最低温度发生在路表,该温度等于最低气温。水对路基路面的作用主要来自大气中的降水和蒸发、地面水的渗透以及地下水的影响。当路基内出现温差时,在温差作用下水还会以液态或气态的方式从热处向冷处移动和积聚,从而改变路基的湿度状态。

荷载和自然环境条件可因路基路面的结构条件和采用材料的性质而不同,对路基路面产生不同的影响。

2. 自然因素影响分析

路基和路面的物理力学性能随着水温状况的变化而变化。当路基受到严重的水侵蚀时,其强度和稳定性会迅速下降,并导致路基失稳,引起塌方、滑坡等病害。在我国北方冰冻地区,由于地下水的作用,冬季时路基易产生不均匀冻胀,使路面被抬高,导致产生冻胀裂缝,严重时拱起可达几十厘米;在春融季节则产生翻浆,在行车作用下路面发软,出现裂缝和唧泥现象,以致路面结构全部遭到破坏,致使交通中断。在非冰冻地区,中、低级粒料路面在雨季、潮湿季节,其强度和稳定性最低,容易遭到破坏,而在干燥季节,路面尘土飞扬,磨损严重,易影响行车视线并污染周围环境。

对于沥青路面,在车轮荷载作用下,当土基承载能力不足时,路面会产生沉陷,有时在沉陷两侧还伴有隆起现象;严重时,在沉陷底部及两侧受拉区产生裂纹,逐步形成纵裂,并逐渐发展成网裂。沥青路面虽可防止雨水渗透,但它也阻止了路基中水分的蒸发,在昼夜温差的作用下,路基中的水分以气态水形式凝聚于紧挨面层下的基层上部,改变了基层原来的潮湿状况。当基层采用水稳性不良的材料时,会导致路面的早期破坏。

沥青路面在浸水的情况下,会产生体积松胀,并削弱沥青与集料之间的黏附性,从而降低沥青混合料的物理力学性能。水对黏附性的影响,主要取决于沥青的性质和沥青与集料的黏附性能,同时与集料的吸水性能也有关。通常,煤沥青比石油沥青、碱性矿料比酸性矿料有更好的黏附性。当水中含有溶盐时,会使沥青产生乳化,从而加剧沥青的溶蚀。

沥青路面在冬季低温时,强度虽然很高,但是变形能力则因刚度增大而显著下降。当气温下降、路面收缩时,沥青路面受基层约束而产生累积温度应力。当温度应力超过沥青混合料的抗拉强度时,沥青路面将产生横向裂缝,水分浸入裂缝后,基层和土基承载力下降,使裂缝边角产生折断碎裂。影响低温收缩裂缝的主要因素有两个:一是沥青混合料的性质,包括沥青的性质和用量、集料的级配;二是当地的气候条件,包括降温速率、延续时间、最低气温和每次降温的间隔时间等。此外,路面的老化程度、结构条件与路基土种类对路面性能也有一定的影响。

在阳光、温度、空气等自然因素作用下,沥青路面易老化,从而使沥青丧失黏塑性,路面变得脆硬、干涩、黯淡而无光泽,抗磨性能降低,在行车荷载作用下可能相继出现松散、裂缝甚至大片龟裂。日照越强烈、气温越高、空气越干燥和流通,则路面老化的速度越快;沥青中不饱和烃及芳香烃越多、混合料空隙越大,以及矿料中含有铝、铁等盐类时,则路面越容易老化。

采用无机结合料稳定材料的基层,会因其干缩和温缩产生的裂缝,引起沥青面层出现反射裂缝。发生路面反射裂缝现象,除与无机结合料稳定材料基层材料的收缩性能有关外,还与面层的厚度和采用的沥青性能有关。通常,无机结合料稳定材料基层采用水泥、石灰和粉煤灰等稳定材料比采用石灰材料时收缩性小;稳定粒料、粒料土则比细粒土的收缩性要小。同时,含水率、密实度和稳定剂用量对收缩也有较大影响。

对于水泥混凝土路面,土基出现较大的变形,特别是不均匀的变形时,会使混凝土板产生过大的应力,从而导致断裂。水泥混凝土路面接缝渗入雨水后,致使基层软化,在频繁的轮载作用下,路面出现错台或脱空、唧泥等现象,并导致面板产生横向裂缝。

水泥混凝土路面板会因温度的变化产生胀缩变形。当变形受阻时,板内产生胀缩应力和翘曲应力。由于水泥混凝土是一种拉伸能力很小的脆性材料,为了减小其温度应力,避免板自然开裂,需把板体划成一定尺寸的板块,并设置各种接缝。当板块尺寸设置不当或接缝构筑质量不符合要求时,也会使板体产生断裂,引起各种接缝的损坏。

拌制的水泥混凝土混合料的水分过大或在施工养护期水分散失过快,也会引起混凝土板的过大收缩和翘曲,使板的表面产生发状裂纹,以致早期发生断裂情况。

总之,公路在使用过程中,所受的行车和自然因素作用是十分复杂的,往往并非单一因素的作用,而是多种因素的综合作用。在这些因素的作用下,公路各种病害和损坏现象随之出现。因此,在进行公路养护时,首先应运用这些基本知识,分析损坏的原因,并判别是功能性损坏还是结构性损坏,以及损坏是发展性的还是非发展性的,只有这样才能制订行之有效的养护措施。

课题 1-2 公路养护基本规定

一、总体要求

(1)公路养护应持续跟踪和掌握公路基础设施使用情况和技术状况,通过精准施策、综合养护,使公路基础设施经常处于良好技术状态。

(2)公路养护应贯彻预防为主、防治结合、科学决策、集约高效的方针,充分发挥公路基础设施的社会效益和经济效益。

(3)公路养护应贯彻节约资源和保护环境的基本国策,推进资源循环利用,落实污染防治技术措施,提升公路绿色发展水平。

(4)公路养护各环节应严格落实安全生产和质量管理技术措施。

(5)公路养护应推广应用经实际工程验证的新技术、新工艺、新材料和新设备。

(6)公路养护应积极采用数字化技术,通过建立在役公路数字模型等方式,推进公路养护数字化和智能化改造,推动建立智能化养护机制,形成公路基础设施数字化成果。

(7)公路养护除应符合《公路养护技术标准》(JTG 5110—2023)的规定外,尚应符合国家和行业现行有关强制性标准的规定。

二、基本规定

1.一般规定

(1)公路养护应包括路况检查及评定、养护决策、日常养护、养护工程设计和施工、技术文件和数据管理等工作。

(2)路况检查应包括对公路基础设施的日常巡查、经常检查、定期检查、专项检查和应急检查,对特殊基础设施应进行结构监测。在相关检查的基础上,应进行技术状况评定或专项性能评定。

(3)养护决策应基于检查及评定成果,通过养护决策分析,优化选择养护方案,为编制公路养护中长期规划和年度计划提供依据。

(4)日常养护应包括日常保养和日常维修。养护工程应包括预防养护、修复养护、专项养护和应急养护工程;应急养护工程可按技术方案组织实施,其余养护工程应按计划组织设计,依据设计及相关技术文件组织施工及验收。

(5)公路养护应收集、管理并充分利用各环节形成的技术文件和取得的数据,推进养护管理信息系统建设与应用。

(6)公路养护应配备与养护任务相适应的专业技术人员及专业机具设备,推广应用自动化、数字化快速养护检测和施工技术及设备。

2.养护对象

(1)公路养护对象应包括已竣工验收并投入使用的路基、路面、桥涵、隧道、交通工程及沿线设施等。

(2)路基养护对象应包括土路肩、路堤与路床、边坡、防护及支挡结构物、路基排水设施等分项设施。

(3)路面养护对象应包括路面面层和基层、硬路肩和路面排水设施等。

(4)桥涵养护对象应包括桥梁桥面系、上部结构、下部结构、附属设施和调治构造物等的各部件和构件,以及涵洞各部件等。

(5)隧道养护对象应包括隧道土建结构、机电设施和其他工程设施,并应包括下列分项设施及设备:

①土建结构:包括洞口、洞门、衬砌、路面、检修道、排水设施、吊顶及预埋件、内装饰、标志和标线等。

②机电设施:包括隧道供配电、照明、通风、消防、监控和通信等设施及设备。

③其他工程设施:包括电缆沟、设备洞室及工作井、洞外联络通道、洞口限高门架、洞口环保景观设施、消音设施、减光设施、防雪棚、污水处理设施、附属房屋和通风塔等。

(6)交通工程及沿线设施养护对象应包括交通安全设施、机电设施、管理服务设施、绿化与环境保护设施,并应包括下列分项设施及设备:

①交通安全设施:包括交通标志、标线、护栏、栏杆、视线诱导设施、防眩设施、隔离栅、防落网和避险车道,以及防风栅、防雪栅、积雪标杆和限高架等。

②机电设施:包括公路监控、收费、通信、供配电、照明和监测,以及隧道通风和消防等设施及设备。

③管理服务设施:包括管理中心、管理站(所)、养护工区、道班房、服务区(站)和停车区(点)用房及设备,以及场区、停车场及出入匝道等。

④绿化与环境保护设施:包括公路用地范围内各类绿化,以及声屏障、污水处理设施和水土保护设施等。

3.技术状况等级

(1)公路及其路基、路面、交通工程及沿线设施的技术状况等级应由高至低划分为优、良、中、次、差,桥梁、涵洞和隧道技术状况等级可相应划分为1类、2类、3类、4类、5类。

(2)公路技术状况等级应采用技术状况指数作为评定指标,值域为0~100。

(3)公路技术状况等级评定标准应符合表1-1的规定。路基、路面、桥涵、隧道、交通工程及沿线设施等基础设施的技术状况等级评定,应按行业现行有关标准的规定采用技术状况指数加控制指标的评定标准。

公路技术状况等级评定标准 表1-1

技术状况等级	优	良	中	次	差
公路技术状况指数 MQI	≥90	≥80,<90	≥70,<80	≥60,<70	<60

4.检查与养护要求

(1)路况检查应按规定频率开展日常巡查、经常检查和定期检查,根据养护或应急需要开展专项检查和应急检查,并应符合下列规定:

①日常巡查应掌握公路基础设施日常表观状态和使用情况,以及可能危及通行安全的病

害、损毁及其他异常情况,为日常养护提供依据。

②经常检查应排查和跟踪公路基础设施病害及隐患,为动态调整日常养护方案及养护重点提供依据。

③定期检查应查明公路基础设施技术状况,为养护决策或动态调整公路养护年度计划等提供依据。

④专项检查应查明公路基础设施技术状况、专项性能或病害情况,为养护决策、养护工程设计或制定相关养护对策等提供依据。

⑤因突发事件造成公路基础设施损毁、交通中断或产生重大安全隐患时,应开展应急检查,为制定应急养护工程技术方案提供依据。

(2)对于一旦损坏将造成生命财产重大损失或产生重大社会影响、对变形及差异沉降有严格限制,以及存在高度安全风险的特殊基础设施,应进行结构监测,为结构损伤识别、技术状态评估及养护对策的制定等提供技术支持。

(3)日常养护应符合下列规定:

①日常保养应维护公路基础设施及设备整洁、完好和正常运行。

②日常维修应对可能危及通行安全或迅速发展的局部病害和缺损及时修复或更换,保障公路正常使用。

③危及通行安全的损毁不能通过日常维修及时修复时,应立即上报,并按《公路养护技术标准》(JTG 5110—2023)有关应急处置的规定采取相应的措施。

(4)养护工程应符合下列规定:

①在公路基础设施整体性能良好但出现轻微病害或隐患时,应通过实施预防养护工程,延缓其性能衰减,延长使用寿命。

②当公路基础设施出现明显病害或部分丧失服务功能时,应通过实施修复养护工程,使其恢复良好技术状况。

③当需集中实施提升或恢复公路基础设施服务功能的工程时,应按专项养护工程组织实施。

④当因突发事件造成公路基础设施损毁、交通中断或产生重大安全隐患时,应在应急检查的基础上组织实施应急养护工程,恢复公路安全通行。

5. 养护质量要求

(1)公路基础设施养护质量应符合下列规定:

①路基应完好整洁,路堤及地基、边坡及结构物稳定,排水设施完善、排水通畅。

②路面应完好整洁,使用性能满足安全通行要求,排水设施完善、排水通畅。

③桥涵应外观整洁,各类部件、构件齐全完好,结构功能和性能满足安全使用要求,基础无冲蚀,排水设施完善、排水通畅。

④隧道土建结构应完好整洁,衬砌、洞门及洞口结构功能和性能满足安全使用要求,排水设施完善、排水通畅,机电设施应齐全完好、工作可靠。

⑤交通工程及沿线设施的各分项设施应齐全完好、功能正常,各类设备应齐全完好、工作可靠。

(2)公路及路面养护质量应满足表1-2规定的技术状况质量要求。

公路及路面技术状况质量要求 表1-2

公路技术等级	公路技术状况			路面技术状况		
	MQI	优等路率	优良路率	PQI	优等路率	优良路率
高速公路	≥90	≥90%	—	≥90	≥88%	—
一、二级公路	≥85	—	≥85%	≥80	—	≥80%
三、四级公路	≥80	—	≥80%	≥80	—	≥75%

注：1. MQI为公路技术状况指数；PQI为路面技术状况指数。
2. 优等路率指技术状况等级为优的里程与总评定里程的百分比。
3. 优良路率指技术状况等级为优、良的里程之和与总评定里程的百分比。

（3）养护工程施工质量应达到合格等级，并应满足设计文件和工程合同有关质量验收标准的要求。

课题 1-3　路况检查与结构监测

一、一般规定

（1）日常巡查、经常检查和定期检查频率应根据检查类型、检查对象及其养护检查等级，结合气象条件等确定。

（2）路况检查宜采用自动化、信息化及便携式检测设备，也可采用人工调查与仪器和工具量测相结合的方法。

（3）路况检查应现场填写日常巡查日志或各类检查记录。建有数据库时，检查数据应及时传入或录入数据库。

二、养护检查等级

（1）路基、路面、交通工程及沿线设施养护检查等级，宜按表1-3规定的划分标准，结合公路功能和交通量确定。技术状况等级为中的路段，表列Ⅱ、Ⅲ级应各提高一级；技术状况等级为次、差的路段，养护检查等级应采用Ⅰ级。

路基、路面、交通工程及沿线设施养护检查等级划分标准　表1-3

养护检查等级	Ⅰ级	Ⅱ级	Ⅲ级
公路技术等级	高速公路、一级公路	二级公路	三、四级公路

（2）桥涵养护检查等级划分标准宜符合表1-4的规定。技术状况等级为3类时，表列Ⅱ、Ⅲ级应各提高一级；技术状况等级为4类时，养护检查等级应采用Ⅰ级。

桥涵养护检查等级划分标准　　　　　　　　　　　　　　　表 1-4

养护检查等级	Ⅰ级	Ⅱ级	Ⅲ级
高速公路,一、二级公路	$L_k>150m$ 的特大桥,特殊结构桥梁	$L_k \leq 150m$ 的特大桥、大桥、中桥、小桥	涵洞
三、四级公路	$L_k>150m$ 的特大桥,特殊结构桥梁	$L_k \leq 150m$ 的特大桥、大桥	中桥、小桥、涵洞

注:L_k 为桥梁单孔标准跨径。

（3）隧道土建结构养护检查等级宜按表1-5规定的划分标准,结合交通量、使用年限和气候条件等确定。技术状况等级为3类或为水下隧道时,表列Ⅱ、Ⅲ级应各提高一级;技术状况等级为4类时,养护检查等级应采用Ⅰ级。

隧道土建结构养护检查等级划分标准　　　　　　　　　　　表 1-5

养护检查等级	Ⅰ级	Ⅱ级	Ⅲ级
高速公路、一级公路	特长、长、中隧道	短隧道	—
二、三、四级公路	特长隧道	长、中隧道	短隧道

三、日常巡查

（1）日常巡查应包括日间巡查和夜间巡查,并应包括下列内容:

①日间巡查:路基、路面、桥面系、隧道土建结构及其他工程设施、交通安全设施、机电设施、绿化与环境保护设施等是否完好整洁、使用正常,是否存在影响安全的病害、缺损及其他异常情况,路侧是否存在遮挡标志和安全视距的植物和设施等。

②夜间巡查:标志、标线和轮廓标等的夜间视认性是否满足使用要求,照明设施是否齐全完好、工作正常。

（2）日常巡查频率不应小于表1-6的规定,并应符合下列规定:

①养护检查等级为Ⅱ级的桥梁,日间巡查频率不应小于1次/日。
②灾害天气应加大日常巡查频率。
③高速公路和一级公路应双向全程巡查。

日常巡查频率　　　　　　　　　　　　　　　　　　　　　表 1-6

养护检查等级		Ⅰ级	Ⅱ级	Ⅲ级
巡查频率	日间巡查	1次/日	1次/3日	1次/周
	夜间巡查	1次/月	1次/2月	1次/3月

（3）日常巡查发现危及安全的病害、损毁及其他异常情况时,应现场设置警示标志并上报,在应急处置和抢修人员到场前应进行现场监视。

（4）日常巡查可采用车行观察方式,辅以摄影或摄像。发现异常情况应下车抵近检查,对异常情况类型和位置进行记录并上报。见图1-2、图1-3。

图1-2 带记录仪的路况巡查车

图1-3 无人机路况巡查

四、经常检查

（1）经常检查内容应包括路基、路面、桥涵、隧道、交通工程及沿线设施是否存在病害及隐患，使用功能是否正常，以及既有病害的发展情况等。

（2）经常检查频率不应小于表1-7的规定，灾害天气或病害发展较快时，应加大经常检查频率。

经常检查频率　　　　　　　　　　　　　　　　　表1-7

养护检查等级	Ⅰ级	Ⅱ级	Ⅲ级
检查频率	1次/月	1次/2月	1次/3月

（3）经常检查应抵近检查。发现病害及其他异常情况时，应现场对其类型和范围等进行判定并记录；病害及其他异常情况较严重时应做专项检查，进一步判明病害程度及成因，并根据检查及评定结论采取相应的养护措施。

五、定期检查

（1）定期检查应根据检查对象工程特征和现场条件，结合养护历史资料制定检查方案，明确检查目的、内容和方法，交通组织、数据管理和技术状况评定方案等。

（2）定期检查应包括下列内容：

①路基各分项设施的病害、缺损程度及相关指标。

②表1-8规定的路面检测指标，其中横向力系数和构造深度为二选一检测指标，路面弯沉为抽样检测指标。

路面检测指标　　　　　　　　　　　　　　　　　表1-8

养护检查等级		Ⅰ级	Ⅱ、Ⅲ级
检测指标	沥青路面	路面破损率、国际平整度指数、车辙深度、跳车指标、横向力系数或构造深度、路面弯沉	路面破损率、国际平整度指数、路面弯沉
	水泥混凝土路面	路面破损率、国际平整度指数、跳车指标、横向力系数或构造深度	路面破损率、国际平整度指数

③桥梁桥面系、上部结构和下部结构的各部件及构件,以及涵洞主要部件的病害、缺损程度及相关指标。

④隧道土建结构和其他工程设施的各分项设施病害、缺损程度及相关指标,机电设施及设备完好率等。

⑤交通安全设施、管理服务设施、绿化及环境保护设施的各分项设施病害、缺损程度及相关指标,机电设施及设备完好率等。

(3)经定期检查难以判明病害程度及成因,或需进一步查明结构承载能力、抗灾能力或安全性等专项性能时,应对其进行专项检查。

(4)定期检查频率不应小于表1-9的规定。路面横向力系数检查频率可适当减小,但不应小于1次/2年。

定期检查频率　　　　　　　　　　　　　表1-9

	养护检查等级	Ⅰ级	Ⅱ级	Ⅲ级
检查频率	路基、路面、交通工程及沿线设施	1次/年	1次/年	1次/年
	桥涵、隧道	1次/年	1次/3年	1次/3年

(5)定期检查应将公路划分为若干检查单元分段进行。检查单元长度宜采用1000m,并应根据桥梁、隧道、路面类型和养护管理区段分布情况及检查手段等进行调整。桥梁、涵洞和隧道等应按座进行检查,其检查单元宜进一步划分。见图1-4、图1-5。

图1-4　交通运输部5年一次的全国性干线公路检查

图1-5　路况检测

(6)高速公路和一级公路应对上、下行方向各路幅分别进行检测和调查。

(7)在定期检查成果的基础上应进行技术状况评定,编制定期检查报告,提出检查及评定结论,以及必要的养护对策建议等。

六、应急检查

(1)当公路遭受自然灾害和事故灾难等突发事件后,对基础设施受灾情况应及时进行应急检查。对已造成损毁或存在重大安全隐患的基础设施,应视评定、抢修和保通需要进行承载能力、抗灾能力和运行安全等专项检查。

(2)应急检查应符合下列规定:

①检查内容应包括基础设施受灾范围,破坏形态、程度和成因,次生灾害和安全隐患,路段

及路网通行状况等。

②应采用现场人工调查与仪器设备检测相结合的方法,重要情况应摄影或摄像,应现场做好应急检查记录。

(3)根据应急检查和必要的专项检查结果,应编制应急检查报告。应急检查报告应包括下列内容:

①应急检查基本情况。
②受灾情况。
③次生灾害风险分析。
④必要的专项评定和验算分析。
⑤抢修应急养护工程方案建议。
⑥保通应急方案建议。
⑦需实施恢复重建工程的建议。

七、专项检查

(1)当出现下列情况之一时,应进行专项检查:
①经常检查、定期检查或应急检查后,需进一步做专项检查时。
②需实施专项养护工程或重大修复养护工程时。
③长期监测预警时。
④公路超过设计使用年限,需对重要基础设施做专项检查时。

(2)专项检查应包括承载能力检查、通行能力和运行安全调查、抗灾能力检查以及材料检测等。检查内容应根据检查目的和检查项目等确定,并应包括下列内容:

①承载能力检查,应包括路基边坡稳定性检测,路面损坏调查和相关路况指数检测,桥梁、隧道和支挡构造物结构强度、稳定性、变形和刚度等的检测及试验。当桥梁水下基础有异常情况时,应进行水下基础专项检查。

②抗灾能力检查,应包括路基、桥梁、隧道、支挡构造物、调治构造物、防风雪及防雪崩设施等的抗洪、抗震和抗风雪能力等的检测和调查。

③通行能力调查,应包括基本路段和路线交叉的交通量及其分布、几何构造、运行速度和路侧干扰因素等的调查。

④运行安全调查,应包括交通事故资料、运行速度、视距、超高、路侧净空、建筑限界、路线交叉几何构造和交通安全设施等的调查。

⑤材料检测,应结合承载能力检查进行,包括材料物理、化学性能及其退化程度等的检测和试验。

(3)专项检查前,应充分收集公路的基础数据资料、历次检查报告、材料试验报告和养护资料等,必要时应现场复核。

(4)专项检查宜采用定期检查方法,并应符合下列规定:
①路面修复或专项养护工程的项目级检测,应在自动化检测基础上,补充必要的人工调查。
②承载能力和抗灾能力和病害情况等检查,应采用仪器设备进行现场检测和其他辅助试验。
③通行能力和运行安全水平调查,可采用人工调查的方法,并辅以必要的设备采集交通量

和运行速度等。

④重要情况应摄影或摄像。

(5)专项检查应现场做好专项检查记录,包括填写各类设施检测、试验和调查记录表,并应按规定进行专项评定。

(6)专项检查应编制专项检查报告,应包括下列内容:

①专项检查基本情况。

②检查结果。

③必要的专项验算分析。

④专项评定。

⑤主要病害分析。

⑥养护措施建议。

八、结构监测

(1)结构监测对象应根据基础设施重要程度、结构特征、环境条件、技术状况、风险管理和设计要求等确定,对于一旦损坏将造成生命财产重大损失或产生重大社会影响、对变形及差异沉降有严格限制,以及存在高度安全风险的特殊基础设施,应进行结构监测。此外,还应包括下列基础设施:

①主跨跨径大于或等于500m的悬索桥、大于或等于300m的斜拉桥、大于或等于200m的拱桥、大于或等于160m的梁桥;

②水下隧道;

③处于复杂环境或结构特殊的其他桥梁和隧道,技术状况等级为3类、4类且需跟踪观测的桥梁和隧道;

④设计文件要求或经风险评估应监测的路基、高边坡及结构物、桥梁和隧道等。

(2)结构监测应根据行业现行有关设计标准和监测对象控制要求等设定预警值,结合现场及周边环境条件制定监测方案,明确监测目的、监测内容、测点和设备布置、数据采集、数据管理和预警方案等。

(3)监测内容应根据结构监测目的、监测对象工程特征和技术状况、环境条件及相关影响因素等经分析确定。监测参数的选择应满足对结构技术状态监控、预警及评估的要求。

(4)结构监测宜采用具备数据自动采集功能的监测系统,并应具备完整的传感、调理、采集、传输、存储、数据处理及控制、预警及评估等功能。

(5)结构监测期间,监测数据异常时应对监测对象和监测系统进行核查;监测值超过预警值时应立即上报,并对监测对象进行专项检查,结合监测数据对结构性能进行评定,根据评定结论采取相应的工程处理措施,必要时应采取限制通行或禁止通行措施。

(6)结构监测应结合经常检查、定期检查和专项检查数据,定期分析各类监测数据并形成分析报告,提出监测数据分析结论,以及必要的养护对策建议等。

课题1-4　公路技术状况评定

一、一般规定

（1）公路技术状况评定应以定期检查成果为依据，应包括技术状况指数评定和技术状况等级评定，路网技术状况评定尚应统计公路总体优良路率。

（2）公路技术状况评定宜将公路划分为若干评定单元分段评定，评定单元的划分应符合下列规定：

①评定单元路段长度宜采用1000m。

②当受路面类型、车道数、行政区划和养管单位辖区分界等影响时，评定单元路段长度可适当调整，但不宜大于2000m。

③同一座桥梁或隧道宜划分在同一个评定单元内；当同一座桥梁存在不同结构形式时，可按结构形式划分评定单元。

（3）公路技术状况指数评定应按"各分部分项技术状况指数→各单位工程（包括路基、路面、桥隧构造物、沿线设施）技术状况指数→各评定单元（一般为1000m）技术状况指数→公路总体技术状况指数"这样的流程自下而上逐级评定。各级技术状况指数取值应符合下列规定：

①路网技术状况指数应采用路网内各条公路总体技术状况指数的加权平均值，各条公路权重应为该条公路长度与路网内公路总长度之比。

②总体技术状况指数应采用各评定单元技术状况指数的加权平均值，各评定单元权重应为该单元路线长度与公路全长之比。

③评定单元技术状况指数，应采用路基、路面、桥隧构造物和沿线设施4项单位工程技术状况指数的加权平均值，当缺少其中某项时，该项技术状况指数可按100取值；各单位工程权重宜符合表1-10的规定。

公路单位工程权重　　　　　　　　　　　　　　　　　　表1-10

单位工程	路基	路面	桥隧构造物	沿线设施
技术状况指数	SCI	PQI	BCI	TCI
权重	0.08	0.70	0.12	0.10

④高速公路和一级公路应按上、下行线分别评定，取其技术状况指数中的最小值作为公路技术状况指数。

（4）路基技术状况指数评定应根据各检查项目及检查结果，采用扣分法得到各评定分项技术状况指数，并经加权平均后得到路基技术状况指数。

（5）路面技术状况指数评定应以各路况指数及检查评定结果为依据，并应符合下列规定：

①高速公路和一级公路沥青路面技术状况指数应采用路面损坏、平整度、车辙、跳车、抗滑性能和结构强度等路况指数的加权平均值。

②高速公路和一级公路水泥混凝土路面技术状况指数应采用路面损坏、平整度、跳车和抗滑性能等路况指数的加权平均值。

③二级及以下等级公路路面技术状况指数应采用路面损坏和平整度等路况指数的加权平均值。

④当缺少路面抗滑性能指数数据时,可采用路面磨耗指数替代。

⑤路面损坏指数应根据各类损坏严重程度及权重计算确定,其余路况指数应根据检测指标计算确定。

(6)桥隧构造物技术状况指数应采用桥梁和隧道技术状况指数中的最小值,桥梁和隧道技术状况指数评定应符合下列规定:

①桥梁技术状况应按部件、分部工程和桥梁总体自下而上逐级评定,上级技术状况指数应采用下级技术状况指数的加权平均值,部件技术状况指数应根据各构件检查评定结果计算确定。

②隧道技术状况指数应采用土建结构和机电设施技术状况指数中的最小值。土建结构技术状况指数应根据各分部工程权重和状况值计算确定;机电设施技术状况指数应根据各分项设施权重和设备完好率计算确定。

(7)沿线设施技术状况指数评定,应根据各检查项目及检查结果,采用扣分法得到各评定分项技术状况指数,并经加权平均后得到沿线设施技术状况指数。

(8)公路技术状况等级评定应符合评定标准,同时应符合以下规定。

①路基技术状况等级评定应同时符合下列规定:

a. 当边坡坍塌程度为重时,该评价单元的公路技术状况等级应评定为差。

b. 当路基构造物损坏程度为重时,该评价单元的路基技术状况等级应评定为差。

②桥梁技术状况等级评定应同时符合下列规定:

a. 当上部结构、基础或关键部件严重损坏,且具有危及结构和交通安全的趋势时,桥梁技术状况等级应评定为5类。

b. 当上部结构和下部结构技术状况等级为3类,桥面系技术状况等级为4类,且桥梁技术状况指数符合4类标准时,桥梁技术状况等级应评定为3类。

③隧道技术状况等级评定应同时符合下列规定:

a. 当洞口、洞门、衬砌、路面、吊顶和预埋件技术状况等级为3类或4类时,隧道土建结构技术状况等级应相应评定为4类或5类。

b. 当洞口、洞门、衬砌和路面出现严重变形、涌泥沙或大面积积水,且具有危及结构和交通安全的趋势时,隧道土建结构技术状况等级应评定为5类。

(9)涵洞技术状况等级可根据主要部件缺损情况及其对使用功能的影响程度等,综合评定出优、良、中、次、差5个等级。

二、术语

(1)公路技术状况指数(Highway Maintenance Quality Indicator)。用于综合评价公路路基、路面、桥隧构造物和沿线设施技术状况的指标。

(2)路面技术状况指数(Pavement Maintenance Quality Index)。用于综合评价路面损坏、路面平整度、路面车辙、路面跳车、路面磨耗、路面抗滑性能和路面结构强度技术状况的指标。

(3)路面跳车(Pavement Bumping)。由路面异常突起或沉陷等损坏引起的车辆突然颠簸。

(4)路面磨耗(Pavement Wearing)。路面表面构造磨损状况。

三、公路技术状况评定指标

(1)公路技术状况评定应包括路基、路面、桥隧构造物和沿线设施4部分技术状况指数内容。公路技术状况评定应采用公路技术状况指数MQI和相应分项指标。

(2)路面技术状况评定应包括路面损坏状况、路面行驶质量、路面车辙深度、路面跳车、路面磨耗、路面抗滑性能和路面结构强度7项指数内容。路面技术状况评定应采用路面技术状况指数PQI和相应分项指标。

(3)公路技术状况指标体系如图1-6所示,公路技术状况指数MQI和相应分项指标值域为0~100。

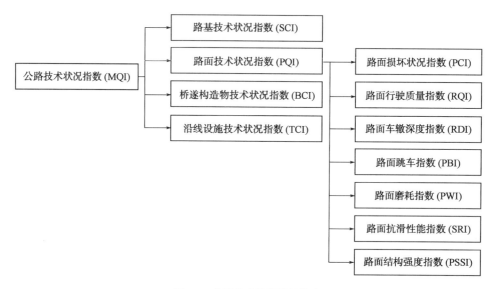

图1-6 公路技术状况指标体系

注:
MQI——公路技术状况指数(Highway Maintenance Quality Indicator);
SCI——路基技术状况指数(Subgrade Condition Index);
PQI——路面技术状况指数(Pavement Maintenance Quality Index);
BCI——桥隧构造物技术状况指数(Bridge,Tunnel and Culvert Condition Index);
TCI——沿线设施技术状况指数(Traffic facility Condition Index);
PCI——路面损坏状况指数(Pavement Surface Condition Index);
RQI——路面行驶质量指数(Pavement Riding Quality Index);
RDI——路面车辙深度指数(Pavement Rutting Depth Index);
PBI——路面跳车指数(Pavement Bumping Index);
PWI——路面磨耗指数(Pavement Surface Wearing Index);
SRI——路面抗滑性能指数(Pavement Skidding Resistance Index);
PSSI——路面结构强度指数(Pavement Structure Strength Index)。

四、公路技术状况评定等级

(1) 公路技术状况分为优、良、中、次、差5个等级。公路技术状况等级按表1-11规定的标准确定。

公路技术状况标准　　　　　　　　　　　　　表1-11

评价等级	优	良	中	次	差
MQI及各级分项指标	≥90	≥80，<90	≥70，<80	≥60，<70	<60

(2) 公路技术状况各分项指标应分为优、良、中、次、差5个等级。各分项指标的等级划分标准应符合表1-12的规定。

公路技术状况分项指标等级划分标准　　　　　　表1-12

评定指标	优	良	中	次	差
SCI、PQI、BCI、TCI	≥90	≥80，<90	≥70，<80	≥60，<70	<60
PCI、RQI、RDI、PBI、PWI、SRI、PSSI	≥90	≥80，<90	≥70，<80	≥60，<70	<60

注：1. 高速公路路面损坏状况指数PCI等级划分标准为：大于或等于92为"优"，80~92之间为"良"，其他保持不变。
2. 水泥混凝土路面行驶质量指数RQI等级划分标准为：大于或等于88为"优"，80~88之间为"良"，其他保持不变。

五、公路损坏分类

1. 路基

路基损坏分为7类。

1) 路肩损坏

所有损坏均应按面积计算，累计面积不足1m²时按1m²计算，如图1-7所示。

2) 边坡坍塌

边坡坍塌应为路堤、路堑边坡表面松散及破碎引起的边坡坡面局部坍塌，按处计算，如图1-8所示。其损坏程度应按以下标准判断：

(1) 轻度是指边坡坍塌长度小于5m。
(2) 中度是指边坡坍塌长度为5~10m。
(3) 重度是指边坡坍塌长度大于10m。

图1-7　路肩损坏

图1-8　边坡坍塌

3）水毁冲沟

水毁冲沟应为雨水冲刷形成的冲沟，按处计算，如图1-9所示。其损坏程度应按以下标准判断：

（1）轻度是指冲沟深度小于20cm。

（2）中度是指冲沟深度20～50cm。

（3）重度是指冲沟深度大于50cm。

4）路基构造物损坏

路基构造物损坏应为挡墙等圬工体出现的表面、局部和结构等损坏，按处计算，如图1-10所示。其损坏程度应按以下标准判断：

（1）轻度应为勾缝损坏、沉降缝损坏、表面破损、钢筋外露和锈蚀等，每10m计1处，不足10m按1处计算。

（2）中度应为局部基础淘空、墙体脱空、轻度裂缝、鼓肚、下沉等，每10m计1处，不足10m时按1处计算。

（3）重度应为整体开裂、倾斜、滑移、倒塌等。

图1-9　水毁冲沟　　　　　　　　图1-10　路基构造物损坏

5）路缘石缺损

路缘石缺损应为路缘石缺失或损坏，按长度（m）计算，如图1-11所示。

6）路基沉降

路基沉降应为深度大于30mm的沉降，按处计算，如图1-12所示。其损坏程度应按以下标准判断：

（1）轻度是指路基沉降长度小于5m。

（2）中度是指路基沉降长度为5～10m。

（3）重度是指路基沉降长度大于10m。

7）排水不畅

排水不畅是指路基边沟、排水沟、截水沟等排水系统淤塞，按处计算。其损坏程度应按以下标准判断：

（1）轻度是指边沟、排水沟、截水沟等排水系统存在杂物、垃圾，每10m计1处，不足10m时按1处计。

（2）中度是指边沟、排水沟和截水沟等排水系统全截面堵塞，出现衬砌剥落、破损、圬工体破裂、管道损坏等,每10m计1处,不足10m时按1处计。

图1-11 路缘石缺损

图1-12 路基沉降

(3)重度是指路基排水系统与外部排水系统不连通。

图1-13为工作人员正在清理淤塞边沟,图1-14为盲沟出水口堵塞。

图1-13 清理淤塞边沟

图1-14 盲沟出水口堵塞

2. 沥青路面

沥青路面损坏分为11类,具体如下。

1)龟裂

龟裂应按面积计算,如图1-15所示。其损坏程度应按以下标准判断:

(1)轻度是指主要裂缝块度在0.2~0.5m范围内,平均裂缝宽度小于或等于2mm。

(2)中度是指主要裂缝块度小于0.2m,平均裂缝宽度在2~5mm之间。

(3)重度是指主要裂缝块度小于0.2m,平均裂缝宽度大于5mm。

2)块状裂缝

块状裂缝应按面积计算,如图1-16所示。其损坏程度应按以下标准判断:

(1)轻度是指主要裂缝块度大于1.0m,平均裂缝宽度为1~2mm。

(2)重度是指主要裂缝块度在0.5~1.0m范围内,平均裂缝宽度大于2mm。

3)纵向裂缝

纵向裂缝是路面上与行车方向基本平行的裂缝,应按长度(m)计算。检测结果应用影响宽度(0.2m)换算成损坏面积,如图1-17所示。其损坏程度应按以下标准判断:

(1)轻度是指主要裂缝宽度小于或等于3mm。

(2) 重度是指主要裂缝宽度大于 3mm。

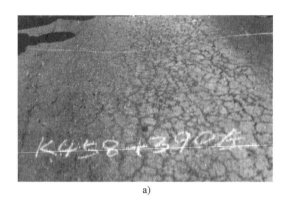

图 1-15　龟裂

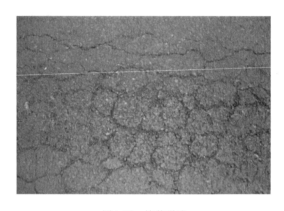

图 1-16　块状裂缝　　　　　　　　　图 1-17　纵向裂缝

4) 横向裂缝

横向裂缝是路面上与行车方向基本垂直的裂缝,按长度(m)计算。检测结果应用影响宽度(0.2m)换算成损坏面积,如图 1-18 所示。其损坏程度应按以下标准判断:

(1) 轻度是指主要裂缝宽度小于或等于 3mm。

(2) 重度是指主要裂缝宽度大于 3mm。

5) 沉陷

沉陷为路面的局部下沉,应按面积计算,如图 1-19 所示。其损坏程度应按以下标准判断:

(1) 轻度是指沉陷深度在 10~25mm 范围内,行车无明显颠簸感。

(2) 重度是指沉陷深度大于 25mm,行车有明显颠簸感。

6) 车辙

车辙应按长度(m)计算,检测结果应用影响宽度(0.4m)换算成损坏面积,如图 1-20 所示。其损坏程度应按以下标准判断:

(1) 轻度是指车辙深度在 10~15mm 范围内。

(2) 重度是指车辙深度大于 15mm。

图 1-18　横向裂缝

图 1-19　沉陷

7）波浪拥包

波浪拥包应按面积计算,如图 1-21 所示。其损坏程度应按以下标准判断:
(1)轻度是指波峰波谷高差在 10～25mm 范围内。
(2)重度是指波峰波谷高差大于 25mm。

图 1-20　车辙

图 1-21　波浪拥包

8）坑槽

坑槽应按面积计算,如图 1-22 所示。其损坏程度应按以下标准判断:
(1)轻度是指坑槽深度小于 25mm,或面积小于 $0.1m^2$。
(2)重度是指坑槽深度大于或等于 25mm,或面积大于或等于 $0.1m^2$。

9）松散

松散应按面积计算,如图 1-23 所示。其损坏程度应按以下标准判断:
(1)轻度是指路面表面细集料散失、脱皮、麻面等。
(2)重度是指路面表面粗集料散失、脱皮、麻面、露骨、表面剥落等。

10）泛油

泛油是指沥青路口表面出现的薄油层,如图 1-24 所示。其损坏应按面积计算。

11）修补

修补是指裂缝、坑槽、松散、沉陷、车辙等损坏的修复。块状修补应按面积计算,条状修补应按长度(m)乘以 0.2m 影响宽度计算。长度大于 5m 的整车道修复不计为路面修补损坏。修补范围内再次发生的损坏,应按新的损坏类型计算,如图 1-25 所示。

图 1-22　坑槽

图 1-23　松散

图 1-24　泛油

图 1-25　修补

3. 水泥混凝土路面

水泥混凝土路面损坏分为 11 类,具体如下。

1)破碎板

破碎板应按板块面积计算,如图 1-26 所示。其损坏程度应按以下标准判断:

(1)轻度应为板块被裂缝分为 3 块及以上,破碎板未发生松动和沉陷。

(2)重度应为板块被裂缝分为 3 块及以上,破碎板有松动、沉陷和唧泥等现象。

2)裂缝

裂缝是指板块上只有一条裂缝的情况,应按长度(m)计算,如图 1-27 所示。检测结果应用影响宽度(1.0m)换算成损坏面积。其损坏程度应按以下标准判断:

(1)轻度是指裂缝宽度小于 3mm,一般为未贯通裂缝。

(2)中度是指裂缝宽度在 3~10mm 范围内。

(3)重度是指裂缝宽度大于 10mm。

3)板角断裂

板角断裂应为裂缝与纵横接缝相交,且交点距板角小于或等于板边长度一半的损坏,应按断裂板角的面积计算,如图 1-28 所示。其损坏程度应按以下标准判断:

(1)轻度是指裂缝宽度小于 3mm。

(2)中度是指裂缝宽度在 3~10mm 范围内。

(3)重度是指裂缝宽度大于 10mm。

图1-26 破碎板

图1-27 裂缝

4）错台

错台是指接缝两边出现的高差，应按长度（m）计算，如图1-29所示。检测结果应用影响宽度（1.0m）换算成损坏面积。其损坏程度应按以下标准判断：

（1）轻度是指接缝两侧高差在5～10mm之间。

（2）重度是指接缝两侧高差大于或等于10mm。

图1-28 板角断裂

图1-29 错台

5）拱起

拱起是指横缝两侧板体高度大于10mm的抬高，损坏应按拱起涉及板块的面积计算。

6）边角剥落

边角剥落应为沿接缝方向板边上出现的碎裂和脱落，裂缝面与板成一定角度，应按长度（m）计算。检测结果应用影响宽度（1.0m）换算成损坏面积。其损坏程度应按以下标准判断：

（1）轻度是指板边上的碎裂和脱落。

（2）中度是指板边上的碎裂和脱落，接缝附近水泥混凝土有开裂。

（3）重度是指板边上的碎裂和脱落，接缝附近水泥混凝土多处开裂，开裂深度超过接缝槽底部。

拱起如图1-30所示，边角剥落如图1-31所示。

7）接缝料损坏

接缝料损坏应按长度（m）计算，检测结果应用影响宽度（1.0m）换算成损坏面积，如图1-32所示。其损坏程度应按以下标准判断：

（1）轻度是指填料老化，不泌水，尚未剥落脱空，未被砂、石、土等填塞。

（2）重度是指1/3以上接缝出现空缝或被砂、石、土填塞。

图 1-30 拱起

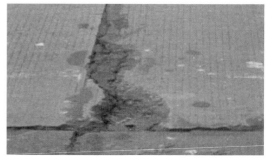
图 1-31 边角剥落

8)坑洞

坑洞是指板面出现直径大于 30mm、深度大于 10mm 的坑槽,损坏应按坑洞或坑洞群的包络面积计算,如图 1-33 所示。

图 1-32 接缝料损坏

图 1-33 坑洞

9)唧泥

唧泥是指板块接缝处有基层泥浆涌出,损坏应按长度(m)计算。检测结果应用影响宽度(1.0m)换算成损坏面积。如图 1-34 所示。

10)露骨

露骨是指板块表面细集料散失、粗集料暴露或表层疏松剥落,损坏应按面积计算。如图 1-35 所示。

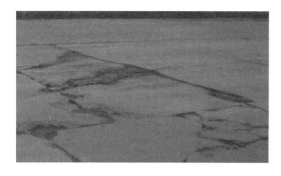
图 1-34 唧泥

图 1-35 露骨

11)修补

修补是指裂缝、板角断裂、边角剥落和坑洞等损坏的修复。块状修补应按面积计算,裂缝类的条状修补应按长度(m)乘以0.2m影响宽度计算。长度大于5m的整车道修复不计为路修补损坏。修补范围内再次发生的损坏,应按新的损坏类型计算。

4. 沿线设施

沿线设施损坏分为5类,具体如下。

1)防护设施缺损

防护设施缺损是指防护设施(防撞护栏、防落网、声屏障、中央分隔带活动护栏和防眩板等)缺失、损坏或损坏修复后达不到技术要求。防护设施损坏应按处计算,损坏程度应按以下标准判断:

(1)轻度是指缺损长度小于或等于4m。

(2)重度是指缺损长度大于4m。

波形梁护栏损坏如图1-36所示,水泥混凝土护栏损坏如图1-37所示。

图1-36 波形梁护栏损坏

图1-37 水泥混凝土护栏损坏

2)隔离栅损坏

隔离栅损坏应为隔离栅破损或损坏修复后达不到技术要求,损坏应按处计算。

3)标志缺损

标志缺损应为各种交通标志(指示标志、警告标志、禁令标志、里程碑、轮廓标、百米标等)残缺、位置不当或尺寸不规范、颜色不鲜明、污染、可变信息板故障等。标志损坏应按处计算,其中轮廓标和百米标应每3个损坏算1处,累计损坏不足3个时按1处计算。

图1-38为隔离栅损坏,图1-39为标志牌被树木遮挡。

4)标线缺损

标线缺损应为标线(含凸起路标)缺失或损坏,其损坏应按长度(m)计算。累计长度不足10m时应按10m计算,评定时不考虑车道数量的影响,如图1-40所示。

5)绿化管护不善

绿化管护不善应为树木和花草等枯萎或缺失,绿化带未及时修剪或有杂物,路段应绿化而未绿化。其损坏应按长度(m)计算,累计长度不足10m时按10m计算,如图1-41所示。

图1-38 隔离栅损坏

图1-39 标志牌被树木遮挡

图1-40 斑马线被覆盖

图1-41 中央分隔带绿化缺失

六、公路技术状况检测与调查

1. 一般规定

（1）公路技术状况检测与调查应包括路基、路面、桥隧构造物和沿线设施四部分内容。路面检测与调查应包括路面损坏、路面平整度、路面车辙、路面跳车、路面磨耗、路面抗滑性能和路面结构强度七项内容。

（2）公路技术状况检测与调查应以1000m路段长度为基本检测（或调查）单元。在路面类型、交通量、路面宽度和养管单位等变化处，检测（或调查）单元的长度可不受此规定限制。

（3）公路技术状况检测与调查应按上行（桩号递增方向）和下行（桩号递减方向）两个方向分别实施，二、三、四级公路可不分上下行检测与调查。

（4）公路技术状况检测与调查的频率应按表1-13的规定执行。

公路技术状况检测与调查频率　　　　表1-13

检测与调查内容		沥青路面		水泥混凝土路面	
		高速、一级公路	二、三、四级公路	高速、一级公路	二、三、四级公路
路面PQI	路面损坏	1年1次	1年1次	1年1次	1年1次
	路面平整度	1年1次	1年1次	1年1次	1年1次
	路面车辙	1年1次			
	路面跳车	1年1次		1年1次	
	路面磨耗	1年1次		1年1次	

续上表

检测与调查内容		沥青路面		水泥混凝土路面	
		高速、一级公路	二、三、四级公路	高速、一级公路	二、三、四级公路
路面 PQI	路面抗滑性能	2年1次		2年1次	
	路面结构强度	抽样检测	抽样检测		
路基 SCI		1年1次			
桥隧构造物 BCI		按现行标准规范的有关规定执行			
沿线设施 TCI		1年1次			

注：1. 路面结构强度为抽样检测指标，抽样检测的路线或路段应按路面养护管理需要确定，最低抽样比例不得低于公路路网里程的20%。

2. 路面磨耗和路面抗滑性能为二选一指标，在检测与调查中可二选一。

2. 路基技术状况检测与调查

(1) 路基技术状况可采用人工调查和自动化检测方式。

(2) 路基各类损坏调查应以100m为单位，按损坏程度，每100m计1个扣分，每一个调查单元计算1个合并累计扣分。

3. 路面技术状况自动化检测

(1) 路面技术状况自动化检测指标应包括路面破损率 DR、国际平整度指数 IRI、路面车辙深度 RD、路面跳车 PB、路面构造深度 MPD、横向力系数 SFC 和路面弯沉 l_0。其中，路面构造深度 MPD 和横向力系数 SFC 应为二选一指标。

(2) 路面技术状况检测应采用自动化检测设备。每个检测方向应至少检测一个主要行车道。二、三、四级公路的路面技术状况检测宜选择技术状况相对较差的方向。

(3) 路面损坏自动化检测应满足下列要求：

①检测指标应为路面破损率 DR，每 10m 应计算 1 个统计值。

②路面损坏应纵向连续检测，横向检测宽度应不小于车道宽度的 70%。检测设备应能分辨约 1mm 的路面裂缝，检测数据宜采用机器自动识别，识别准确率应达到 90% 以上。

(4) 路面平整度自动化检测应满足下列要求：

①应采用断面类检测设备。

②检测指标应为国际平整度指数 IRI，每 10m 应计算 1 个统计值。

③超出设备有效检测速度或有效减速度范围的数据应为无效数据。

(5) 路面车辙自动化检测应满足下列要求：

①应采用断面类检测设备。

②检测指标应为路面车辙深度 RD，每 10m 应计算 1 个统计值。

③当横断面数据出现异常或横断面数据不完整时，该检测断面应为无效数据。

(6) 路面跳车自动化检测应满足下列要求：

①应采用断面类检测设备。

②检测指标应为路面跳车 PB，每 10m 应计算 1 个统计值。

(7) 路面磨耗自动化检测应满足下列要求：

①应采用断面类检测设备。

②检测位置应为车道的左轮迹带、右轮迹带和无磨损的车道中线。

③检测指标应为路面构造深度 MPD,每 10m 应计算 1 个统计值。

(8)路面抗滑性能自动化检测应满足下列要求:

①应采用横向力系数检测设备或其他具有有效相关关系的自动化检测设备,相关系数不应小于 0.95。

②检测指标应为横向力系数 SFC,每 10m 应计算 1 个统计值。

(9)路面结构强度自动化检测应满足下列要求:

①应采用与贝克曼梁具有有效相关关系的高效自动化弯沉检测设备,相关系数不应小于 0.95。

②检测指标应为路面弯沉 l_0,每 20m 应计算 1 个统计值。

4.路面技术状况人工调查

(1)路面损坏人工调查应满足下列要求:

①同一位置存在多类路面损坏时,应计权重最大的损坏。

②各类路面损坏应以 100m 为单位,按损坏程度,每 100m 计 1 个损坏,每一个调查单元计算 1 个累计损坏面积。

③路面损坏人工调查应包含所有行车道,紧急停车带应按路肩处理。

(2)路面结构强度人工调查应满足下列要求:

①应采用贝克曼梁。

②检测指标应为路面弯沉 l_0。

5.桥隧构造物技术状况检测与调查

桥隧构造物技术状况可采用人工调查和自动化检测方式。

6.沿线设施技术状况检测与调查

沿线设施技术状况可采用人工调查和自动化检测方式。

七、计算与评定

1.一般规定

(1)公路技术状况评定应以 1000m 路段长度为基本评定单元。在路面类型、交通量、路面宽度和养管单位等变化处,评定单元的长度可不受此规定限制。

(2)公路技术状况评定应计算优等路率、优良路率和次差路率三项统计指标。

2.公路技术状况(MQI)评定

(1)公路技术状况应采用公路技术状况指数 MQI 评定。MQI 应按式(1-1)计算:

$$\text{MQI} = w_{\text{SCI}}\text{SCI} + w_{\text{PQI}}\text{PQI} + w_{\text{BCI}}\text{BCI} + w_{\text{TCI}}\text{TCI} \tag{1-1}$$

式中:w_{SCI}——SCI 在 MQI 中的权重,取值为 0.08;

w_{PQI}——PQI 在 MQI 中的权重,取值为 0.70;

w_{BCI}——BCI 在 MQI 中的权重,取值为 0.12;

w_{TCI}——TCI 在 MQI 中的权重,取值为 0.10。

(2)对长度小于或大于 1000m 的非整千米评定单元,除 PQI 外,SCI、BCI 和 TCI 三项指标的实际扣分应换算成基本评定单元的扣分[实际扣分×基本评定单元长度(1000m)/实际评定单元长度]。桥隧构造物评价结果(BCI)计入桥隧构造物所属评定单元。

(3)存在 5 类桥梁、5 类隧道、危险涵洞及影响交通安全的重度边坡坍塌的评定单元,MQI 值应取 0。

(4)路线公路技术状况评定时,应采用路线内所有评定单元 MQI 的算术平均值作为该路线的 MQI。

(5)公路网的公路技术状况评定时,应采用公路网内所有路线 MQI 的长度加权平均值作为该公路网的 MQI。

(6)MQI 及各级分项指标评价结果应保留两位小数。

3. 路基技术状况(SCI)评定

路基技术状况应采用路基技术状况指数(SCI)评定。SCI 应按式(1-2)计算:

$$\text{SCI} = \sum_{i=1}^{i_0} w_i (100 - \text{GD}_{iSCI}) \qquad (1\text{-}2)$$

式中:GD_{iSCI}——第 i 类路基损坏的累计扣分,最高扣分为 100,按表 1-12 的规定计算;

w_i——第 i 类路基损坏的权重,按表 1-14 的规定取值;

i——路基损坏类型;

i_0——路基损坏类型总数,取 7。

路基损坏扣分标准 表 1-14

类型 i	损坏名称	损坏程度	计量单位	单位扣分	权重 w	备注
1	路肩损坏	轻	m^2	1	0.10	—
		重		2		
2	边坡坍塌	轻	处	20	0.25	边坡坍塌为重度且影响交通安全时,该评定单元的 MQI 值应取 0
		中		50		
		重		100		
3	水毁冲沟	轻	处	20	0.15	—
		中		30		
		重		50		
4	路基构造物损坏	轻	处	20	0.10	路基构造物损坏为重度时,该评定单元的 SCI 值应取 0
		中		50		
		重		100		
5	路缘石缺损	—	m	4	0.05	—
6	路基沉降	轻	处	20	0.25	—
		中		30		
		重		50		

续上表

类型 i	损坏名称	损坏程度	计量单位	单位扣分	权重 w	备注
7	排水不畅	轻	处	20	0.10	—
		中		50		
		重		100		

4. 路面技术状况(PQI)评定

(1)沥青路面技术状况评定应包括路面损坏、路面平整度、路面车辙、路面跳车、路面磨耗、路面抗滑性能和路面结构强度七项内容。

(2)水泥混凝土路面技术状况评定应包括路面损坏、路面平整度、路面跳车、路面磨耗和路面抗滑性能五项内容。有刻槽的水泥混凝土路面不应作路面磨耗评定。

(3)路面技术状况应采用路面技术状况指数(PQI)评定。PQI应按式(1-3)计算:

$$PQI = w_{PCI}PCI + w_{RQI}RQI + w_{RDI}RDI + w_{PBI}PBI + w_{PWI}PWI + w_{SRI}SRI + w_{PSSI}PSSI \quad (1-3)$$

式中:w_{PCI}——PCI在PQI中的权重,按表1-15的规定取值;
w_{RQI}——RQI在PQI中的权重,按表1-15的规定取值;
w_{RDI}——RDI在PQI中的权重,按表1-15的规定取值;
w_{PBI}——PBI在PQI中的权重,按表1-15的规定取值;
w_{PWI}——PWI在PQI中的权重,按表1-15的规定取值;
w_{SRI}——SRI在PQI中的权重,按表1-15的规定取值;
w_{PSSI}——PSSI在PQI中的权重,按表1-15的规定取值。

PQI各分项指标权重 表1-15

路面类型	权重	高速公路、一级公路	二、三、四级公路
沥青路面	w_{PCI}	0.35	0.60
	w_{RQI}	0.30	0.40
	w_{RDI}	0.15	—
	w_{PBI}	0.10	—
	$w_{SRI(PWI)}$	0.10	—
	w_{PSSI}	—	—
水泥混凝土路面	w_{PCI}	0.50	0.60
	w_{RQI}	0.30	0.40
	w_{PBI}	0.10	—
	$w_{SRI(PWI)}$	0.10	—

注:当采用式(1-3)计算PQI时,路面抗滑性能指数SRI和路面磨耗指数PWI应二选一。

(4)路面结构强度指数PSSI不参与PQI评定。

(5)路面损坏状况指数(PCI)应按式(1-4)、式(1-5)计算:

$$PCI = 100 - a_0 DR^{a_1} \quad (1-4)$$

$$DR = 100\frac{\sum_{i=1}^{i_0} w_i A_i}{A} \tag{1-5}$$

式中：DR——路面破损率(Pavement Distress Ratio)，为各种损坏的折合损坏面积之和与路面调查面积之百分比，%；

A_i——第 i 类路面损坏的面积，m²；

A——调查的路面面积（调查长度与有效路面宽度之积，m²）；

w_i——第 i 类路面损坏的权重，沥青路面按表1-16取值，水泥混凝土路面按表1-17取值；

a_0——沥青路面采用15.00，水泥混凝土路面采用10.66；

a_1——沥青路面采用0.412，水泥混凝土路面采用0.461；

i——考虑损坏程度（轻、中、重）的第 i 项路面损坏类型；

i_0——包含损坏程度（轻、中、重）的损坏类型总数，沥青路面取21，水泥混凝土路面取20。

沥青路面损坏类型、权重及换算系数　　　　　表1-16

类型 i	损坏名称	损坏程度	计量单位	权重 w_i（人工调查）	换算系数 w_i（自动检测）
1	龟裂	轻	面积(m²)	0.6	1.0
2		中		0.8	
3		重		1.0	
4	块状裂缝	轻	面积(m²)	0.6	0.8
5		重		0.8	
6	纵向裂缝	轻	长度×0.2m	0.6	2.0
7		重		1.0	
8	横向裂缝	轻	长度×0.2m	0.6	2.0
9		重		1.0	
10	沉陷	轻	面积(m²)	0.6	1.0
11		重		1.0	
12	车辙	轻	长度×0.4m	0.6	—
13		重		1.0	
14	波浪拥包	轻	面积(m²)	0.6	1.0
15		重		1.0	
16	坑槽	轻	面积(m²)	0.8	1.0
17		重		1.0	
18	松散	轻	面积(m²)	0.6	1.0
19		重		1.0	

续上表

类型 i	损坏名称	损坏程度	计量单位	权重 w_i（人工调查）	换算系数 w_i（自动检测）
20	泛油	—	面积(m^2)	0.2	0.2
21	修补	—	面积(m^2)或长度×0.2m	0.1	0.1(0.2)

注:1. 当采用人工调查时,应将条状修补的调查长度(m)乘以影响宽度(0.2m)换算成面积。
2. 当采用自动化检测时,块状修补的换算系数 w_i 为0.1,条状修补的换算系数 w_i 为0.2。

水泥混凝土路面损坏类型、权重及换算系数　　　　表1-17

类型 i	损坏名称	损坏程度	计量单位	权重 w_i（人工调查）	换算系数 w_i（自动检测）
1	破碎板	轻	面积(m^2)	0.8	1.0
2		重		1.0	
3	裂缝	轻	长度×1.0m	0.6	10
4		中		0.8	
5		重		1.0	
6	板角断裂	轻	面积(m^2)	0.6	1.0
7		中		0.8	
8		重		1.0	
9	错台	轻	长度×1.0m	0.6	10
10		重		1.0	
11	拱起	—	面积(m^2)	1.0	1.0
12	边角剥落	轻	长度×1.0m	0.6	10
13		中		0.8	
14		重		1.0	
15	接缝料损坏	轻	长度×1.0m	0.4	6
16		重		0.6	
17	坑洞	—	面积(m^2)	1.0	1.0
18	唧泥	—	长度×1.0m	1.0	10
19	露骨	—	面积(m^2)	0.3	0.3
20	修补	—	面积(m^2)或长度×0.2m	0.1	0.1(0.2)

注:1. 当采用人工调查时,应将条状修补的调查长度(m)乘以影响宽度(0.2m)换算成面积。
2. 当采用自动化检测时,块状修补的换算系数 w_i 为0.1,条状修补的换算系数 w_i 为0.2。

(6)自动化检测时,A_i 应按式(1-6)计算:

$$A_i = 0.01 \times GN_i \tag{1-6}$$

式中:GN_i——含有第 i 类路面损坏的网格数;

0.01——面积换算系数,一个网格的标准尺寸为 $0.1\mathrm{m} \times 0.1\mathrm{m}$。

(7) 路面行驶质量指数(RQI)应按式(1-7)计算:

$$\mathrm{RQI} = \frac{100}{1 + a_0 e^{a_1 \mathrm{IRI}}} \tag{1-7}$$

式中:IRI——国际平整度指数,m/km;

a_0——高速公路和一级公路采用 0.026,其他等级公路采用 0.0185;

a_1——高速公路和一级公路采用 0.65,其他等级公路采用 0.58。

(8) 路面车辙深度指数(RDI)应按式(1-8)计算:

$$\mathrm{RDI} = \begin{cases} 100 - a_0 \mathrm{RD} & (\mathrm{RD} \leqslant \mathrm{RD}_a) \\ 90 - a_1 (\mathrm{RD} - \mathrm{RD}_a) & (\mathrm{RD}_a < \mathrm{RD} \leqslant \mathrm{RD}_b) \\ 0 & (\mathrm{RD} > \mathrm{RD}_b) \end{cases} \tag{1-8}$$

式中:RD——车辙深度,mm;

RD_a——车辙深度参数,采用 10.0;

RD_b——车辙深度参数,采用 40.0;

a_0——模型参数,采用 1.0;

a_1——模型参数,采用 3.0。

(9) 路面跳车指数(PBI)应按式(1-9)计算:

$$\mathrm{PBI} = 100 - \sum_{i=1}^{i_0} a_i \mathrm{PB}_i \tag{1-9}$$

式中:PB_i——第 i 类程度的路面跳车数;

a_i——第 i 类程度的路面跳车单位扣分,按表 1-18 的规定取值;

i——路面跳车类型;

i_0——路面跳车类型总数,取 3。

路面跳车扣分标准 表 1-18

类别(i)	跳车程度	计量单位	单位扣分
1	轻度	处	0
2	中度		25
3	重度		50

(10) 路面磨耗指数(PWI)应按式(1-10)、式(1-11)计算:

$$\mathrm{PWI} = 100 - a_0 \mathrm{WR}^{a_1} \tag{1-10}$$

$$\mathrm{WR} = 100 \times \frac{\mathrm{MPD}_C - \min\{\mathrm{MPD}_L, \mathrm{MPD}_R\}}{\mathrm{MPD}_C} \tag{1-11}$$

式中:WR——路面磨耗率,%;

a_0——模型参数,采用 1.696;

a_1——模型参数,采用 0.785;

MPD_C——路面构造深度基准值,采用无磨损的车道中线路面构造深度,mm;

MPD_L——左轮迹带的路面构造深度,mm;

MPD_R——右轮迹带的路面构造深度,mm。

(11)路面抗滑性能指数(SRI)应按式(1-12)计算:

$$\text{SRI} = \frac{100 - \text{SRI}_{\min}}{1 + a_0 e^{a_1 \text{SFC}}} + \text{SRI}_{\min} \quad (1\text{-}12)$$

式中:SFC——横向力系数(Side-way Force Coefficient);

$\quad$ SRI——标定参数,采用35.0;

$\quad a_0$——模型参数,采用28.6;

$\quad a_1$——模型参数,采用-0.105。

(12)路面结构强度指数(PSSI)按式(1-13)、式(1-14)计算:

$$\text{PSSI} = \frac{100}{1 + a_0 e^{a_1 \text{SSR}}} \quad (1\text{-}13)$$

$$\text{SSR} = \frac{l_0}{l} \quad (1\text{-}14)$$

式中:SSR——路面结构强度系数(Pavement Structure Strength Ratio),为路面容许弯沉与路面实测代表弯沉之比;

$\quad l_0$——路面弯沉标准值,0.01mm;

$\quad l$——路面实测代表弯沉,0.01mm;

$\quad a_0$——模型参数,采用15.71;

$\quad a_1$——模型参数,采用-5.19。

5.桥隧构造物技术状况(BCI)评定

(1)桥隧构造物技术状况应采用桥隧构造物技术状况指数BCI评定。BCI应按式(1-15)计算:

$$\text{BCI} = \min(100 - \text{GD}_{i\text{BCI}}) \quad (1\text{-}15)$$

式中:$\text{GD}_{i\text{BCI}}$——第i类构造物的累计扣分,最高扣分为100,按表1-19的规定取值;

$\quad i$——构造物类型(桥梁、隧道、涵洞),共3类。

桥隧构造物扣分标准 表1-19

类型i	构造物名称	评定等级	计量单位	单位扣分	备注
1	桥梁	1	座	0	采用现行《公路桥梁技术状况评定标准》(JTG/T H21)的评定方法,五类桥梁所属评定单元的MQI值应取0
		2		10	
		3		40	
		4		70	
		5		100	
2	隧道	1	座	0	采用现行《公路隧道养护技术规范》(JTG H12)的评定方法,五类隧道所属评定单元的MQI值应取0
		2		10	
		3		40	
		4		70	
		5		100	

续上表

类型 i	构造物名称	评定等级	计量单位	单位扣分	备注
3	涵洞	好	道	0	采用现行《公路桥涵养护规范》(JTG H11)的评定方法，危险涵洞所属评定单元的MQI值应取0
		较好		10	
		较差		40	
		差		70	
		危险		100	

(2)不含桥隧构造物的评定单元,BCI 值应取 100。

6.沿线设施技术状况(TCI)评定

沿线设施技术状况应采用沿线设施技术状况指数 TCI 评定。TCI 应按式(1-16)计算：

$$TCI = \sum_{i=1}^{i_0} w_i (100 - GD_{iTCI}) \tag{1-16}$$

式中：GD_{iTCI}——第 i 类设施损坏的累计扣分，最高扣分为100，按表1-18的规定取值；

w_i——第 i 类设施损坏的权重，按表1-20的规定取值；

i——损坏类型；

i_0——沿线设施损坏类型总数，取5。

沿线设施扣分标准 表1-20

类型 i	损坏名称	损坏程度	计量单位	单位扣分	权重 w_i	备注
1	防护设施缺损	轻	处	10	0.25	—
		重		30		
2	隔离栅损坏	—	处	20	0.10	—
3	标志缺损	—	处	20	0.25	—
4	标线缺损		m	0.1	0.20	每10m扣1分，不足10m时按10m计
5	绿化管护不善	—	m	0.1	0.20	

课题1-5　养护决策

一、一般规定

(1)公路养护决策应为科学制订公路中长期养护规划、年度养护计划和养护工程方案等提供依据。

(2)公路养护决策应在满足养护质量目标的前提下，实现公路全生命周期内资产保值增值、效益最大化的经济目标。

(3)公路养护决策应包括数据统计分析、长期性能预测、养护需求分析和养护决策分析等。

(4)公路养护决策宜应用公路养护信息化管理系统进行科学决策。

二、数据分析与预测

(1)公路养护决策应以数据库中的基础数据和路况数据为基础,当数据库资料不足时,应通过收集、调查和检测予以补充。

(2)基础数据除应包括公路基础设施信息和环境信息外,还应包括材料单价、人工费用和地方经济指标等经济信息。

(3)路况数据应包括历年各类检测、监测及评定,交通量、轴载状况、日常养护、养护工程、灾毁,以及抢修情况等信息。

(4)对各类历史路况数据应进行技术状况分布、变化趋势和典型养护工程效果等统计分析。

(5)公路长期性能预测应对预测年限内各项技术状况指数在特定交通量及环境条件下的变化趋势进行预测。

三、需求分析

(1)公路养护需求分析应以养护质量目标和技术状况预测值等为依据,在规划年限内按年度分别进行。

(2)养护质量目标应包括各类技术状况指数、技术状况等级和设计使用年限等,应根据公路技术等级、技术状况、养护政策、技术标准和可用资金资源等确定,并应符合下列规定:

①当养护资金充足时,养护质量目标应符合标准的规定。

②当养护资金受限时,初期实施的养护工程质量目标可适当降低,但降低的技术状况等级不得超过一级。

③预防养护质量目标宜高于其他养护工程。

④对设定的养护质量目标应进行敏感性分析,必要时宜参考专家经验确定。

(3)公路养护需求分析应按技术状况预测值大小,将养护对象划分为若干类养护需求单元。结构、病害形态和成因相近,且技术状况等级相同的单元,应划分为同一类养护需求单元。

(4)对各类养护需求单元,应根据其技术状况和病害情况进一步选取养护方案,并应符合下列规定:

①养护方案应包括养护工程类别及其养护工程措施。

②养护工程措施应通过分析确定,或从养护对策库中选取。

③对于同一养护需求单元,应选取两个及以上养护方案,并应估算相应的工程造价。

四、决策分析

(1)公路养护决策分析,应对初步选取的各年度养护方案,按不同的优先度进行投资效益、技术因素和资金优化分配等分析比选,选取全生命周期内养护质量和经济效益最佳的养护方案作为推荐方案。

(2)经养护决策分析推荐的养护方案,应包括规划年限内各年度计划实施的养护工程类别、养护工程措施、工程规模、实施时机和资金分配方案等。

(3)公路养护决策应编制养护决策分析报告,内容应包括工程概况、决策目标、规划年限、数据采集与分析、养护需求分析、养护决策分析、养护推荐方案、养护资金预算、公路养护中长期规划及年度计划建议等。

课题1-6　养护工程设计

一、一般规定

(1)养护工程应根据其技术复杂程度开展一阶段施工图设计或技术设计和施工图设计两阶段设计,确定并细化养护工程技术方案,提出工程材料指标、施工工艺及验收标准、交通组织方案和技术措施,编制养护工程设计文件和预算文件。

(2)养护工程设计应开展专项检查及评定,查明设计对象技术状况、病害情况、结构和材料性能等,其资料时限不应超过6个月,必要时应开展基础设施几何构造数据、地质和水文等资料的勘察和调查。有监测数据时,应收集相关信息资料。

(3)养护工程设计应以养护需求单元作为基本单元,养护需求单元的确定应符合本书课题1-5中"需求分析"的规定。

(4)养护工程技术方案应根据设计对象技术状况、病害类型及成因、交通及环境条件等,经技术经济分析确定。技术复杂且存在多个可供比选的方案时,可按本书课题1-5中"决策分析"的规定,通过方案决策分析选取技术方案。在同等条件下,应选用技术成熟的快速养护技术方案。

(5)养护工程设计使用年限应根据公路技术等级、基础设施类型及养护工程类别,结合剩余使用年限和技术状况等确定。

(6)养护工程技术标准的采用应遵循下列原则:

①预防养护工程设计不应低于原技术标准。

②修复养护工程设计不应低于原技术标准,涉及结构安全和交通安全的修复养护工程设计宜采用现行技术标准。

③增设、升级改造和拆除重建等专项养护工程设计应采用现行技术标准。

(7)养护工程设计应充分利用既有基础设施,养护工程材料的物理力学性能不得低于原设计要求,并应充分利用可回收再利用材料。

(8)养护工程交通组织方案应根据公路技术等级、交通量、作业类型、公路几何构造、区域路网结构及现场条件等进行设计。

二、预防养护工程

（1）预防养护工程应以延缓公路基础设施性能衰减、延长使用寿命为目标，针对基础设施轻微病害或病害隐患，开展病害早期处治或预防工程设计。

（2）路基预防养护工程应针对土路肩、边坡及结构物、排水设施等的表观病害或病害隐患进行设计，满足延缓病害发展、恢复路基防护和排水性能等要求。

（3）路面预防养护工程应针对路面轻微病害进行设计，满足延缓路面病害发展，恢复路面行驶质量、抗滑和抗老化性能等要求。

（4）桥涵预防养护工程应针对各类设施轻微病害、构件非结构性病害、环境作用引发的结构材料劣化及造成的其他不利影响等进行设计，满足延缓病害发展和结构性能衰减、提升结构耐久性等要求。

（5）隧道土建结构预防养护工程应针对各分项设施轻微病害、衬砌非结构性开裂、渗漏水和材料劣化等进行设计，满足延缓病害发展和结构性能衰减、提升结构耐久性等要求。

（6）交通工程及沿线设施可根据养护需要开展预防养护工程设计。

三、修复养护工程

（1）修复养护工程应以恢复公路基础设施技术状况或服务功能为目标，根据病害类型、严重程度、成因及发展趋势，开展功能性修复、结构性修复或更换等设计。

（2）路基修复养护工程设计应满足地基承载能力、路堤强度、边坡稳定性和结构承载能力等要求，并应符合下列规定：

①路堤修复工程设计应分析地基与堤身的共同作用。

②地基变形等病害处治应进行沉降变形控制验算。地基受力范围存在软弱下卧层时，应进行地基承载能力验算。斜坡软弱地基处治应进行稳定性验算。

③高边坡路堤和陡坡路堤开裂滑移等病害处治，应进行堤身稳定性、堤身与地基整体稳定性验算。

④边坡支挡结构物加固应进行结构强度和整体稳定性验算。

⑤路基排水设施修复养护工程应结合路面、桥涵和隧道等排水系统进行设计。

（3）路面修复养护工程设计应满足路面结构强度、行驶性能和抗滑性能等要求，并应符合下列规定：

①路面修复养护工程应结合路堤和路床病害处治进行设计。

②路面加铺层材料组成、结构组合及厚度，宜通过路用性能试验和设计参数测试确定。

③路面结构性补强所采用结构组合及厚度，应通过结构验算确定。

④水泥混凝土路面加铺沥青混凝土面层时，应按复合式路面设计。

⑤在有上跨构造物的路段，加铺后的路面高程应满足建筑限界净空高度的要求。

（4）桥涵修复养护工程设计应满足结构耐久性、强度、刚度和稳定性等要求，并应符合下列规定：

①结构性修复方案应通过结构验算确定，满足正常使用极限状态和承载能力极限状态的

要求。

②桥梁结构复位利用原桥梁构件作为支撑时,应对该构件承载安全性进行验算。

③桥梁梁体全幅更换时,新更换梁体应满足现行技术标准的要求。单梁更换时,新更换梁体不应低于原设计要求。

④需增加桥面铺装厚度或其他恒载时,应通过桥梁结构承载能力验算。

⑤更换的支座和伸缩装置应与原结构体系相适应,满足使用功能的要求。

(5)隧道土建结构修复养护工程设计应满足结构耐久性、强度和稳定性等要求,并应符合下列规定:

①结构性修复设计应对各施工阶段的构件强度、稳定性及结构变形等进行验算。

②衬砌结构性修复应结合衬砌背后空洞等病害处治进行设计,并应满足防排水的要求。

③结构承载能力验算应根据结构实际应力和边界条件进行。

(6)边坡支挡、桥涵和隧道结构等修复养护工程设计尚应符合下列规定:

①对于有抗震要求的结构,其结构性修复设计应进行抗震能力验算。

②对于由环境作用引发的结构病害,应进行相应的防治设计。

③结构性修复宜根据原结构实测几何尺寸和材料强度等进行设计。

(7)交通工程及沿线设施修复养护工程设计应符合下列规定:

①标志修复和更换所采用版面尺寸、字符、图形、标志板和支撑件等宜采用原技术标准。

②重新施划标线的颜色、形状、几何尺寸和材料等应采用现行技术标准。

③机电设施设备及软件系统修复、更换和升级设计应满足使用功能和安全要求。

④房屋修复养护工程应根据结构类型、上部承重结构状况、地基基础状况和使用荷载等,结合使用环境和已使用年限进行设计,并应符合相关行业标准的规定。

⑤环境保护设施修复养护工程设计应满足原设计功能的要求。绿化植物补植或改植宜采用原物种,不得引入外来物种。

四、专项养护工程

(1)专项养护工程涉及的修复和加固改造等设计应符合前面"修复养护工程"的有关规定,拆除重建工程设计应符合行业现行有关新建和改扩建技术标准的规定。

(2)提升服务功能的专项养护工程设计尚应符合下列规定:

①路线局部改线和路线交叉几何改造应根据实测资料进行平面和纵断面拟合设计。

②路基加宽部分的回弹模量不应低于原设计标准。

③路面重建和改建应通过实测和试验确定有关技术参数,根据实测资料进行路线纵断面拟合设计。

④桥梁拼接加宽应进行整体验算,评价正常使用极限状态应采用原设计荷载标准,评价承载能力极限状态应采用现行设计荷载标准。

(3)地质灾害防治工程设计应根据特殊地质体的性质、类型、成因、稳定状态及发展趋势、范围及其与公路的空间关系、既有治理工程技术状况等进行,设计采用的物理力学参数应根据室内试验和原位测试资料经综合分析确定。

(4)灾后恢复工程应在应急养护抢通后及时组织专项检查,根据基础设施技术状态实测资料、结构和材料性能试验资料,以及地形、地质和水文等实测资料,经综合论证确定技术方案并进行详细设计。

五、交通组织方案

(1)养护工程施工期间的交通组织方案设计应提出作业区布置方案、车辆临时通行方案和临时交通安全设施布置方案等。

(2)作业区布置方案应按长期作业、短期作业、临时作业和移动作业等作业类型进行设计。

(3)作业区应由警告区、上游过渡区、缓冲区、工作区、下游过渡区和终止区等区段组成,警告区和工作区必须设置,其余区段的设置应根据公路技术等级、作业类型、作业方式和安全要求等确定。

(4)车辆临时通行方案应根据公路技术等级和作业类型,结合作业区布置方案进行设计,并应符合下列规定:

①短期作业、临时作业和移动作业应利用现有路面为车辆通行提供临时车道,长期作业宜利用现有路面提供临时车道。

②高速公路和一级公路半幅封闭作业,或单向临时车道数不足时,可借对向车道设置临时车道。

③双车道公路半幅封闭作业时,可利用对向车道双向交替通行。

④长期作业路段全幅封闭作业,或利用现有路面设置的临时车道数不足时,应修建临时通行便道,或采用路网分流方案。

(5)临时通行路段设计速度应根据实际交通需求和现场条件等确定。临时通行路段设计速度及车道最小宽度应符合表1-21的规定。

临时通行路段设计速度及车道最小宽度 表1-21

原路设计速度(km/h)	120	100	80	60	40	30	20
临时通行路段设计速度(km/h)	80	70	60	40	30	30	20
车道最小宽度(m)	3.75	3.75	3.50	3.50	3.25	3.25	3.00

(6)高速公路和一级公路临时通行路段设计服务水平可较正常通行路段降低一级,其车道数应根据实际交通需求、服务水平、设计速度、车道宽度和作业强度等,按行业现行有关标准的规定计算确定。

(7)临时交通安全设施布置方案设计应符合下列规定:

①除移动作业外,作业区和通行车道之间应设置隔离设施。

②高速公路和一级公路的对向交通流之间应设置隔离设施。

③长期作业应采用稳固式交通安全设施。

④短期作业和临时作业宜采用易于安装、拆除的交通安全设施。

⑤移动作业宜采用移动式标志车,临时作业可采用移动式标志车。

(8)对于车辆通行可能影响安全、结构和材料性能的关键施工环节,应根据施工工艺、结构和材料性能要求等,提出该路段在作业期间车辆限制通行或禁止通行方案。

本单元有"养路工人的一天"视频,可扫码观看资源 **1-1**。

1-1　养路工人的一天

1. 公路养护工程分为哪几类?
2. 公路技术状况有哪几个等级?如何确定等级?
3. 沥青路面损坏类型有哪 11 类?水泥混凝土路面损坏类型有哪 11 类?
4. 简述公路技术状况评价指标体系。
5. 简述公路沥青路面和水泥混凝土路面养护对策。
6. 现行公路养护的标准、规范主要有哪些?

单元2 UNIT TWO
路基养护

 知识目标

1. 熟悉路基养护的有关规定；
2. 熟悉路基病害类型及病害产生的原因；
3. 熟悉路肩、路堤、防护与加固工程、排水设施等路基组成部分的常用养护维修方法；
4. 熟悉特殊路基的常见养护维修方法。

 能力目标

1. 能够识别路基病害并分析病害产生的原因；
2. 能够依托实际工程背景，根据公路路基病害调查结果，分析病害产生的原因及可能造成的后果，并对路基技术状况进行评定；
3. 能够根据现场实际情况和规范要求，增设路基地表与地下排水设施；
4. 能够从适应条件、路用性、经济性、制约因素等方面对比选择合适的路基养护维修方案。

课题2-1 一般规定

一、路基养护管理要求

（1）路基养护应包括日常养护和养护工程。日常养护应包括日常巡查、日常保养和日常维修；养护工程应包括预防养护、修复养护、专项养护和应急养护。

（2）路基养护工作对象应包括公路用地范围内的路肩、路堤与路床、边坡、既有防护及支挡结构物、排水设施、特殊路基等。

（3）路基养护工作内容应包括路况调查与评定、养护决策、日常养护、养护工程设计、养护工程施工、养护工程质量验收、跟踪观测和技术管理。

(4)路况调查与评定应包括病害调查、技术状况评定、安全性评估等内容。定期进行路基病害调查、技术状况检测与评定,并对存在较大病害隐患路基的安全性进行评估。

(5)结合公路信息化建设,建立健全路基管理系统,并及时更新路基基础资料、检测评定与定点监测数据、安全性评估结果等信息。

(6)按照公路养护科学决策的工作制度与方法,编制路基养护规划与年度计划。

(7)对路基日常维修、预防养护、修复养护和专项养护应加强质量管理,严格控制施工过程质量控制,落实日常养护考核和养护工程验收制度。

(8)养护工程验收质量检验评定标准应符合公路养护工程质量检验评定的有关规定。

(9)对路基日常维修、预防养护、修复养护和专项养护宜进行跟踪观测,综合评判实施效果,并做好技术总结。

(10)对路基养护工作内容实施过程的技术档案应进行管理与归档。

(11)路基养护作业安全应符合现行《公路养护安全作业规程》(JTG H30)和《公路工程施工安全技术规范》(JTG F90)的有关规定。

二、路基养护质量要求

(1)路肩养护应满足下列质量要求:
①表面密实平整、清洁、无杂物、无杂草。
②路肩宽度符合设计要求,边缘应顺直、无缺损。
③横坡符合设计要求,与路面衔接平顺,不阻挡路面排水。
④路缘石完好、无缺损。

(2)路堤与路床养护应满足下列质量要求:
①无明显不均匀沉陷。
②无开裂滑移。
③无冻胀、无翻浆。

(3)边坡养护应满足下列质量要求:
①坡面平整,无冲沟、无松散、无杂物。
②坡度符合设计要求。
③边坡稳定。

(4)既有防护及支挡结构物养护应满足下列质量要求:
①无沉陷、无开裂、无移位,沉降缝、伸缩缝完好。
②表面平整、无脱空。
③排水孔无堵塞、无损坏。

(5)排水设施养护应满足下列质量要求:
①无杂物、无淤塞、无冲刷。
②纵坡适度、排水畅通。
③进出口状况完好、无积水。

三、预防养护

预防养护是对存在病害隐患、暂未影响正常运营的路基及其附属结构物,以预防病害隐患过快发展、保证安全运行为目标所进行的主动性养护工程。预防养护应满足下列要求:

(1)应贯彻路基预防养护理念,遵循"预防为主、主动施策"的原则。

(2)对路基存在病害隐患的路段应实施定点观测或定点监测,及时掌握路基病害的发展趋势,并根据定点观测或监测结果,确定预防养护的时机。

(3)在确定预防养护时机的基础上,根据路基病害的隐患特点及发展趋势等,确定预防养护措施。

(4)对路基预防养护工程进行一阶段施工图设计。技术简单的预防养护工程可采用技术方案设计,并按技术方案组织实施。

四、修复养护

修复养护是在路基出现明显病害或部分丧失服务功能的情况下,以恢复良好的路基状况为目标所进行的维修加固性养护工程。修复养护应满足下列要求:

(1)及时对路基病害进行维修加固,实施修复养护工程。

(2)对路基修复养护工程进行一阶段施工图设计,或技术设计和施工图设计两阶段设计。

五、专项养护

专项养护是为恢复、保持或提升路基服务功能而集中实施的路基维修、加固、专项处治、灾后恢复等养护工程。

六、应急养护

应急养护是在突发情况下路基严重损坏或损毁,并且危及或已造成交通中断,以快速地恢复安全通行能力为目标所进行的应急性抢通、保通和抢修养护工程。应急养护应满足下列要求:

(1)遵循"快速反应、有效抢险、及时处治、保障安全"的原则,制订路基应急抢险预案,建立健全应急抢险工作机制,合理配备应急抢险队伍、设备、物资等。

(2)对存在重大病害隐患的路基,应加强定点监测,及时预警,增设相应的交通安全警示标志。

(3)对影响交通安全的突发性灾害路段,应启动应急预案,及时开展应急抢通、保通和抢修工作,安排灾后修复养护工程。

(4)实施应急养护时,应设置交通安全设施;需中断交通的,应合理采取分流措施。

(5)应急抢通、保通和抢修工程的先期临时方案应与后期修复养护工程方案相结合。

课题 2-2　路基状况调查

一、一般规定

(1) 应每年组织一次公路网级路基技术状况指数 SCI 调查与评定。

(2) 根据路基日常巡查记录和病害定点监测结果,宜每季度或半年组织一次用于指导日常养护的路基技术状况指数 SCI 评价。

(3) 对于雪害、风沙、涎流冰等特殊路基病害,应根据实际情况做好调查记录。调查结果可不参与路基技术状况评定,但可作为养护计划安排依据。

(4) 公路路基技术状况应用路基技术状况指数 SCI 及其分项指标表示,路基技术状况指数 SCI 及其分项指标的值域为 0~100。

(5) 公路路基技术状况应分为"优、良、中、次、差"五个等级。

二、路基病害类型

说明:此分类标准采用的依据是《公路路基养护技术规范》(JTG 5150—2020),而单元 1 课题 1-5 公路技术状况评定中的路基损坏类型采用的依据是《公路技术状况评定标准》(JTG 5210—2018)。

路基病害可分为路肩病害、路堤与路床病害、边坡病害、既有防护及支挡结构物病害、排水设施病害五类。

1. 路肩病害

路肩病害可分为路肩或路缘石缺损、阻挡路面排水和路肩不洁三类。

(1) 路肩或路缘石缺损,指路肩一侧宽度小于设计宽度 10cm 及 10cm 以上,路肩出现 20cm×10cm(长度×宽度)以上的缺口,路缘石丢失、损坏、倾倒或路缘石与路面脱离透水等。路肩或路缘石缺损如图 2-1 所示。

(2) 阻挡路面排水,指路肩高于路面,造成路面排水不畅。

(3) 路肩不洁,指路肩有堆积杂物、未经修剪且高于 15cm 的杂草,如图 2-2 所示。

图 2-1　修补路肩或路缘石缺损

图 2-2　路肩不洁

2. 路堤与路床病害

路堤与路床病害可分为杂物堆积、不均匀沉降、开裂滑移和冻胀翻浆四类。

（1）杂物堆积，指人为倾倒的垃圾和秸秆等杂物的堆积。

（2）不均匀沉降，指路基出现大于 4cm 的差异沉降，或大于 5cm/m 的局部沉陷，如图 2-3 所示。

（3）开裂滑移，指沿路基纵向出现弧形开裂，路基产生侧向滑动趋势，如图 2-4 所示。

图 2-3　不均匀沉降

图 2-4　开裂滑移

（4）冻胀翻浆，指季节性冰冻引起的路面隆起、变形，春融或多雨地区的路基在行车荷载作用下造成路面变形、破裂、冒浆等，如图 2-5 所示。

3. 边坡病害

边坡病害可分为坡面冲刷、碎落崩塌、局部坍塌和滑坡四类。

（1）坡面冲刷，指由雨水冲刷坡面形成深度 10cm 以上的沟槽（含坡脚缺口），如图 2-6 所示。

图 2-5　冻胀翻浆

图 2-6　坡面冲刷

（2）碎落崩塌，指路堑边坡因表层风化等产生碎石滚落、局部崩塌等。

（3）局部坍塌，指因边坡表面松散破碎或雨水冲刷而引起的坡面滑塌，如图 2-7 所示。

（4）滑坡，指边坡发生整体剪切破坏引起的坡体下滑，或有明显水平位移，如图 2-8 所示。

图 2-7 局部坍塌　　　　　　　　　图 2-8 滑坡

4. 既有防护及支挡结构物病害

既有防护及支挡结构物病害可分为表观破损、排(泄)水孔淤塞、局部损坏和结构失稳四类。

(1) 表观破损,指勾缝或沉降缝损坏、表面破损、钢筋外露和锈蚀等。

(2) 排(泄)水孔淤塞,指排(泄)水孔被杂物堵塞,造成排水不畅。

(3) 局部损坏,指局部出现的基础淘空、墙体脱空、脱落、鼓肚、轻度裂缝、下沉等,如图 2-9 所示。

(4) 结构失稳,指结构物整体出现的开裂、倾斜、滑移、倒塌等,如图 2-10 所示。

图 2-9 局部损坏　　　　　　　　　图 2-10 结构失稳

5. 排水设施病害

排水设施病害可分为排水设施堵塞、排水设施损坏和排水设施不完善三类。

(1) 排水设施堵塞,指排水设施内有杂物、垃圾、淤积等,造成排水不畅或排水设施堵塞。疏通堵塞排水设施如图 2-11 所示。

(2) 排水设施损坏,指排水设施出现勾缝严重脱落,排水沟、截水沟、急流槽等设施破损,如图 2-12 所示。

图 2-11　疏通堵塞排水设施

图 2-12　排水设施损坏

（3）排水设施不完善，指排水设施缺失、未与外部排水系统有效衔接，造成排水不畅通。

三、路基病害调查

1. 路基养护检查方式与技术

开展公路养护检查是基层养护单位法定性、经常性的工作，而养护人员数量不足、工作量繁重等综合原因致使固有的养护检测技术在新的社会发展和科学技术水平下，略显低效，模式也日趋僵化。新形势下的公路养护检测工作，迫切需要以智能化、信息化手段和方法提高工作效率。

当前高速公路路基的养护检查，主要依靠养护人员驾车或人工步行进行。驾车检查速度较快，但容易遗漏缺陷病害，检查精细度不足；人工步行检查能满足检查精细度要求，但检查速度很慢，且每月定期巡查均需大量人工进行，工作效率低下，并具有一定的安全隐患。

无人机技术的发展与应用，为更快速准确、经济高效地开展公路养护检查工作提供了一种新的思路；特别是在山区高填方、高挖方路段进行路基养护检查，使用无人机代替人工，既可大大提高工作效率，检查范围可达人工难以企及的部位，又可避免检查工作的安全风险。无人机监测路况工作现场如图 2-13 所示。

a)

b)

图 2-13　无人机监测路况

2. 路基病害调查一般规定

（1）路基病害调查应以 1000m 路段长度为一个基本单元，不足 1000m 的按一个基本单元计,并对上、下行方向分别调查,与路面技术状况病害调查的基本单元划分相一致。

(2)路基病害调查可采用人工调查与设备检测相结合的方式,采集路基病害信息。

(3)路基病害定点监测应符合下列规定:

①对存在较大病害隐患的路段,应根据需求安设监测设备,采用测量仪器、探测工具等定期采集路基相关数据信息,对路基病害的发生原因和发展趋势进行判断。

②路基病害监测的主要内容包括路基沉降量、边坡侧向位移量及裂缝宽度、既有防护及支挡结构物的裂缝宽度及位移。

课题2-3 路基日常养护

一、一般规定

(1)应编制路基的日常养护年度计划,并根据养护质量要求及路基状况调查结果确定日常养护工作内容。

(2)路基日常养护应及时做好工作记录,包括作业时间、作业内容、作业人员、完成的工作量等内容。

(3)应提倡和鼓励使用机械设备开展养护作业,提升路基日常养护机械化水平。

二、日常巡查

(1)应在公路养护日常巡查工作制度中明确路基日常巡查工作内容。

(2)路基的日常巡查可分为一般巡查和专项巡查。

(3)路基的一般巡查频率每周不宜少于一次,遇特殊气候、突发灾害等情况,应适当增加巡查频率。一般巡查可用目测方式,也可用目测与量测相结合的方式,应包括下列主要工作内容:

①检查路肩是否存在缺损、阻挡排水,是否存在杂草、杂物。

②检查路堤是否存在杂物堆积,是否存在沉陷、冻胀翻浆。

③目测边坡是否存在冲刷、缺口,坡面是否存在杂草、杂物,坡体是否存在松动、碎落崩塌、局部坍塌。

④检查既有防护及支挡结构物是否存在表面破损、勾缝脱落、杂草、杂物,是否存在排(泄)水孔堵塞,是否存在局部损坏。

⑤查看排水设施是否存在堵塞、破损等。

(4)路基的专项巡查主要对高边坡、既有防护及支挡结构物、排水设施等的病害进行实地察看与量测,做好路基专项巡查记录,并应符合下列规定:

①路基的专项巡查应在年度公路网级的路基技术状况调查基础上,每半年进行一次。

②对最近一次路基技术状况指数 SCI 或任一分项指标评定为"次、差"的路段,其专项巡查频率每月不得少于一次。

路基专项巡查应包括下列主要工作内容：

①查看边坡坡顶和坡面是否存在裂缝以及裂缝的发展情况；边坡坡面是否存在岩体风化松散、局部坍塌、滑坡。

②检查既有防护及支挡结构物是否存在结构变形、滑移、开裂；检查基础是否存在积水、冲刷、空洞等。

③查看排水设施的排水是否通畅、有效，是否损坏、不完善。

三、日常保养

路基日常保养应包括下列主要工作内容：

(1) 整理路肩，修剪路肩杂草，清除路肩杂物。

(2) 整理坡面，缺口培土，修剪坡面杂草，清除坡面杂物。

(3) 清除护坡、支挡结构物上的杂物，疏通排(泄)水孔。

(4) 清理绿化平台、碎落台上的杂物。

(5) 疏通边沟、截水沟、集水井、泄水槽等排水设施。

(6) 修整中央分隔带路缘石，清除杂物、杂草，清理排水通道。

四、日常维修

1. 一般规定

(1) 应根据路基技术状况评定与日常巡查记录结果，按月度或季度编制日常维修工作计划。

(2) 日常维修应包括下列主要工作内容：

①修补路基缺口，整修路缘石，修整路肩坡度，处理路肩的轻微病害。

②清理边坡零星塌方，修补坡面冲沟，修理砌石护坡、防护网、绿植等坡面防护工程的局部损坏。

③修理既有防护及支挡结构物的表观破损和轻微的局部损坏。

④整修绿化平台、碎落台。

⑤修理局部开挖边沟、截水沟等，铺砌、修复排水设施等。

2. 处理路基小塌方

路基塌方，是常见的路基边坡病害，也是公路水毁的普遍现象。按破坏规律和病害成因的不同，路基塌方大致可分为剥落、碎落、滑塌及坍塌等。

1) 路基边坡塌方原因

(1) 路基边坡过陡。

(2) 路基施工方法不当，如路基施工时采用爆破方式震松了山石。

(3) 雨水或地下水导致土体过于潮湿。

(4) 路基边坡坡脚被水冲刷。

(5) 路肩边坡岩石破碎、风化严重。

2）处理方法

（1）加强日常养护

①对于石质路堑边坡,应经常观察坡面岩石风化情况,以及危岩、浮石的变动,若发现问题,应及时采取适当措施进行处理,如清除、抹面、喷浆、勾缝、嵌补、锚固等,避免危及行车、行人安全或堵塞边沟,影响排水。

②对于填土路堤边坡形成的冲沟和缺口,应及时用黏结性良好的土修补拍实。对较大的冲沟和缺口,修理时应将原边坡挖成台阶形,然后分层填筑压实,并注意与原坡面衔接平顺。

③随时清理路基塌方。

④严禁在边坡上及路堤坡脚、护坡道上挖土取料或种植农作物。

（2）整修边坡

经常保持路基边坡有适宜的坡度。坡面保持平顺、坚实、无冲沟,其坡度符合设计规定。

（3）边坡加固

①土质边坡可采用种草、铺草皮等方法加固。在开采石料方便的地方,可做成干砌片石护坡加固,如图2-14所示。

②软硬岩石交错的边坡,将软硬岩层用水泥砂浆抹面。抹面前,先将风化岩石层清除,挖出新鲜岩面,并将岩体坑洼嵌补平齐。

③对于易风化的路堑边坡软质岩层,可修建干砌片石或浆砌片石护面墙,如图2-15所示。

图2-14　干砌片石护坡

图2-15　浆砌片石护面墙

④修建浆砌片石挡土墙。如图2-16所示。

（4）增建排水设施

在容易发生塌方或已经发生塌方的路段,可修建截水沟（图2-17）、排水沟等排水设施,将冲刷路基的水流引至路基范围以外的沟渠中排出。

3. 处理边坡、碎落台、护坡道局部损坏

1）未防护加固的路基边坡、碎落台的日常维修

（1）路堑边坡、碎落台的日常养护与维修

①应经常观察路堑,特别是深路堑边坡的稳定情况,注意发现边坡病害。

②当土质路堑边坡出现冲沟时,应及时用黏土填塞捣实。

图 2-16 浆砌片石挡土墙

图 2-17 截水沟

③发现危岩、浮石,应及时处理、清除。

④如出现潜流涌水,可开沟隔断水源,将水引至路基以外。

⑤及时清理路堑边坡的碎落和坍塌堆积物。

(2)路堤边坡、护坡道的日常维护

①对于填土路堤边坡形成的冲沟和缺口,应及时用黏结性良好的土修补拍实。

②对较大的冲沟和缺口,修理时应将原边坡挖成台阶形,然后分层填筑压实,并注意与原坡面衔接平顺。

碎落台、护坡道在路基中的位置如图 2-18 所示。

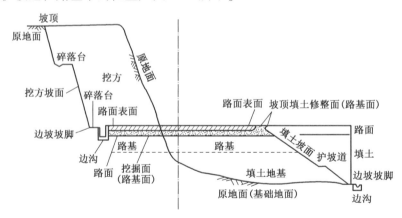

图 2-18 碎落台、护坡道在路基中的位置

2)已防护加固的边坡、碎落台、护坡道局部损坏的修理方法

(1)植物防护

①应经常检查植被的发育状态,对未成活植被应及时补种。三维植被网防护如图 2-19 所示。

②草皮护坡根部有局部冲空现象的,用黏土填塞捣实。

(2)砌石防护

①若护坡石块有松动现象,干砌护坡应用小石块嵌紧,浆砌护坡应用小石块嵌紧后用砂浆勾缝。

②局部脱落,用石块填补、嵌紧、勾缝。

③若泄水孔有堵塞,应及时疏通。

(3)抛石加固边坡

若抛石有空缺或冲失,应及时添补填实,或选用大块石压铺在表面。

(4)石笼加固边坡

①若笼框、铁丝出现腐蚀或断开,应及时修理笼框、填满石块。

②若填石有脱落现象,应予以填满,封闭笼框。

抛石和石笼防护如图2-20所示。

图2-19　三维植被网防护

图2-20　抛石和石笼防护

4.路基边坡绿化养护

(1)公路绿化养护应加强日常养护、预防养护和定期维护工作,对植物应适时灌溉、排涝、施肥、中耕除草、整形修剪、补植和改植,并应加强病虫害日常防治等工作。

(2)植物灌溉应根据绿地的土壤质地、土壤肥力、天气情况和植物的生理需水量等,确定灌溉时间和灌溉量。当雨后绿地出现积水时,应及时排除积水;对经常性积水的绿地,宜增设排水设施。

(3)植物施肥应根据绿地土壤肥力、季节及植物生理需肥特点等合理进行。

(4)植物整形修剪应结合植物的生物学特性、生态习性、景观需求和树木健康管理要求等,适时适量进行。当路侧乔灌木影响建筑限界和路侧安全净空,遮挡视距、标志,或与路灯、架空线及其他变电设备等安全距离不足时,应及时修剪、清除或改植。人工、机械修剪植物如图2-21、图2-22所示。

(5)病虫害防治应加强日常巡查、定期检疫和预报工作,发现疫情应及时处置。病虫害防治宜采用以生物防治和物理防治为主,以化学药剂防治为辅的方法。采用化学药剂防治时,不应使用有机磷类药剂。

(6)缺失植物的补植和改植应符合下列规定:

①当草皮生长不良导致边坡或边沟防护不足时,应及时补植、复壮或改植。

②植物枯死时,应及时清理,并在适宜季节补植或改植。

③植物补植或改植宜采用原有物种,不得引入外来物种。

④必要时应对栽植土进行补缺或更换。

图 2-21　人工修剪植物

图 2-22　机械修剪植物

（7）公路绿化养护应加强自然灾害防治工作，在灾害性天气来临前，应提前采取防御措施；在灾害性天气期间，应加强巡查和针对性管理等工作；灾害性天气之后，应及时做好清理和补植等工作。

课题 2-4　路肩养护

路肩是路基的组成部分，其功能是保护路面边缘，供行人和非机动车通行，也可供临时停车和错车之用。造成路肩病害的主要因素是水的作用，因此路肩养护与维修工作的重点就是减少或消除水对路肩的危害。土路肩如图 2-23 所示，碎石硬化路肩如图 2-24 所示。

图 2-23　土路肩

图 2-24　碎石硬化路肩

一、路肩的作用

（1）保护路面。
（2）临时停车。
（3）提供侧向余宽，引导视线，增加行车的安全性和舒适性。

(4)增加挖方路基弯道地段的视距。
(5)为设置交通安全设施或养护作业提供工作场地。

二、路肩养护的要求

(1)表面无车辙、坑洼、隆起、沉陷、缺口。
(2)横坡适度,边缘顺适。
(3)与路面接茬平顺。

三、路肩养护和维修工作内容

必须经常保持适当的平整顺适的横坡,以迅速排除路面范围内的地面水。硬路肩横坡与同类型路面横坡相同;土路肩或草皮路肩的横坡应比路面横坡大 1% ~2%,以利于排水。

土路肩上出现的车辙、坑洼以及因行车道罩面、加铺保护层而造成的错台现象,必须及时排除积水、清理淤泥,并使用与原路肩相同的土填平夯实,恢复原有状态。当路肩过高妨碍路面排水时,应铲削整平,达到合乎规定的坡度。路肩外侧边缘由于流水冲刷,或牲畜踩踏、车轮碾压形成缺口时,应及时修补,使其保持整齐、顺适。可结合实施 GBM 工程(公路标准化、美化的简称),用石块、水泥混凝土预制块铺砌(现浇)宽度不小于 20cm 的路肩边缘带(护肩带),从而既保护路肩,又美化路容。

四、保持路肩整洁的方法

1. 保持硬路肩的整洁

加强日常巡查,发现路肩上出现杂物,应及时清扫,以保护路肩的整洁。清扫路肩时应洒水,避免造成扬尘污染。
(1)清扫泥土、杂物。
(2)排除积水、积雪、积冰、积沙。
(3)拦水带(路缘石)的刷白、修理。

2. 保持土路肩的整洁

(1)土路肩上出现的车辙、坑洼,用与原路肩相同的土填平夯实,恢复原有状态。
(2)雨后必须及时排除积水、清理淤泥,以保持路肩的整洁。
(3)对于植草皮或利用天然草加固的路肩,定期进行维护和修剪,草高不得超过 15cm,并随时清除杂草和草丛中积存的泥沙杂物,以利于排水,保持路容美观。

3. 路肩上严禁种植农作物和堆放任何杂物

对于养路材料,应在公路以外相连路肩之处,根据地形情况,选择适宜地点,设置堆料台。堆料台的间距以 200 ~500m 为宜。

五、处理路肩坑洼、隆起、塌陷的方法

1. 土路肩车辙、坑槽的处理

土路肩上出现的车辙、坑洼、坑槽等病害时,必须及时排除积水、清理淤泥,并使用与原路

肩相同的土填平、夯实,恢复原有状态。

(1)修补材料

使用与原路肩相同的土或良好的砂性土。砂性土或粉性土地段,应掺拌黏性土加固表面,以提高路肩的稳定性。

(2)修补方法

①清除杂草,刨松表面。

②用填补材料摊铺压实,使填补层与原路肩结合牢固。

③填补厚度大于 0.15m 时,应分层夯压密实。

2. 土路肩隆起的处理

土路肩隆起,会妨碍路面排水,应铲削整平。

3. 填土路基路肩塌陷的修理

(1)有级配较好的砂砾土,或塑性指数满足要求的亚黏土。

(2)对于小型路肩塌陷缺口,用黏性良好的土修补夯实。

(3)对较大的塌陷缺口,修理时应先进行清理,将路肩上出现病害部分的土挖去,再分层填筑夯实。回填时,挖补面积要扩大,且逐层挖成台阶状,由下往上,逐层填筑,压实度达到路基施工质量要求。

六、路肩加固的类型和方法

公路上的路肩通常不供行车之用,但从功能上要求应能承受汽车荷载。为减少路肩养护工作量,对于行车密度大的路线,应有计划地将土路肩改铺成硬路肩。硬路肩的横坡度应与路面的横坡度相同。

1. 采用种植草皮加固

如果为了防止雨中会车时的泥泞陷车,则可用粒料加固,砾石、风化石、炉渣、碎砖等粒料掺拌土,铺筑加固层,其厚度不小于 15cm。应尽量采用挖槽铺压;也可在雨后路肩湿软时,直接将粒料(不加黏土)撒铺到路肩上,并进行碾压,分期地将粒料铺压进路肩土中加固。种植草皮加固路肩如图 2-25 所示。

2. 采用路缘石加固路肩

(1)混凝土应按试验确定的配合比进行拌制及预制,路缘石的质量符合图纸规定要求。

(2)路缘石埋设的槽底基础和后背填料应夯击密实,压实度符合图纸要求。路缘石加固路肩如图 2-26 所示。

(3)安砌路缘石时应钉桩拉线,务必使顶面平整、线条直顺、曲线圆滑、美观,埋砌稳固。

3. 混凝土预制块加固土路肩

土路肩加固前准备。施工前应按图纸逐桩测量其施工高程及应有宽度,当不符合图纸规定时,应及时进行修整;土路肩的压实度,需满足重型击实标准的 95% 以上,同时路基变坡整修应符合图纸要求。经监理工程师检查同意后,方可分段进行预制块的铺砌或现浇水泥混凝土加固作业。混凝土预制块加固路肩如图 2-27 所示。

图2-25　种植草皮加固路肩　　　　　　　　图2-26　路缘石加固路肩

(1)混凝土预制块按图纸要求的尺寸应在预制场集中预制,并经检验合格后方可使用。预制块在运输时应轻拿轻放,不得野蛮装卸,避免损坏。

(2)铺砌预制块时,首先应按图纸要求设置垫层或整平,然后将块件接缝处用水湿润,并在侧面涂抹水泥砂浆。砌块落座时位置正确、灰缝挤紧,但不得碰撞相邻砌块。灰缝宽度不大于10mm。

(3)铺砌段完成后,即进行养生,在砂浆强度达到图纸规定要求前,禁止在其上行走或碰撞。

4. 现浇混凝土加固土路肩

(1)模板应采用钢板材料制成,所有模板均不应翘曲,并应有足够强度来承受混凝土压力,而不发生变形。所有模板应处理干净,并涂上经批准的脱模剂,并按图纸尺寸对换混凝土全深立模,然后浇筑混凝土。现浇混凝土加固路肩如图2-28所示。

图2-27　混凝土预制块加固路肩　　　　　　图2-28　现浇混凝土加固路肩

(2)混凝土应按试验确定的配合比进行拌和及浇筑。按图纸要求的厚度,浇筑在模块内的混凝土宜用捣动器振捣或监理工程师认可的其他方法捣固。模板应留待混凝土固结后才可拆除;拆模时应保证棱角不受损坏,混凝土应按规定刮平成形,然后用木抹子将其抹饰平整。经监理工程师允许可采用其他抹面方法,但不允许粉饰。

(3)抹饰平整后即进入养生。

5. 砂石加固的硬路肩

如沉结碎石;稳定类路肩,如石灰土、二灰碎石等。

6. 综合结构硬路肩

如在基层上作沥青表面处治的综合结构路肩。

七、陡坡路段路肩的养护措施

陡坡路段(纵坡大于5%)的路肩由于纵坡大,易被暴雨冲成纵横沟槽,甚至冲坏路堤边坡,一般可根据路基排水系统的情况与需要,综合改善,可采取下述措施。

(1)设置截水明槽。

自纵坡坡顶起,每隔20m左右两侧交叉设置30~50cm宽的斜向截水明槽,并用碎(砾)石填平,同时在路肩边缘处设置高10cm、顶宽10cm、底宽20cm的拦水土埂,在每条截水明槽处留一淌水缺口,其下边的边坡用草皮或砌石加固,使雨水集中在截水明槽内排出。路肩截水明槽如图2-29所示。

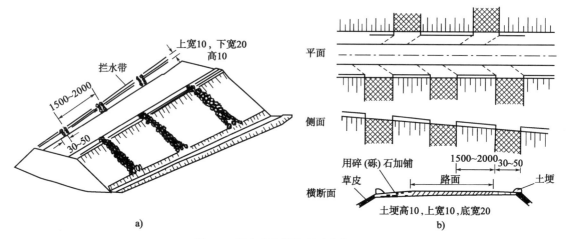

图2-29 路肩截水明槽(尺寸单位:cm)

(2)用粒料加固土路肩或有计划地铺筑硬路肩。

为减少土路肩的养护工作量,对路面过窄或行车密度大的路线,应尽量利用当地砂石或矿渣等材料,对路肩有计划地加固、硬化,或用沥青、水泥混凝土材料改铺成硬路肩。

(3)在陡坡路段的路肩和边坡上全范围人工植草,以防冲刷。

在铺筑硬路肩有困难的路线或路段,可种植草皮或利用天然草来加固路肩,如图2-30所示。种植草皮应选择适宜于当地土质、易于成活和生长的草种,成活生长后定期进行维护和修剪,草高不得超过15cm,并随时清除杂草和草丛中积存的泥沙杂物,以利排水,保持路容美观。

图2-30 陡坡路段路肩和边坡上全范围人工植草

(4)高速公路及实施 GBM 工程的一般公路,路肩应根据设计要求硬化,并砌筑路肩边缘带。

(5)路肩上严禁种植农作物和堆放任何杂物。对于养路材料,应在公路以外相连路肩处,根据地形情况,选择适宜地点,设置堆料台,堆料台的间距以 200~500m 为宜。

八、路肩外侧边缘缺口的维修方法

(1)路肩边缘带应加强养护和修理。对由于雨水冲刷及车辆碾压造成的松动、破损,应及时修复或更换。

(2)路肩外侧边缘被流水冲刷形成缺口,或被牲畜踩踏、车轮碾压形成缺口时,应及时修补,也可结合实施 GBM 工程,用石块、水泥混凝土预制块铺砌(现浇)路肩边缘带(护肩带),其宽度不小于 20cm,既保护路肩,又美化路容。

课题 2-5 路堤与路床病害处治

一、一般规定

(1)路堤与路床病害处治范围应包括填方和半填半挖路基、挖方段的路床区及地基。

(2)当出现不均匀沉降、开裂滑移、冻胀翻浆等病害时,应及时采取相应的技术措施进行维修与加固。

(3)应根据路堤与路床的土质条件、地下水类型及埋藏深度、降水量、加固材料来源、施工可行性等,经比选后确定合理的养护技术。常用路堤与路床病害处治措施可参照表 2-1 选用。

路堤与路床病害处治措施　　　　表 2-1

病害类型	处治措施						
	换填改良	注浆	复合地基	钢管抗滑桩	增加综合排水设施	设置土工合成材料	加铺罩面
不均匀沉降	△	√	√	×	△	△	△
开裂滑移	×	√	△	√	△	△	×
冻胀翻浆	√	×	×	×	√	×	△

注:√-推荐;△-可选;×-不推荐。

二、换填改良

(1)换填改良(图 2-31、图 2-32)可适用于填料不良引起的强度不足、沉陷、翻浆等病害处治或地基沉降路段的局部处理。

图 2-31　换填砾石土施工

图 2-32　换填水泥改良土施工

(2)换填材料宜采用级配较好的砾类土、砂类土等粗粒土,填料最大粒径应小于 100mm,填料的 CBR 值应符合现行《公路路基施工技术规范》(JTG 3610)的相关要求。不得采用含草皮、生活垃圾、树根、腐殖质的土,以及泥炭、淤泥、冻土、强膨胀土、有机质土和易溶盐超过允许含量的土。

(3)换填改良材料的配合比应通过试验确定。

(4)换填区与相邻路基衔接处应开挖成台阶状,换填施工应符合现行《公路路基施工技术规范》(JTG 3610)的有关规定。

(5)换填施工应减少对老路基的扰动,及时做好开挖回填及防排水工作;采用透水性材料作为回填材料时,应做好与既有排水设施的衔接。

三、注浆

1.注浆的含义

注浆加固技术作为一种较为常用的路基加固处理手段,能有效提高路基强度和稳定性,提高道路整体承载力。注浆加固技术主要是利用高压装置向地基内注射浆液,将地基裂缝内的空气、水等介质置换出来,通过浆液材料固化作用,将裂缝及松散岩土结构黏结成整体,从而达到提高地基强度,防止水体渗透的目的。

路基沉降是公路建设和运营中存在的主要问题,其具体成因包括路基填料不合格、压实度不达标、地下管线施工及地下水侵蚀等。采用注浆加固技术对路基沉降进行处理时,利用压力注浆设备将浆液注入注浆孔,在压力作用下,浆液在注浆孔内自由扩散,将孔位周边土体挤压密实。当加压至一定程度,浆液沿岩土体裂缝逐渐扩散,形成厚度不同、形态各异的块状浆体;待浆液固结后,会形成大小不一的结石体。挤密后的地基土与浆体固结形成的桩体共同构成复合地基,从而有效增强路基强度,防止沉降变形。同时,通过注浆加固技术还能有效提升路基稳定性,提高公路整体运营能力。注浆加固技术是一种合理有效的路基加固方式。

2.注浆浆材

注浆工程中所用的材料由主剂(原材料)、溶剂(水或其他溶剂)及外加剂混合而成。通常所说的注浆材料是指浆液中的主剂。注浆材料必须是能固化的材料。

(1)原材料。习惯上,把注浆原材料分为粒状材料和化学材料两个系统。

（2）浆液。浆液是指由主剂、固化剂，以及溶剂、助剂经混合后所配成的液体。注浆材料分为溶液型和悬浊液型两大类，如图2-33所示。

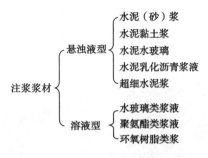

图2-33　注浆浆材分类图

粒状浆材配成的浆液是悬浊液型。由于固体颗粒悬浮在液体中，所以这种浆液容易离析和沉淀，沉降稳定性差，结石率低。另外，浆液中含固体颗粒尤其是较大颗粒，使浆液难以进入上层细小裂隙和孔隙中。为改善粒状浆材的性质，以适应各种不同的需要，往往在浆液中加入各种外加剂。由于这种浆液具有来源丰富、成本较低、工艺设备简单、操作方便等特点，在各类工程中仍广泛使用。

一般的化学浆液属溶液型。化学浆液较粒状浆材配成的浆液不易出现颗粒的离析，且一般黏度较低，易于进入土体的细小裂隙或孔隙之中，其灌入能力较强。但化学浆液通常成本较高，有污染问题等，所以它的应用受到了限制。

（3）注浆浆材的选择。

理想的注浆材料应能满足工程力学性能要求，浆液应具有良好的可灌性，凝胶时间可任意调整，价格低廉，无毒、无污染，施工方便等。虽然要找出满足所有这些条件的注浆材料是很困难的，但是上述的每种浆材都有其可取之处。因此，需要在熟悉各种注浆材料特性的基础上，按工程需要，选择一种合适的注浆材料或几种浆材配合使用。

水泥浆具有结石体强度高和抗渗性强的特点，既可用于防渗又可用于加固地基，而且原材料成本较低、无毒性和无环境污染问题等优点而被广泛采用。但水泥浆析水性大，稳定性差，灌入能力有限，且凝胶时间长，在地下水流速较大的条件下，浆液易受冲刷和稀释，影响灌入效果。

由于水泥的颗粒性，一般只能灌入岩土的大孔隙或裂隙（0.2～0.3mm）。为提高水泥浆的可灌性，采用各种细水泥可提高浆液的灌入能力。目前，粒径最细的超细水泥掺入适当的分散剂后，可灌入0.05～0.09mm的岩石裂隙，但超细水泥的高成本影响了其应用范围。

为改善水泥浆液的析水性、稳定性、流动性和凝结特性，可掺入适当的助剂进行改性。某些方面的性能也可通过一定的工艺技术得以改善。

在冲积层或基岩裂隙堵漏注浆时，往往采用水泥-水玻璃浆液，该种浆液具有水泥浆和化学浆液的特点，其成本和来源都比纯化学浆液优越。

水泥水玻璃等为无机硅酸盐材料，是基本的注浆材料，来源丰富，价格低廉。

化学浆液具有一些独特性能，如浆液黏度低，可灌性好，凝胶时间可准确控制等，但化学浆材价格比较昂贵，且往往有毒性和污染环境的问题，所以只在必要时才采用化学浆液注浆。

总之,对注浆材料的选择应根据工程的具体要求、地质条件、浆液性能、注浆工艺及成本等因素综合考虑,选择最适合的浆材,使工程达到理想的技术经济指标。

3. 注浆施工一般规定

(1)注浆技术可用于路堤或路床压实度不足、局部稳定性不满足要求或桥头跳车等路段。注浆施工如图2-34、图2-35所示。

图 2-34　路基空鼓注浆施工　　　　　图 2-35　路基下沉注浆施工

(2)进行注浆加固前,除应收集路基养护工程设计要求规定的资料外,尚应补充收集路面弯沉或回弹模量等检测资料,用于评价注浆加固的效果。

(3)应根据处治目的和要求,材料的性能、适用范围和固结体的特性,选用水泥浆液、水泥-粉煤灰浆液或其他注浆材料。当早期强度要求较高时,可掺入适量水玻璃以达到速凝效果。

(4)注浆施工前应进行浆液配合比设计,并进行现场试验性注浆,验证浆液配合比,确定注浆压力。

(5)应对袖阀管注浆的套壳料进行配合比试验。

(6)注浆施工应符合下列规定:

①注浆时应控制好浆液的搅拌时间及注浆压力,连续注浆,中途不得中断。

②注浆应遵循"逐渐加密"的原则;多排孔注浆时,宜先注边排后注中间排。边排孔宜限制注浆量,中排孔注至不吃浆为止。

③应加强注浆过程控制,做好注浆记录,动态调整注浆压力、注浆量及注浆时间,防止对路面结构及周边土体或结构物造成破坏。

④注浆完成后,应及时做好封孔处理,并进行跟踪观测评价注浆效果。注浆效果的检验宜在注浆结束后28d进行,对检验不合格的注浆区应进行重复注浆。

(7)注浆施工应做好施工组织设计,减少行车对注浆质量的影响。注浆养护时间不宜少于3d。

4. 注浆施工工艺流程

(1)清理场地。注浆施工前,应全面了解路基范围内地下管线分布情况,准确标记管线位置,并检测路基填土厚度,科学确定注浆深度。

(2)布置注浆孔。注浆孔布设前,应对路面进行弯沉试验,根据试验检测数据对需注浆加固的部位进行标记,并严格按照标记位置钻孔。

(3)布置设备。按照标记出的孔位,科学设置钻孔机、制浆机、注浆机等设备,并加固注浆管,为减小压力损失,尽量缩短管线长度;同时,应在现场准备充足的水泥、水等材料。

(4)现场钻孔。为确保施工的连续性、高效性,应严格按照标记孔位钻孔。钻孔完毕用高压水清孔,以确保浆液填充的均匀性;清孔完成后,在孔口安装橡胶管,其管径应与孔径相同,以免漏浆。

(5)配制浆液。浆液应随用随拌,并科学控制配合比。按照制浆机容量先后加入定量的水和水泥,充分搅拌均匀,待表面不再出现明显下沉后,将其置于储浆桶内,并持续搅拌,避免产生沉淀、离析现象。

(6)注浆。

①注浆前,应先将注浆管置于注浆孔内,并加固牢固。

②注浆过程中,严格控制注浆压力,开始先以较小压力缓慢注浆,然后逐步增大压力,待达到指定压力后,持续稳压注浆,直到溢浆孔持续流出浓稠浆液,用木塞塞紧,持续稳压一段时间确保浆体填充密实,如该环节产生压降,应重新进行补压注浆。

③注浆时应结合现场具体状况科学调整注浆压力,确保注浆效果,并实时监测周围环境及管线状态,避免发生意外事故。

(7)结束封孔。注浆完成后,应立即取出灌浆栓,并用木塞封堵,使浆体拥有足够的时间固结,待浆液固结一段时间后,选择适当时机取下木塞,用速凝水泥砂浆进行封孔处理。

(8)清洗设备。注浆完成或停顿时间较长时,应清洗搅拌桶等设施。清洗过程中,应保持设备正常运转,避免浆液堵塞注浆机。同时,地面遗落浆液应及时清理,防止对地面造成污染。

(9)养护检测。注浆完毕,应进行科学养护,养护期间应采取必要的防护措施。

四、钢管抗滑桩

(1)钢管抗滑桩可用于处治或预防路堤浅层滑移,也可作为削坡减载、支挡结构物的基础施工或抗滑桩施工的一种辅助性加固措施。

(2)钢管抗滑桩宜采用钻孔植入法施工。路基钻孔应采取干钻方式。

(3)钢管抗滑桩宜布置在路基边坡顶部或坡脚,间距不宜大于3m,钻孔直径宜为250~320mm;抗滑桩应穿过滑移面不少于2m且其深度满足路基边坡稳定性验算要求,坡脚位置处宜适当增大穿过滑移面的深度。钢管抗滑桩边坡治理平面图如图2-36所示。

(4)钢管宜采用无缝普通钢管,直径宜为180~250mm。管内注浆材料宜采用强度等级不低于C25的自密实混凝土;管外注浆材料应采用强度等级不低于M30的水泥砂浆,砂浆宜采用细砂配制。

(5)宜在路基边坡组合设置斜向注浆锚杆,并辅以水平横梁或锚墩连接。钢管抗滑桩顶部宜设置联系梁。联系梁的高度不宜小于300mm,宽度不宜小于钢管抗滑桩管径,混凝土的强度等级不应低于C25,纵向钢筋的截面积不应少于联系梁截面积的0.15%;箍筋直径不应小于8mm,其间距不应大于400mm。钢管抗滑桩伸入联系梁内不应少于50mm,并与联系梁主筋焊接。

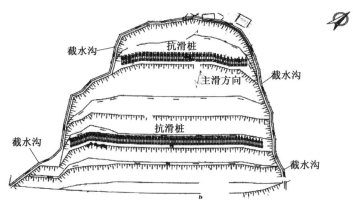

图 2-36　钢管抗滑桩边坡治理平面图

(6) 钢管抗滑桩施工应符合下列规定：

①钻孔孔径不得小于设计值，且应大于钢管外径 70mm 以上。

②无缝钢管应垂直插入钻孔并对中，钢管的连接宜采用套管焊接方式。

③当管外充填注浆难以达到要求时，可采用压力注浆。

④应保证管外和管内桩长范围内完全注满。

⑤注浆泵与注浆孔口距离不宜大于 30m，以减小注浆管路系统阻力，保证实际的注浆压力。

五、复合地基

1. 一般规定

(1) 复合地基可用于处治地基沉降变形大、承载力低的软弱路基以及差异变形大的拓宽路段。复合地基常用技术类型及适用条件可参照表 2-2 选用。

复合地基常用技术类型及适用条件　　　　表 2-2

适用条件	养护处治技术			
	碎石桩	水泥搅拌桩	CFG 桩	预制管桩
地基沉降变形大的路基	△	√	√	△
承载力低的软弱路基	△	√	√	×
开裂滑移的路基	×	△	△	√

注：√-推荐；△-可选；×-不推荐；CFG 桩-水泥粉煤灰碎石桩。

(2) 除应收集《公路路基养护技术规范》(JTG 5150—2020) 第 6 章规定的资料外，尚应补充收集沉降变形观测数据，用于确定合理的加固区域。

(3) 碎石桩、加固土桩、CFG 桩施工前应做成桩试验，并对复合地基承载力进行检测。检测方法可采用平板载荷试验。

(4) 复合地基施工应符合下列规定：

①成孔桩长允许偏差≤100mm，桩径允许偏差≤20mm，垂直度允许偏差≤1%。

②路堤部分宜采取振动小的干钻方式进行预成孔，并及时清运钻孔取土。钻孔过程中应避免多台设备在同一断面同时施工，以减少对老路基的振动扰动。

③碎石桩和预制管桩施工时应进行间隔跳打。

④对桩顶高程以上的路基内桩孔,应进行封孔回填处理。

⑤应对单桩桩体质量进行检测,检测方法可参照表 2-3 选用。

被检体与检测方法对应关系　　　　　　　　　　表 2-3

被检体	钻芯法	标准贯入试验	圆锥动力触探	低应变法	高应变法
碎石桩	×	×	√	×	×
水泥搅拌桩	√	√	√	△	×
CFG 桩	√	×	×	△	△
管桩	×	×	×	△	△

注:√-推荐;△-可选;×-不推荐。

2. 碎石桩

碎石桩是以碎石(卵石)为主要材料制成的复合地基加固桩,如图 2-37 所示。碎石桩和砂桩等在国外统称为散体桩或粗颗粒土桩。所谓散体桩,是指无黏结强度的桩,由碎石柱或砂桩等散体桩和桩间土组成的复合地基称为散体桩复合地基。在国内外广泛应用的碎石桩、砂桩、渣土桩等复合地基都是散体桩复合地基。

碎石桩是散体桩的一种,按其制桩工艺可分为振冲(湿法)碎石桩(图 2-38)和干法碎石桩两大类。

图 2-37　碎石桩

采用振动加水冲的制桩工艺制成的碎石桩称为振冲(湿法)碎石桩。采用各种无水冲工艺(如干振、振挤、锤击等)制成的碎石桩统称为干法碎石桩。振动锤沉管碎石桩施工工艺图如图 2-39 所示。当以砾砂、粗砂、中砂、圆砾、角砾、卵石、碎石等为填充料制成的桩称为砂石桩。

图 2-38　振冲(湿法)碎石桩施工

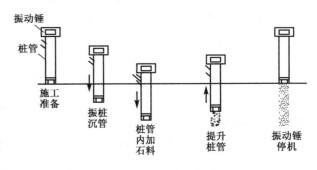

图 2-39　振动锤沉管碎石桩施工工艺图

振动水冲法是1937年由德国凯勒公司设计制造出的具有现代振冲器雏形的机具,用来挤密砂土地基获得成功。20世纪60年代初,振冲法在德国开始用来加固黏性土地基,由于填料是碎石,所以称为碎石桩。之后,振冲法在各国推广应用。

3. 水泥搅拌桩

(1)含义

水泥搅拌桩是指软基处理的一种有效形式,是一种将水泥作为固化剂的主剂,利用搅拌桩机将水泥喷入土体并充分搅拌,使水泥与土发生一系列物理化学反应,使软土硬结而提高地基强度。水泥搅拌桩按主要使用的施工做法分为单轴水泥搅拌桩、双轴水泥搅拌桩和三轴水泥搅拌桩(图2-40)。20世纪70年代,开始用水泥搅拌桩(图2-41)加固软土地基。水泥搅拌桩是通过特制的深层搅拌机,将软土和水泥(固化剂)强制搅拌,并利用水泥和软土之间所产生的一系列物理、化学反应,使土体固结,形成具有整体性、水稳定性和一定强度的水泥土桩。该工艺主要用于软土地基的处理。加固深度通常超过5m,其中干法加固深度不超过15m,湿法加固深度不超过20m。

图2-40 三轴水泥搅拌桩施工

图2-41 水泥搅拌桩

(2)适用范围

①水泥搅拌桩的施工工艺分为浆液搅拌法(以下简称湿法)和粉体搅拌法(以下简称干法)。它适用于处理淤泥、淤泥质土、素填土、软-可塑黏性土、松散-中密粉细砂、稍密-中密粉土、松散-稍密中粗砂和砾砂、黄土等土层;不适用于含大孤石或障碍物较多且不易清除的杂填土,硬塑及坚硬的黏性土、密实的砂类土以及地下水渗流影响成桩质量的土层。当地基土的天然含水率小于30%(黄土含水率小于25%)、大于70%时不应采用干法。寒冷地区冬季施工时,应考虑负温对处理效果的影响。

②水泥搅拌法用于处理泥炭土、有机质含量较高或pH值小于4的酸性土、塑性指数大于25的黏土或在腐蚀性环境中以及无工程经验的地区采用水泥搅拌法时,必须通过现场和室内试验确定其适用性。

③水泥搅拌法可采用单头、双头、多头搅拌或连续成槽搅拌形成水泥土加固体;湿法搅拌可插入型钢形成排桩(墙)。加固体形状可分为柱状、壁状、格栅状或块状等。

④拟采用水泥搅拌法处理地基的工程,除按现行规范规定进行岩土工程详勘外,尚应查明拟处理土层的pH值、有机质含量、地下障碍物及软土分布情况、地下水及其运动规律等。

(3)主要施工流程

①桩位放样→钻机就位→检验、调整钻机→正循环钻进至设计深度→打开高压注浆泵→反循环提钻并喷水泥浆→喷水泥浆至工作基准面以下0.3m→重复搅拌下钻至设计深度→反循环提钻并喷水泥浆至地表→成桩结束→施工下一根桩。

②桩位放样。根据桩位设计平面图进行测量放线,定出每一个桩位,误差要求小于钻机定位;依据放样点使钻机定位,钻头正对桩位中心。用经纬仪确定层向轨与搅拌轴垂直,调平底盘,保证桩机主轴倾斜度不大于1%。钻进:起动钻机钻至设计深度,在钻进过程中同时起动喷浆泵,使水泥浆通过喷浆泵喷入被搅动的土中,使水泥和土进行充分拌和。在搅拌过程中,记录人应记读数表变化情况。重复搅拌和提升:采用二喷四搅工艺,待重复搅拌提升到桩体顶部时,关闭喷浆泵,停止搅拌,桩体完成,桩机移至下一桩位,重复上述过程。

4. CFG桩

(1)含义

CFG桩复合地基技术,主要是利用煤粉灰、砂石、石屑、碎石,同时加入适量水泥进行拌和,在地基中制成柱状结构,如图2-42所示。桩加上桩之间的土壤,以及褥垫层可以共同承受建筑在垂直方向的重量,由于土壤、桩的强度存在明显差异,受力时变形量不同,土壤和桩之间产生相对滑动趋势,进而引发明显的摩擦抵抗外部作用力。

(2)施工工艺

施工时需要用到的机械装备主要包括搅拌机、混凝土、卷扬系统、长螺旋管以及钻机等。CFG桩长螺旋法施工如图2-43所示。在专业搅拌站中加工得到的水泥粉煤灰碎石材料运输到施工现场以后,通过搅拌机、溜槽、混凝土泵、管道等将其输送至长螺旋钻机中,钻机将材料输送至指定位置。

图2-42 CFG桩

图2-43 CFG桩长螺旋法施工

整个施工过程中利用卷扬系统对长螺旋钻机进行提升,控制钻机在竖直方向的位置。

(3)主要施工流程

①施工准备工作:

a.正式对CFG桩进行施工前,所有人员、材料以及设备都需要进场并对设备进行安装。

b. 对施工材料进行必要的抽检,确保施工材料的合格性,为 CFG 桩的施工质量奠定坚实基础。

c. 对安装完成的施工设备进行检验,确保设备各项功能都能实现且保证运行精度。

d. 根据 CFG 桩的设计以及施工方案在现场进行放线,明确场地高程,确定 CFG 桩位置,对该位置进行检验确保适合进行 CFG 桩的施工。最后,正式施工前做好技术交底、安全交底等工作。

②CFG 桩施工流程。钻机就位并调整至设计高程,对 CFG 桩混合料进行拌和与泵送,混凝土料注满后按照设计的提升速度一边泵送混合料一边向上提升钻机,直到提升至地表为止,整个过程中需要配合做好弃土的清除工作。完成以上工序后将钻机移动至下一个桩位,继续按照上述流程进行施工。

所有 CFG 桩完成施工后,对桩之间的土壤、碎石等进行清除,凿平桩头;对褥垫层进行浇注施工并完成验收工作;最后,对整个 CFG 桩复合地基进行验收,确保强度满足要求。CFG 桩施工流程如图 2-44 所示。

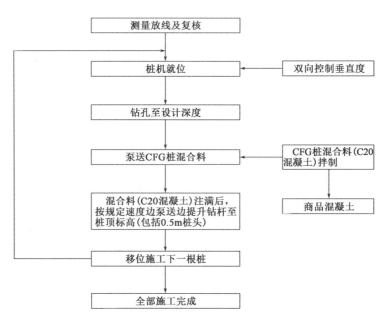

图 2-44　CFG 桩施工流程图

5. 预制管桩

(1) 预制管桩的含义和分类

预制管桩是采用离心和预应力工艺成型的圆环形截面的混凝土预制构件。预制管桩相对于灌注桩,在承载力、经济性及施工等方面更具有优越性。近年来,预应力混凝土管桩由于其承载力高、施工速度快,具有良好的技术性能和显著的经济效益,越发被重视,应用范围越来越广泛。

PHC 管桩,即预应力高强度混凝土管桩,是采用先张预应力离心成型工艺,并经过 10 个大气压(1.0MPa 左右)、180℃左右的蒸汽养护,制成一种空心圆筒型混凝土预制构件,其标准节长为10m,直径从300~800mm,混凝土强度等级≥C80。PHC管桩成品如图2-45所示,PHC管桩施工现场如图2-46所示。

图2-45　PHC管桩成品

图2-46　PHC管桩施工现场

PHC是单词Pre-stressed High-strength Concrete的缩写。其分类如下:

①按桩身混凝土有效预压应力值分类:A型、AB型、B型、C型。

②按混凝土强度等级分类:预应力混凝土管桩(代号PC)、预应力高强度混凝土管桩(代号PHC)。

③按外径(mm)分类:300mm、400mm、500mm、600mm、700mm、800mm、1000mm、1200mm等规格。

(2)PHC管桩的优点

①单桩承载力高。由于PHC管桩桩身混凝土强度高,可打入密实的砂层和强风化岩层,由于挤压作用,桩端承载力可比原状土质提高70%~80%,桩侧摩阻力提高20%~40%。因此,PHC管桩承载力设计值要比同样直径的沉管灌注桩、钻孔灌注桩和人工挖孔桩高。

②应用范围广。PHC管桩是由侧摩阻力和端摩阻力共同承受上部荷载,可选择强风化岩层、全风化岩层、坚硬的黏土层或密实的砂层(或卵石层)等多种土质作为持力层,且对持力层起伏变化大的地质条件适应性强,因此适应地域广,建筑类型多。PHC管桩广泛应用于60层以下的多种高层建筑,工业与民用建筑低承台桩基础、铁路、公路与桥梁、港口、码头、水利、市政、构筑物,以及大型设备等工程基础。

③沉桩质量可靠。PHC管桩是工厂化、专业化、标准化生产,桩身质量可靠;运输吊装方便,接桩快捷;机械化施工程度高,操作简单,易控制;在承载力、抗弯性能、抗拔性能上均易得到保证。

(3)施工技术特点

①适应性强。适应性强是建筑桩基预制管桩的主要特征。预制管桩规格较为丰富,主要规格有$\phi7.1mm$、$\phi9.0mm$、$\phi10.7mm$和$\phi12.6mm$。在实际施工过程中,不同规格的管桩灵活搭配具有较强的适应性,能够有效应对施工现场中持力层起伏变动较大等实际情况,确保施工方案的可行性。

②灵活性强。灵活性强是建筑桩基预制管桩的显著特征。预制管桩拥有较好的延展性、灵活性。在实际应用中,预制管桩普遍呈现出桩身长度较短、预应力较强等特征,为运输吊装等环节提供了极大的便利条件。此外,预制管桩的施工过程对施工机械性能、施工外部环境等因素没有额外要求,为提升施工环节的灵活性奠定了基础。

③施工效率高。从前期准备时长来看,建筑桩基预制管桩在施工开始前所需的准备时间较短,平均准备时间为 3~5d;从沉桩速度来看,平均沉桩速度为 7~10 根/h;从检测时间来看,完成全部测试的平均检测时间为 15~20d。此外,建筑桩基预制管桩之间一般采用焊接技术进行连接,以 $\phi 500mm$ 管桩为例,该规格管桩接头焊接平均耗时仅为 20min。

(4)施工方法

PHC 管桩施工方法主要有锤击法沉桩和静压法沉桩两种,用柴油锤、液压锤锤击法沉桩的施工工艺在我国占主导地位,日本主要用锤击法沉桩。近几年来,随着大吨位(6800kN)压桩机的问世和静压法沉桩施工工艺的完善,静压法沉桩施工工艺与锤击法沉桩相比具有明显的优点,因此发展迅速,有取代锤击法沉桩的态势。

①静压法沉桩。

静压法沉桩(图 2-47)是利用无振动、无噪声的静压力将预制柱压入土中的沉桩方法。静力压桩的方法较多,有杆静压、液压千斤顶加压、绳索系统加压等,凡非冲击力沉桩均按静力压桩考虑。

②锤击法沉桩。

锤击法沉桩(图 2-48)是利用桩锤下落时的瞬时冲击机械能,克服土体对桩的阻力,使其静力平衡状态遭到破坏,导致桩体下沉,达到新的静压平衡状态,如此反复地锤击桩头,桩身也就不断地下沉。锤击法沉桩是预制桩最常用的沉桩方法。该法施工速度快,机械化程度高,适应范围广,现场文明程度高,但施工时有挤土、噪声和振动等公害,对城市中心和夜间施工有所限制。

图 2-47 静压法沉桩施工

图 2-48 锤击法沉桩施工

与静压法沉桩相比,锤击法沉桩最大的优势在于施工效率高、成本低。施工人员在使用锤击法沉桩时需要综合考量施工现场外壁厚度、桩体密度等因素。

锤击法沉桩震动剧烈,噪声大,对周边环境影响大,这是锤击法沉桩的一大弊端。而静压法沉桩施工,无震动,无噪声,很适合在市区及其他对噪声有限制的地点施工。锤击法沉桩时,由于锤击力的冲击和反射,使 PHC 管桩受到较大的压应力波和拉应力波,容易使桩头、桩身、接头等薄弱处产生裂纹,严重影响桩基质量。而静压法沉桩时,慢而均匀的加载,无冲击和反射应力波,施工应力小且易控制。因此,采用静压法沉桩时,其 PHC 管桩的配筋率和混凝土强度等级均可降低一个等级,这意味着静压法沉桩可降低 PHC 管桩的制作成本。

课题 2-6 边坡病害处治

一、一般规定

(1)边坡病害处治应保证坡面与坡体稳定,并应根据实际情况计算确定原支护结构的有效抗力。

(2)当出现坡面冲刷、岩体碎落崩塌、边坡局部滑塌、滑坡等病害时,应及时采取相应的技术措施进行维修加固。

(3)应根据边坡岩土体条件、病害类型及严重程度、地下水类型及埋藏深度、降水量、施工可行性,经比选后确定合理的养护技术。常用处治措施可参照表 2-4 选用。

边坡养护处治措施　　　　表 2-4

边坡病害类型	处治措施							
	坡面防护	沿河路基冲刷防护	挡土墙	锚固	抗滑桩	削方减载	堆载反压	棚洞
坡面冲刷	√	√	×	×	×	×	×	×
岩体碎落崩塌	√	×	△	×	×	×	×	√
边坡局部坍塌	△	△	√	×	×	√	×	×
滑坡	△	×	√	√	√	△	△	×

注:√-推荐,△-可选,×-不推荐。

二、坡面防护

坡面防护是采用植物防护和工程防护相结合的防护方法。坡面防护包括植物防护、工程防护和综合防护。

坡面防护主要类型及适用条件宜符合表 2-5 的规定。

坡面防护主要类型及适用条件　　　　　　　　　表 2-5

防护类型	亚类	适用条件
植物防护	植草或喷播植草	可同于坡率不陡于 1∶1 的土质边坡防护。当边坡较高时,植草可与土工网、土工网垫结合防护
	铺草皮	可用于坡率不陡于 1∶1 的土质边坡或全风化、强风化的岩石边坡防护
	种植灌木	可用于坡率不陡于 1∶0.75 的土质、软质岩石和全风化岩石边坡防护
	喷混植生	可用于坡率不陡于 1∶0.75 的砂土、碎石土、粗粒土、巨粒土及风化岩石边坡防护,边坡高度不宜大于 10m
工程防护	喷护	可用于坡率不陡于 1∶0.5 的易风化但未遭强风化的岩石边坡防护
	挂网喷护	可用于坡率不陡于 1∶0.5 的易风化、破碎的岩石边坡防护,高速公路、一级公路和环境景观要求高的公路不宜采用
	干砌片石护坡	可用于坡率不陡于 1∶1.25 的土质边坡或岩石边坡防护
	浆砌片石护坡	可用于坡率不陡于 1∶1 的易风化的岩石和土质边坡防护
	护面墙	可用于坡率不陡于 1∶0.5 的土质和易风化剥落的岩石边坡防护
综合防护	骨架植物防护	可用于坡率不陡于 1∶0.75 的土质和全风化、强风化的岩石边坡防护

1. 植物防护

(1)植草或喷播植草

三维网喷播复绿(图 2-49、图 2-50)是一种含植物种子、黏合剂、肥料、保水剂、加筋纤维等基质和水配制而成的黏性泥浆,直接喷送至敷设有在灌满富含有机质泥浆或铺满疏松有机质土的三维网的坡面上的边坡绿化方法。

图 2-49　铺设三维网施工

图 2-50　三维网喷播植草后效果

三维网多以聚乙烯、聚丙烯材料为主,将高聚合物的薄膜经由规律的刺孔、加热、拉伸而成。三维网的底层为高模量基础层(双向拉伸平面网),其强度较高,表层为多层塑料凸凹网包,表层与底层在交接点处经热熔点黏结而成稳定的立体网状结构。它无腐蚀性,化学性能稳定。

(2)铺草皮

铺草皮防护适用于坡面缓于 1∶1,且需要迅速绿化的土质边坡,以及边坡坡度为 1∶1 ~ 1∶2 的严重风化的软质岩石边坡。

铺草皮有多种方法,主要有平铺、竖铺和网格式铺筑。铺草皮防护边坡如图 2-51 所示。

铺砌草坪用的草块及草卷应规格一致,边缘平直,杂草不得超过 5%;草块土层厚度宜为 3~5cm,草卷土层厚度宜为 1~3cm。

(3)种植灌木

灌木防护既适用于坡面缓于 1:0.75 的路基边坡,也适用于在堤岸边的河滩上,用以降低流速,促使泥沙淤积,防止水流直接冲刷路堤。草灌结合防护边坡如图 2-52 所示。但高等级公路边坡上严禁种植乔木。

图 2-51 铺草皮防护边坡

图 2-52 草灌结合防护边坡

(4)喷混植生

喷混植生是一种结合了工程力学、生物学、土壤学等多学科技术的生态修复方法。它通过将土壤、肥料、有机物质、保水材料、黏结材料、植物种子等混合材料加水后喷射到岩面上,形成一定厚度的硬化体,从而在保护环境的同时,促进植被的恢复和改善景观。这种方法适用于地形斜坡和裸露土地,能有效防止水土流失和土壤侵蚀。喷混植生技术的核心在于创造一个多孔稳定的结构,既能让植物生长发育,又能防止种植基质被冲刷。此外,喷混植生还涉及基材配比的研究,包括土壤稳定剂、肥料、植物种子和水的合理使用,这些都对植被的生长和恢复效果有重要影响。

①湿法喷播(液压喷播)。湿法喷播(液压喷播),是一种将植物种子(草种、花种或树种)或植物体的一部分(如芽、根、茎等可以发芽萌生的物质)经过科学处理后混入水中,并配以一定比例的专用配料(包括肥料、色素、木纤维覆盖物、纸浆、黏合剂、保水剂、土壤改良剂等),通过喷植机的搅拌,利用高压泵体的作用,喷播在地面或坡面的现代化种植植被的方法。液压喷播施工如图 2-53 所示。

②客土喷播。客土喷播是指在岩石边坡等场地整备后,将土壤和种子等材料的混合物喷植于场地表面的生态恢复工程。客土喷播适用于不同风化程度的岩石边坡或其他难以采用常规种植技术施工的场地。多种材料的混合物包括团粒剂使客土形成团粒化结构,加筋纤维在其中起到类似植物根茎的网络加筋作用,从而形成有一定厚度的具有耐雨水、风侵蚀,牢固透气,与自然表土类似或更优的多孔稳定土壤结构。客土喷播施工如图 2-54 所示。

图 2-53　液压喷播施工

图 2-54　客土喷播施工

2. 工程防护

(1)喷护

①喷浆。喷浆适用于坡率不陡于1∶0.5易风化但未强风化、全风化的岩石挖方边坡。厚度不小于5cm,材料为不低于M10的砂浆。

②喷射混凝土。喷射混凝土适用于坡率不陡于1∶0.5易风化但未强风化、全风化的岩石挖方边坡。厚度不小于8cm,分2~3次喷射;材料为不低于C15的混凝土。

(2)挂网喷护

挂网喷护适用于坡率不陡于1∶0.5的易风化、破碎的岩石边坡防护,高速公路、一级公路和环境景观要求高的公路不宜采用。边坡挂网喷护施工如图2-55所示。

工艺流程:边坡清理→测量放线→钻孔、安装锚杆、灌浆→挂网施工→高压喷射混凝土→盖无纺布→养护。

材料:锚杆为全长黏结型螺纹钢筋,镀锌铁丝网或钢筋网。

(3)干砌片石护坡

干砌片石护坡(图2-56)适用于边坡坡度不陡于1∶1.25的易受水流侵蚀的土质边坡、严重剥落的软石边坡、周期性浸水和受水流冲刷较轻的河岸或水库岸的坡面。厚度一般为0.3m,其下设0.1m厚的碎石或砂砾垫层,施工自下而上码砌,彼此嵌紧,接缝错开并用小石块填塞。

图 2-55　边坡挂网喷护施工

图 2-56　干砌片石护坡

(4) 浆砌片石护坡

浆砌片石护坡适用于不陡于1∶1的防护流速较大、波浪作用较强、有流冰、漂浮物等撞击的边坡。厚度一般采用等截面,为0.3~0.4m,其下设0.1m厚的碎石或砂砾垫层。

浆砌片石护坡施工,应符合下列要求:

①坡面应修整成型或夯实平整,不应有树桩、有机质,修整后立即进行护坡砌筑。

②砌体外露面的坡顶、边口用较平整的石块并修整。

③护坡坡脚应挖槽使基础嵌入槽内。

④砌体错缝砌筑,砂浆饱满、勾缝平顺、牢固,不得有通缝、叠砌、贴砌和浮塞等。

⑤施工时砌体每10~15m留一条伸缩缝,缝宽2cm,用沥青麻絮嵌塞。

(5) 护面墙

护面墙可用于坡率不陡于1∶0.5的土质和易风化剥落的岩石边坡防护。这种防护方式不仅可以有效地提高边坡的稳定性,降低边坡开挖高度,减少边坡挖方数量,降低造价,还有利于路容路貌整齐美观。护面墙包括实体护面墙、窗孔式护面墙、拱式护面墙等。图2-57所示为浆砌片石护面墙施工,图2-58为浆砌片石窗孔式护面墙。

图2-57 浆砌片石护面墙施工

图2-58 浆砌片石窗孔式护面墙

3. 综合防护

综合防护主要指骨架植物防护可用于坡率不陡于1∶0.75的土质和全风化、强风化的岩石边坡防护。

采用预制混凝土砌块浆砌片片石、栽砌卵,石等做骨架,框格内采用有机物防护或其他辅助防护措施。

(1) 浆砌片石或水泥混凝土骨架植草护坡

适用:缓于1∶0.75的土质和全风化的岩石边坡。

骨架种类:方格形、人字形、拱形。骨架内铺草皮或种草进行辅助防护。浆砌片石方形骨架植草护坡如图2-59所示,水泥混凝土拱形骨架植草前如图2-60所示。

(2) 多边形水泥混凝土空心块植物护坡

适用:缓于1∶0.75的土质边坡和全风化、强风化的岩石路堑边坡。空心预制块内填充种植土,喷播植草。多边形水泥混凝土空心块植物护坡如图 2-61 所示。

图 2-59　浆砌片石方形骨架植草护坡

图 2-60　水泥混凝土拱形骨架植草前

(3)锚杆混凝土框架植物护坡

适用:土质边坡和坡体中无不良结构面、风化破碎的岩石路堑边坡。框架采用钢筋混凝土,框架内采用植生袋或植草。锚杆混凝土框架植物护坡如图 2-62 所示。

图 2-61　多边形水泥混凝土空心块植物护坡

图 2-62　锚杆混凝土框架植物护坡

三、沿河路基防护

沿河路基防护可用于防护水流对沿河、沿溪等路堤坡脚的冲刷与淘刷。

沿河地段路基受水流冲刷时,应根据河流特性、水流性质、河道地貌、地质等因素,结合路基位置选用适宜的防护工程、导流或改河工程。沿河路基冲刷防护主要类型及适用条件宜符合表 2-6 的规定。

沿河路基冲刷防护主要类型及适用条件　　　　表 2-6

防护类型	适用条件
植物防护	可用于允许流速在 1.2~1.8m/s、水流方向与公路路线近似平行、不受洪水主流冲刷的季节性水流冲刷地段防护。经常浸水或长期浸水的路堤边坡不宜采用
砌石或混凝土坡	可用于允许流速为 2~8m/s 的路堤边坡防护
土工织物软体沉排、土工膜袋	可用于允许流速为 2~3m/s 的沿河路基冲刷防护
石笼防护	可用于允许流速为 4~5m/s 的沿河路堤坡脚或河岸防护
浸水挡土墙	可用于允许流速为 5~8m/s 的峡谷急流和水流冲刷严重的河段

续上表

防护类型		适用条件
护坦防护		可用于沿河路基挡土墙或护坡的局部冲刷深度过大、深基础施工不便的路段
抛石防护		可用于经常浸水且水深较大的路基边坡或坡脚,以及挡土墙、护坡的基础防护
排桩防护		可用于局部冲刷深度过大的河湾或宽浅型河流的防滑
导流堤	丁坝	可用于宽浅型河段,保护河岸或路基不受水流直接冲蚀而产生破坏
	顺坝	可用于河床断面较窄、基础地质条件较差的河岸或沿河路基防护,以调整流水曲度和改善流态

护岸的设施,应在洪水期前后,观察检查其作用和效果是否完整稳固,如出现损坏,应在台风和汛期前进行修复加固,以保证路基稳定。加固修理方法可根据实际情况,分为直接防护和间接防护。其中,直接防护包括植物防护、石砌防护、抛石防护与石笼防护等技术。间接防护是修筑导治结构物等各类护岸设施来改变水流方向,消除和减缓水流对堤岸的直接破坏。间接防护主要是指堤坝,按其与河道的相对位置,一般可分为丁坝、顺坝或格坝。

当护岸受到洪水冲刷或波浪漂浮物等冲击损坏时,应采用抛石加固。石料需坚硬,每块尺寸(边长或直径)不得小于30cm。其方法是堆成1∶1~1∶2的坡度,抛石体厚度应不小于石块尺寸的2倍。

下面我们主要介绍几种常用的防护,如抛石防护、石笼防护、土工膜袋护岸、丁坝、导流堤。

(1)抛石防护。抛石防护适用于经常浸水且水深较大的路基边坡或坡脚以及挡土墙、护坡的基础防护。抛石防护如图2-63所示。

(2)石笼防护。石笼防护适用于水流流速较大没有较大颗粒的耐冲石块进行坡脚和河岸防护时。石笼是用铁丝编织成的框架,内填石料。石笼防护如图2-64所示。

图2-63 抛石防护

图2-64 石笼防护

(3)土工膜袋护岸。土工膜袋护岸是近几年来出现的一项新技术。土工膜袋就像一个中间带有许多节点的超大型塑料纺织袋,其规格可按工程要求加工。施工时,将土工膜袋平铺于岸坡上,从袋口连续灌注流动性良好的混凝土,则充满混凝土的膜袋紧贴在岸坡上,形成一个稳固的大面积混凝土壁,起到护岸的作用。这项技术的特点是施工速度快、简便、经济,而且可省去养管工作,尤其适用于冲刷严重的沿河路堤。土工膜袋护岸如图2-65所示,生态土工膜袋护岸如图2-66所示。

图 2-65　土工膜袋护岸　　　　　　　　图 2-66　生态土工膜袋护岸

(4)丁坝。丁坝又称"挑流坝",是与河岸正交或斜交伸入河道中的河道整治建筑物,坝的一端与堤岸相接呈"丁"字形,因此俗称丁坝。长丁坝又称为控导型丁坝,一般坝顶不过水。其作用是使主流远离堤岸,既防止坡岸冲刷,又改变河道流势。丁坝群防护边坡坡脚如图 2-67 所示。

(5)导流堤是用于改变水流流向或调整流量分配的水工建筑物,减少水流对边坡的冲刷破坏。导流堤采用铁丝石笼和排桩对坡脚进行防护,如图 2-68 所示。

图 2-67　丁坝群防护　　　　　　　　图 2-68　导流堤、排桩防护

四、挡土墙

(1)挡土墙可用于支承路基填土或山坡土体,防止填土或土体变形失稳。

(2)挡土墙主要类型及适用条件宜符合表 2-7 的规定。

挡土墙主要类型及适用条件　　　　　　　　表 2-7

挡土墙类型	适用条件
重力式挡土墙	一般地区、浸水地区和地震地区的路肩、路堤与路堑边坡坡脚等支挡工程
锚杆挡土墙	墙高较大的岩石路堑地段,可采用肋柱式或板壁式单级墙或多级墙,每级墙高不宜大于 8m,多级墙的上、下级墙体之间应设置宽度不小于 2m 的平台
桩板式挡土墙	表土及强风化层较薄的均质岩石地基,也可用于地震地区的路堑、路堤支挡或滑坡等特殊地段的治理

(3)挡土墙施工应进行施工组织设计,加强基槽开挖、回填阶段的防排水,验算基槽开挖对边坡稳定性的影响,必要时应进行临时边坡加固。

(4)挡土墙基底开挖前应做好地面排水设施,开挖时应将基底表面风化、松软土石清除。

（5）路堑挡土墙采用分段跳槽开挖法，宜采用自上而下、分层开挖步骤。锚杆挡土墙应采用逆施工法，并及时砌筑墙身。

（6）应加强挡土墙排水设计，挡土墙墙背填料宜采用渗水性强的砂土、砂砾、碎（砾）石、粉煤灰等材料，不宜采用黏土作为填料，严禁采用淤泥、腐殖土、膨胀土作填料。在季节性冻土地区，不得采用冻胀性材料作填料。

各种类型挡土墙如图2-69~图2-72所示。

图2-69 重力式挡土墙

图2-70 锚杆挡土墙施工

图2-71 锚杆挡土墙

图2-72 桩板式挡土墙

五、锚固

（1）锚固分为预应力锚固和非预应力锚固，适用于岩层、稳定土层或可提供足够锚固力的构筑层的边坡加固治理。

（2）预应力锚固在土层中应用时，应进行特殊工艺处理，以提供足够锚固力。

（3）预应力锚索（杆）宜采用易于调整预应力值的精轧螺纹钢筋、无黏结钢绞线等；非预应力锚杆宜采用HRB400钢筋，钢筋直径宜为16~32mm。

（4）锚索（杆）锚固段应穿过已有滑裂面或潜在滑裂面不小于2m，且满足边坡稳定性验算要求。

（5）锚固法施工应符合下列规定：

①钻孔清孔宜采用高压空气反循环工艺，严禁使用泥浆循环清孔。

②锚索（杆）长度应符合设计要求，以保证锚固段和张拉段有足够的长度。

③锚索（杆）安装应沿杆身每隔1.5m设置对中定位支架，以保证钢筋有足够的混凝土保护层厚度。

④锚索(杆)张拉待锚固砂浆强度达到设计强度的80%后方可进行。锚杆正式张拉前应采用0.10~0.20倍的轴向拉力设计值(Nt)进行预张拉。

⑤锚杆预应力施加时应分级张拉,并进行位移观测,做好记录。锚杆张拉至(1.05~1.10)Nt时,对岩层、砂土层保持10min,对黏土层保持15min,然后卸荷至锁定荷载设计值进行锁定。锚杆张拉荷载的分级和位移观测时间应符合表2-8的规定。

锚杆张拉荷载的分级和位移观测时间　　　　表2-8

荷载分级	位移观测时间(min)		加荷速率(kN/min)
	岩层、砂土层	黏土层	
(0.10~0.20)Nt	2	2	不大于10
0.50Nt	5	5	
0.75Nt	5	5	
1.00Nt	5	10	不大于50
(1.05~1.10)Nt	10	15	

六、钢筋混凝土抗滑桩

伴随我国公路修建里程和规模的逐年递增,公路开挖段的边坡路堑也随之增加,边坡所处的现场环境和地质环境的复杂性也在加大,对高边坡的支护质量要求也越来越高。而抗滑桩技术以其抗滑能力强、核实地质条件准确、施工简便、安全性高等优点,成为施工过程中加固滑坡的重要手段。

1. 钢筋混凝土抗滑桩一般规定

(1)钢筋混凝土抗滑桩(以下简称抗滑桩)适用于稳定边坡或滑坡、加固不稳定山体以及其他特殊路基。

(2)抗滑桩宜选择设置在滑坡厚度较薄、推力较小、锚固段地基强度较高的位置。

(3)抗滑桩宜与预应力锚索(杆)联合使用。对易发生局部塌方的破碎岩体段,宜设置挡土板。

(4)对已采用抗滑桩加固的边坡进行补桩时,其设计计算应考虑原抗滑桩有效抗力;桩排距宜不小于2倍桩截面宽度,桩的横向间距应根据边坡的地质,以及桩的结构、承载能力等技术条件和经济因素进行比较后确定。

(5)进行抗滑桩设计时,应考虑滑坡沿既有滑面或潜在滑面滑动时作用在支护结构上的荷载,抗滑桩材料及构造要求应符合现行《公路路基设计规范》(JTG D30)的有关规定。

(6)抗滑桩施工应符合下列规定:

①抗滑桩施工应采取相应措施保障坡脚稳定,并做好场地排水。对于稳定性较差的边坡工程,应避免雨期施工,必要时宜采取堆载反压等增强边坡稳定性的措施,防止变形加大。

②抗滑桩施工应分段间隔开挖,宜从边坡工程两端向主轴方向进行。

③滑坡区施工开挖的弃渣不得随意堆放,且施工时应减少对边坡的影响,以免引起新的滑坡。

④桩纵筋的接头不得设在土石分界处和滑动面处。

⑤桩间支挡结构及与桩相邻的挡土、排水设施等,均应按设计要求与抗滑桩正确连接,配套完成。

2. 抗滑桩加固原理

一直以来,抗滑桩是最有效的支挡抗滑结构体,它以其独特的优势成为稳定边坡和加固滑坡的重要设施。其应用原理是在滑动面(图2-73)之下的稳定底层内插入抗滑桩,形成一种推力平衡桩的抗力滑体,大幅度增加边坡的稳定性。一旦坡体发生下滑,抗滑桩(图2-74)就会形成阻抗,滑体就会在桩前形成稳定的状态。抗滑桩材料的选择,要按照滑体的薄厚、推力大小、防水需要以及工程作业条件等,进行钢筋混凝土桩、木桩、钢桩或者混凝土桩的选择。

图2-73 边坡滑带

图2-74 边坡抗滑桩

3. 抗滑桩施工

(1)施工防排水设计

根据一级防护标准进行边坡的开挖防护,需要在抗滑桩施工前全部完成上一级的相关设施,包括坡顶截水沟以及边坡平台排水沟等,同时整理抗滑桩作业平台,向外引水要根据内测高、外侧低的趋势,然后建急流槽以及排水沟,将水排到边坡以外。

(2)施工方法

抗滑桩土方开挖基本是利用人工进行,并借助风钻、风镐等工具,以及针对硬质石方采取的浅孔爆破的方式。自上至下、循序渐进地开挖施工,在混凝土护壁施工前必须对桩身进行垂直度、中心点以及净空尺寸的复核,让桩身质量得以保证;护壁混凝土的强度满足设计要求后,方可实施下一节桩身的作业,在顺序上可以由内到外。

施工工艺流程:①测量放样(图2-75)。②场地平整、截水和排水、清表刷坡。③扒杆井架的安装、卷扬机安装、安设通风设备。④开挖桩身。⑤出渣。⑥护壁钢筋的绑扎、护壁模板安装、浇筑护壁混凝土(图2-76)。⑦安装抗滑桩钢筋笼(图2-77)。⑧用混凝土浇筑桩身(图2-78)。⑨进行冠梁施工。

图2-75　抗滑桩定位放线

图2-76　桩孔护壁

图2-77　抗滑桩钢筋笼

图2-78　混凝土浇筑

(3)桩孔开挖

①边坡开挖至桩顶的高程,基于井口场地缺乏平整性,更多的是斜坡状况,大约将桩身挖掘到1.5m时,护壁要及时开展,制作锁口钢筋,同时安装模板,这个环节必须按照设计规定的锁口尺寸进行。接下来进行锁口混凝土的浇筑,锁口必须在地上30cm。在锁口周围按照工程的需要设置排水沟,雨季施工必须搭建防雨棚,而且井下的排水和通风照明设备要一应俱全。

②提升拱架和卷扬机可作为工程的提升设备。此外,还要设置防脱钩装置和防钢丝绳冲顶的限位装置。本工程为相对复杂的地质条件,为了安全性,可采用机械与人工结合的方式进行土方和软质石方的施工,采用浅眼爆破法进行硬质石方的施工。

③如果桩孔超过10m深的时候,人员操作施工必须2h进行轮换,同时安置井内的通风设备。为了预防坠物伤人,孔内施工必须设置钢筋密目网保护盖,确保施工人员的安全。

(4)钢筋混凝土护壁施工

钢筋混凝土护壁施工每掘进50cm就要进行,但特殊情况例外,如针对那些极易坍塌的土质可以合理缩减进尺,而且不能在土石分界处或者滑动面进行钢筋混凝土护壁施工的分界。按照以下的标准进行钢筋混凝土护壁施工。在安设护壁钢筋的时候预留的搭接长度必须超过钢筋直径的35倍,钢筋混凝土护壁模板的安装必须在验收合格后进行。

(5) 桩体钢筋笼制作安装

如果遇到较长的抗滑桩,可以利用直螺纹套筒进行井下安装和钢筋连接,同时按照设计要求,同规格的截面接头数量要控制在钢筋总数量的50%以内。

(6) 检测管安装

某项目的检测管采取4根直径50mm的钢管,按照梅花形进行布设,柱底与每根钢管的距离设定为20cm,并且比桩顶高100cm,同时做好保护工作,避免堵塞检测管,如果与配筋不符,就要对检测管位置做合理调整。

(7) 抗滑桩超挖处理

如果超挖现象发生,会有部分桩体在超挖线外侧,会影响到抗滑桩的施工和成孔,必须采取有效措施进行处理。

七、削方减载

削方减载,包括放缓开挖边坡,是边坡治理的常见方法,对于潜在变形面滑动面为上陡下缓的推移式滑动边坡,在坡顶的减荷和在下部阻滑段的压脚具有极其明显的支护效果。这种方法也是在边坡的应急治理中经常采用的方法。开挖时要尽量把临近坡面的顺倾坡外的陡倾结构面切割的岩块清除,以免形成局部失稳。在采用该方法时一定要采用合适的开挖坡率,避免形成新的高边坡,同时开挖坡面的形态要与周围的环境协调。削方减载示意图如图2-79所示,削方减载施工如图2-80所示。

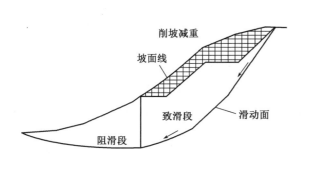

图2-79 削方减载示意图　　　　图2-80 削方减载施工

(1) 削方减载可用于地下水位较低的山区公路滑坡后缘减载,且不应引起次生病害的发生。

(2) 削方应与邻近建筑物基础有一定的安全间距,不得危及邻近建筑物、管线和道路等的安全及正常使用。

(3) 削方减载施工应做好工程防护及交通引导措施,减少对交通的干扰。

(4) 削方减载后应根据实际需要设置防护工程。

(5) 削方减载施工应符合下列规定:

①削方减载施工应根据现场情况,确定分段施工长度,做好临时排水措施,保证施工作业

面不积水,并进行隔段施工。

②开挖应遵循"先上后下、先高后低、均匀减载"的原则。开挖后的坡面应及时进行防护及排水处理。开挖的土体应及时运出,不得对邻近边坡形成堆载或因临时堆载造成新的不稳定边坡。

③坡顶应设置截水沟,坡面应增设急流槽,坡脚宜设置护脚墙并设置排水沟。

八、堆载反压

(1)堆载反压可用于软土地区路基护坡道,以及应急抢险时的滑坡前缘反压。

(2)堆载反压不应危及邻近建筑物、管线和道路等的安全及正常使用,不应对邻近的边坡带来不利影响。

(3)堆载反压施工应符合下列规定:

①应根据拟加固边坡的整体稳定性,验算确定堆载反压量。

②反压位置应设置在阻滑段。

③堆载反压加固材料宜就地取材以便于施工,不得阻塞滑坡前缘的地下排水通道。

④堆载反压体应设置在滑坡体前缘,以保证能提供有效的抗力;当进行软土地基护坡道堆载反压施工时,土体应堆填密实,密实度不宜低于90%。

九、拆除或重建较大边坡护坡

1. 边坡防护拆除施工措施

边坡防护拆除的顺序:拆除截水沟防护→拆除边坡防护→拆除平台沟和急流槽防护→拆除边坡防护→拆除边沟防护→拆除路肩防护。

路堑边坡防护拆除与路堑土石方开挖同时进行,开挖及拆除自上而下逐层进行,做到挖除一层土石方,拆除一层边坡防护,每层控制高为3m左右,此高度为挖掘机正常作业范围。

(1)在施工前详细复查深挖路堑地段的工程地质资料,包括土石界限、岩层风化厚度及破碎程度、岩层的构造特征等。

根据设计横断面的边坡坡率、台阶宽度,精确计算路堑堑顶的开挖线。采用全站仪放样,根据现场坡口高程放出路堑坡口桩。

(2)根据坡口桩放出路堑开挖线,进行清表、清杂等。开挖中如发现有较大地质变化时,应停止施工,重新进行工程地质补充勘探工作,并根据新的地质资料修正施工方案,报监理工程师批后实施。虽然深挖路堑工程量大、施工环境复杂、技术要求高、施工难度大,但它是控制工程进度的关键工程,必须精心组织,科学施工。

(3)石方开挖。石方开挖应根据岩石类别、风化程度和节理发育程度,确定开挖方法。对于风化碎落岩体,为保证施工中边坡的稳定和边坡防护的施工作业,可采用阶梯式进行开挖,按照设计要求的高度设置平台,形成阶梯边坡。开挖时,边坡预留2~3m采用光面爆破或预裂爆破作业,人工刷坡。

(4)边坡防护拆除。采用挖机拆除,把挖坡挖成向相反方向倾斜,挖掘机斗齿插入浆砌片石的接缝处,插入深度控制在30~50cm,这样尽可能避免拆除后片石和土混在一起,然后用挖掘机铲斗把片石扒成一堆,进行装车,装车后运输车辆负责把拆除后的片石运送到制定场地堆放,以便于下一阶段在进行利用。

2. 重建较大边坡护坡时注意事项

较大边坡护坡重建时,为了确保其稳定,不产生超挖和欠挖。边坡采用光面爆破,节理裂隙较发育地段及某些特殊地段采用预裂爆破。深挖路堑的施工遵循"分级开挖、分级防护、及时防护"的原则,开挖一级防护一级,在下一级开挖时,上一级已经做好保护措施。重建边坡注浆、边坡护坡重建施工如图 2-81、图 2-82 所示。

图 2-81　重建边坡注浆

图 2-82　较大边坡护坡重建施工

砌筑边坡防护时应注意:

(1)砂浆采用重量法控制计量,并采用机械拌和;砌筑采用坐浆分层按规范砌筑。

(2)将较大块且平整的片石人工加工凿平,用来砌筑护面墙的外路面;加工好砌筑沉降缝的角石,角石应加工平整,要有两个面相互垂直。

(3)护坡的沉降缝按设计图纸要求设置,砌筑沉降缝采用角石加工整齐,以保证沉降缝砌筑后垂直于水平面并且宽度上下一致。

(4)砌筑过程中和砌筑完工后 7~14d 内,随时对已砌筑砌体养护,保持其表面湿润。

课题 2-7　既有防护及支挡结构物病害处治

一、一般规定

(1)既有防护及支挡结构物维修加固前,应对病害及其严重程度、既有结构物的功能有效性进行评估。

(2)应根据既有结构物的评估结果,合理利用原结构与材料,确定维修加固方案。

二、既有防护工程

(1)坡面防护工程出现局部松动、脱落、损坏、隆起、裂缝等病害时,应按原防护形式及时修复。

(2)坡面防护工程出现大面积脱落、严重变形时,应及时拆除重建。

(3)植物防护工程出现缺损时,应及时补栽修复。

(4)锚杆挂网喷浆防护工程当出现破损、裂缝、掉块露筋时,应及时喷浆修补;当出现局部脱落、坍塌、鼓胀时,应清理坡面,重新挂网喷浆处治。

(5)对于主动式柔性防护网,锚钉出现锈蚀时,应进行防腐处理;当网内出现落石汇集时,应及时清理;当网出现破损时,应及时修补。对于被动式柔性防护网,当出现紧固部位锚栓松动或立网变形时,应及时更换或增设。

(6)冲刷防护工程受到洪水、波浪或流水冲击,坡脚发生局部破坏时,应及时采取抛压片石防护、石笼压盖等措施进行处治。

(7)冲刷防护工程发生冲毁时,应调查冲毁的原因,对既有构造物进行评估,根据受损情况及时进行维修加固或重建。

三、既有挡土墙

1. 一般规定

(1)挡土墙出现表观损坏时,可结合日常养护进行处治。

(2)挡土墙病害加固措施可参照表2-9选用。

挡土墙病害处治措施　　　　表2-9

挡土墙类型	处治措施	
	局部损坏 (含墙身开裂、滑移、墙身鼓肚、承载力不足等)	结构失稳 (含整体失稳、倾覆、倒塌、严重开裂等)
重力式挡土墙	支撑墙、锚固、加大截面	支撑墙、抗滑桩加固、拆除重建
悬臂式挡土墙、扶壁式挡土墙	加大截面、支撑墙	支撑墙、抗滑桩加固、拆除重建
锚定板挡土墙、加筋土挡土墙	支撑墙、锚固	支撑墙、抗滑桩加固、拆除重建
桩板式挡土墙	锚固	抗滑桩加固
锚杆挡土墙	锚固	抗滑桩加固

(3)挡土墙发生倾覆、坍塌等结构失效情况时,应查明原因,及时进行加固或拆除重建。

(4)挡土墙基础尺寸或地基承载力不满足要求时,宜采用加大截面法、注浆加固法、截排水加固法等措施。

(5)挡土墙基础嵌固段外侧岩土体的水平抗力不满足要求时,可采用增设锚杆、抗滑桩以及注浆加固等措施。

(6)挡土墙的泄水孔堵塞时,应及时疏通;若无法疏通时,应选择适当位置增设泄水孔,或在挡土墙背后增设排水设施。

2. 挡土墙主要病害

(1)表面破损。表面破损主要是指浆砌片(块)石或预制砌块破碎松动、砂浆脱落,如维修不及时,使雨水冲刷下渗,导致大面积散失、脱空和剥落,使得挡土墙的支挡作用降低甚至丧失。挡土墙表面风化剥落如图2-83所示。

(2)墙背填土沉陷变形。这是一种比较普遍的严重病害,由于填料选择不当,加之施工压实不足,在墙背排水不利的情况下,地表径流汇集、雨水下渗,在潜蚀作用下引起沉陷变形。

(3)基础冲刷。处于暴雨集中、雨水冲刷严重的地段或沿河、沿冲沟地段的挡土墙,常因雨水急速局部冲刷基础,使底部材料被形成的涡流冲蚀、卷起带走,随着冲刷深度和范围的增大,导致基础脱空,如不及时处理,则会进一步导致结构物失稳破坏。挡土墙基础冲刷路面出现漏斗如图 2-84 所示。

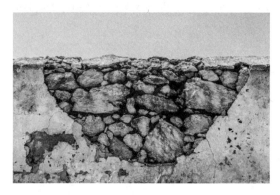
图 2-83　挡土墙表面风化剥落

图 2-84　挡土墙基础冲刷路面出现漏斗

(4)泄水孔堵塞。挡土墙中设置合理的泄水孔,有利于排除墙背填土积水,降低孔隙水压力,维持其稳定性。但由于施工质量问题,如反滤层设置不合理或泄水孔施工不符合要求等,在使用过程中随水流的作用,可能使泄水孔的排水通道被细颗粒材料堵塞,从而形成墙背填土积水,容易导致冻胀、湿陷、滑塌等严重病害的产生。如图 2-85、图 2-86 所示。

图 2-85　挡土墙冻胀变形

图 2-86　挡土墙墙背填土沉陷变形

(5)沉降缝、伸缩缝破损变形。它主要是指沉降缝、伸缩缝在施工中未按要求完全封闭、位置设置不合理或设置数量不足,从而在自然因素和人为因素作用下,导致缝被颗粒材料填充、变形量不足而被挤裂或拉开。

3.挡土墙加固

(1)采用锚固法加固挡土墙时,应符合下列规定:
①应合理确定新增锚杆的位置及预应力值,使挡土墙和加固构件受力合理。
②进行新增锚杆预应力设计时,应考虑原支护体系锚杆锚固力值;新增锚杆锁定预应力值

宜与既有锚杆预应力值一致，以利于新旧锚杆共同发挥锚固作用。

③锚杆外锚固部分与原支护结构间应设置传力构件；当已有挡土墙挡板不满足加固锚杆的传力时，可设置格构梁、肋或增厚挡板；格构梁应设置伸缩缝，设置间距为 10～25m，缝宽 2～3cm，并填塞沥青麻筋、沥青木板或其他新材料。

④钻孔时应合理选择钻孔机具，维持挡土墙整体稳定，并采取措施减少钻孔对原挡土墙的扰动。

⑤在锚固条件较差的岩土层中，锚固法注浆宜采用分层多次高压注浆。锚固法加固挡土墙如图 2-87 所示。

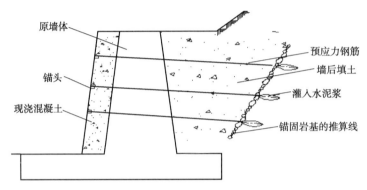

图 2-87　锚固法加固挡土墙

（2）采用加大截面法加固挡土墙时，应符合下列规定：

①应考虑墙身加大截面后对地基基础的不利影响；当为土质地基时，加大截面部分基础宜采用钢筋混凝土板式基础。

②加固后的支护结构应按复合结构进行整体计算。

③新增墙体应采用分段跳槽的实施方案，稳定性较高的部位应优先施工，必要时可采用削方减载等措施，保证施工安全。

④挡土墙或基础采用钢筋混凝土时，加大截面部分浇筑混凝土前，应采取凿毛、植入连接钢筋等措施，保证新、旧混凝土结合为整体。植筋锚固长度宜为 $(10～20)d$（d 为钢筋直径）。

⑤挡土墙为砌体材料时，应先剔除原结构表面疏松部分，对不饱满的灰缝进行处理，对加固部位采取设水平齿槽或锚筋等措施，保证新加混凝土与挡土墙结合为整体。

（3）支撑墙加固法。在挡土墙外侧，每隔一定的距离修建支挡墙，以加强破损处断面并增加全墙的稳定性。支挡墙的基础埋深、尺寸和间距应通过计算确定。施工时，老墙要洗刷干净，除掉不良灰缝，必要时加设连接短钢条，变形裂缝处要压住砂浆。支撑墙加固法如图 2-88 所示。

（4）采用抗滑桩加固挡土墙时，应符合下列规定：

①抗滑桩宜设置在挡土墙的外侧。

②抗滑桩加固锚杆挡土墙宜设置在肋柱中间。

③抗滑桩加固桩板式挡土墙宜设置在桩的中间，等距布置，且新增抗滑桩与原有桩中心距不宜小于二者桩径较大者的 2 倍。

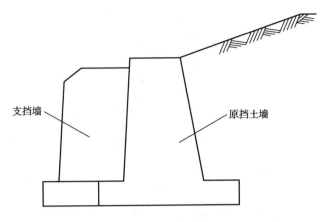

图 2-88 支撑墙加固法

④抗滑桩宜紧贴挡土墙现浇,或在抗滑桩与挡土墙面之间增设传力构件。

⑤抗滑桩护壁设计时应考虑挡土墙传来的土压力作用。

⑥边坡稳定性较差时,抗滑桩施工应间隔开挖、及时浇筑混凝土,并应防止抗滑桩施工对原支护结构安全造成不利影响。

(5)路肩墙或路堤墙基础埋置深度不足或基础受冲刷时,可在趾前增设浆砌片石基础墙,抛填和码砌片石防止冲刷,如图 2-89 所示。护基施工时要注意与前后河岸、结构物衔接圆顺。基础墙面有适当坡度,不要阻流太多,以免增加局部冲刷。

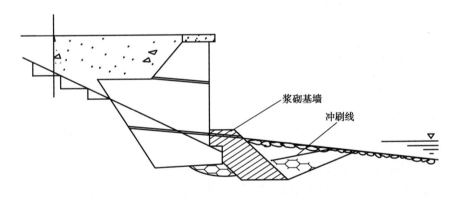

图 2-89 基础加固

对滑动、下沉破坏的修复,若地基处治工程复杂,可采用干砌块石或码砌石笼进行加固。挡土墙与边坡连接处易被雨水冲成沟槽或缺口,应及时填补夯实,恢复原状。

4. 挡土墙加高

挡土墙常因高度不够发生土体冒顶等现象,因此,除了做好土体稳定加固外,有的还需要加高挡土墙。挡土墙加高的办法有如下几种:

(1)老墙顶上加高(图 2-90)。当墙顶较宽,加高高度在 1.5m 以下时,可以在老墙顶上直接加高,但必须核对竣工图及计算参数,并进行薄弱断面和基底稳定性的验算。施工时,需除掉墙顶灰砂和松石,注意接缝处质量。

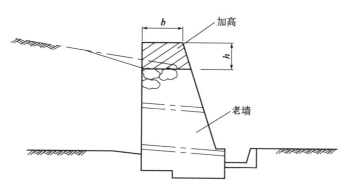

图 2-90　老墙顶上加高

(2) 挖除墙背填土在墙背加厚加高(图 2-91)。此法可从基底做起,并应加做墙后排水,部分改变墙后回填料性质。此法的优点是不占用边沟路肩,外观较整齐,加高同时加厚,工作较为彻底。

(3) 在墙面加厚加高(图 2-92)。当限界较宽,挖掉墙背填土不安全时,可采用此法。

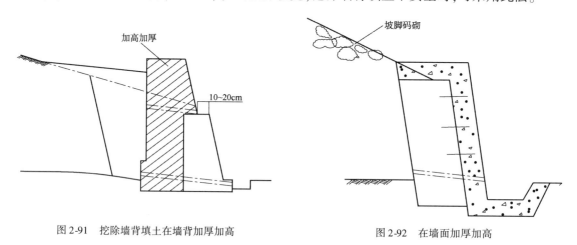

图 2-91　挖除墙背填土在墙背加厚加高　　　　图 2-92　在墙面加厚加高

5. 挡土墙加长

挡土墙加长应符合下列规定:

(1) 当挡土墙长度不足或两端衔接不良,不能充分发挥挡土墙作用,致使墙的两端仍有滑塌等病害发生,或在洪水中衔接处路基被冲毁时,应根据需要向两端或一端适当延长。

(2) 接长部分应与线路相协调,并尽量与原墙形式相同。

(3) 挡土墙和路基或其他构造物衔接不良处均应在维修中加以改善,如路肩墙两端没有锥坡时应加做锥坡。

(4) 接长挡土墙,应与原路线或挡土墙协调,新旧挡土墙或基础应留沉降缝,防止不均匀沉陷;开挖基坑时,不要破坏原挡土墙墙身或基础的稳定。

6. 挡土墙拆除重建施工

挡土墙拆除重建施工应符合下列规定:

(1) 挡土墙应分段拆除,拆除时应采取措施保证墙后填土的稳定。

(2)应处理好新旧挡土墙的结合,保证新挡土墙与原挡土墙结合成为整体。
(3)墙背回填时,应恢复原排水设施。

四、既有锚固结构

(1)锚固结构发生严重应力松弛时,宜采用预应力锚索(杆)二次补张拉或新增锚索(杆)补强法进行维修加固;锚固结构断裂或内锚固端失效滑移时,应在邻近位置增设新的锚固结构。新增锚固结构应符合下列规定:
①锚索(杆)应结合原支护体系中的锚索(杆)间距错开布置,并且应合理布置内锚固段位置,必要时改变锚索(杆)的倾角。
②锚索(杆)锚固段应穿过已有滑裂面或潜在滑裂面不小于2m且满足边坡稳定性要求。
(2)锚固结构发生锚头严重锈蚀、封锚混凝土破坏时,应及时进行锚头防腐处理,修复封锚混凝土。
(3)地梁、框架发生脱空、开裂时,宜采用浅层注浆法、加大截面法、新增框架结构或预应力锚索(杆)进行维修加固。

五、既有抗滑桩

(1)抗滑桩表面出现蜂窝、麻面、露筋、裂缝等表观破损以及混凝土局部压溃造成钢筋保护层剥落等病害时,应根据具体情况采用填充修补、注浆、表面封闭等方法进行养护处治。
(2)抗滑桩发生结构性拉裂、侧向稳定性不足时,可采用增加预应力锚索方法进行补强。
(3)抗滑桩出现倾斜、滑移时,应及时增设预应力锚索框架或补桩。
(4)混凝土或钢筋发生被剪断或被折断等结构性破坏,或对原有的抗滑桩采用结构补强后不能恢复至设计要求的抗滑能力时,可采用增设钢筋混凝土抗滑桩或钢管抗滑桩、注浆、增设预应力锚索(杆)等措施进行加固处治。

课题2-8 排水设施养护

一、一般规定

(1)应及时疏通、修复既有排水设施,保证其功能完好、排水畅通。
(2)应根据实际情况,做好路基排水设施与路面、桥隧等排水设施的衔接,形成较完善的排水体系。排水设施不能满足使用要求时,应适时增设完善。
(3)在保证边沟排水的前提下,可采取改进断面形式、增设盖板等措施提高路侧安全性。
(4)沿河路段应增设导水、拦水设施,减小客水对路基的影响。在有路面水集中冲刷边坡的路段,可增设集中排水设施。
(5)低填、浅挖路基以及排水困难地段,应采取防、排、截相结合的综合排水措施,拦截进入路界的地表水,排除路基内自由水。

二、地表排水设施养护

1. 一般规定

（1）对各类地表排水沟渠，应保证设计断面形状、尺寸和纵坡满足排水要求。当沟内有淤积、沟壁损坏、边坡松散滑塌，造成沟渠断面形状改变时，应及时清淤和修复。

（2）对边沟、截水沟、排水沟等排水设施进行冲刷防护、防渗加固时，应符合下列规定：

①土质边沟受水流冲刷造成纵坡大于3%时，宜采用混凝土、浆砌或干砌片（块）石铺砌；冰冻较轻地区可采用稳定土加固。边沟连续长度过长时，宜分段设置横向排水沟，将水流引离路基；其分段长度在一般地区不超过500m，在多雨地区不超过300m。

②对滑坡、膨胀土、高液限土、湿陷性黄土地段，如果截水沟、边沟、排水沟等产生渗漏时，应采取铺设防渗土工布、浆砌石等防渗措施。

③雨季前应及时清理盖板边沟，更换破损的盖板。盖板设置不得影响路面的排水功能。

④对于地下水丰富路段，由于路面加铺导致边沟加深时，应保证原沟底高程不变。

（3）涵洞的养护应符合现行《公路桥涵养护规范》（JTG H11）的有关规定。

（4）泄水槽损坏时应及时修复，防止水集中冲刷涵洞。

（5）超高路段排水设施应及时疏通，避免水下渗至路基。

（6）跌水和急流槽病害处治应符合下列规定：

①进出口冲刷现象严重时，进水口应进行防护加固，出水口应进行加固或设置消力池。

②基底不稳定时，急流槽底可设置防滑平台，或设置凸榫嵌入基底中。

③急流槽较长时，应分段铺砌，且每段长度不宜超过10m。连接处应用防水材料填塞，密实无空隙。

（7）蒸发池的隔离栅或安全警示标志牌出现缺失或破损时，应及时修复。积雪融化造成的蒸发池积水应及时排出。

（8）油水分离池、检查井出入口出现淤塞时，应及时进行清掏。安全警示设施缺失时，应及时补设。

（9）应定期检查维修排水泵站，及时排除设备故障。检查维修时，应采取相应措施，保证维修作业人员的安全。

2. 疏通路基边沟的方法

（1）在春融前，特别是汛前，应全面对边沟、截水沟及暗沟（管）等排水设施进行检查疏浚。

（2）雨中上路巡查，及时清除堵塞，疏导水流，保持水流通畅，防止雨水集中冲坏路堤。

（3）暴雨后应进行重点检查，如有冲刷、损坏，需及时修理加固；如有堵塞应立即疏通。

（4）对土质边沟，应经常保持符合设计断面，满足排水要求，并要特别注意排水口的设置和排水畅通。沟底应保持不小于0.5%的纵坡；在平原地区排水有困难的路段，不宜小于0.3%。边沟内不能种植庄稼更不能利用边沟做排灌渠道。边沟外边坡应保持一定的坡度，以防坍塌，阻塞边沟。

三、地下排水设施养护

1. 一般规定

(1) 当地下排水设施堵塞、淤积、损坏时,应及时清理维修。

(2) 对排水暗管进行疏通、改建时,应及时对排水暗管进行疏通、改建。

(3) 反滤层和顶部封闭层失效时,应及时翻修。

(4) 渗井、渗水隧洞病害处治应符合下列规定:

①应加强对渗井、渗水隧洞出水口的除草、清淤和坑洼填平等工作。寒冷地区保温设施失效时,应及时更换或维修。

②渗井周围路基发生渗漏时,应进行防渗处理;井内的淤泥应及时清除。发现渗井设置不合理或功能失效时,应及时改造。

③宜对渗水隧洞内部进行人工检查,及时排除淤堵,保证排水畅通。

2. 疏通地下排水设施的方法

(1) 暗管堵塞时,宜采用刮擦法、冲洗法、真空吸附法等方法进行疏通。

(2) 暗管排水进出口应定期清除杂草和淤积物。检查井和竖井式暗管门应盖严,发现损坏或丢失应及时换补。

(3) 暗管排水量达不到排水要求时,应进行改建,暗管的直径应根据排水量确定。

(4) 边沟排水暗管由于边坡位移等原因发生变形开裂时,应及时采取加固或更换措施。

3. 地下排水设施的作用和清理维护方法

为了防止地下水引起路基土壤过分潮湿,保持路基的强度与稳定,必须将地下水加以汇集、排除。地下排水设施主要有明沟、暗沟、渗沟、渗水井等。它们的具体作用如下。

(1) 明沟的作用

明沟,一般适用于地下水不深(1~2m),或地层稳定,能进行较深明挖的地方。明沟可以拦截、疏导地下水和降低其水位,又可兼排地面水。明沟常用断面形式有梯形和矩形两种。矩形断面挖成直立的槽式,并加以支撑而成。明沟深度要按地下水位高低视情况而定。明沟(边沟)如图 2-93 所示。

(2) 暗沟的作用

当路线经过地区,路基范围内出现泉水,而路线不能绕避时,在填方路基填筑之前或在挖方路基挖成之后,沿着泉眼方向挖出沟槽,同时根据泉水流量多少,铺筑暗沟,用暗沟将泉水引入边沟,流出路基范围以外,使水不致在土中扩散,危害路基。暗沟如图 2-94 所示。

图 2-93 明沟(边沟)

图 2-94 暗沟

暗沟的构造一般都很简单,常用块、片石干砌,为防止沃土淤塞,在其周围用碎石、砾石做成反滤层、沟顶用黏土填筑其实,黏土层下为双层反铺草皮,以免地下水下渗和黏土颗粒奔入反滤层内。平砌式暗沟如图 2-95 所示。

反滤层的颗粒直径自上而下,由外及里,逐渐增大。一般上面层和外层铺砂,中间层铺碎砾石,下面层和内层铺碎块石层,厚度不少于 10cm,相邻层次间颗粒粒径之差,常不大于 4~6 倍。暗沟沟底纵坡一般不少于 1%。出口处沟底应高出边沟最高水位 20cm 以上,以免出现倒灌现象。暗沟的埋设深度应不小于当地的冰冻深度,以确保全年均可使用。

(3)渗沟的作用

渗沟是常见的一种地下排水设施,它可用来隔断、汇集、排除或者拦截流向路基的地下水,降低地下水位效果良好,如图 2-96 所示。

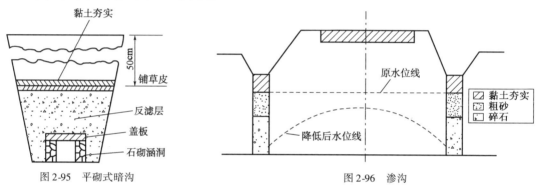

图 2-95　平砌式暗沟　　　　　　　　图 2-96　渗沟

渗沟是由碎石、砾石、反滤层和黏土、草皮封闭层组成。封闭层用反铺双层草皮或其他材料,其上面是夯实的黏土层,厚度不大于 50cm。反滤层是用来汇集水流并防止泥土或砂石颗粒材料挤掺入相邻层内而影响汇水排水作用。相邻两层间,颗粒的粒径差 4~6 倍,以防淤塞。渗沟的槽宽度按深度而定;在 1.25m 以内深度时,底宽可采用 0.5m;深度在 1.5~2m 深度时,底宽 0.6~0.8m;在 3~4m 深度时,底宽应扩大到 1.0m 以上。渗沟的构造形成可分为盲沟、有管渗沟和洞式渗沟三种。

①盲沟。盲沟一般设在流量不大,水路不长地段,主要有纵向盲沟、横向盲沟两种。横向盲沟一般与路线方向成一定斜角。排水层采用颗粒较大的坚硬大块碎石填充,并须保证具有通过全部排水量的孔隙度。盲沟的渗水部位填料深度,应在地下水位线以下 0.3m,盲沟的纵向坡度,通常采用 1%~5%。纵向盲沟施工如图 2-97 所示,横向盲沟施工如图 2-98 所示,开槽波纹管上填多孔混凝土纵向盲沟如图 2-99 所示。

图 2-97　纵向盲沟施工

图 2-98　横向盲沟施工

图 2-99　开槽波纹管上填多孔混凝土纵向盲沟

②有管渗沟。有管渗沟与盲沟相似,只是泄水部分由排水管代替,可设置在地下水源较大的地段。当渗沟较长时,应横向设置多道泄水道,以利于迅速将水引离路基,排水管的纵坡不少于5%。排水管由陶瓷、水泥混凝土或石棉水泥等制成,或用塑料管、铸铁管等。排水管直径大小取决于地下水的流量,有冰冻时,应采取稍大直径的排水管。排水管的集水部分应有孔眼、缝隙或间隙保证地下水向管内渗入。

③洞式渗沟。洞式渗沟适用于地下水流较大的地段,它可以代替盲沟,在结构上实际相当于盲沟和暗沟的结合,也类似有管渗沟。

④清理维护方法

渗沟(盲沟、有管渗沟、洞式渗沟)如发现沟口长草或堵塞,应及时清除和冲洗。如碎(砾)石层失去作用时,则应翻修,剔除较小颗粒砂石,补充大颗粒碎(砾)石,以保持空隙,便利排水;如渗沟设置位置不当,应考虑另建。

(4)渗水井

当路线处于平原或戈壁地区,停滞于路基附近的水无处可流,而当地又具有渗水性土层,并且地下水流背离路基或垂直向下往深层流失时,可以建筑同水井形式相同的渗水井,将路基边沟中的水引到离路中线10m以外处,并汇集于渗水井内,从而使路基稳定。渗水井如图2-100所示。

图 2-100　渗水井

在路基范围内配合渗沟修筑渗水井时,井口面积的大小,取决于路基水的流量,一般可采用直径约为0.7m的圆形或0.6m×0.6m、1.0m×1.0m的方形构造。在修建渗水井时,除四周所留进水口部分外,沿井口周围用黏土筑堤围墙,顶上也用黏土夯实或加水泥混凝土盖,防止渗水井淤塞。下部为排水结构,必须穿过不透土层,深入到渗水层,才能使水排出,井内填充料用大块片石或卵石,在上层不透水土层内,填砂或砾石。

四、对损坏的排水设施进行加固的方法

在养护工作中,要针对现有排水系统不完善的部分逐步加以改进、完善,充分发挥各种排水设施的功能。例如,对有积水的边沟,应将水引至附近低洼处;对疏松土质的沟渠,应结合地形、地质、纵坡、流速等实际情况,综合考虑加固。其具体加固方法及要求可参见路基工程。

如发现渗沟、盲沟出水口处长草、堵塞时,应进行清除和冲洗;对于渗沟,应经常检查疏浚,以保证管内水流通畅;如发现反滤层淤塞失效,则应翻修,并剔除其中较小颗粒的砂石,以保证其孔隙,便利排水;如位置不当,则应另建渗沟或盲沟。

使用针刺无纺布作反滤层是一项新技术。针刺无纺布的规格可选用 $200\sim300\text{g/m}^2$;选用时,应注意无纺布的有效孔径要小于渗流中黏粒的粒径。

排水设施加固方法见表2-10,排水设施加固与沟底纵坡的关系见表2-11。

排水设施加固方法 表2-10

形式	加固方法	加固层厚度(mm)
简易式	土沟夯实	—
	水泥砂浆抹平	20~30
	石灰三合土抹平	30~50
	黏土碎(砾)石加固	100~150
	石灰三合土碎(砾)石加固	100~150
干砌式	干砌片石	150~250
	干砌片石水泥砂浆抹平	150~250
浆砌式	浆砌片石	150~250
	浆砌混凝土预制块	60~100
	砌砖	单砖或一砖半

排水设施加固与沟底纵坡的关系 表2-11

沟底纵坡(%)	<1	1~3	3~5	5~7	>7
加固类型	不加固	土质好,不必加固 土质不好,简易加固	干砌	干砌或浆砌	浆砌

五、铺砌排水设施的方法

1. 排水设施的铺砌类型及适用范围

对土质边沟,应符合设计断面,满足排水要求,并要特别注意排水口的设置和排水畅通。沟底应保持不小于0.5%的纵坡,在平原地区排水有困难的路段,沟底纵坡不宜小于0.3%。沟渠加固类型及适用范围见表2-12。

沟渠加固类型及适用范围　　　　　　　　　　表2-12

铺砌类型	适用范围
单层干砌片石	适用于无防渗要求,流速大于2m/s的沟渠
单层栽砌卵石	适用于无严格防渗要求,且流速介于2~2.5m/s之间的沟渠防冲刷加固
浆砌片石	适用于沟内水流速度较快,且防渗要求较高的水沟加固

2. 单层干砌片石加固施工要点

(1)当沟内平均流速在2~3.5m/s时,干砌片石尺寸可选用0.15~0.25m;当沟内平均流速大于4.0m/s时,应采用急流槽或增加跌水。当沟壁沟底为细颗粒土时,应加设碎(砾)石垫层,铺设厚度在0.10~0.15m范围内。

(2)碎(砾)石垫层石料粒径在550mm的质量应占总质量的90%以上。

(3)片石间隙应用硬碎石填塞紧密。片石大面应砌向表面,以减少表面粗糙度。

3. 单层栽砌卵石施工要点

(1)沟槽开挖后,沟壁沟底为细颗粒土时,应加设砾石垫层,要求选用平均粒径在24mm范围内的干净砾石。

(2)所用卵石要求质地坚硬,粒径在0.15~0.25m范围内。

(3)施工时,一般应先砌沟底,后砌沟壁,自上而下、逐层砌筑。砌筑可由下至上逐步选用较小的卵石,最上一层则采用较长卵石平放并封顶压牢。栽砌卵石加固沟渠如图2-101所示。

(4)所有卵石均应栽砌,大头朝下,相互紧靠。每行卵石须大小均匀,两排之间保持错缝。卵石之间的孔隙,用小石填塞紧密。

4. 浆砌片石加固施工要点

(1)沟渠开挖后。沟槽要整平夯实。如果土质干燥,应洒水润湿后夯实。遇有孔穴,应堵塞密实。

(2)在有地下水或冻害地段,沟壁沟底外侧需加设反滤层或垫层,并在沟壁上预留泄水孔。当平均流速大于4m/s,沟底纵坡不受限制时,应采用急流槽处理。

(3)一般采用M5水泥砂浆砌筑,机械拌和,随拌随用。

(4)砌筑完成后,应注意对砌体的养生。浆砌片石加固沟渠如图2-102所示。

图2-101　栽砌卵石加固沟渠

图2-102　浆砌片石加固沟渠

六、整段开挖边沟、截水沟的施工技术

1. 边沟的施工技术

边沟设置在挖方路基的路肩外侧或低路堤的坡脚外侧,一般与路中心线平行。边沟用于汇集和排除路面、边坡范围内以及流向路基的少量地面水。边沟的断面形式有梯形、矩形、三角形或蝶形。高速公路及一级公路采用三角形和碟形,条件受限时用矩形,上面盖混凝土梳形盖板。二级及二级以下公路的土质边沟用梯形,石质边沟用矩形。浆砌片石边沟施工如图2-103所示。

(1)挖方地段和填土高度小于边沟深度的填方地段均应设置边沟;路堤靠山一侧的坡脚应设置不渗水的边沟。

(2)为了防止边沟水流漫溢或冲刷,在平原区和重丘山岭区,边沟应分段设置出水口;在多雨地区,梯形边沟每段长度不宜超过300m,三角形边沟不宜超过200m。

(3)平曲线处边沟施工时,沟底纵坡应与曲线前后沟底纵坡平顺衔接,不允许曲线内侧有积水或外溢现象发生。

(4)认真做好边沟加固。

在土质地段,当沟底纵坡大于3%时,应采取加固措施。采用干砌片石对边沟进行铺砌时,应选用有平整面的片石,各砌缝要用小石块嵌紧;采用浆砌片石铺砌时,砌缝砂浆应饱满,沟身不漏水。沟底采用抹面时,抹面应平整压光。

2. 截水沟的施工技术

截水沟设置在路堑坡顶外缘或路堤坡脚外缘。其作用是单边拦截路基一侧或两侧较大坡面面积的汇水并予以排除。截水沟施工如图2-104所示。

图2-103 浆砌片石边沟施工　　　　　　图2-104 截水沟施工

为拦截山坡上流向路基的水,在路堑坡顶以外设置的截水沟。在无弃土堆的情况下,截水沟的边缘离开挖方路基坡顶的距离视土质而定,以不影响边坡稳定为原则。如系一般土质至少应离开5m,对黄土地区不应小于10m并应进行防渗加固。

截水沟挖出的土,可在路堑与截水沟之间修成土台并进行夯实,台顶应筑成2%倾向截水沟的横坡。

当路基上方有弃土堆时,截水沟应离开弃土堆坡脚1~5m,弃土堆坡脚离开路基挖方坡顶不应小于10m,弃土堆顶部应设2%倾向截水沟的横坡。

课题2-9 特殊路基养护与病害处治

一、一般规定

特殊路基包括软土路基、膨胀土路基、湿陷性黄土路基、盐渍土路基、岩溶区路基、冻土路基、雪害地段路基、风沙及沙漠地区路基、涎流冰地段路基等。

(1) 应加强特殊路基日常养护,切实做好防排水、防护与支挡设施的维护与清理,并及时进行修补及增设,保证各项设施功能完好。

(2) 特殊路基维修加固宜先进行试验段施工,验证方案可行性,确定质量控制标准,并应加强特殊路基加固后的检测与评估。

(3) 对病害隐患较大的特殊路基路段,应进行路基长期监测,建立预警机制并做出相应的预案。

(4) 采空区路基出现沉陷等病害时,应探明采空区的位置、规模,设置安全警示标志,与当地人民政府和地矿部门共同协商处治方案。

二、软土路基

1. 一般规定

(1) 软土路基的不均匀沉降或开裂滑移处治措施可参照表2-13选用。

软土路基病害处治措施 表2-13

病害类型	处治措施				
	换填改良	侧向限制	反压护道	注浆	复合地基
不均匀沉降	√	×	×	△	√
开裂滑移	×	△	△	×	√

注:√-推荐,△-可选,×-不推荐。

(2) 软土路基病害处治施工应符合下列规定:

① 换填改良时宜采用轻质填料,基底应铺反滤层或隔水层加土工布,采用黏土封层包心填筑或间隔填筑轻质填料,侧面铺筑碎石或砂砾石渗沟排水。

② 反压护道可根据路基隆起的情况,在路堤的一侧或两侧设置。其高度不宜超过路堤高度的1/2,其宽度应通过稳定计算确定。

2. 反压护道

当路堤下沉,两侧或路堤下坡一侧出现隆起时,可采取在路堤两侧或一侧填筑适当高度与宽度的土体,一般仅压护道高度不宜超过路堤高度的1/2。在仅压护道重力的作用下,使路堤下的淤泥或泥炭向两侧(或单侧)被挤出,路堤隆起的趋势得以平衡,保证路堤稳定。反压护道示意图及施工图如图2-105、图2-106所示。

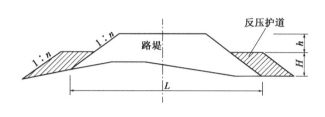 

图 2-105　反压护道示意图　　　　　　图 2-106　反压护道施工图

反压护道的特点是，无须特殊的机具设备和材料，施工简便，但占地多，土用量大，后期沉降大，以后的养护工作量也大。

3. 复合地基

复合地基(图 2-107、图 2-108)是指天然地基在地基处理过程中部分土体得到增强，或被置换，或在天然地基中设置加筋材料。加固区是由基体(天然地基土体或被改良的天然地基土体)和增强体两部分组成的人工地基。在荷载作用下，基体和增强体共同承担荷载的作用。根据复合地基荷载传递原理，复合地基分为竖向增强体复合地基和水平向增强复合地基两类。竖向增强体复合地基又可以分为散体材料桩复合地基、柔性桩复合地基和刚性桩复合地基三种。

图 2-107　挤密砂石桩复合地基　　　　　图 2-108　CFG 桩复合地基

复合地基一般分为水泥土搅拌桩复合地基、高压喷射注浆桩复合地基、砂桩地基、振冲桩复合地基、土和灰土挤密桩复合地基、水泥粉煤灰碎石桩复合地基及夯实水泥土桩复合地基。一般情况下复合地基的处理方式参照地区土质情况设定。挤密砂石桩复合地基如图 2-107 所示，CFG 桩复合地基如图 2-108 所示。

三、膨胀土路基

作为一种特殊路基，膨胀土路基具有吸水膨胀、失水收缩、反复变形、浸水承载力衰减、干缩裂隙发育等特性,其产生的变形对高等级公路路基以及边坡工程危害巨大。

1. 膨胀土的工程性质

(1)胀缩性。建于膨胀土上面的建筑物或路面,膨胀土会由于吸水后体积的膨胀而产生隆起,也会由于失去水分后体积收缩造成土体开裂并使建筑物下沉。膨胀土的胀缩性与其他黏土有很大的不同。对膨胀土进行多次重复干缩湿胀后,其土体间的有效凝聚力以及强度都大大减小。膨胀土的胀缩特性也是裂缝产生原因之一。

(2)崩解性。浸水后,膨胀土的体积会产生膨胀,在无侧限压力下则会吸水湿化。对于不同类型的膨胀土,其崩解性也不一样,浸水后,强膨胀土会在短时间内完全崩解;弱膨胀土需经过较长的时间才能逐步崩解,而且崩解不充分。

(3)裂隙性。垂直裂隙、水平裂隙以及斜交裂隙是膨胀土中裂隙的主要类型。裂隙破坏了土体的完整性,膨胀土路基边坡的破坏也大都与裂隙有关,且滑动面的形成主要受裂隙软弱结构面控制。

(4)超固结性。膨胀土往往具有超固结性,天然空隙小,干密度大,初始结构强度高。土体超固结应力由于膨胀土路基的开挖而释放,边坡与路基面出现卸荷后膨胀,在坡脚形成应力集中区和塑性区,使边坡产生破坏。

(5)风化特性。路基开挖后,膨胀土极易产生风化破坏作用,并会很快产生碎裂、剥落和泥化等现象,从而破坏土体结构并降低其强度。按其风化程度,一般将膨胀土划分为强、中、弱3层。

2. 膨胀土地区路基病害的主要类型

(1)裂缝。土体的失水收缩会导致膨胀土路基出现的反射裂缝。在整个路幅内,土基含水率的变化引起不均匀的胀缩而产生横向的波浪变形。另外,如果路基填土的密实度未达到要求,那么由于环境的干湿交替变化,路肩沿路线方向会产生纵向开裂。

(2)翻浆冒泥。气温的交替变化,会导致路基上部出现反复热胀冷缩。在水的作用下,路基土吸水膨胀,强度迅速降低;在车辆荷载的作用下,路基和面层之间形成的泥浆被挤压上翻,行车翻浆冒泥的现象。在雨季,路面渗水后常会出现沿路面裂缝、伸缩缝溅浆冒泥的破坏。

(3)坍肩和溜坍。在施工碾压时,由于操作不当使路堤外边缘受力不均匀,土体无法达到规定的压实度,路基强度则不能满足要求。在多雨季节,水渗入路基,在荷载作用下产生滑坍,随时间推移由路边缘向路面中心破坏。当表层风化、吸水过饱和,在行车荷载作用下,常出现沿坡面向下的塑流状路基塌移,即溜坍。

(4)路面搓板。在膨胀土地区,由于全路幅内路基吸水后含水率不均匀变化,当路基路面较宽时,会差别较大的横向变形。车辆行驶时就会产生剧烈颠簸震动,长时间会产生路面搓板。

(5)路基下沉。在多雨季节,水从裂缝渗入路基,膨胀土路基吸水后迅速膨胀,强度降低,土体发生崩解。在路基自重和车辆荷载的作用下,基床翻浆冒泥,路基下沉,并促使混凝土路面板块错台、断裂。当一部分软化土被挤出后,路基会产生沉陷,从而降低路面的平整度,造成路面沉陷破坏。

3. 膨胀土路基养护

(1)膨胀土路基应注重防排水设施的日常养护和维修加固,做好防水保湿,消除膨胀土湿胀干缩的有害影响,并应符合下列规定:

①路基边沟出现积水、向路基渗透现象时,应适当加宽、加深。

②排水沟渠衬砌发生砂浆脱落、缺损时,应及时进行养护维修。

(2)当既有防排水设施不满足使用要求时,应增设防排水设施,并应符合下列规定:

①所有地面排水沟渠,特别是近路沟渠,均应铺砌和加固。

②膨胀土路堑应设置截水沟。对于台阶式膨胀土高边坡,应在每一级平台内侧设置截水沟。

③零填和低填方路段,当公路路界内地形低于路界外的地面时,应设置截水沟。

④地下水位较高的低路堤路段,若路堤底部未设置防渗隔离层和排水垫层,宜在路基两侧增设地下排水渗沟。

⑤土质潮湿或地下水发育的挖方路段,若边坡排水性能不良或缺乏排水设施,宜在边坡上增设支撑渗沟或仰斜式排水孔,边沟下应增设纵向排水渗沟,填挖交界处增设横向排水渗沟。

⑥路堑坡顶之外3~5m范围的表层膨胀土若未进行处理或防渗措施失效时,应采取换填非膨胀土、铺设防渗土工膜等防渗封闭处理措施。

(3)膨胀土路基的边坡失稳、胀缩变形等病害处治措施应参照表2-14选用。

膨胀土路基病害处治措施 表2-14

病害类型	处治措施			
	换填改良	坡面封闭	坡面防护	支挡防护
边坡失稳	×	√	△	√
胀缩变形	√	△	√	×

注:√-推荐;△-可选;×-不可选。

(4)用于膨胀土路堑边坡稳定的挡土墙应根据边坡滑塌部位进行合理设置,并根据路堑边坡滑塌规模,可设置一级或多级挡土墙。

(5)膨胀土路基病害处治施工应符合下列规定:

①膨胀土路基养护作业施工宜避开雨季作业。

②膨胀土路基处治路段较长时,养护作业宜分段施工,各道工序应紧密衔接,连续完成。边坡应按设计要求修整,并应及时进行防护施工。

③换填处治宜采用非膨胀性土、灰土或改良土,换土厚度应通过变形计算确定,中、弱膨胀土宜为1~1.5m,强膨胀土宜为2m。换填土应分层铺设、分层碾压,并加强防渗。

④改性处理。利用石灰、水泥或其他固化材料与膨胀土的物理化学作用来对膨胀土进行改性处理,以达到降低膨胀土膨胀潜势、增强强度和水稳性称为化学固化。

⑤采用土工合成材料封闭、隔水时,应全断面铺设;采用土工织物(如土工膜袋)对膨胀土路基进行包封时(图2-109),宜控制好搭接长度;边坡采用黏土包边(图2-110)时,包边宽度不宜小于2m。

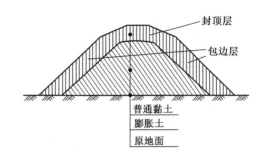

图 2-109 膨胀土上铺设土工膜封闭　　　　图 2-110 膨胀土边坡采用黏土包边

⑥采用坡面防护处治时,高度大于 10m 的膨胀土边坡开挖时宜采用台阶型。应加强边坡防排水,隔绝外部自由水的渗入。

⑦采用支挡结构物处治时,基坑应取措施防止曝晒或浸水,基础埋深应在大气风化作用影响深度以下,基底应加强防渗处理。

四、湿陷性黄土路基

1. 湿陷性黄土的工程性质

黄土在我国分布较广,其湿陷性问题一直是困扰黄土地区公路工程建设的关键问题,黄土路基遇水后往往容易导致路基整体沉陷,直接影响路基的稳定性,极大降低了公路建设项目行车舒适度。

黄土湿陷变形是一个受物理、化学和力学等多因素共同作用的复杂过程,且水环境的影响至关重要,水侵入黄土自身的特殊架空孔隙结构后,极大削弱了黄土颗粒的联结强度,在自重应力和附加应力的共同作用下,黄土原有土体结构失稳而引发湿陷。

2. 湿陷性黄土路基养护一般规定

(1)湿陷性黄土路基应加强防排水设施的日常养护与维修加固,并应符合下列规定:

①应加强冲沟地段上下游的衔接以及填挖交界处边沟出水口的加固。

②路堑顶出现裂缝和积水洼地时,应及时填平夯实。

③现有排水设施出现破损、渗漏、淤塞等病害时,应及时维修处理,使排水设施接缝处应坚固不渗漏。

(2)当既有防排水设施不满足使用要求时,应增设防排水设施,并应符合下列规定:

①农田灌溉可能造成黄土地基湿陷时,可对路堤两侧坡脚外 5~10m 做表层加固防渗处理或设侧向防渗墙。

②湿陷性黄土路基防排水设施不完整或缺乏时,应根据需要增设防冲刷、防渗漏等措施拦截、排除地表水。地下排水构造物与地面排水沟渠必须采取防渗措施,路侧严禁积水。

(3)湿陷性黄土路基沉陷变形处治可选用夯实法、桩挤密法等方法进行处理。

3. 夯实法施工

为减少路堤工后沉降,确保路堤的稳定性,对填土路基清除表土后,进行强夯处理并且碾压密实,压实度应满足规范要求。填筑过程中,每填筑 4m 高时,应进行一次强夯处理。夯点间距采用正方形布置,每遍每点 8 击,强夯 3 遍,夯击后对上部震松的土层进行碾压。

动力夯实法一般可分为强夯法和重夯法。当要求消除 3~6m 厚度的湿陷性黄土时,宜采用强夯法;当要求消除 1~3m 厚度的湿陷性黄土时,宜采用重夯法。但在建筑物密集的地区和有精密仪表设备的房屋附近,或在其他浅基础构造物附近,应慎重采用或应采取行之有效的防振或隔振措施。

(1)采用夯实法处理湿陷性黄土地基时,应符合下列规定:

①土的天然含水率宜低于塑限 1%~3%。

②在夯实过程中应加强夯沉量检测。

③强夯结束后 30d 左右,可采用静力触探或静载试验等方法测定地基承载力。

(2)采用桩挤密法处理湿陷性黄土地基时,应符合下列规定:

①桩挤密法可选用沉管、冲击成孔等方法。

②成孔应间隔分批进行,成孔后应及时夯填。当做局部处理时,应由外向里施工。

③若土层含水率过大,拔桩时应随拔随填。

黄土路基采用羊角碾碾压施工可提高碾压质量,如图 2-111 所示。黄土路基强夯法施工,如图 2-112 所示。

图 2-111　黄土路基采用羊角碾碾压施工

图 2-112　黄土路基强夯法施工

4. 桩挤密法施工

桩挤密法包括土、灰土挤密桩法和碎石挤密桩法等。

(1)土、灰土挤密桩法

土、灰土挤密桩法是用沉管、冲击、爆破等方法在地基中形成直径为 28~70cm 的桩孔,然后向孔内填夯素土或灰土成桩。采用土桩、灰土桩法可以消除湿陷性黄土地基的沉陷性,并提高地基的承载力。

①土、灰土挤密桩法的原理。灰土挤密桩的应用使得湿陷性黄土的承载力急剧增加,其主要是通过将钢管套管或是炸药爆炸扩孔的方法,在土中形成桩孔,然后回填灰土进入孔中,通过强夯法或者夯实法将周边的土挤压进去,以加强桩周围的密实性,消除黄土的湿陷性,特别是桩周围黄土的湿陷性。如果桩足够密集则可以完全消除黄土的湿陷性,由桩和黄土结合而成的基础,共同承受上部结构的荷载。

②土、灰土挤密桩法的主要特点。土、灰土挤密桩成桩时为横向挤密,可同样达到所要求加密处理后的最大干密度指标,并可消除地基土的湿陷性,提高承载力,降低压缩性。

与换土垫层相比,土、灰土挤密桩无须大量开挖回填,可节省土方开挖和回填土方工程量,工期可缩短50%以上;处理深度较大,可达12~15m;可就地取材,应用廉价材料,降低工程造价;机具简单,施工方便,工效高。土、灰土挤密桩法适用于加固地下水位以上、天然含水率为12%~25%、厚度为5~15m的新填土、杂填土、湿陷性黄土以及含水率较大的软弱地基。当地基土含水率大于23%、饱和度大于0.65时,打管成孔质量不好,且易对邻近已回填的桩体造成破坏,拔管后容易缩颈,这种情况下不宜采用土、灰土挤密桩法。

灰土强度较高,桩身强度大于周围地基土,可以分担较大部分荷载,使桩间土承受的应力减小,而到深度2~4m以下则与土桩地基相似。一般情况下,如果为了消除地基湿陷性或提高地基的承载力或水稳性,降低压缩性,宜选用灰土桩。桩基的深度取决于施工设备和施工工艺,一般深度为5~15m。灰土挤密桩成孔、成型如图2-113、图2-114所示。

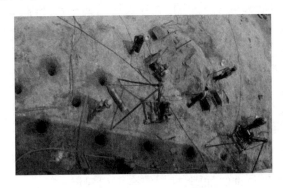
图2-113 灰土挤密桩成孔

图2-114 灰土挤密桩成型

(2)碎石挤密桩法

碎石挤密桩法是以碎石为主要材料制成的地基加固桩。碎石挤密桩当前被广泛用于加固软土地基及消除土的液化,也有用于处理湿陷性黄土地基的工程实例。

五、盐渍土路基

1. 盐渍土的特点及对路基的危害

当地表1m内含有容易溶解的盐类超过0.3%时,则该地表土为盐渍土(图2-115),盐渍土中易溶盐大多为氯化盐、硫酸盐、碳酸盐等。我国西北、东北等气候干旱地区及沿海平原地区分布着大面积的盐渍土,其含盐量通常是5%~20%,有的高达60%~70%。由于土中含有易溶盐,使得土的物理性质、力学性质发生变化,导致许多路基病害的产生,这里主要介绍以下几类。

(1)淋溶与湿陷。这类病害主要是由低矿化度的降雨或流动水体将土基中结晶的易溶盐晶体溶解,使土体中固相体积减小、孔隙比增大,从而在自重、流水或外荷载作用下形成土基局部雨沟、洞穴、沉陷或坍塌等病害。盐渍土路基淋溶与湿陷如图2-116所示。

图 2-115　盐渍土路基

图 2-116　盐渍土路基淋溶与湿陷

（2）翻浆。这类病害主要是由于盐渍土中所含易溶盐晶体聚冰、脱水及吸湿潮化，使得土基饱水及承载能力下降，在外荷载反复作用下形成翻浆，使道路表面泥泞、湿滑，影响车辆正常运营，以氯盐渍土地区较为多见。

（3）盐胀。这类病害主要是由于盐渍土中的盐分因结晶膨胀而造成的路面局部不平、鼓起、开裂现象，在昼夜温度变化所引起的盐胀反复作用下还会造成路基边坡及路肩表层的疏松、多孔，致使道路易遭风蚀，易于陷车。盐胀主要发生在硫酸盐渍土中。

（4）腐蚀。这类病害主要是由于盐渍土中所含易溶盐与道路工程中所使用的金属材料、非金属制品发生化学反应，致使这些材料或制品的工程性能发生劣化，最终导致道路的破坏。这类病害在道路工程中的表现为钢筋锈蚀、混凝土或黏土制成品粉化开裂、高等级路面结构层损坏。

2. 盐渍土路基养护的一般规定

（1）盐渍土路基应加强防排水设施的日常养护与维修加固，并应符合下列规定：

①路面横坡不满足要求或存在可能积水的坑洞及凹槽时，应及时修整。

②在地下水位较高、边沟积水严重或排水不畅的地段，应加深两侧边沟或排水沟，以降低路基下的地下水位。

③当盐渍土地区的地下排水管与地面排水沟渠防渗措施失效时，应及时维修加固。

（2）当既有防排水设施不满足使用要求时，应增设防排水设施，并应符合下列规定：

①地面排水困难、地下水位较高或公路旁有农田排、灌水渠的路段，应在路基一侧或两侧设置排（截）水沟，排（截）水沟距路基坡脚应不小于 2m，应低于地表 1.0m 以下。

②在自然排水困难的路段宜设蒸发池，蒸发池边缘与路基坡脚的距离宜大于 10m。

（3）盐渍土路基溶蚀、盐胀、冻胀、翻浆病害处治措施可选用换填改良法、增设护坡道或排碱沟、设置隔断层等方法。

（4）盐渍土路基病害处治施工应符合下列规定：

①采用换填改良法处治时，挖除路面结构后，可在一定深度内换填砾类土或砂。其中，高速公路、一级公路换填厚度不应小于 1.0m，二级、三级公路换填厚度不应小于 0.80m，并宜结合隔断层措施综合治理。

②采用增设护坡道法处治时，护坡道顶面应高出长期积水位 0.5m 以上。

③采用设置隔断层法处治时，土工布或薄膜宜设置在路基边缘以下 0.8~1.5m 处，并应

高出边沟流水位 0.2m 以上,挖方路段应设置在新铺路面垫层以下不少于 0.3m 处,并应对挖方路段边沟加深加宽,隔断层底面高程应高出边沟设计水面 0.2m 以上。

3. 盐渍土路基常见病害的处治措施

(1)秋末冬初季节或春融时期,由于雨水及融雪水较多,路基容易出现坍塌、溶陷,可采取下列防护及治理措施:

①加密排水沟,使沟底保持 0.5% ~ 1% 的纵坡;对于路基填土低、排水困难的路段,应加宽、加深边沟或在边沟外增设横向排水沟,其间距不宜大于 500m,沟底应有向外倾斜 2% ~ 3% 的横坡。加大排水沟及护堤如图 2-117 所示。

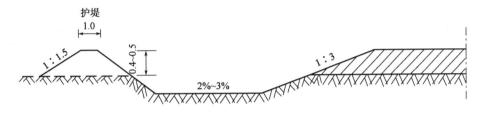

图 2-117 加大排水沟及护堤(尺寸单位:m)

②换填厚度为 30 ~ 50cm 的风积沙或矿料,保持正常通车。

③打石灰桩或砂桩,深度达冰冻线以下,梅花状排列。

(2)在盐湖地区用盐晶块修筑的路基表面,原来没有覆盖层或有而失散的,应用砂土混合料进行覆盖和恢复;出现车辙、坑凹、泥泞等病害时,应清除浮土,洒泼盐水湿润,再填补碎盐晶块整平夯实,仍用砂土混合料覆盖压实。

(3)边坡经雨水或雪融水冲蚀后出现的沟槽、溶洞、松散等,可采用盐壳平铺或铺黏土掺砂砾后拍紧,防止疏松。

(4)为防止边坡水土流失,在坡脚处增设每侧宽 1 ~ 2m 的护坡道。可结合当地的植物生长情况,在护坡道及边坡上种植耐盐性的树木或草本植物,以增强其稳定性。

护坡道(图 2-118)是为保护路基坡脚不受流水侵蚀,保证边坡稳定,而在路基坡脚与取土坑内侧坡顶之间预留的 1 ~ 2m 甚至 4m 以上宽度的平台。

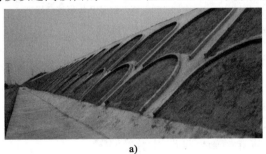

图 2-118 护坡道

当路堤较高时,为保证边坡稳定,在取土坑与坡脚之间或边坡坡面上,沿纵向保留或筑成有一定宽度的平台称为护坡道。其目的是加宽边坡横距,减缓边坡平均坡度,护坡道越宽,越有利于边坡稳定,但工程量随之增加,根据实际情况,宽度至少为 1.0m,并随填土高度增加而增大。一般情况下,护坡道宽度 d 为:当 $h<3.0m$ 时,$d=1.0m$;当 $h=3\sim6m$ 时,$d=2m$;当 $h=6\sim12m$ 时,$d=2\sim4m$。

(5)在过盐边坡地区,对较高等级的道路,为防止路肩吹蚀、泥泞以及防止水分从路肩部分下渗而造成路面沉陷,路肩可考虑采用下列加固措施:

①用粗粒渗水材料掺在当地土内封闭路肩表层。

②用沥青材料封闭路肩。

③就地取材,用15cm厚的盐壳加固。

对硫酸盐渍土路基,根据需要和可能,采取用卵石、砾石、黏土或盐壳平铺在路堤边坡上等措施处治边坡疏松、风蚀和人畜踩踏而造成的破坏。

六、岩溶区路基

1.岩溶区路基的工程性质

我国碳酸盐岩分布面积为365万 km^2,占国土面积的1/3,占全球岩溶分布面积的19.24%,岩溶尤为发育的是广东、广西、云南等省。碳酸盐岩地区的地质灾害的种类繁多,最为常见的主要是地面塌陷、裂缝、滑坡和崩塌(图2-119、图2-120)。在公路建设中,岩溶是导致碳酸盐岩地区发生地质灾害的主要原因。

图2-119 岩溶使路面塌陷

图2-120 岩溶路基产生裂缝后塌陷

2.岩溶区路基养护一般规定

(1)岩溶区路基的冒水、塌陷等病害可选用充填法、注浆法、盖板跨越法、托底灌浆法等方法进行处治。

(2)岩溶区路基的冒水病害处治应符合下列要求:

①路堑边坡出现岩溶泉和冒水洞,宜采用排水沟将水截流至路基外。

②路基基底下有溶泉或壅水时,应采取排导措施保证路基不受侵害。

③路基上方出现溶泉或壅水时,应增设排水涵(管)。

④排水涵(管)出现渗漏、堵塞等病害时,应及时维修加固。

(3)岩溶区路基塌陷病害处治应符合下列要求:

①稳定路堑边坡上发生塌陷的干溶洞,洞内宜采用干砌片石填塞。

②对于路堤塌陷,当洞的体积不大、深度较浅时,宜进行回填夯实;当洞的体积较大或深度较深时,宜采用构造物跨越;溶洞连通且较小的岩溶发育区,可采用注浆或托底灌浆技术。

(4)岩溶塌陷路段应增设安全警示标志。

3. 注浆法施工

(1)注浆设备要求

①制浆机型号和功率的选择要根据实际的搅拌和施工要求而定。

②注浆塞应与所采用的灌浆方法、注浆压力、注浆孔孔径地质条件相适应,可选用挤压膨胀式橡胶注浆塞或液(气)压式胶囊注浆塞。

③由于注浆压力较高,注浆管路应满足压力要求,一般要求注浆管线能承受1.5倍的注浆压力。

(2)材料选择

①注浆工程采用的水泥品种,应根据灌浆目的、地质条件和环境水的侵蚀作用等因素确定。例如,采用硅酸盐水泥、普通硅酸盐或复合硅酸盐水泥。

②注浆水泥应妥善保存,严格防潮并缩短存放时间,不应使用受潮结块的水泥。

③注浆用水应符合拌制混凝土用水的要求。

④根据注浆需要可加入粉煤灰、砂、水玻璃。

(3)施工设计

岩溶区路基地段进行注浆加固处理应遵训"边探边灌,探灌结合"的原则,选取每段路基钻孔总数的50%作为先导勘探孔,进一步探明岩溶发育、分布情况,以确定合理的岩溶地基处理相关参数。

①浆液配置前,需确保原材料的品质,注浆过程使用的水必须是清洁无杂质的,否则将直接影响注浆后的效果。一般水泥采取硅酸盐水泥,施工中的相关参数需在实验室提前确认好,避免现场浪费不必要的时间。对于浆液强度要求高的场所,可适当添加粉煤灰,提升整体强度,添加比例一般控制在30%以下。

②钻孔作业时,为了保证钻孔的质量,防止出现塌孔情况,可采取套管跟进措施;桩孔达到设计要求后立即清除孔内的沉渣,并对孔径进行复测,做好相关的记录。

③利用分段注浆方式,并根据实际施工条件调节注浆压力,同时注浆量也需要进行控制。注浆量应根据现场岩层的形态、形成机理和实际的发育情况进行调整,一般控制在0.6~1.2。注浆原则是先两侧后中间,充分保证现场的注浆效果。

七、冻土路基

1. 冻土路基的工程性质

在年平均气温低于0℃的条件下,地下形成一层能长期保持冻结状态的土,这种土叫作多年冻土。在我国的兴安岭和青藏高原的高寒地区分布有成片的多年冻土,天山、阿尔泰山及祁连山等地也有零星分布。低温地带的多年冻土往往含有大量水分或夹有冰层,并有一些不良的地质现象,导致路基产生病害。

2. 冻土路基病害

冻土地区路基病害主要包括：

(1) 路堑边坡坍塌。

(2) 路基底发生不均匀沉陷。

(3) 由于水分向路基上部集聚而引起冻胀、翻浆。

(4) 路基底的冰丘、冰堆往往使路基鼓胀，引起路基、路面的开裂与变形，而冰丘、冰堆溶解后，又发生不均匀沉陷。

因此，对多年冻土地区的路基养护，应遵循"保护冻土"的原则。做到"宜填不宜挖"，尽量避免扰动冻土。

3. 冻土路基养护的一般规定

(1) 多年冻土路基防排水设施的养护与维修加固应符合下列规定：

①地下水发育的多年冻土路基，应保证路基边沟防渗措施有效。

②截水沟、挡水埝因冰冻厚度过大不能满足挡水要求时，应及时进行清理、疏通，防止冰水溢出形成路面聚冰。

(2) 多年冻土路基防排水设施的增设应符合下列规定：

①位于冰堆、冻胀丘下方地段的路堤，应在其上方设截水沟，以截排涌出的水流。

②高含冰量的冻土地段不应修建排水沟、截水沟，宜修建挡水埝。挡水埝断面尺寸应通过计算确定，并采取防渗和保温措施，必要时应采取加固措施。

③多年冻土沼泽地段的路基应根据沼泽水源补给来源，在路堤一侧或两侧设置挡水埝。

(3) 季节性冻土路基防排水设施的养护与维修加固应符合下列规定：

①处于地下水水位较高地区的路基，宜采取增设降低地下水水位的措施。

②对于水源丰富的地区，应在路堑坡顶增设截水沟，填筑拦水梗，以阻止外界水流入路基及路面。

③应及时清理、维护路基排水设施，以保持排水沟畅通，将水迅速排出路基之外。

(4) 季节性冻土路基防排水设施的增设应符合下列规定：

①挖方边坡有地下水出露时，对潮湿的土质边坡可设置支撑渗沟，对集中的地下水出露处设置仰斜式排水孔。

②挖方路基宜采用宽浅型边沟，不宜采用带盖板的矩形边沟。采用暗埋式边沟时，暗沟或暗管应埋设于当地最大冻深以下不小于0.25m处。

③挖方路基及全冻路堤应设置排水渗沟。排水渗沟应设置于在两侧边沟下或边沟外，不宜设置在路肩范围以内。

④排水管、集水井、渗沟等排水设施应设置在当地最大冻深以下不小于0.25m处，出水口的基础应设置在冻胀线以下，渗沟等的出口应采取防冻保温措施。

(5) 对于多年冻土区路基的冻胀、冻融翻浆、融沉、冰害等病害，可通过选用换填非冻胀性材料、设置保温层、埋设通风管（图2-121）、热棒降温、遮阳板护坡、保温护道等措施进行处治，并应加强排水。

(6)季节性冻土路基的冻胀、软弹、变形、裂缝及翻浆病害可采用换填非冻胀性材料、铺设保温层和防冻层等措施进行处治,并应加强排水。

(7)多年冻土地区病害处治应符合下列规定:

①应采取措施保持路基及周围冻土处于冻结状态。

②对路基进行换填时,宜选用保温、隔水性能均较好的填料,严禁使用塑性指数大于12、液限大于32%的细粒土和富含腐殖质的土及冻土。高含冰量的土不宜用于路基填料。多年冻土地区的碎石路基如图2-122所示。

图2-121 多年冻土地区的通风管路基　　　图2-122 多年冻土地区的碎石路基

③当靠近基底部位有饱冰冻土层且发生融化时,宜设置保温护道和护脚。

④挖方路基的土质边坡发生融沉时应进行加固,铺砌厚度应满足设计和保温要求;饱冰冻土、含土冰层地段路堑,可根据要求换填足够厚度且水稳性好的填料。

⑤挡水堰等构造物出现沉陷、开裂等病害时应采取加固措施。

(8)季节性冻土路基病害处治应符合下列规定:

①填方路段路床填料宜优先选择矿渣、炉渣、粉煤灰、砂、砂(砾)石及碎石等抗冻性能较好的材料。路床或上路堤采用粉土、黏土填筑时,可按设计要求单独或混合使用石灰、水泥、土壤固化剂等进行稳定处理。填料的改善或处理应根据路基抗冻胀性能要求,结合填料性质经试验确定。

②挖方路段应将路床地基土挖除,换填深度应符合设计要求。施工时应分层开挖,一般宜从外侧向内侧挖掘,最后一层应从内侧向外侧挖掘。使用粗颗粒填料换填时,填料应均匀,小于0.075mm的含量应不大于5%;采用石灰、水泥对填料进行改性处理时,应掺拌均匀。改性剂的剂量应符合设计要求或经试验确定。换填应分层填筑,压实度应达到规定要求。

八、雪害地段路基

1. 一般规定

(1)雪害地段路基养护应保持防雪设施的完好,增设必要的防雪设施,路基两侧15～20m范围内宜清除障碍,以防止路堤积雪,减轻雪害对公路及交通的危害程度。

(2)风吹雪路段路基及防护工程设施病害处治应符合下列规定:

①公路两侧距边坡坡脚不小于30m范围内的障碍物应及时清除,并对地表进行整平,或

根据条件设置防雪栅、防雪堤、挡雪墙等防雪设施。养护材料应堆放在路外的堆料台上,堆放高度不应高于路基高度;若需堆放在路肩上时,应堆放在下风一侧,并使堆料顶部呈流线型。

②防雪栅被雪掩盖或倾倒时,应及时进行清理或维修加固。活动式防雪栅被埋住 2/3 ~ 3/4 高度时,应及时拔出并重新在迎风侧的雪堆顶部安放。若原路基未设置防雪栅或发生缺失时,应及时进行增补。

③轮廓标发生损坏或被雪掩埋时,应及时进行清理与维护。

④及时检修导风板,保持其结构和功能完好。其中,下导风板应在雪季终止后进行检修,屋檐式导风板和防雪墙应在雪季前进行维修。

⑤防雪林带应指定专人养护管理,并控制防雪林带的高度和透风度。

⑥存在雪阻时,应及时用人工、推土机或除雪机等机械清除路面积雪,尽快恢复交通。弃雪应抛掷于下风一侧,以免造成重复雪阻。

(3) 雪崩路段路基及防护工程设施病害处治应符合下列规定:

①对雪崩生成区,应在雪季前和雪季后对防雪崩工程(如水平台阶、稳雪栅栏等)进行检查维修;对雪崩运动区,应保持防雪崩工程(如土丘、楔、铅丝网等)的完好;对雪崩运动区与堆积区,应保持防雪走廊、导雪槽或导雪堤等工程处治措施的功能完好。

②应经常整修水平台阶平面和坡面,并种草植树,保持其良好的稳雪能力;台阶平面宽度应保持在 2m 左右;导雪堤末端应保持有足够的堆雪场地,并在雪季时间前进行检查和清理。

③应保持防雪走廊上部沟槽中设置的各种防雪崩的辅助设施及山坡植被的完好。

④导雪槽宜由内向外略倾斜,槽下净空应满足有关规定,且必须保持工程各部结构牢固完好。

⑤各种防治雪崩的工程措施都不仅应注意保持原有植被和山体的稳定,避免人为的滑坡、泥石流与塌方;还应注意加强山坡上树木的管理和抚育。

(4) 雪崩体崩落前,可采用下列措施减缓或阻止其发生崩落:

①在雪崩生成区的积雪上撒钠盐等,以促使雪融化后形成整体,增加雪体强度,减轻雪崩的危害。

②采取炮轰、人工爆破等措施降低雪檐、雪层的稳定性,使其上部失去支撑,造成小规模的"人工雪崩",以减轻雪崩的危害程度。

③采取增设导风板、防雪栅、防雪墙(堤)、防雪林带等措施阻止风雪流向雪崩生成区聚雪。

④在可能危害公路的雪崩区,对其范围、类型、基本特征、雪崩面积、山坡坡度、岩石性质、植被情况、最大可能积雪量、冬季主风向、降雪及风吹雪规律等进行详细的调查并逐项登记入档。

⑤在雪崩发生后,及时清除路面积雪,恢复交通,同时将发生日期、时间、雪崩量、危害情况及各项防雪崩工程设施的使用效果等详细地记录在技术档案内,并将现场情况拍摄成照片、影像资料。

2. 雪害地段路基养护

公路上的雪害有积雪和雪崩两类。必须根据雪害发生、发展规律做好雪害防治,要保持防雪设施完好,增添必要的新设施和机具设备,以减少雪崩和积雪对公路及交通造成的危害。在雪崩发生后,应由人工或机械及时清除路面积雪,尽快恢复交通。

(1)风雪流与导风板。风雪流是穿过雪原的气流达到一定的速度后带动大量雪粒随风运行的现象。防风雪流设施的导风板有下导风板和屋檐式导风板。

①下导风板。下导风板设在公路上风侧路基边缘,先埋设立柱,在立柱上部钉以木板或涂以沥青的铁丝网,阻挡风雪流,以加大路基附近的贴地风速,使风雪流通过路基时不沉积,并吹走路上疏松的积雪。

②屋檐式导风板。在山区背风山坡路段设置屋檐式导风板,其板面与山坡自然坡度一致,并有足够长度,使风雪流沿"屋檐"流通。

(2)防雪栅。防雪栅是一种防风雪流的设施,如图 2-123 所示。它是用木料或其他材料做成的,由立柱、栅栏板条和加固板条等组成,用以阻挡雪流移动的栅栏。防雪栅按设置形式可分为固定式防雪栅和移动式防雪栅;按构造可分为透雪栅和不透雪栅。

(3)防雪墙、防雪堤、防雪网。

①防雪墙。防雪墙是设在公路上风侧的阻雪设施,可用木、石、土、树枝或雪块等筑成,其高度不小于 1.6m,与路基边缘的距离为其高度的 10 倍左右,使风雪流通过路基时无大量雪沉积。

②防雪堤。防雪堤设在雪阻路段迎风口一侧,距离路基 15~20m,高度不低于 1.6m,边坡为 1:1,长度与雪阻路段同长。

③防雪网(图 2-124)。采用锚杆、锚绳、立柱和固定压板等固定方式将防雪网垂直安装在需要防护的路段,形成栅栏式的拦截吹雪的柔性防护系统。防雪网采用价格低廉、取材方便的聚乙烯高分子作基料,采用紫外线吸收剂、光稳定剂和抗氧剂等对聚乙烯(PE)进行改性制备而成。

图 2-123 防雪栅

图 2-124 防雪网

(4)防雪林。防雪林带是防治风雪流的重要措施。防雪林带应栽植在雪季主导风向的上风侧,与同侧路基边缘距离应为防雪林高度的 10 倍左右。防雪林带宜选用不同树种组成具有一定宽度、高低错落的林带,以更好地起到阻雪、防雪的作用。

(5)防雪走廊(图 2-125)。对雪崩运动区和堆积区,可在公路上修建形式与隧道明洞相似的构造物,称为防雪走廊。防雪走廊既能使雪崩的雪从其顶上越过,又能防止风雪堆积(见单元 10 中资源 10-2)。

(6)导雪槽、导雪堤。

①导雪槽。导雪槽是在公路上修筑的构造物,其内侧与山坡联结,外侧以柱支撑,可使雪崩的雪从其顶上越过的工程设施。导雪槽是适用于防治靠近公路一侧上方的小雪崩。

②导雪堤(图2-126)。导雪堤是为改变雪崩运动方向,使雪崩堆积到指定地点设置的防雪崩设施。导雪堤有土堤、浆砌石堤、铅丝笼石堤等结构形式。

图2-125　防雪走廊　　　　　　　　　　图2-126　导雪堤

(7)人工雪崩。在发生大雪崩前,制造一些小规模的"人工雪崩",化整为零。例如,用炮轰或人工爆破以损坏雪檐、雪层的稳定性,或者在雪崩体坡面从两端用拉紧的绳索将下部的积雪刮去,使其上部失去支撑,造成小规模的"人工雪崩",以减轻雪崩对公路的危害。

(8)雪楔。雪楔是指在雪崩运动区下部和堆积区上部设置的楔状构造物群,其高度应大于雪崩体峰面高度,呈梅花形布置。其主要作用是分割、阻挡、滞留雪崩体。雪楔,多采用三角形,有浆砌片石、轻轨木桩、装配式混凝土构件等形式。

九、风沙及沙漠地区路基

1. 沙漠地区公路路基的主要病害

我国沙漠地区主要分布在北方干旱、半干旱地区。由于沙漠地区气候比较干燥、雨量稀少、风沙大,地表植被均较稀疏、低矮,容易形成的路基病害如下:

(1)路基及其设施被沙掩埋,称为沙埋。沙埋是沙漠公路的主要沙害。

(2)边坡或路肩风蚀。

2. 沙漠地区路基防护的特点

沙漠地区公路防沙的基本方针是"固、阻、疏、导,综合治理",在路基两侧形成完整的防护设施。防沙设施包括工程防沙和植物防沙两大类。塔里木沙漠公路,是目前世界上在流动沙漠中修建的最长公路,如图2-127所示。

3. 沙漠地区路基防护的一般规定

(1)风沙及沙漠地区路基的沙埋和风蚀等病害可选用植草护坡,设置植被保护带、碎石护坡带,设置风力堤及挡沙墙等方法进行处治,并应符合下列规定:

①半湿润和半干旱沙漠地区,应以植物治沙为主,以工程防沙或化学固沙为辅。植物治沙宜采用乔、灌、草相结合。

a)　　　　　　　　　　　　　　　　b)

图 2-127　塔里木沙漠公路

②干旱沙漠和荒漠地区,宜采用工程防沙或化学固沙与植物治沙相结合、先工程后植物的固沙方法。固沙植物以灌木和半灌木为主。

③极干旱沙漠地区,对流动性沙漠或沙源丰富的风沙流危害严重路段,应在路基及其两侧建立完善的综合防沙体系,如设置阻沙、固沙、输沙相结合的以工程为主的综合防护体系;在以固定沙丘为主或以风沙流过境为主的路段,宜以输沙措施为主,并对局部零星沙丘进行治理;其他地区应根据其风沙流强度及沙害的具体情况设置防护体系。

④干旱、极干旱沙漠和荒漠地区的丘间地下水位较高或有引水灌溉条件的地方,可采用植物治沙,营造防沙林带。

(2)对原有防沙设施,应坚持经常性检查养护,如发现损坏、掩埋应及时予以修缮、清理。受风沙危害的路段,现有防沙设施不能满足要求时,应增设工程防护设施或在公路两侧培育天然植被保护带。

(3)风沙及沙漠地区路基病害处治施工应符合下列规定:

①采用植物固沙的路段,应坚持经常性养护。在风后、雨后应及时检查,如发现损坏应及时修补,及时清理被沙埋没的围栏,补栽草方格和撒播草籽等。

②草方格沙障发生腐烂破坏时,应根据沙丘部位和麦草的腐烂程度,进行重新修补扎设。草方格沙障以 $1m \times 1m$、$1m \times 2m$ 的半隐蔽式方格为宜,一般用草量为 $6000kg/hm^2$。

③利用各种草类、截枝条全面铺压或带状铺草、平铺杂草固沙施工时,应用草绳或枝条纵横固结,或者用沙粒压盖,防止风毁。

④采用阻沙栅栏进行阻沙时,栅栏应与主风向垂直,阻截风沙流,防止流沙埋压固沙带。由于沙粒在栅栏前越堆越高,会成为新的沙丘,要随时注意修复被埋压的栅栏。

⑤在受风沙危害的路段,公路两侧应划定天然植被保护带,其上风侧宽度不应少于 $500m$,下风侧宽度不应少于 $200m$。在此范围内应设立界桩,严禁樵采和放牧等一切有碍天然植被生长的活动,保护好原有的天然植被,并进行必要的培育,扩大植被面积。

十、涎流冰地段路基

在寒冷地区,河水冻结可对桥梁浅桩产生冻拔,使小桥涵形成冰塞引起构造物冻裂;解冻时大量流冰对桥梁墩台产生巨大冲击,以致形成冰坝,威胁桥梁安全;在地下水、地面水漫溢到地面或冰面时,逐层冻结而形成涎流冰。涎流冰可分为山坡涎流冰(图2-128)和河谷涎流冰

(图2-129)。前者主要危害桥涵,后者主要危害公路路面。涎流冰覆盖道路,会造成行车道凸凹不平或形成冰块、冰槽等,严重影响行车的安全;若堵塞桥孔则会挤压上部结构导致损坏。公路上的涎流冰面积一般有数平方米到数千平方米,有的甚至可达数万平方米;其厚度一般为数厘米到数米。

图2-128　山坡涎流冰

图2-129　河谷涎流冰

1. 一般规定

(1)涎流冰地段路基病害可选用聚冰坑(沟)、挡冰墙(堤)、冻结沟等工程措施进行处治,并应符合下列规定:

①挡冰墙(堤)应设置在边沟外侧;当聚冰量大时,可在挡冰墙(堤)外侧设置聚冰坑(沟)。挡冰墙(堤)可采用浆砌片、块石砌筑,高度宜为1~2m。

②聚冰坑(沟)的底宽宜为1.5~3.0m。土质地段的聚冰坑(沟)可根据坡面渗水和土质情况,在边坡坡脚设置干砌片石矮墙。

③冻结沟应采用浆砌片石防护。

(2)涎流冰地段路基应加强排水设施的养护、保温处理及融冰水的清理,必要时应进行增设,并应符合下列规定:

①山坡涎流冰地段的路基应设置完善的排水系统,必要时可加宽、加深边沟,或设置挡冰墙(堤)、聚冰坑(沟)等设施。聚冰坑(沟)处应设置净空较高的涵洞排除融冰水。当山坡地下水量较大时,可设置渗沟、暗沟等地下排水设施。

②冲积扇或缓山坡上的涎流冰地段,可在路基边坡外设置聚冰沟,聚冰沟的下方宜设置挡冰堤。聚冰沟横断面应根据地形、地质、水量、聚冰量确定,沟深和底宽宜为0.8~1.2m,并做好聚冰沟与排水设施的衔接处理。挡冰堤高度宜为0.8~1.2m,堤顶宽度宜为0.6~1.0m,边坡坡率不宜陡于1:1.5;采用干砌片石铺砌时,边坡可陡至1:0.5。

③采取排、挡、截等防治措施时,应保证自然排水系统的畅通。

(3)涎流冰地段路基病害处治施工应符合下列规定:

①涎流冰地段路基排水系统、挡冰墙(堤)等出现破损,或截水沟、排水沟发生淤堵时,应及时修复、清理、疏通。

②对涎流冰加重或原有处治措施失效的情况,应及时采取措施进行增强处理。

③秋末冬初对需要保温的部位应采用人工堆放积雪、干草等增强保温措施,并可根据需要增设临时挡冰堤。

④地下排水设施应设置在冻结深度以下,出水口高出地面不应小于0.5m,并应做好出水口的保温措施,或采用开挖纵坡大于10%的排水沟措施。

(4)特殊气候应加强冬季巡查,对临时出现的涎流冰,应及时人工刨除;对有可能威胁公路运营的涎流冰,应采取临时排水、排冰措施。

2. 治理涎流冰地段路基的措施

(1)冰害防治措施

适当加大桩身,防治桥基冻拔。对于冰塞现象,除经常清除涵内冰冻外,必要时可适当加大孔径和涵底纵坡,或在上游增设聚冰池或冰坝等构造物。为避免气温突变时解冻的流冰对桥梁墩台、桩的冲击,一般可在桥位上游设置破冰体,并在临近解冻前,在桥位下游对封冻冰面采用人工或爆破方法开挖聚冰池及时疏导。聚冰池长度为河宽1~2倍,宽为河宽的1/3~1/4,并不小于最大桥跨。如水面宽度小于30m时,聚冰池长度宜增加到水面宽的5倍,并在接近聚冰池下游开挖0.5m宽的横向冰沟。在危急时,应在下游将冰块凿开逐一送入冰层下冲走,在上游将流冰人工撬开或用炸药炸并予以清除。

(2)河谷涎流冰防护措施

①桥梁上游如有大片地形低洼的荒地,可用土坝截流。

②河床纵坡不大的河流,可在入冬初时,在桥下游筑土坝,使桥梁上下游各约50m范围形成水池,水面结冰坚实后,在水池部位上游开挖"人"字形聚冰沟,以利集中水源。同时挖开下游河床最深处的土坝,排尽池内存水,保持上下游进出口不被堵塞,使水从冰层下流动。

③于桥位上下游各30~50m的水道中部顺流开挖冰沟,用树枝、柴草覆盖,再加铺上保温材料或雪保温,并经常检修,保持冰沟不被冻塞,于解冻时拆除。水池,水面结冰坚实后,在水池部位上游开挖"人"字形聚冰沟,以利集中水源。同时,挖开下游河床最深处的土坝,排尽池内存水,保持上下游进出口不被堵塞,使水从冰层下流动。

(3)山坡涎流冰的主要防治措施

①聚冰沟与聚冰坑。聚冰沟多用于拦截冲积扇沟口处的泉水涎流冰和地势较缓的山坡涎流冰;聚冰坑多用于水量较小、边坡不高的堑坡涎流冰,用以积聚涎流冰不使上路。聚冰沟(坑)的断面形式如图2-130、图2-131所示。

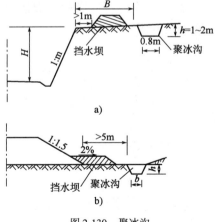

图2-130 聚冰沟

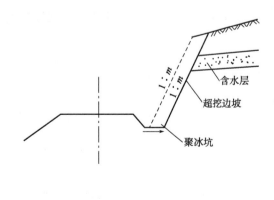

图2-131 聚冰坑

②挡冰墙。挡冰墙适用于涌水量不大的山坡涎流冰和挖方边坡涎流冰(图 2-132),用以阻挡和积聚涎流冰,防止其上路。挡冰墙一般用浆砌片石、块石筑成,一般为 60～120cm,顶宽 40～60cm。基础埋置深度按土质、积冰量及当地冰冻深度等情况确定挡冰墙(拦水墙)及其示意图如图 2-133、图 2-134 所示。当积冰量较大时,可与聚冰坑配合使用。

图 2-132 边坡涎流冰　　　　　　　　图 2-133 挡冰墙(拦水墙)

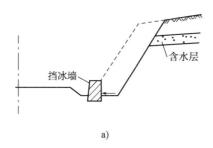 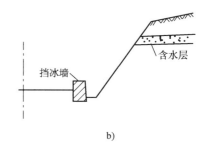

a)　　　　　　　　　　　　　　b)

图 2-134 挡冰墙示意图

a)边沟外挡冰墙;b)路肩外挡冰墙

③挡冰堤。挡冰堤适用于地势平坦、涌水量不大的山坡涎流冰和径流量不大的小型沟谷涎流冰。挡冰堤可以修筑在路基外、山坡地下水露头的下侧或沟谷内桥涵的上游,用以阻挡涎流冰,减小其漫延的范围,如图 2-135 所示。山坡上的涎流冰,可采用柴草、草皮或石砌的长堤予以拦截。在沟谷内一般采用干砌石堤,以利秋夏排水。挡冰堤的长、宽、高和道数按当地的地形及涎流冰数量确定,基础埋置深度按当地土质和冰冻深度而定。

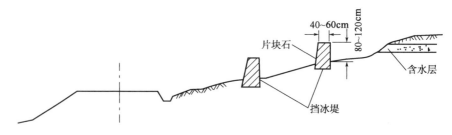

图 2-135 挡冰堤

④设置地下排水设施。设置地下排水设施适用于一般寒冷和严寒地区,常用的有集水渗井、渗池、排水暗管和盲沟等。必要时在出口处设置保温措施或出口集水井。

⑤涎流冰清除。对流至路面的涎流冰要及时清除,撒布砂、炉渣、矿渣、石屑、碎石等防滑材料或氯化钙、氯化钠等盐类防冻剂,以防行车产生滑溜,并设置明显标志。当冰层在盐类物质和行车作用下变软时,应立即将冰层铲除,以防降温时重新冻结,并应重撒防滑材料。

课题 2-10 路基改善工程

一、路基加宽

公路经多年通车后,路基沉降基本完成,路基加宽段由于新旧路基的不均匀沉降,必然产生以纵向裂缝为代表的裂缝,从而对公路产生破坏。因此,必须加强公路路基加宽时设计优化及施工质量,使沉降量减为最少,以保证公路的质量。

1. 路基加宽前的准备

旧路路基加宽,首先要对旧路的状况进行调查,并对旧路基的病害进行处理。调查内容包括旧路路基的填筑材料、使用和损坏等病害情况,分析病害的种类、规模、状态、原因等,并在施工前或施工期间,对路基不同类型的病害要进行彻底地处理。

旧路两侧一般为排水边沟和碎落台。边沟经长期的雨水侵蚀,其下部已基本变得相当软弱;碎落台由于绿化其底部实际也为腐质土。对于上述情况地基必须进行彻底清除;对于地下水丰富区域,须铺设透水性材料。基底压实度一般比规范要求高出 1% ~2%;施工时必须严格按设计要求进行,保证基底承载力,减少新旧路基剪切变形。

2. 路基加宽的施工技术

(1) 台阶

由于原路基边坡坡率一般为 1:1.5,必须将原边坡挖成台阶,台阶使新旧路基有效地交错结合,是衔接的重要组成部分,施工时必须引起足够的重视。台阶宽度应满足摊铺和压实设备操作的需要,以便有利于机械施工,一般不少于 2.0m;如受环境限制可适当放窄,但宽度不得小于 1m,并作成 2% ~4% 的内倾斜坡。旧路基边坡部分填土由于原来施工的忽视、现施工的挠动及其他原因,填土压实度实际上一般都未达到设计要求。路基单侧加宽施工如图 2-136 所示,路基单侧加宽台阶如图 2-137 所示。

图 2-136 路基单侧加宽施工

图 2-137 路基单侧加宽台阶

(2)填筑材料

填筑材料经自重、路面和车辆等荷载的作用,旧路基已经基本被压实,而新路基的填料虽经严格压实,仍存在后期变形。为此,填筑材料的选择将很大程度地影响路基的有效沉降。所有填料宜与旧路堤相同或选用透水性较好的材料,相关单位在综合考虑工程造价和施工实施的问题上,尽量使用碎石土或石渣等沉降量较少的材料进行填筑,并控制好填筑材料的液塑限、承载比(CBR)和击实试验等各项指标。

(3)路基碾压

路基填筑前,必须按规范要求做好试验段,严格控制材料的最佳含水率、松铺厚度、压实设备的类型、最佳组合方式、碾压遍数及碾压速度等,使各项指标达到最优状态,保证压实度达到设计要求。对于加宽渐变部分,必须严格控制其碾压宽度,如旧路基挖台阶受限制时,可通过铺设护道等方式满足其要求,使路基压实度均满足要求。

在施工时分层碾压,控制每层填筑厚度及压实度,提高压实标准。碾压应采用重型压路机(>20t)进行,双驱双振。碾压虚方厚度不得大于30cm,压实度必须达到新标准的压实度要求,且重点应放在新旧路基的结合部,每层压完后应平整光滑。

路基填筑时应控制路堤填筑速率。当填土速率较快时,地基强度来不及增长,易产生较大的剪切变形。在施工时按照慢速填土标准进行控制,控制标准为地面沉降率每昼夜不大于10mm,坡角水平位移速率每昼夜不大于5mm。

3. 补强措施及其他

(1)铺设土工积物

土工格栅具有抗拉强度高、伸长率低、不易变形等特点,其全面与土体接,大大增加了与土体的摩擦,有力约束了土体的侧向位移,土工格栅网格与粗颗粒填料结合,其最优的镶嵌作用最大限度地提高了加宽路基的承载能力和稳定性。在加宽路段中的铺设,可以增加新旧路基的结合,增大新旧路基结合部抗剪能力,防止新路基的沉降对老路基的破坏,从而达到稳定新旧路基不均匀沉降的效果。

土工格栅(图2-138)设置可根据路填土高度进行设置:当路基填筑小于1.5m时,可在底部进行设置3层;填土高度在1.5~8m(10m)时,在路基底部和顶部各设置3层;填土高度大于8m(10m)时,在路基底部和顶部各设置3层,中部平台设置3层,其中底部铺设在基底平整碾压后铺设1层,每2层填土铺设1层,上部铺设位置为上路床顶部和底部、下路床底部各1层。土工格栅铺设宽度根据加宽宽度进行,但新旧路基铺设宽度不应少于1.5m。土工格栅可优先考虑使用钢塑双向土工格栅,但其伸长率应小于4%,抗拉强度应大于45kN/m,锚固间距及搭接宽度与普通施工同。

(2)冲击夯实

路基的本体沉降主要与路基本身的压实度有很大关系,进行充分冲击,使其紧密结合,形成一个整体,使路基本体和地基的沉降都达到最小,以减小路基的沉降,减少或避免新旧路基结合部纵向裂缝的产生。由此,可选择冲击碾压的方法,对路基进行补强。路基冲击碾压施工(图2-139)可提高加宽路基的压实度,使新旧路基很好地结合成一个整体,增加其极限抗压强度,使路基本体沉降减到最小,以便使其沉降系数减小;冲击碾压可避免新旧路基结合部因碾压不足出现软弱的滑动层。

图 2-138　土工格栅施工　　　　　　　图 2-139　路基冲击夯实施工

在施工前选择有代表性的路段进行试验,对机械的行走速度、影响深度、沉降量、行走篇数等进行总结。采用重型压路机(25t)对深度为 1.0m(4 层)填方段路基冲碾补压 5～7 遍是合适的,补压效果也是明显的;采用冲击式压路机对路基进行冲碾补压施工,使路基压实度得到提高,加速路基沉降,最大限度地缩短了路基自然沉降的时间,有效地减少了路基的沉降变形,对新旧路基的结合起到了良好的作用。

(3)跨年度施工

为降低加宽路基的沉降量,尽可能做到路基跨年度施工,使路基经历雨季;在路基完成后尽量开放交通,在路上采取一些措施,使车辆尽可能在加宽处行驶,加大行车荷载作用,把沉降量降到最低程度。

二、路基加高

(1)改建中加高路基(图 2-140、图 2-141),首先,用铲运机将边坡的表层去掉,去掉边坡内有砂、碎石、砾石及其他与土的物理特性不符的材料;然后再分层填筑到要求的宽度和高度。

图 2-140　路基加高施工　　　　　　　图 2-141　路基加高后

(2)当路基加高的数值略大于路面的设计厚度时,将旧路面挖去,用其旧石料来加固路肩和用作路基上层的填料。

(3)如果路基内 0.5mm 以下的高塑性石灰石颗粒超过 20%～30%时,最好掺进 20%～25%的砂,并在路基全宽拌匀和压实。对于旧路路面的碎石材料,再掺进一些本地的低活性黏结料(如粉煤灰、石灰、炉渣、水泥灰、天然沥青砂等),可作为路面的垫层。

(4)旧路槽恢复完后必须整型,做成不小于4%的双向横坡,然后再分层填筑,达到设计高程。为了确保压实度,使之与经过长期营运的旧路基相适应,每层填土的厚度应比规范小10%~20%。

1. 试述路基养护工作的内容和要求。
2. 试述路肩加固的类型和方法。
3. 陡坡路段路肩的养护措施主要有哪些?
4. 试述路基防护与加固分类。
5. 试述坡面防护的主要方法。
6. 加固受冲刷护岸、护坡的技术主要有哪些?
7. 路基地表和地下排水设施主要有哪些?
8. 当挡土墙发生倾斜、鼓肚、滑动或下沉时,可选用哪些加固措施?
9. 试述特殊路基养护的基本要求。
10. 当黄土地区因地表水侵蚀,路肩上出现坑凹时,可采取哪些主要措施?
11. 对泥沼、软土地区路基产生的病害,主要可采取哪些方法处治?
12. 翻浆的防治措施主要有哪些?
13. 滑坡治理的主要工程措施有哪些?
14. 进行路基加宽施工时,可采取哪些补强措施?

单元3 UNIT THREE
沥青路面养护

知识目标

1. 掌握沥青路面病害常见类型及病害产生原因;
2. 掌握沥青路面典型病害处治方法及施工工艺和施工质量控制要点;
3. 掌握沥青路面功能性罩面的分类、确定的依据以及适用范围;
4. 熟悉罩面的施工工艺及质量控制要点;
5. 掌握沥青再生技术的分类及适用范围;
6. 熟悉沥青路面再生施工的施工工艺和质量控制要点。

能力目标

1. 能够正确运用检查手段,快速准确识别路面病害,确定病害类型和严重程度;
2. 能够根据沥青路面病害调查结果,分析病害产生的原因及可能造成的后果;
3. 能够依托实际工程背景,根据公路沥青路面路况调查结果,分析病害产生的原因,并对沥青路面技术状况进行评定;
4. 能够根据不同病害特点,编制养护维修方案;
5. 能够进行沥青路面常见病害养护维修施工。

课题3-1 一般规定

一、路面养护一般规定

(1) 路面养护应经常保持路面结构承载能力与技术状况良好,路面无明显病害,车辆行驶舒适、安全。

(2) 路面日常养护应加强日常巡查和保养工作,及时清除路面积雪、积冰、积水和杂物等,及时修补路面局部轻微损坏。

(3)路面预防养护应在路面技术状况尚为优良、出现轻微病害或病害隐患时,适时、主动地采取减缓路面老化、提高路面抗滑和耐磨性能等预防性养护措施。

(4)当全路段路面出现明显病害或较大损坏时,应及时组织专项检查和评定,采取相应工程措施,并应符合下列规定:

①当路面结构强度优良,但高速公路和一级公路其余路况指数为中及以下,二级及以下公路其余路况指数为次及以下时,应实施修复养护工程,及时修复。

②当路面结构强度为中及以下时,高速公路和一级公路应实施专项养护;二级及以下公路应根据病害严重程度,实施修复养护或专项养护工程,及时修复、翻修或重建。

二、沥青路面养护一般规定

(1)公路沥青路面养护应遵循"决策科学、预防为主、可靠耐久、节能环保"的原则,并应符合下列规定:

①应按科学决策的工作制度与方法,选用技术、经济合理的沥青路面养护方案,并对养护工程进行合理设计,在适宜时机采取针对性的养护措施。

②采取全寿命周期养护成本理念,应推进沥青路面预防养护工作,及时对病害进行养护处治,促进预防与修复养护的良性循环。

③结合各地实际情况及沥青路面病害发展特点,应采用性能可靠、适用耐久、易于实施的养护技术,并积极稳妥地应用新技术、新材料、新工艺和新设备。

④宜应用节能环保的养护技术,提高沥青路面再生利用、资源节约、绿色环保养护水平。

(2)沥青路面养护分为日常养护和养护工程。其中,日常养护包括日常巡查、日常保养和日常维修;养护工程包括预防养护、修复养护、专项养护和应急养护。

①预防养护:沥青路面整体性能良好但存在病害隐患或有轻微病害,为延缓路面性能过快衰减、延长使用寿命而预先采取的主动性养护工程。

②修复养护:沥青路面出现明显病害或部分丧失服务功能,为恢复路面技术状况而进行的功能性或结构性修复养护工程。

③专项养护:为恢复、保持或提升沥青路面服务功能而集中实施的路面改造、局部加宽、专项处治、灾后恢复等养护工程。

④应急养护:突发情况下造成沥青路面损毁、中断、产生重大安全隐患等,为较快恢复路面安全通行能力而实施的应急性抢通、保通和抢修养护工程。

(3)沥青路面养护工作内容包括路况调查与评价、养护决策、日常养护、养护工程设计、养护工程施工、养护工程质量验收、跟踪观测和技术管理。

(4)沥青路面路况调查与评价包括损坏调查、技术状况检测和技术状况评价,应定期进行技术状况检测与评价,及时更新公路路面技术状况数据信息。

(5)沥青路面预防养护可选用封层、功能性罩面等措施,并应包括下列措施:

①当路面尚未出现病害或出现松散麻面、渗水或沥青老化等病害,但抗滑性能较好时,可选用含砂雾封层;当抗滑性能不足时,二级以上公路宜选用微表处,二级及以下公路宜选用碎石封层、纤维封层或稀浆封层,各级公路可选用复合封层。

②当抗滑性能不足时,应及时采取超薄罩面或薄层罩面等功能性罩面措施,其铺筑厚度宜小于4cm。

③当路面出现裂缝时,应及时采取灌缝、贴缝、带状挖补或其组合措施。

④当雨雪天气条件下路面抗滑性能不足、高温条件下路面稳定性不足或特殊路段视距条件较差时,宜采用具有排水降噪、融雪化冰、温度自调节或彩色抗滑功能的封层或罩面。

(6)当沥青路面发生局部病害或局部结构性损坏时,应采取功能性罩面或结构性补强等修复养护工程措施,修复后路面技术状况各项指标应接近或达到原路面设计标准,并应符合下列规定:

①当路面出现网裂、渗水、抗滑性能或平整度不足等病害时,可选用功能性罩面,其厚度不宜大于6cm。

②当路面结构强度为中及以上,但基层结构强度良好时,对面层应进行结构性补强;当路面结构强度为次及以下,且基层已发生结构性损坏时,对基层与面层均应进行结构性补强。

(7)当沥青路面发生全面结构性损坏,采用功能性罩面、结构性补强等措施难以恢复良好技术状况时,应实施专项养护工程进行翻修、改建或重建,并应符合下列规定:

①当面层损坏严重但基层较完好时,可只对面层翻修。

②当路面各结构层发生损坏时,应对基层和面层整体翻修。

③由路基引起路面整体结构性破坏时,应对路面和路基全面翻修。

④当路面不适应现有交通量或荷载需要时,应采取提高路面等级的全面改建或重建措施。

(8)桥隧沥青铺装养护应根据病害位置及主要类型、分布数量和严重程度等,确定养护工程措施,并应符合下列规定:

①对仅影响使用性能和行车舒适性的沥青铺装病害,可采取恢复使用功能的处治措施。

②对危及桥隧使用耐久性、结构和行车安全的沥青铺装病害,应经桥梁荷载验算,及时实施恢复沥青铺装结构的修复养护或专项养护工程。

三、养护质量要求

(1)沥青路面技术状况应满足下列要求:

①公路网级沥青路面技术状况指数(PQI)应满足表3-1的要求,当其不满足要求时,应合理安排养护计划,并采取综合养护措施,达到沥青路面技术状况要求。

公路网级沥青路面技术状况指数(PQI)应满足的要求　　　　表3-1

路况指标	高速公路	一级及二级公路	三级及四级公路
PQI	≥90	≥85	≥80

②每个基本单元沥青路面技术状况指数(PQI)及其分项指标应满足表3-2的要求,当其不满足要求时,应安排日常维修、养护工程或改扩建工程,恢复沥青路面技术状况。

③对于不满足表3-2中的要求但未实施养护的路段,或已列入养护工程和改扩建工程计划的路段,在工程实施前应采取维持性养护措施,保持沥青路面基本通行要求,并及时实施养护工程或改扩建工程。

每个基本单元沥青路面技术状况　　　　　　　　表 3-2

路况指标	高速公路	一级及二级公路	三级及四级公路
PQI	≥80	≥75	≥70
PCI	≥80	≥75	≥70
RQI	≥80	≥75	≥70
RDI	≥75	≥70	—
SRI	≥75	≥70	—

(2)沥青路面日常养护应满足下列质量要求：
①保持沥青路面干净、整洁，及时清除杂物、积水。
②及时发现并处治裂缝、坑槽、松散、沉陷、车辙等病害，与原路面接合的界面顺直、紧密、耐久，达到平整、美观等效果。
③路缘石保持线条直顺、顶面平整、无缺失，具有良好的视线诱导与挡水引流效果。
④对于路面障碍，及时清理或报告，并做好沥青路面日常巡查、病害处治和障碍清理记录。

四、预防养护

(1)贯彻预防性养护理念，每年应对符合条件的沥青路面实施一定里程或比例的预防养护。
(2)应根据公路等级、使用年限、路面技术状况、交通量大小及组成、气候条件等因素，合理确定沥青路面预防养护时机。
(3)在预防养护时机确定的基础上，应设定预防养护目标，经过养护设计与方案比选，采取合适的预防养护措施。
(4)沥青路面预防养护措施可选用封层、超薄罩面、薄层罩面等，其铺筑厚度应小于4cm。
(5)沥青路面实施预防养护工程应满足下列要求：
①封闭路面表面细小裂缝与裂隙，提高路面的防水性能。
②防止路面表面松散，延缓沥青路面的老化。
③提供表面磨耗层，提高路面的耐磨性能。
④保持或提高路面的抗滑性能。
⑤改善沥青路面表观效果。

五、修复养护

(1)沥青路面修复养护工程应按年度养护计划实施。
(2)应根据公路等级、路面技术状况、交通量大小、预期寿命等因素，合理确定沥青路面修复养护目标。
(3)在修复养护目标确定的基础上，应根据沥青路面损坏类型、交通量大小及组成、气候与地质条件、施工可行性、技术经济性等因素，经过养护设计与方案比选，采取罩面、结构性补强等修复养护措施。
(4)沥青路面实施修复养护工程应满足下列要求：
①有效处治原路面或下承层的各类病害，并对病害处治进行动态设计。

②保证与原路面或下承层、新旧界面的黏结防水及其搭接平顺。
③工程实施后,路面技术状况各项指标接近或达到原路面设计标准。

六、应急养护

(1)遵循"快速反应、有效抢险、及时处治、保障安全"的原则,应制订沥青路面应急抢险预案,建立应急抢险工作机制,合理配备应急抢险队伍、设备、物资等。

(2)对影响通行安全的突发性沥青路面损毁,应启动应急预案,及时开展应急抢通、保通和抢修工作,安排灾后修复养护工程。

(3)实施沥青路面应急养护时,应设置交通安全设施,需中断交通的应合理采取分流措施。

课题 3-2 日常养护

一、一般规定

(1)应编制日常养护年度计划,并根据养护质量要求及路况调查结果确定日常养护工作内容。
(2)日常养护应及时做好工作记录,包括作业时间、作业内容、作业人员、完成的工作量等内容。
(3)高速公路及一级公路日常养护应采用机械化作业方式,二级及二级以下公路日常养护也应逐步采用机械化作业方式,条件受限时可采用人工作业方式。
(4)日常养护作业路段应满足基本通行要求,保障现场的养护作业安全。

二、日常巡查

(1)在公路养护日常巡查工作制度中应明确沥青路面日常巡查工作内容。日常巡查频率每日不宜少于一次,其中高速公路每日不应少于一次,遇暴雨、台风、雨雪、冰冻等极端天气情况,应适当增加日常巡查的频率。

(2)日常巡查应主要检查沥青路面病害,以及易诱发路面病害或影响通行的积水、积雪、积冰、污染物、散落物、路障等情况。

(3)日常巡查宜采用乘车、骑行或步行的巡查方式,乘车巡查过程中发现路面突发病害及异常情况时应停车辅助人工检查,并应符合下列规定:

①巡查车辆的车身应有明显标识,配备导向闪光箭头,车顶宜安装带有黄闪标志的车辆闪光灯。

②巡查人员应具备沥青路面相关专业知识,经过安全培训与作业交底,具备初步判别路面病害及处置突发情况的能力。巡查人员应穿戴安全标志服,配备简易量测工具及照相、移动数据终端等设备。

③日常巡查车辆行驶速度:高速公路及一级公路不宜大于60km/h,二级及二级以下公路不宜大于40km/h。同时应开启车辆闪光灯和闪光箭头。当停车辅助人工检查时,可临时停靠在右侧紧急停车带或右侧路肩,巡查人员应在车辆前方快速完成检查作业后及时撤离。

④当日常巡查发现路面有影响通行的障碍物或异常情况时,应及时采取措施进行清除或处理。危及行车安全的,应采取临时安全保障措施后再进行处理;不能立即清除的,应及时通知相关单位处理。

(4)日常巡查应记录发现路面突发病害与异常情况信息,宜采用移动终端实时录入信息数据,并按信息管理系统功能将突发病害图片、有关说明等信息一并录入;巡查结束后应及时整理、汇总日常巡查记录,并录入相关信息管理系统。

(5)当日常巡查中发现重大情况时,应按相关规定及时报告。

三、日常保养

(1)日常保养应包括下列主要工作内容:
①清除路面泥土杂物、污染物、散落物等。
②排除路面积水,疏通路面排水。
③清除路面积雪、积冰、积沙等。
④实施路面夏季洒水降温作业。

(2)清扫作业应符合下列规定:
①定期沿路幅右侧或左侧开展路面日常清扫作业,清扫频率应根据公路等级、交通量大小、路面污染情况确定,遇突发污染事件应及时开展路面特殊清扫作业。

②路面清扫作业可采用机械清扫或人工清扫方式,高速公路及一级公路应以机械清扫方式为主,二级及二级以下公路可视实际情况采用合适方式进行清扫作业。

③路面清扫作业应根据现场泥土杂物、清洁情况及通车状况选择不同功能的机械清扫设备,宜采用无尘清扫设备与工艺。机械清扫车辆应配备洒水及除尘设备,清扫作业时应根据路面扬尘程度确定适当的洒水量,减少扬尘。

④机械清扫作业应避开交通量大的时段,不宜在影响正常交通的中间行车道和变换车道进行。对机械无法清扫的路面边角,应进行人工辅助清洁。

⑤应根据实际情况适当加大桥梁桥面清扫频率,宜与桥面泄水孔、伸缩缝清洗工作相结合;清扫时不得堵塞桥面泄水孔和伸缩缝。

⑥隧道路面清扫宜在交通量较小时进行,并利用电子显示屏等设备做好安全作业提示。清扫宜采用无尘清扫作业方式,严禁扬尘。

⑦沥青路面受油类物质或其他化学品污染时,应撒砂、木屑或采用化学中和剂处理后进行清扫;当影响行车安全时,应用水冲洗干净并进一步处治。

⑧路面清扫后的垃圾、杂物等不得随意倾倒,以免堵塞边沟、阻挡路肩排水,应运至指定地点或垃圾场站妥善处理。

(3)排水作业应符合下列规定:
①定期检查路面排水和积水情况,应对一般路段、桥涵、隧道路面排水系统进行清理和疏通,以保持排水功能正常、路面无积水。

②汛期前对影响路面排水的设施应进行全线检查和疏通,雨天时应及时排除积水,汛期后应对排水设施进行全面检查和修复。

③对沥青路面局部沉陷、横坡不适、拦水带开口设置不合理等原因导致的积水,应及时采

取排除措施。

(4)清除冰雪作业应符合下列规定：

①根据当地历年气象记录资料、气象预测资料、路面结构、沿线环境条件等因素,应制订切合实际情况的除冰雪和防冻工作计划,以及适用于各种不同的气温、降雪量和积雪深度条件下的除冰雪和防冻作业规程,配备相应的除冰雪、防冻作业人员、材料和机具设备。

②冬季降雪或下雨时,应及时掌握气象变化情况,出现降温、降雪时应按制订的工作方案及时进行除冰雪和防冻,并做好桥面、坡道、弯道、匝道、收费广场等重点路段的除冰雪和防冻措施。

③除冰雪宜以机械作业为主,人工作业为辅。除雪机械的作业方向宜与正常行车方向一致,并从路面左侧向右侧或中间向两侧依次进行。降雪量较大,难以在降雪过程中清除全部积雪时,应在雪停后及时清除路面全部积雪。

④当路面上的压实雪、融化的雪水或未及时排除的雨水形成冰冻层时,应开展除冰与防滑作业,尤其是在大中桥、纵坡较大或平曲线半径较小路段,应做好防冰冻与防滑处理。

⑤除冰雪撒布的融雪剂、防冰冻、防滑等材料宜采用环保型材料。此外,还应根据降雪情况确定撒布时机、方式与数量,及时清除路面积雪与残留物。

⑥除冰雪和防冻作业可连续开展,作业现场必须实行统一指挥,并落实与作业形式相适应的安全作业措施和交通控制措施。夜间作业时可适当增设闪光设施、警示标志等。

(5)夏季洒水降温作业应符合下列规定：

①了解当地气象温度相关资料,掌握沥青路面表面温度变化规律,应制订切合实际情况的夏季洒水降温工作计划和作业规程。

②洒水降温作业宜采用机械方式,洒水车辆车身应有明显标识,配备导向闪光箭头,车顶宜安装带有黄闪标志的车辆闪光灯。

③夏季连续3天最高气温达到35℃及以上,沥青路面表面温度达到60℃及以上时,对于易发生车辙、波浪拥包的路段以及上坡、弯道、桥面铺装、重载交通等路段,宜进行洒水降温作业,或进行交通管制。

④夏季洒水降温作业时,宜选在每天12:00—15:00时间段进行。洒水车辆应行驶在路面右侧位置。其行驶速度:高速公路及一级公路不宜大于60km/h,二级及二级以下公路不宜大于40km/h。

四、日常维修

(1)日常维修工作计划应根据沥青路面损坏状况调查与评价,以及日常巡查记录结果,按月度进行编制。

(2)沥青路面日常维修应按工作计划进行,并根据日常维修工作记录信息,适时进行日常维修质量评价与反馈。

(3)应分析沥青路面各类损坏与病害产生的原因,并根据路面结构类型、使用年限、处治季节、气温等实际情况,采取相应的病害处治措施。

(4)应推行沥青路面病害发现、信息上报、处治审批与下达,现场处治与上报、审核与计量、效果评价等处治闭环管理。

课题 3-3　病害处治

一、一般规定

（1）当沥青路面出现裂缝、坑槽、车辙、沉陷、波浪拥包、松散、泛油等病害时,应及时进行处治,防止路面病害发展与扩大。

（2）因路基或基层局部强度不足、松散、碎裂等原因形成的沥青路面病害,应在处治好路基或基层病害后,进行沥青面层处治。

（3）病害处治方案应根据病害类型、范围与严重程度确定；做好材料、设备和施工准备,进行病害精细处治,达到可靠、耐久、经济、美观的处治效果。

（4）病害修补面积应大于病害实际面积,修补范围的轮廓线应与路面中心线平行或垂直,并在病害修补的边缘部位采取涂覆黏层材料、贴缝胶、界面加热等措施,保证修补部分与原路面界面黏结牢固、有效防水。

（5）因修补不良造成修补区再次损坏,应分析诊断修补不良产生再次损坏的原因,进行根治,保证再次修补的质量。

（6）对坑槽、车辙、沉陷等需将原路面沥青面层挖除或铣刨后进行修补作业的病害,宜随挖随补。

二、裂缝的处治

1. 一般规定

（1）裂缝处治时机应根据裂缝类型特点、严重程度及原因确定,并采取适宜的处治措施,及时进行裂缝封闭。

（2）裂缝处治可采用灌缝、贴缝、带状挖补方式,或进行组合使用。灌缝材料宜采用密封胶；贴缝材料可采用热粘式贴缝胶和自粘式贴缝胶,其工艺可分为直接贴缝和灌缝后贴缝。抗裂贴如图 3-1 所示,贴缝带及施工后效果如图 3-2、图 3-3 所示。

图 3-1　抗裂贴

（3）裂缝处治材料应符合下列规定：

①密封胶可分为高温型、普通型、低温型、寒冷型和严寒型五类,分别适用于最低气温不低于 0℃、−10℃、−20℃、−30℃、−40℃的地区,其技术要求应符合现行《路面加热型密封胶》（JT/T 740）的有关规定。密封胶及密封胶施工如图 3-4、图 3-5 所示。

图 3-2 贴缝带

图 3-3 贴缝带施工后效果

图 3-4 密封胶

图 3-5 密封胶施工

②贴缝胶可分为普通型、低温型、寒冷型和严寒型四类,分别适用于最低气温不低于 -10℃、-20℃、-30℃、-40℃的地区,其技术要求应符合现行《路面裂缝贴缝胶》(JT/T 969)的有关规定。

(4)灌缝处治工艺应符合下列规定:

①应根据路面裂缝的具体情况确定开槽灌缝的尺寸,宽度×深度宜为 12mm×12mm、12mm×18mm、15mm×15mm、15mm×20mm。

②采用开槽机、灌缝机、清干机等专用灌缝设备,应按开槽、清洁、干燥、灌缝与养护工艺流程进行作业。

③灌缝成型应饱满,灌缝材料性能稳定后才可开放交通。

④施工环境温度应高于 5℃,在路面表面干燥状态下施工。

(5)贴缝处治工艺应符合下列规定:

①贴缝前应将路面裂缝及其两侧各 20cm 表面范围内的泥土杂物、污染物、散落物等清理干净,无凸起、凹陷、松散,保证裂缝作业面平整。

②贴缝胶应从裂缝一端粘贴,其长度不小于整条裂缝长度,贴缝胶应处于裂缝中间部位;遇不规则裂缝,可将贴缝胶断开,按裂缝的走向跟踪粘贴;贴缝胶接合处形成 80~100mm 的重叠。

③贴缝完成后宜采用贴缝机、铁滚等进行碾压,达到贴缝无气泡、皱褶,保证贴缝胶与路面充分结合、黏结紧密,检查确认后开放交通。

④施工环境温度应高于5℃,在路面表面干燥状态下施工。

(6)裂缝处治后出现明显变形、唧泥等病害,应采用带状挖补方法进行彻底处理,如图3-6所示。对损坏的基层宜采用大粒径透水性沥青混合料进行回填处理,面层应采用与原沥青面层相同的材料进行修补,并做好纵横向排水处理措施。

图3-6 裂缝带状挖补

(7)重度局部块裂、龟裂应按坑槽修补方法进行。

2. 贴缝施工(资源3-1、资源3-2)

3-1 贴缝施工

3-2 贴缝机

(1)定位。找出路面裂缝,对于宽度小于4mm的路面裂缝可直接使用贴缝带,对于裂缝宽度大于4mm的严重裂缝的路段,采用沥青灌缝后再使用贴缝带对其进行有效处治。

(2)清扫。根据现场情况,使用刷子、吹风机对选择使用贴缝带的裂(接)缝进行清洁干燥处理,将路面裂缝以及裂缝两侧20cm范围内的路面同时清理干净(图3-7、图3-8),否则会影响贴缝带的粘贴效果。裂(接)缝表面须平整、无突起、无凹陷、无松散、无碎石或油痕、无油脂及其他污物,如有坑槽,必须填补。

图3-7 裂缝清扫

图3-8 高压吹风机清扫裂缝

（3）贴缝。剪取长度略长于裂缝长度的一段面层贴缝带,将贴缝带背面的隔离纸张揭去,将贴缝带有聚丙烯织物的一面朝上,用手指按压贴缝带和裂缝两侧,待略粘手指时将贴缝带从一端粘贴,直至覆盖整个裂缝。粘贴时要注意裂缝处于贴缝带中间部位,尽量不要将空气压在贴缝带和路面之间而形成气泡。如遇不规则的裂缝,可用剪刀将贴缝带剪断,按裂缝的走向跟踪粘贴;在贴缝带的结合处,宜紧贴对齐(图3-9)。

a)　　　　　　　　　　　　　　　b)

图 3-9　贴缝

（4）碾压。路面裂缝粘贴完贴缝带后,用铁滚用力碾压将贴缝带熨帖至地面,以确保贴缝带同路面结合成为一体。不能有气泡、皱褶,以保证贴缝带和路面充分结合,如图3-10所示。

（5）放行。贴好贴缝带并碾压,检查是否与路面充分结合后,即可放行通车,贴缝带施工后效果如图 3-11 所示。

图 3-10　碾压贴缝带　　　　　　　　　图 3-11　贴缝带施工后效果

3. 灌缝施工

对于裂缝宽度大于 4mm 的严重裂缝的路段,采用灌缝施工后再使用贴缝带对其进行有效处治。

（1）沥青路面裂缝施工(灌缝)作业流程如图 3-12 所示,主要设备见表 3-3。

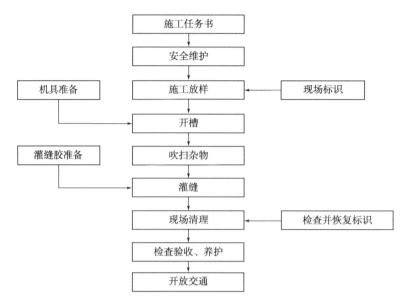

图 3-12　沥青路面裂缝施工(灌缝)作业流程

沥青路面裂缝修补(灌缝)主要设备　　　　　表 3-3

序号	设备名称	规格	备注
1	开槽机	25hp	设备数量与施工工作面、进度有关,应根据实际情况配备,灌缝机需带热熔釜并装有温度计
2	空压机	3m³/min	
3	灌缝机	—	
4	工程服务车	≥4t	

注:1hp≈0.735kW。

(2)灌缝施工要求。

①开槽:宜用专用开槽机进行扩缝,宽度应大于裂缝本身宽度,如图 3-13 所示。

a)　　　　　　　　　　　　　　　　b)

图 3-13　扩缝

②清缝:对缝内杂物首先要用大功率的鼓风机或热空气枪进行吹扫(压力≥0.5MPa)1~2 遍,对凹槽内少量碎屑、杂物吹扫不干净的,采用专用钩子进行人工清理,清理完后再吹扫缝内

及缝周围1~2遍,保证缝内绝对干燥、洁净,缝周围洁净。

③加热、灌缝:灌缝前应对缝槽两侧进行预热,灌缝时应把喷枪对准凹槽,使灌缝胶均匀自下而上充分填满,避免填料时下部产生气穴,灌注应连续进行,如图3-14所示。同时,根据现场情况,用少量灌缝胶将裂缝两侧的轻微裂缝涂刷一遍。

a)

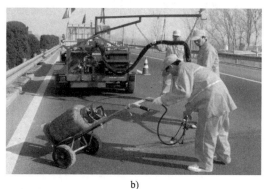
b)

图3-14 加热、灌缝

④裂缝灌缝修补设备应采用带热熔釜的灌缝机施工,热熔釜应能连续搅拌并安装有温度计,温度符合要求后才允许灌缝;不得用水壶直接淋灌。

⑤灌缝胶重复加热次数不得超过3次,灌缝前应准确计算好每次的使用量,以防灌缝胶重复加热老化失效。

⑥灌缝完成后,应将现场的垃圾、杂物清理干净,待灌缝胶或密封胶冷却、固结好后开放交通。

灌缝后效果如图3-15所示。

a)

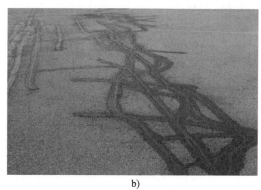
b)

图3-15 灌缝后效果

4. 表处法

因沥青性能不好、路面设计使用年限较长、沥青老化等原因出现的大面积裂缝(包括网裂、龟裂等),此时如基层强度尚好,通过技术经济比较,可选用稀浆封层、改性沥青薄层罩面、薄层铣刨重铺等表面处治方法。

5. 先处治好基层再重做面层

由于土基、基层强度不足或路基翻浆等引起的严重龟裂,应先处治好基层再重做面层。

三、坑槽的处治

1. 一般规定

（1）应根据坑槽病害类型、严重程度及原因，采取合理的措施及时进行修补。

（2）坑槽可采用就地热修补、热料热补、冷料冷补等方式。坑槽修补应符合下规定：

①坑槽修补材料应具有足够的强度以及良好的高低温性能、抗水损坏和抗老化性能。

②应按"圆洞方补、斜洞正补"的原则，确定路面坑槽破损的边界。坑槽修补轮廓线与行车方向平行或垂直，并超过坑槽破损边界10~15cm。

③坑槽处治至损坏的最底部，修补后新填补部分应略高于原沥青路面。

④雨季和多雨地区，应对路面坑槽修补接缝处进行封缝处理。

⑤坑槽修补完成后，应清理作业区域，开放交通。

（3）坑槽就地热修补工艺应符合下列规定：

①采用热修补养护车等专用设备，适用于坑槽深度不大于6cm的情况。

②按路面坑槽修补轮廓线，将加热板调整到合适的位置，加热沥青面层至可耙松的状态。

③将加热的沥青面层耙松、切边，并铲除不可利用的旧沥青混合料，坑槽表面和周围喷洒乳化沥青等黏结材料，加入新的热料，并充分摊铺、整平。

④用压路机由边部向中间反复压实，使其达到要求的压实度。

⑤压实完成后，新修补路面喷洒适量乳化沥青。

⑥坑槽就地热修补原材料、沥青混合料及施工技术要求应符合现行《公路沥青路面再生技术规范》(JTG/T 5521)的有关规定。

（4）坑槽热料热补工艺应符合下列规定：

①沿坑槽修补轮廓线切割开挖或铣刨至坑底的不渗水稳定处，其深度不得小于坑槽的最大深度，坑槽较深时应按原沥青面层分层开挖，层间形成阶梯搭接，搭接宽度不小于20cm。

②清理掉路面坑槽内的松散沥青混合料，实现底部平整、坚实，壁面与公路平面垂直，坑槽底面和壁面清洁、完全干燥、无松散料。

③路面坑槽底面和壁面喷洒、涂覆乳化沥青等黏结材料，黏结材料应具有较高的黏结性、黏附性、弹性和延展性。

④采用专用设备对热料进行保温加热，并按开凿的层次分层填入热料，逐层整平、压实，保证修补质量。

⑤坑槽热料热补原材料、沥青混合料及施工技术要求应符合现行《公路沥青路面施工技术规范》(JTG F40)的有关规定。

3-3 坑槽冷料冷补

（5）坑槽冷料冷补工艺(**资源3-3**)应符合下列规定：

①清理掉坑槽内的松散沥青混合料，必要时沿坑槽修补轮廓线同热料热补工艺进行开挖、清理，路面坑槽底面和壁面喷洒、涂覆乳化沥青等黏结材料。

②向坑槽内填入冷补材料，并摊铺、整平均匀，保证坑槽周边材料充足，采用

平板夯、夯锤或振动式压路机进行压实,使其达到要求的压实度。

2. 热料热补施工

(1) 主要设备。沥青路面坑槽维修主要设备见表3-4。

沥青路面坑槽维修主要设备表　　　　表3-4

序号	设备名称	规格	备注
1	沥青路面综合养护车	汽车底盘	设备数量与施工工作面、进度有关,根据实际情况配备,沥青路面综合养护车具有洒布乳化沥青、加热等功能;振动小压路机振动力大于2.5t
2	液压镐动力站	18hp	
3	切割机	≥9hp	
4	空压机	3m³/min	
5	振动小压路机	≥5.5hp	
6	夯锤	—	
7	工程服务车(货车)	≥4t	

注:1hp≈0.735kW。

(2) 工艺流程(**资源3-4**)。坑槽修补施工工艺流程图,如图3-16所示。

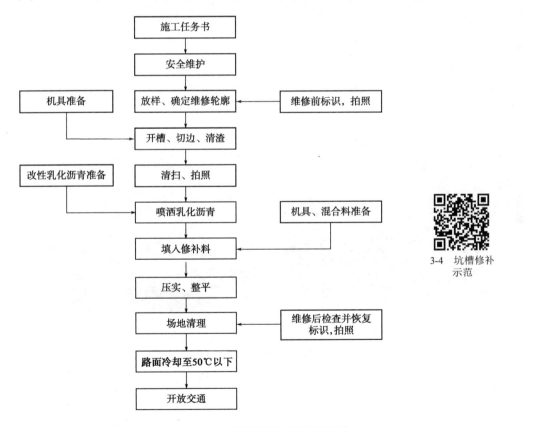

图3-16　坑槽修补施工工艺流程图

3-4　坑槽修补示范

(3) 施工要求:
①当气温低于10℃时,不宜施工。

②坑槽维修应严格按照"圆洞方补,斜洞正补"的原则,沿坑槽损坏部分扩大10cm画线,标出所要维修的坑槽轮廓线,严禁小洞大补。由监理工程师核查批准后,按画好的坑槽轮廓线开槽,切边至坑底稳定部分,最少不得少于3cm(图3-17);维修前中后均要拍照片存档。

③清除槽底、槽壁的松动部分及粉尘、杂物。吹扫干净后,应仔细检查槽底是否有裂缝,如有裂缝,应按裂缝维修要求处治并加贴抗裂贴。确认合格后方可喷洒改性乳化沥青黏层油,用量为0.5kg/m²,喷洒不到的部位应采取人工涂刷,尤其是四壁应多涂刷1~2遍。如图3-18所示为开挖后的坑槽。

图3-17　坑槽开挖　　　　　　　　　　　图3-18　开挖后坑槽

④待黏层油完全破乳后填入混合料,改性沥青混合料填入温度应控制在150℃左右,且每次加料应以当班用量为佳,当班未用完的料不允许重复加热使用。沥青混合料现场加热和填入如图3-19~图3-21所示。

图3-19　沥青路面综合养护车加热板　　　　图3-20　沥青混合料加热

⑤当坑槽面积大于1m²时,应采用小型压路机(不得小于1t)碾压(图3-22)。坑深大于7cm时,必须分层摊铺,分层压实,碾压温度不得低于140℃,碾压遍数不得少于4遍,且坑边应多碾压两遍。当坑槽面积小于1m²时,应采用小型振动夯压实,碾压遍数不得少于5遍。对于坑边、四角碾压不到的部位,应采用人工夯锤压实。摊铺时应注意松铺系数,根据经验控制坑槽面的松铺厚度,保证压实后的坑槽面与旧路面相接平整、密实。对于不能使用小型压路机压实的小坑,应用小锤夯实。

⑥坑槽部位温度应冷却至50℃以下方可开放交通。

图 3-21 填入加热后的沥青混合料

图 3-22 压实

3. 挖补

若因基层强度不足造成坑槽，则对其应进行挖补，将出现病害的基层或土基换填后用沥青混凝土修补面层。

四、车辙的处治

1. 一般规定

（1）应根据车辙病害类型、范围、严重程度及原因，合理确定采取局部车辙处治或大范围直接填充、就地热再生、铣刨重铺等措施。

（2）局部车辙处治可采用微表处填充，也可采用坑槽等病害综合热修补车进行现场加热、耙松、补料与压实处理，还可采取局部铣刨重铺措施。

（3）车辙直接填充材料可采用微表处，也可采用热拌或温拌沥青混合料、高模量沥青混合料、功能性罩面材料等。

（4）车辙就地热再生原材料、沥青混合料及施工技术要求应符合现行《公路沥青路面再生技术规范》（JTG/T 5521）的有关规定。

（5）车辙铣刨重铺材料可采用热拌、温拌或冷拌沥青混合料、高模量沥青混合料、功能性罩面材料等。

（6）车辙处治措施可按表 3-5 选用。

车辙处治措施　　　　　　表 3-5

车辙深度（RD）	直接填充	就地热再生	铣刨重铺
RD≤15mm	√	△	△
15＜RD≤30mm	△	√	√
RD＞30mm	×	△	√

注："√"表示推荐，"△"表示可选，"×"表示不推荐。

（7）车辙处治所用的原材料、混合料设计、施工工艺、设备要求与质量控制应按现行《公路沥青路面施工技术规范》（JTG F40）的有关规定执行。

2. 车辙的铣刨重铺施工

（1）路面铣刨

①铣刨前路面测量。通过测点高程的比较和车辙严重程度来确定铣刨的面积和铣刨

深度。

②铣刨机铣刨。依据工程技术人员提供的铣刨面积和铣刨深度沿着行车方向进行铣刨,如图3-23所示。

③废料运输。铣刨机铣刨时,通过传输皮带将废旧混合料装上运输车辆,运到固定地点进行存放。

④铣刨边角处理。用风镐将铣刨机提刀的斜边与切割机切缝间的少部分残留路面清除掉,然后人工将坑槽内残留杂物清扫干净。

⑤工作面清扫。用人工配合清扫车将工作面中的杂物及铣刨粉尘清除,然后用鼓风机吹干净,直至符合要求为止。

⑥喷洒乳化沥青。用沥青洒布车将乳化沥青喷洒于槽内及槽边接口(图3-24),破乳后,即可进行摊铺作业。乳化沥青喷洒过后,应保持工作面的清洁。

图3-23　铣刨施工

图3-24　喷洒乳化沥青

(2)沥青混合料摊铺

①在摊铺作业之前,应根据原路面设计数据结合现场实际情况对施工路段进行测量放样,以确定整个摊铺面。

②摊铺作业时应检查混合料的温度是否符合规范要求。

③根据原路面设计要求,当槽深超过10cm时,应分层进行摊铺。

④摊铺厚度应考虑松铺系数,确保碾压后的路面应与原路面保持接缝平整。

⑤对于摊铺不到的边角,要人工及时进行填补,对于新旧路面的接口要筛分一些细料,然后人工进行整平。

(3)沥青混合料碾压

碾压采用双钢轮振动压路机、胶轮压路机,分初压、复压、终压三道工序完成(SMA除外)。

①碾压要及时,应尽量在较高的温度和较短的时间内完成碾压。

②碾压要遵循"从低向高,由外向内"的原则,碾压应呈阶梯状逐步向前推进。

③初压采用双钢轮振动压路机(DD-110)碾压2～3遍,复压采用胶轮压路机碾压4～6遍,终压用双钢轮振动压路机静压1～2遍。

④对于新旧路面横向接缝,首先用双钢轮振动压路机进行横向碾压,然后实行45°斜压,斜压从中间向两侧依次分开。

⑤压路机起动、停止应缓慢,碾压过程中不得随意掉头、制动。

(4)恢复标线

沥青混合料碾压、冷却后,应对路面施工路段进行验收,合格后用画线车恢复标线。

五、沉陷的处治

沉陷处治技术措施和结构层位应根据沉陷病害类型、发生部位、严重程度及原因合理确定。

(1)因基层局部强度不足或松散造成的路面沉陷,应铣刨或挖除沥青面层,处理好基层后,重铺沥青面层。

(2)因路基不均匀沉降引起的路面沉陷,根据路面破损状况不同可分别采取下列处治措施:

①当路面略有下沉,且无破损或仅有少量轻微裂缝时,可在沉陷部位喷洒黏层沥青,用沥青混合料将沉陷部分填补,并压实、整平。

②当路面出现较大范围的不均匀下沉时,可对沉陷路段两端衔接部位各10m范围内分层、分台阶铣刨沥青面层,纵向台阶搭接宽度不宜小于30cm,横向台阶搭接宽度不宜小于20cm,清理干净下承层,喷洒黏层沥青,在侧壁涂覆乳化沥青后,分层重铺沥青面层。

③路基密实稳定、不再继续下沉后,进行沥青面层处治。

沉陷处治施工现场如图3-25~图3-28所示。

图3-25 铣刨沉陷处路面并清扫干净

图3-26 清扫干净下承层

图3-27 喷洒黏层沥青

图3-28 沉陷处治完成

(3)桥涵台背因回填材料选择不当、压实不足等原因引起路面不均匀沉降,可采取下列处治措施:

①台背回填材料选择不适的,宜采用强度高、透水性好且级配合理的材料进行换填处理。
②台背回填压实不足的,可重新压实处理,台背死角处采用夯实机械进行压实。
③采用台背注浆进行加固处理。
④铣刨或挖除沥青面层,在沉陷部分加铺基层后,重铺沥青面层。
⑤直接按沉陷病害进行处治。

六、波浪拥包处治

根据波浪拥包病害类型及产生原因不同可采用局部铣刨、局部铣刨重铺、就地热再生及整体铣刨重铺等方式进行处治。重铺材料可选用热拌、冷拌或温拌沥青混合料和功能性罩面材料等。

(1)因沥青面层引起不同程度的路面波浪拥包,可采用下列方法进行处治:
①在波谷部位喷洒沥青,均匀撒布适当粒径的矿料,找平并压实。
②采用机械铣刨方法铣平波浪拥包的鼓起部分(图3-29),或者人工铲除拥包(图3-30);必要时用冷拌或温拌沥青混合料进行摊铺与压实。

图3-29 机械铣刨拥包　　　　　　　图3-30 人工铲除拥包

③采用就地热再生措施进行处治。
④铣刨或挖除沥青面层,重铺沥青面层。

(2)因沥青面层与基层之间存在不稳定的夹层引起的波浪拥包,应铣刨或挖除沥青面层,清除不稳定的夹层后,喷洒黏层沥青,重铺沥青面层。

(3)因基层引起的路面波浪拥包,可采用下列方法进行处治:
①因基层局部强度不足、稳定性差、局部松散等原因引起的波浪拥包,铣刨或挖除沥青面层,处治或重做基层后,重铺沥青面层。
②因基层局部积水使面层与基层间结合不良、水稳定性不好等原因引起的波浪拥包,铣刨或挖除沥青面层,晾晒干基层表面水分并增设排水盲沟,或清除基层用水稳定性较好的材料更换基层后,重铺沥青面层。

七、松散处治

松散处治时机应根据松散病害类型、严重程度及原因合理确定,并采取可行的技术措施。

(1)因施工不良造成的路面麻面松散,可采用下列方法进行处治:

①将路面上已松动的矿料收集起来,将残留在麻面松散层上的浮料清扫干净,喷洒沥青用量为 0.8~1.0kg/m² 的封层油,再按用量为 5~8m³/1000m² 撒布 3~5mm 粒径的碎石或粗砂,用轻型压路机压实。

②将路面麻面松散部分进行铣刨重铺,或者采用就地热再生方法进行处治。

修补前松散病害如图 3-31 所示。

a) b)

图 3-31 松散病害修补

(2)因沥青老化造成的路面麻面松散,可采取封层养护措施进行处治,也可采用就地热再生方法进行处治,还可铣刨或挖除松散部分后重铺沥青面层。

松散路面就地热再生施工如图 3-32、图 3-33 所示。

图 3-32 松散路面就地热再生　　　　　　　图 3-33 再生后压实

(3)因沥青与酸性石料间的黏附性不良造成的路面麻面松散,可铣刨或挖除松散部分,重铺沥青面层,其矿料不宜使用酸性石料。在缺乏碱性石料的地区,应在沥青中掺入抗剥离剂、增黏剂或使用干燥的消石灰、水泥等表面活性物质作为填料的一部分,或采用石灰浆处理粗集料等抗剥离措施。

八、泛油处治

泛油处治时机应根据泛油病害类型、严重程度及原因合理确定,并采取可行的技术措施。

(1)出现轻微泛油时,可撒布 3~5mm 粒径的碎石或粗砂,并采用压路机或行车碾压。

(2)当出现重度泛油,未发生沥青的迁移现象时,可采用下列方法进行处治:

①先撒布 5~10mm 粒径的碎石,后用压路机碾压;待稳定后,再撒布 3~5mm 粒径的碎石或粗砂,用压路机或行车碾压。

②先撒布 10~15mm 粒径或更大粒径的碎石,后用压路机强力压入路面;待稳定后,再撒布 5~10mm 或 3~5mm 粒径的碎石,用压路机或行车碾压。

③将路面表面 1~2cm 的泛油沥青层铣刨后,铺筑 1~2cm 的微表处、超薄罩面或薄层罩面。

(3)因沥青面层的沥青用量偏高、矿料级配偏细或混合料空隙率偏低引起的路面泛油,可采用碎石封层、就地热再生,铣刨泛油面层后重铺等方式。

(4)因沥青混合料水稳定性不良、空隙率偏大引起的沥青向上迁移型泛油,而沥青中、下面层的沥青含量低,混合料处于松散状态,存在结构性破坏时,可采用铣刨沥青面层重新铺筑的处治方式。

课题 3-4　养护工程设计要求

一、一般规定

(1)沥青路面预防养护、修复养护和应急养护中涉及修复养护的工程,应进行养护工程设计。专项养护工程沥青路面设计可根据工程技术特点进行。

(2)沥青路面养护工程宜采用一阶段施工图设计。对于技术特别复杂的,可采用技术设计和施工图设计两阶段设计。应急养护和技术简单的养护工程可采用技术方案设计,并按技术方案组织实施。

(3)沥青路面养护工程设计应按现行《公路沥青路面养护设计规范》(JTG 5421)的有关规定执行。

二、病害诊断与养护对策选择

(1)沥青路面养护工程设计的养护对策应在开展专项数据调查、确定病害发展层位、诊断病害产生原因、判断病害发展趋势后进行选择。

(2)病害原因诊断应综合考虑路况专项检测数据、交通荷载、气候环境、施工质量等因素。

(3)养护对策选择应最大限度地利用既有路面结构,并对路面结构层中的病害进行处治。

三、技术设计

(1) 对于技术特别复杂的沥青路面养护工程应进行技术设计,包括路面结构组合设计、结构厚度验算、养护方案综合比选等内容。

(2) 技术方案应根据沥青路面养护工程类型,结合设计年限、交通量分析结果和当地实际情况等因素进行综合比选与推荐。

(3) 沥青路面养护工程方案确定后,应根据便于施工、经济合理的原则进行路段优化合并。

四、施工图设计

(1) 应在沥青路面养护工程施工图设计相关资料与数据调查后,根据优化方案进行施工图设计。

(2) 沥青路面养护工程施工图设计应包括材料组成设计、路面结构力学验算、排水设计、交通组织设计、其他设计等内容。

(3) 沥青路面养护工程施工图设计完成后,应参照现行《公路工程基本建设项目设计文件编制办法》(交公路发〔2007〕358号)规定的要求编制施工图设计文件。

课题3-5 封层

封层是指采用专用设备将由沥青胶结料、粗细集料、其他添加材料组成的流动型混合料喷洒或摊铺在沥青路面上形成的加铺薄层,或将沥青胶结料、碎石、纤维同步或异步洒(撒)布在沥青路面上形成的加铺薄层或应力吸收层。

一、一般规定

(1) 封层适用于有轻微病害、存在病害隐患或尚未出现病害,路面技术状况优良以上且结构强度满足要求的沥青路面,可作为预防养护措施。

(2) 封层包括含砂雾封层、稀浆封层、微表处、碎石封层、纤维封层及复合封层等措施。各等级公路适用的封层预防养护措施可按表3-6选用。

各等级公路适用的封层预防养护措施　　　　表3-6

公路等级	含砂雾封层	稀浆封层	微表处	碎石封层	纤维封层	复合封层
高速公路	√	×	√	×	×	√
一级公路	√	×	√	△	△	√
二级公路	√	√	√	√	√	√
三级公路	√	√	△	√	√	√
四级公路	√	√	△	√	√	√

注:"√"表示推荐,"△"表示可选,"×"表示不推荐。

(3)封层预防养护措施应根据路面技术状况及损坏类型、交通量大小及组成、气候条件、外观质量要求、工程经验等因素合理确定。

(4)针对特殊路段的沥青路面抗滑性能要求,宜选用微表处、碎石封层、纤维封层、复合封层等封层措施,并保证具有良好的抗滑性能及耐久性。

(5)封层施工应采用机械化作业方式,施工前彻底清除原路面的泥土、杂物,保持原路面干净、干燥,并处治原路面病害。

二、含砂雾封层

含砂雾封层是指采用专用高压喷洒设备将由乳化沥青基或煤焦油基材料、陶土、聚合物添加剂、细砂组成的混合料,喷洒在沥青路面上而形成的封层(**资源3-5**)。

(1)含砂雾封层适用于表面有松散麻面、渗水、沥青老化且抗滑性能较好的沥青路面,但不适用于由酸性岩石、鹅卵石等破碎集料铺筑的沥青路面,其适用的各等级公路路况水平应符合表3-7的规定。

含砂雾封层适用的各等级公路路况水平　　　　表3-7

路况指数	高速公路	一级及二级公路	三级及四级公路
PCI、RQI、RDI	≥90	≥88	≥85
SRI	≥75	≥70	—

(2)含砂雾封层材料应符合下列规定:

①含砂雾封层胶结料可采用乳化沥青基或煤焦油基,并掺入聚合物、矿物等成分的黏结性材料,其不但具有良好的还原、渗透和抗老化性能,而且还具有与砂良好的黏附性。

②含砂雾封层细粒砂可采用石英砂、金刚砂或机制砂(图3-34)。机制砂宜采用专用的制砂机制造,并选用优质的玄武岩生产,细粒砂的细度应为30~50目。

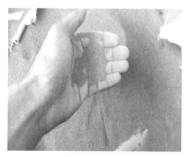

图3-34　细粒砂

③含砂雾封层施工时可掺入一定比例的水,掺入的水应符合三类及三类以上水质标准。

④含砂雾封层可掺入具有路面夏季降温、冬季融冰功能的添加材料,并且添加材料的掺入不应对含砂雾封层材料性能产生不利影响,未经试验验证的添加材料不得使用。

含砂雾封层施工及效果如图3-35~图3-37所示。

(3)对含砂雾封层混合料组成应进行设计,并按规范的试验方法进行使用性能检验。

图 3-35　施工前清洁路面　　　　　　　图 3-36　含砂雾封层施工

图 3-37　含砂雾封层施工前后对比

(4) 含砂雾封层混合料的洒布量应根据原路面技术状况、表面致密程度、粗糙度大小、路面渗水、松散麻面情况合理确定,并应符合下列规定:

①表面致密、轻微渗水、轻度松散麻面的路面,可减少含砂雾封层混合料的洒布量,并采用单层洒布方式,其洒布量应为 $0.9 \sim 1.2 \text{kg/m}^2$。

②表面粗糙、较重渗水、空隙率较大、重度松散麻面且贫油的路面,应增加含砂雾封层混合料的洒布量,并采用双层洒布方式,其洒布量应为 $1.2 \sim 1.8 \text{kg/m}^2$。其中,第一层洒布量为 $0.7 \sim 1.0 \text{kg/m}^2$,第二层洒布量为 $0.5 \sim 0.8 \text{kg/m}^2$。

(5) 含砂雾封层应采用专用的洒布设备喷洒,并在喷洒时保持稳定的速度和洒布量,保证洒布宽度喷洒均匀,并应符合下列规定:

①洒布设备的喷嘴适用于喷洒材料的稠度,确保成雾状,与洒油管保持15°~25°的夹角。洒油管的高度应使同一地点接受 2~3 个喷油嘴的喷洒,不得出现花白条或条状现象,也不得出现堆积现象。

②对于喷洒不足处应补洒,喷洒过量处应予以清除。洒布车不易到达的部位,可采用人工喷洒的施工方式。

(6) 含砂雾封层喷洒的起点和终点位置宜预铺油毛毡,保证边缘整齐。为避免污染标线,应在施工前对道路人工构造物、路缘石、标线等外露部分做防污染遮盖,不得在气温低于

10℃、雨天、路面潮湿情况下施工。

(7)含砂雾封层的养生时间应根据材料的品种和气候条件确定,未干燥成型前严禁车辆和行人通行,待干燥后方可开放交通。

(8)含砂雾封层施工中应对其所用混合料和现场质量进行抽样检测,检测频率、质量要求及检测方法应符合表3-8的规定。质量检测如图3-38所示。

含砂雾封层施工过程控制要求　　　　　　　　表3-8

检测项目	检测频率	质量要求或允许偏差	检测方法
稳定性(%)	1次/车	≤15	—
耐磨性(g/m²)	1次/3工作日	≤600	—
外观	全线连续	表面喷洒均匀,无积聚	目测
洒布量(kg/m²)	1次/工作日	±0.1	T 0982

图3-38　质量检测

(9)含砂雾封层施工的工程验收标准应符合表3-9的规定。

含砂雾封层施工的工程验收标准　　　　　　　　表3-9

检测项目		检测频率	质量要求或允许偏差	检测方法
渗水系数		5个点/km	≤10%	T 0971
抗滑性能	摆值 F_b (BPN)	5个点/km	不低于原路面	摆式仪:T 0964
	构造深度(mm)	5个点/km	($TD_{施工前} - TD_{施工后}$)/$TD_{施工前}$≤20%	T 0961
宽度		5个点/km	不小于设计值	钢卷尺法

三、稀浆封层

稀浆封层是指采用专用设备将乳化沥青、粗细集料、填料、水和添加剂等,按设计配合比拌和成稀浆混合料摊铺到沥青路面上形成的封层。

(1)稀浆封层适用于二级及二级以下公路沥青路面,其适用的各等级公路路况水平应符合表3-10的规定。

稀浆封层适用的各等级公路路况水平　　　　　　　　表3-10

路况指数	二级公路	三级及四级公路
PCI、RQI、RDI	≥85	≥80

(2)稀浆封层材料应符合下列规定：

①稀浆封层可采用乳化沥青,其技术指标应符合现行《公路沥青路面养护技术规范》(JTG 5142)的有关规定。

②稀浆封层矿料可采用不同规格的粗细集料、矿粉等掺配而成。粗集料应选择坚硬、粗糙、耐磨、洁净的集料,细集料宜采用碱性石料生产的机制砂,其技术指标应满足现行《公路沥青路面养护技术规范》(JTG 5142)的有关规定。

③稀浆封层填料可采用矿粉、水泥、消石灰等,填料应干燥、疏松、无结团,并符合现行《公路沥青路面施工技术规范》(JTG F40)的有关规定。

④稀浆封层添加剂可采用无机盐类添加剂、有机类添加剂等。添加剂的掺加不得对混合料性能产生不利影响,未经试验验证的添加剂不得在施工中采用。

⑤稀浆封层施工时可掺入一定比例的水,所掺入水的水质符合三类及三类以上水质标准。

(3)稀浆封层混合料类型应根据使用要求、原路面状况、交通量、气候条件等因素选择,并进行混合料配合比设计、路用性能试验和设计参数的测试,根据试验结果确定混合料配合比。稀浆封层施工现场如图3-39所示。

a)　　　　　　　　　　　　　　　　b)

图3-39　稀浆封层施工

(4)按矿料粒径的不同,稀浆封层混合料可分为ES-1型、ES-2型和ES-3型。ES-3型稀浆封层适用于二级公路沥青路面预防养护和新建、改扩建公路沥青路面下封层。ES-2型稀浆封层适用于二级及二级以下公路沥青路面预防养护和新建、改扩建公路沥青路面下封层。ES-1型稀浆封层适用于三级及四级公路沥青路面预防养护。稀浆封层混合料的矿料级配范围应符合表3-11的规定。

稀浆封层混合料的矿料级配范围　　　　　　表3-11

级配类型	通过下列筛孔(mm)的质量百分比(%)							
	9.5	4.75	2.36	1.18	0.6	0.3	0.15	0.075
ES-1	—	100	90～100	65～90	40～65	25～42	15～30	10～20
ES-2	100	90～100	65～90	45～70	30～50	18～30	10～21	5～15
ES-3	100	70～90	45～70	28～50	19～34	12～25	7～18	5～15
波动范围	—	±5	±5	±5	±5	±4	±3	±2

注:填料计入矿料级配。

(5)稀浆封层混合料的使用性能应符合表 3-12 的规定。

稀浆封层混合料的使用性能要求　　　　表 3-12

检测指标		单位	使用性能要求		试验方法
			快开放交通型	慢开放交通型	
可拌和时间(25℃),不小于		s	120	180	T 0757
黏聚力试验, 不小于	30min(初凝时间)	N·m	1.2	—	T 0754
	60min(开放交通时间)		2.0[a]	—	
负荷车轮黏附砂量,不大于		g/m²	450[b]		T 0755
浸水 1h 湿轮磨耗,不大于		g/m²	800		T 0752

注:a. 至少为初级成型。
　　b. 用于轻交通量公路沥青路面预防养护时,可不作黏附砂量指标的要求。

(6)稀浆封层的施工气温不得低于 10℃,路面温度和气温均在 7℃以上并继续上升,允许施工;若施工后 24h 内可能产生冻结,则不得施工;严禁在雨天施工;若摊铺后未成型的混合料遇雨,应在雨后及时进行检查,如有局部轻度损坏,待路面干硬后,须进行人工修补;如损坏较严重,应在路面强度较低的情况下,将雨前摊铺层铲除,重新摊铺。

(7)稀浆封层应采用稀浆封层车作业方式,摊铺时应拌和充分、摊铺均匀、速度稳定,且宜用自卸车供料。乳化沥青、水、添加剂等可采用专用罐车供料,保证供料及时和连续生产。

(8)稀浆封层已摊铺的稀浆混合料不应有过量的水分和乳化沥青,也不应发生乳化沥青与集料分离的现象。摊铺专用机械不能到达的地方,应用人工刮板封层,且应确保表面平整,保持与机械摊铺效果相同。

(9)稀浆封层两幅的纵向接缝搭接宽度不宜大于 80mm,且宜设置在车道线处,横向接缝宜做成对接缝,用三米直尺测量接缝处的不平整度不应大于 6mm。

(10)稀浆封层铺筑后不得有超粒径料拖拉的严重划痕,横向接缝和纵向接缝处不得出现余料堆积或缺料现象。养护成型期内严禁车辆和行人进入。为加快开放交通时间,可在稀浆混合料初凝后使用胶轮压路机碾压。经养护和初期交通碾压稳定的稀浆封层,在行车作用下应不飞散且完全密水。

(11)稀浆封层施工中应对稀浆混合料和现场质量进行抽样检测,检测项目、检测频率、质量要求及检测方法应符合表 3-13 的规定。

稀浆封层施工过程控制要求　　　　表 3-13

检测项目	检测频率	质量要求	检测方法
稠度	1 次/100m	适中	经验法
沥青用量	1 次/工作日	施工配合比的沥青用量 ±0.2%	T 0722,总量检验法
矿料级配	1 次/工作日	满足施工配合比的矿料级配要求	T 0725,总量检验法
浸水 1h 湿轮磨耗	1 次/7 个工作日	≤800g/m²	T 0725
外观	全线连续	表面平整、均匀,无离析,无划痕	目测
横向接缝	每条	对接,平顺	目测
边线	全线连续	任一 30m 长度范围内的水平波动不得超过 ±50mm	目测或用尺量法

注:矿料级配满足施工配合比的矿料级配要求,是指矿料级配不超出相应级配类型要求的各筛孔通过率的上下限,并以施工配合比的矿料级配为基准,实际级配中各筛孔通过率不超过表 3-11 规定的允许波动范围。

(12)稀浆封层施工的工程验收标准应符合表3-14规定。

稀浆封层施工的工程验收标准　　　　　表3-14

检测项目		检测频率	质量要求或允许偏差	检测方法
厚度(mm)	均值	5个断面/km	不小于设计值	T 0912,每个断面挖坑3点
	合格值		设计厚度-10%	
渗水系数		5个点/km	≤10%	T 0971
纵向接缝高度		全线连续	≤6	3m直尺法
抗滑性能	摆值F_b(BPN)	5个点/km	符合设计要求	摆式仪:T 0964
	构造深度(mm)	5个点/km		T 0961
宽度		5个点/km	不小于设计值	钢卷尺法

四、微表处

微表处是指采用专用设备将改性乳化沥青、粗细集料、填料、水和添加剂等,按设计配合比拌成稀浆混合料摊铺到沥青路面上,并形成很快开放交通的具有高抗滑和耐久性能的封层。

1. 一般规定

(1)微表处适用于二级及二级以上公路,需要改善抗滑等使用性能的沥青路面,其适用的各等级公路路况水平应符合表3-15的规定。

微表处适用的各等级公路路况水平　　　　　表3-15

路况指数	高速公路	一级及二级公路
PCI、RQI	≥85	≥80

(2)微表处材料应符合下列规定:

①微表处应采用阳离子型改性乳化沥青,改性剂剂量(改性剂有效成分占纯沥青的质量百分比)不宜小于3%,其技术指标应符合现行《公路沥青路面养护技术规范》(JTG 5142)的有关规定。

②微表处矿料可采用不同规格的粗细集料、矿粉等掺配而成。粗集料应选择坚硬、粗糙、耐磨、洁净的集料。细集料宜采用碱性石料生产的机制砂,其技术指标应满足现行《公路沥青路面养护技术规范》(JTG 5142)的有关规定。

③微表处填料可采用矿粉、水泥、消石灰等,填料应干燥、疏松、无结团,并符合现行《公路沥青路面施工技术规范》(JTG F40)的有关规定。

④微表处添加剂可采用无机盐类添加剂、有机类添加剂等。添加剂的掺加不得对混合料性能产生不利影响,未经试验验证的添加剂不得在施工中采用。

⑤掺入微表处的纤维类型可选用玻璃纤维、聚酯纤维、矿物纤维或玄武岩纤维,状态为卷轴式纤维盘,长度为6mm、8mm或12mm。

⑥同步微表处黏层材料应采用符合现行《公路沥青路面施工技术规范》(JTG F40)规定的改性乳化沥青,其蒸发残留物含量不应小于62%。

⑦微表处施工时可掺入一定比例的水,掺入水的水质应符合三类及三类以上水质标准。

微表处施工如图 3-40 所示。

图 3-40 微表处施工

(3) 微表处混合料类型应根据使用要求、原路面状况、交通量、气候条件等因素选择，并进行混合料配合比设计、路用性能试验和设计参数的测试，最终根据试验结果确定混合料配合比。

(4) 按矿料粒径的不同，微表处混合料可分为 MS-2 型和 MS-3 型。MS-3 型微表处适用于高速公路及一级公路沥青路面预防养护。MS-2 型微表处适用于中等交通量高速公路、一级及二级公路沥青路面预防养护。微表处混合料的矿料级配范围应符合表 3-16 规定。

微表处混合料的矿料级配范围　　　　　　　　　表 3-16

级配类型	通过下列筛孔(mm)的质量百分率(%)							
	9.5	4.75	2.36	1.18	0.6	0.3	0.15	0.075
MS-2	100	90~100	65~90	45~70	30~50	18~30	10~21	5~15
MS-3	100	70~90	45~70	28~50	19~34	12~25	7~18	5~15
波动范围	—	±5	±5	±5	±5	±4	±3	±2

注：填料计入矿料级配。

(5) 用于车辙填充的微表处混合料配合比设计，其矿料级配宜在 MS-3 型级配范围的中值和下限之间，并符合表 3-17 的规定。

微表处车辙填补的矿料级配范围　　　　　　　　　表 3-17

级配类型	通过下列筛孔(mm)的质量百分率(%)							
	9.5	4075	2.36	1.18	0.6	0.3	0.15	0.075
车辙填补	100	70~80	45~58	28~39	19~27	12~19	7~13	5~8
波动范围	—	±5	±5	±5	±5	±4	±3	±2

微表处车辙修复施工如图 3-41 所示。

(6) 微表处混合料的使用性能应符合表 3-18 的规定，微表处施工前应由具有丰富设计经验的试验室进行验证性复核，并出具复核报告。

a) b)

图 3-41 微表处车辙修复施工

微表处混合料的使用性能要求 表 3-18

检测指标		单位	使用性能要求	试验方法
可拌和时间(25℃),不小于		s	120	T 0757
黏聚力试验,不小于	30min(初凝时间)	N·m	1.2	T 0754
	60min(开放交通时间)		2.0[a]	
负荷车轮黏附砂量,不大于		g/m²	450[b]	T 0755
浸水 1h 湿轮磨耗,不大于		g/m²	540	T 0752
浸水 6d 湿轮磨耗,不大于			800	
轮辙变形试验的宽度变化率[c],不大于		%	5	T 0756
配伍性等级值[d],不小于		—	11	T 0758

注:a. 至少为初级成型。
　　b. 用于轻交通量公路沥青路面预防养护时,可不作黏附砂量指标的要求。
　　c. 不用于车辙填充的微表处混合料,不作轮辙变形试验的要求。
　　d. 配伍性等级指标作为参考指标使用。

(7)微表处混合料可掺入其质量 1‰~3‰的纤维,经微表处混合料的配合比试验确定纤维掺量。

(8)微表处应使用专用摊铺机摊铺,微表处摊铺机的拌和箱应为大功率双轴强制搅拌器,摊铺箱应带有两排布料器,摊铺机应具有精确计量系统并可记录或显示矿料、改性乳化沥青等的用量。

(9)掺入纤维的微表处应采用同步微表处摊铺机进行黏层喷洒、纤维切割添加和微表处摊铺的同步施工方法。当原路面表面光滑时,宜采用同步微表处摊铺机进行黏层喷洒和微表处摊铺的同步施工方法。过于光滑的原路面表面可采用拉毛处理,保证微表处与原路面黏结良好而不脱落。

(10)微表处施工环境要求以及拌和、摊铺、供料、人工找补、纵横缝搭接、养生等工艺应按现行《公路沥青路面养护技术规范》(JTG 5142)的有关规定执行。

(11)深度不大于 15mm 的不规则车辙或轻度车辙,可按要求一次全宽刮平摊铺;深度为 15~30mm 的车辙填补应使用专用的 V 形摊铺箱,并按两层进行摊铺,宜在第一层摊铺完开放交通 24h 后进行第二层摊铺。

(12)微表处施工中应对稀浆混合料和现场质量进行抽样检测。检测项目、检测频率、质量要求及检测方法应符合表 3-19 的规定。

微表处施工过程控制要求　　　　　　　　　　　　表 3-19

检测项目	检测频率	质量要求	检测方法
稠度	1 次/100m	适中	经验法
沥青用量	1 次/工作日	施工配合比的油石比 ±0.2%	T 0722、总量检验法
矿料级配	1 次/工作日	满足施工配合比的矿料级配要求	T 0725、总量检验法
浸水 1h 湿轮磨耗	1 次/7 个工作日	≤540g/m²	T 0752
外观	全线连续	表面平整、均匀、无离析、无划痕	目测
横向接缝	每条	对接、平顺	目测
边线	全线连续	任一 30m 长度范围内的水平波动不得超过 ±50mm	目测或用卷尺量

(13)微表处施工的工程验收标准应符合表 3-20 的规定。

微表处施工的工程验收标准　　　　　　　　　　　　表 3-20

检测项目		检测频率	质量要求或允许偏差	检测方法
厚度	均值	5 个断面/km	不小于设计值	T 0912,每个断面挖坑 3 点
	合格值		设计厚度 −10%	
渗水系数		5 个点/km	≤10	T 0971
纵向接缝高差(mm)		全线连续	≤6	3m 直尺法
抗滑性能	摆值 F_b(BPN)	5 个点/km	≥45	摆式仪:T 0964
	横向力系数	连续检测	≥54	T 0965 或 T 0967
	构造深度(mm)	5 个点/km	≥0.60	T 0961
宽度		5 个点/km	不小于设计值	钢卷尺法

注:抗滑性能仅针对高速公路及一级公路要求,横向力系数由建设单位确定是否检测。

2. 微表处施工(资源 3-6)

3-6 微表处

1)施工前准备工作

微表处施工前准备工作包括施工现场勘测、施工环境调查、拟定具体的技术质量管理措施及办法。

(1)对原路面的准备:

①原路面必须有充足的结构强度。原路面整体结构强度不足的,不应进行微表处处理;原路面局部结构强度不足的,必须根据具体情况选择合适的方法进行补强。

②原路面 15mm 以下的车辙可直接进行微表处处理,同时为了避免隐患,在微表处处理之前应对裂缝灌缝和坑槽修补路表坑槽、凹陷等病害。

③微表处路段的全部表面,采用机械清扫,事先将所有的松动的材料、泥块以及其他障碍性物质加以清除。

④原路面的拥包等隆起型病害应事先进行处理。

(2)材料的准备。

为了保证实际所用的材料及材料的配合比与试验室相符,在施工前应进行评估。

①矿料。

a. 矿料必须过筛,把超大粒径石料筛除,以免超粒径石料给拌和、摊铺带来不利影响。

b. 对筛后的矿料应进行质量检查,检查的内容主要包括级配、砂当量、含水率、干重度等,检测的结果必须符合规范要求,与试验室的结果一致。尤其注意对含水率的现场检测,因为矿料的含水率对矿料单位体积的质量影响很大。

c. 注意矿料的堆放,矿料需堆放在经过铺装且洁净的地面上,这样能避免过筛和上料时混入泥土。

②改性乳化沥青技术要求。应对改性乳化沥青的动稳定性有充分的考虑与认识,保持每24h进行一次搅拌或翻滚循环,对使用前的改性乳化沥青进行筛上剩余量检测,同时进行颗粒分析试验,当检测结果符合要求后方可使用。

③填料。填料的质量要求指标是细度、含水率等。水泥、集料均不得含泥土、杂质,并应干燥、疏松,没有聚团和结块。

④水。施工拌和时的外加水采用可饮用水,不得使用盐水、工业废水、生活废水及含泥土的水。

(3) 微表处摊铺机的准备。

微表处摊铺机是微表处机械化施工的最关键设备,施工前应对摊铺机的各项指标进行标定,逐项检查摊铺机系统等是否正常(如有故障或异常,应立即修理),并检查矿料给料器、皮带输送机、填料给料器、混合料拌和器、摊铺箱螺旋分料器等是否保持良好的工作状态,否则不能开工;铺筑前还应对每辆微表处摊铺车进行标定。

2) 铺筑试验段

(1) 微表处施工前,应选择合适路段铺筑试验段,试验段长度为 200~300m。

(2) 根据试验段的铺筑情况,在设计配合比的基础上作小范围调整,确定生产配合比。生产配合比的沥青用量不得超出设计沥青用量 ±0.5% 的范围,否则必须重新进行混合料配合比设计。

(3) 调整后得出的生产配合比必须经过监理工程师或建设单位的认可。

(4) 通过试验段铺筑,确定施工工艺。

3) 微表处摊铺

(1) 放样划线。根据路幅全宽,调整摊铺箱宽度,使施工车程次数为整数。据此宽度从路缘开始放样,一般第一车均从左边开始,画出走向控制线。

(2) 将装好料的摊铺机开至施工起点,对准走向控制线,并调整摊铺箱螺旋分料器。

(3) 操作员再次确认各料门的高度或开度。

(4) 起动发动机,接合拌和缸离合器,使搅拌轴正常运转,并开启摊铺箱螺旋分料器。

(5) 打开各料门控制开关,使矿料、填料、水几乎同时进入拌和缸,当预湿的混合料推移至乳液喷出口时,乳液喷出。

(6) 调节微表处稀浆在分向器上的流向,使稀浆能均匀地流向摊铺箱左右。

(7) 调节水量,使微表处稀浆稠度适中。

(8) 当微表处稀浆混合料均匀分布在摊铺箱的全宽范围内时,就可以通知摊铺机操作工起动底盘并缓慢进行,一般前进速度为 1.5~3.0km/h,但应保持稀浆充满摊铺箱容积的 1/2

左右。

(9)混合料摊铺后,立即进行人工找平,找平的重点:起点、终点、纵向接缝、过厚、过薄或不平处,尤其对超大粒径矿料造成的纵向刮痕,尽快清除并填平。

(10)当摊铺机上任何一种材料用完时,应立即关闭所有材料输送的控制开关,并使搅拌缸中的混合料搅拌均匀,并送入摊铺箱摊铺完后,立即通知摊铺机操作工停止前进。

(11)将摊铺箱提起,然后操作摊铺机连同摊铺箱至路外,清洁搅拌缸和摊铺箱。

(12)检查材料剩余量。

4)施工质量控制

(1)施工材料的试验报告,在确认符合规范要求后,方可使用。

(2)施工前必须提供混合料的试验报告,符合要求后,方可施工。当乳化沥青的蒸发残留物含量和矿料含水率发生变化时,应调整配合比使之符合要求,并按调整后的配合比施工。

(3)施工中应对稀浆混合料性能进行抽样检测。

(4)稠度控制。乳化沥青稀浆混合料在进入摊铺箱后应保持所要求的黏度和稳定性。混合料过于黏稠,容易在摊铺箱内过早破乳,稀浆的流动性过差会影响铺层的平整度,还会在刮平器的作用下留下刮痕。如果过稀则混合料会发生离析现象,含有大量沥青的细料会漂在表面影响路面的摩擦系数,并导致泛油,也将影响与原路面的黏结力。稀浆混合料流动性过大还会流向低凹处而造成厚、薄不均的铺层。

在混合料的配合比设计中,最佳用水量已被确认。但在现场由于集料的含水率、环境温度、湿度、路面的吸水情况等条件都会偏离试验的原有情况,因而在现场可根据实际情况对用水量做适当调整,以保证混合料合适的施工稠度。

(5)厚度控制。

对原材料进行严格检验,选用符合要求的石料,特别是 5~10mm 石料。混合料用量决定了铺层的厚度,铺层厚度通常取决于最大集料粒径(过薄、过厚都会影响施工质量)。在施工过程中后盘操作手要及时调整摊铺厚度,避免因厚度过薄导致路面出现流水纹或漏气,避免因过厚导致路面发亮、泛油。

在摊铺过程中,应对厚度及时检测和控制,每车道左、中、右 100m 各检测一次,并保证达到虚铺厚度;开放交通后,压实厚度达到设计要求。

(6)集料级配控制。微表处混合料中集料的级配直接影响到表观效果的内在质量,应严格按照配合比设计中混合料中集料的级配控制各种粗集料及细集料的掺配。

(7)破乳时间控制。破乳过早常常是造成施工质量问题的重要原因。稀浆混合料应在拌和及摊铺过程中保持必要的施工稳定性,控制乳化沥青中的沥青微粒不会过早重新凝聚。过早的破乳将造成沥青结团,厚薄不均、刮痕、拉伤的不良表面,而且对封层与原路面的黏附力也是很不利的。存乳时间过长会影响成型时间。解决办法是通过调节水量、微量调整水泥用量或加入适量化学添加剂的方法来实现对破乳时间的控制。

(8)施工温度。微表处的最佳施工温度应控制在 15~37℃ 范围内,温度高则破乳早,尤其是乳化沥青温度大于 60℃ 时会导致破乳过快,致使稀浆混合料摊铺困难;温度过低则成型迟,既延长了高速公路的封闭区间,也影响了充分调整行车碾压时间。所以,应在最佳摊铺时间抓紧施工,使摊铺的路面固结成型时间最短。

(9)微表处施工外观质量控制应符合下列要求：

①表面平整、密实、无松散、无划痕、无轮迹。

②纵向接缝、横向接缝衔接平顺，外观色泽均匀一致。

③与路缘石及构造物衔接平顺，无污染。

④摊铺范围以外无流出的稀浆混合料。

⑤表面粗糙、无光滑现象。

(10)开放交通时间的控制。混合料在达到初始凝固前应禁止一切行人和车辆通行，特别是微表处在达到初凝后仍需一段养护的时间才会逐渐硬化到可支承车辆碾压的程度，因而开放交通的时间应比初凝时间更长一些，在此期间应禁止车辆通行，以免留下车轮的痕迹。开放交通的时间将根据现场温度、风速等情况来确定。

五、碎石封层

碎石封层是指采用专用设备将沥青胶结料、碎石同步或异步洒(撒)布在沥青路面上形成的封层。

1. 一般规定

(1)碎石封层适用于二级及二级以下公路需要改善抗滑等使用性能的沥青路面，其适用的各等级公路路况水平应符合表3-21的规定，也可用作各等级公路加铺功能性罩面、结构性补强、桥隧沥青铺装、水泥混凝土路面沥青铺装等需要起到应力吸收作用的黏结防水层。

碎石封层适用的各等级公路路况水平　　　　　表3-21

路况指数	二级公路	三级及四级公路
PCI、RQI、RDI	≥80	≥75

(2)碎石封层材料应符合下列规定：

①碎石封层胶结料可采用(改性)乳化沥青、热沥青等，用于预防养护的乳化沥青蒸发残留物含量不应小于55%，改性乳化沥青蒸发残留物含量不应小于60%，其他指标和用作黏结防水层的技术指标应符合现行《公路沥青路面施工技术规范》(JTG F40)的有关规定。

②碎石封层应选择坚硬耐磨的玄武岩、辉绿岩、石灰岩等岩石破碎而成的单一粒径碎石，其最小粒径与最大粒径之比应为0.6~0.7，压碎值不应大于20%，针片状颗粒含量不应大于10%，其他技术指标应符合现行《公路沥青路面施工技术规范》(JTG F40)的有关规定。

(3)按碎石粒径的不同，碎石封层可分为砂粒式、细粒式和中粒式三类，其对应的碎石规格最大粒径不应大于5mm、10mm和15mm。按施工层数的不同，碎石封层可分为单层式和双层式两种，其中双层式碎石封层应采用嵌挤式结构。

(4)碎石封层的碎石用量和胶结料用量应根据原路面的表面状况、交通量、施工经验、施工季节等条件，并结合碎石粒径和施工层数进行确定。单层式碎石封层材料规格和用量应符合表3-22的规定，双层式碎石封层材料规格和用量应符合表3-23的规定。

单层式碎石封层材料规格和用量　　　　　　　表3-22

碎石规格(mm)		碎石用量(m³/1000m²)	乳化沥青用量(kg/m²)	热沥青用量(kg/m²)
砂粒式	1~3	2~5	0.9~1.2	—
	3~5	4~7	1.2~1.5	—
细粒式	5~8	6~9	1.5~1.8	0.9~1.2
	7~10	8~11	1.8~2.1	1.1~1.4
中粒式	9~12	10~13	2.1~2.4	1.4~1.7
	12~15	13~16	2.4~2.7	1.7~2.0

双层式碎石封层材料规格和用量　　　　　　　表3-23

碎石规格(mm)		碎石用量(m³/1000m²)		乳化沥青用量(kg/m²)		热沥青用量(kg/m²)	
第一层	第二层	第一层	第二层	第一层	第二层	第一层	第二层
7~10	3~5	6~9	2~5	1.2~1.5	0.7~1.0	1.2~1.5	0.4~0.7
9~12	5~8	9~12	4~7	1.5~1.8	1.0~1.3	1.5~1.8	0.7~1.0
13~15	7~10	12~15	6~9	1.8~2.1	1.3~1.6	1.8~2.0	1.0~1.3

(5)碎石封层所用碎石宜在沥青拌和站进行沥青预裹覆或烘干除尘处理。预裹覆的沥青可与碎石封层喷洒的沥青类型不同,道路石油沥青拌和温度为140℃,预裹覆碎石的沥青用量应符合表3-24的规定。采用烘干除尘处理的碎石铺筑(改性)乳化沥青碎石封层,宜在沥青胶结料洒布和碎石撒布后,在碎石表面再喷洒其质量1/3的沥青胶结料。

预裹覆碎石的沥青用量　　　　　　　表3-24

碎石规格(mm)	3~5	5~8	7~10	9~12	12~15
沥青用量(质量比,%)	0.4	0.35	0.3	0.25	0.2

(6)碎石封层宜采用同步碎石封层车施工,并同步完成沥青胶结料和碎石洒(撒)布;条件不具备时,也可采用沥青洒布车和碎石撒布车的异步施工方法,异步施工应确保工序的紧密衔接,每个作业段的长度应根据施工能力确定。

同步碎石封层车及施工如图3-42、图3-43所示。

a)

b)

图3-42　同步碎石封层车

a)　　　　　　　　　　　　　　　　　b)

图 3-43　同步碎石封层施工

(7) 碎石封层施工前,应彻底清除原路面的泥土、杂物并保持相对干燥,对坑槽、裂缝等病害应进行处治;旧沥青面层老化严重时应喷洒一层渗透性好的沥青再生剂或再生还原剂;路面整体强度不足时应进行补强。

(8) 碎石封层施工应结合原路面状况,选用合适的沥青用量进行洒布,采用的沥青洒布温度应根据黏温曲线确定,不具备条件时可参考现行《公路沥青路面施工技术规范》(JTG F40)各类沥青的拌和温度;乳化沥青采用常温洒布。

(9) 碎石封层施工过程中如发现空白、缺边等洒(撒)布数量不足的情况,应及时人工补洒(撒)胶结料和碎石,胶结料积聚应予以刮除。

(10) 异步碎石封层施工洒布胶结料后应及时撒布碎石,使用乳化沥青时,碎石撒布应在乳化沥青破乳之前完成。碎石撒布应及时均匀、厚度一致,不应露出胶结料;局部缺料或料过多处,应人工适当找补或清除。

(11) 碎石撒布完成后应及时使用胶轮压路机进行碾压,压路机的行驶速度不宜超3km/h。

(12) 乳化沥青碎石封层应待破乳,水分蒸发并基本成型后方可通车,(改性)沥青碎石封层在碾压结束后即可开放交通,并通过开放交通补充压实,成型稳定。在通车初期应设置限速设施控制行车速度,限制行车速度不得超过20km/h。

(13) 应做好碎石封层的初期养护,发现有泛油时,应在泛油处补撒碎石并扫匀,过多的浮料应扫出路外。

(14) 碎石封层施工中应对其现场质量进行抽样检测,检测项目、检测频率、质量要求及检测方法应符合表 3-25 的规定。

碎石封层施工过程控制要求　　　　　　表 3-25

检测项目	检测频率	质量要求	检测方法
外观	全线连续	胶结料无明显囤积、流淌或漏洒;碎石无明显囤积、漏撒	目测
胶结料洒布量(kg/m²)	1 次/工作日	设计值 ±0.2	T 0982,总量检验法
胶结料洒布温度	1 次/工作日	符合设计要求	温度计量测法
碎石撒布量(kg/m²)	1 次/工作日	设计值 ±0.5	T 0982,总量检验法

(15) 碎石封层施工的工程验收标准应符合表 3-26 的规定。

碎石封层施工的工程验收标准　　　　表 3-26

检测项目	检测频率	质量要求或允许偏差	检测方法
碎石剥落率 P	5 个点/km	≤10%	—
碎石覆盖率 Q	5 个点/km	90% ±10%（预防养护） 80% ±10%（黏结防水层）	—
构造深度(mm)	5 个点/km	≥0.80	T 0961
宽度(mm)	5 个点/km	不小于设计值	钢卷尺法

2. 同步碎石封层施工（资源 3-7）

1) 原材料选择

3-7　碎石封层

（1）碎石的选择。碎石要根据工程的实际情况进行选择,如应用于重交通条件下的封层,应尽量采用玄武岩等硬质碎石,一般情况下采用石灰岩即可。对石料的粒径、清洁度和棱角性等应严格要求。

（2）黏结剂的选择。对于在沥青碎石封层中所用黏结剂,无论是普通沥青、乳化沥青还是改性沥青均应满足规范要求。

2) 机械设备要求

进行沥青碎石封层,必须具备如下机械设备：

（1）路面清扫设备。清扫设备可采用真空吸式清扫车 1 台或空气压缩机（或用风力灭火机）2~4 台清扫大面积路面；局部路面由人工用铁铲、钢刷、扫帚等工具清扫。

（2）同步碎石封层机。沥青洒布必须达到高性能、全自动、智能化的要求,且能够洒布普通沥青、乳化沥青和改性沥青等不同的黏结料,计量准确、洒布均匀。集料撒铺应达到与沥青洒布相对应的集料用量,且达到撒铺均匀的要求,同时可以进行石料的撒铺。

（3）压实设备。16~20t 轮胎压路机 2 台。压路机吨位越大,则压实效果越好。

3) 施工工艺

（1）工艺及作用原理。沥青洒布后及时撒布石料。热沥青喷洒后,形成一层厚度均匀的沥青膜,厚度约为 1mm,可起到理想的防水效果。由于沥青本身的性质,该沥青膜可以吸收路面反射裂缝发展的传递应力,从而抑制或延缓裂缝的发展,更好地起到抑制裂缝、防水的作用。

（2）路况调查。同步碎石施工前首先要对施工路段路况进行详细的勘查,并据勘查记录确定施工方案。调查内容主要包括以下七个方面：

①基础资料：原路面的技术等级、结构类型和建养史。

②几何数据：道路断面的尺寸、平纵线形等。

③交通状况：交通量大小、车型比例等。

④基层条件：路面基层的类型、基层状况的好坏。

⑤质量状况：路面整体强度、病害状况等。

⑥环境条件：道路所处环境状况,如气温、降雨等。

⑦养护条件：养护队伍素质、日常养护和养护资金投入情况等。

(3)原路面病害处治。封层施工以前,要对原路面坑槽、严重沉陷、拥包、松散等主要病害进行处治,使原路面平整度和强度满足基本要求。

(4)机械设备的调试及试运行。

①同步碎石封层机,配有导热油加热系统,可喷洒改性沥青、乳化沥青、普通沥青,在使用前由厂方专家来工地进行现场指导,一切正常后投入试验路铺筑。

②其他处于正常使用中的各种类型压路机、装载机及运料自卸车等投入封层施工的机械设备,也需进行维修、保养,并经机械工程师检查,使之处于良好的工作状态。

(5)碎石预拌。所用碎石可采用粒径为 0.5~1.0cm 的玄武岩碎石,玄武岩具有抗压性强、压碎值低、抗腐蚀性强、耐磨、吃水量少、沥青黏附性好等优点。对碎石进行预拌,使碎石表面附着少量沥青材料,具体做法如下:碎石经二次筛分后,进入沥青混凝土拌和站拌和缸,同时喷入 0.4% 的 70 号重交沥青,在拌和缸中拌和,使碎石表面均匀附着沥青;碎石预拌后,表面均匀附着沥青,可以提高碎石与沥青的亲和性。

(6)铺筑试验段。

试验路段铺筑的目的如下:

①检验施工方案、施工工艺、操作规程的适用性。

②控制施工中沥青、石子最佳用量。

③选择和组合压实机具,确定碾压顺序、碾压速度和碾压遍数。

④探讨使运料、摊铺、碾压三道工序施工机械相互协调与配合的方法。

⑤探讨同步碎石封层接缝的处理方法。

⑥制定保证质量的技术措施和质量控制方法。

⑦确定每天作业段的铺筑长度。

(7)施工工序。

①交通管制。施工路段采取半幅封闭施工,放置安全标志,在施工现场两端放置 600m、300m 施工牌、20km 限速牌和导向牌,并在施工段内每 500m 设置一个 20km 限速牌。对较大交叉口,由路政人员专门进行交通管制,防止车辆提前驶入施工路段影响施工质量。上路作业人员均须穿戴安全标志服,对所有养护作业机械按标准涂以橘黄色,并按国家标准设置反光作业标志,确保作业安全。

②测量放样。用测量仪器定出中线和边线桩,画出施工线,便于洒(撒)布作业。

③路面清洁。沥青混凝土路面:路面的清洁与否直接关系到黏结效果及施工质量。由于尘土、泥沙的比表面积非常大,与沥青结合会产生隔离层,使碎石封层沥青与路面不能接触,更无黏结可言。因此,为保证沥青碎石封层与下承层的良好黏结,施工前要对原路面进行认真清扫,工人须首先用铁铲、铁刷子和扫帚将路面泥土等异物清除,再用吹风机吹净。

④铺油毡。在施工起点、终点及横向接缝处铺设油毡。横向接缝可在接缝处覆盖宽 1m、长度大于喷洒宽度的覆盖物,覆盖在早已处理好的整齐的接缝处,以保证不重撒、不漏撒。

⑤同步碎石封层施工。

⑥现场质量检测。

⑦初期养护。当发现泛油时,应在泛油处补撒与石料规格相同的嵌缝料并扫匀,多余集料应回收或扫出路外。如有黏结不良处,可采用喷灯对局部进行加热,然后人工撒布石料、进行

压实处理。

⑧开放交通。沥青碎石封层在碾压结实后 15min 可开放交通,依靠行车自然碾压,开放交通 2h 内采用移动标志引导车辆对路面错位碾压,并通过开放交通补充压实,成型稳定。但应注意以下问题:

a.通车放行不宜过早,车速不能太快。

b.封层中的沥青膜具有防水、吸收应力作用,碎石为了保护沥青膜不被通行车辆破坏而设,封层做好后,要待碎石与沥青充分接触完全成型后才能放行,否则,石料与沥青的黏结力不足以抵抗行车造成的晃动、搓拧,很容易松动、脱落。一旦发生这种现象,沥青膜也将受到严重损坏。

c.通车放行不能渠化,应人为控制,普遍碾压,慢速通行,渠化交通势必会使碎石松动、脱落,进而破坏沥青膜,将严重损坏封层。

d.封层施工完成后初期,碎石与沥青还未完全黏结稳定,如遇气温较低或连续阴雨天气,其黏结形成较慢,不能应付长期反复的荷载应力。因此,封层施工后 1~2h 内应尽量避免通车放行,通车放行后也要设立导向牌,人为控制车辆均匀碾压,慢速通行。

e.严禁车辆在前期封层后在路面上紧急制动、掉头。

六、纤维封层

纤维封层是指采用专用设备在沥青路面上同步洒(撒)布一层改性乳化沥青、纤维和一层改性乳化沥青,之后撒布碎石形成的封层(**资源 3-8**)。

3-8 纤维碎石封层

由于纤维本身具有高抗拉强度的特性,纤维封层可以有效地提高封层的抗拉、抗剪、抗压和抗冲击强度。同时纤维封层独特的网络缠绕结构,对应力具有较强的吸收和分散功能,能够有效地抑制反射裂缝出现,从而提高道路的使用年限。

图 3-44 为纤维沥青同步封层车,图 3-45 为洒(撒)布沥青、纤维后的路面情况。

图 3-44 纤维沥青同步封层车

图 3-45 洒(撒)沥青、纤维后路面

(1)纤维封层适用于二级及二级以下公路,需要改善抗滑等使用性能的沥青路面,其适用的各等级公路路况水平应符合表 3-27 的规定;也可用作各等级公路加铺功能性罩面、结构性补强、桥隧沥青铺装、水泥混凝土路面沥青铺装等需要起到应力吸收作用的黏结防水层。

纤维封层适用的各等级公路路况水平　　表 3-27

路况指数	二级公路	三级及四级公路
PCI、RQI、RDI	≥80	≥75

(2)纤维封层材料应符合下列规定:

①纤维封层胶结料应采用改性乳化沥青,其蒸发残留物含量不应小于60%,其他指标应符合现行《公路沥青路面施工技术规范》(JTG F40)的有关规定。

②纤维封层用纤维应具有高抗拉性能和高弹性模量,其类型可采用玻璃纤维、矿物纤维或玄武岩纤维,纤维长度宜为6cm,状态宜为卷轴式纤维盘。

③纤维封层应选择坚硬耐磨的玄武岩、辉绿岩等岩石破碎而成的单一粒径碎石,并应按有关规定进行碎石预裹覆处理。

(3)纤维封层的碎石用量、胶结料用量和纤维用量应根据原路面的表面状况、交通量、施工经验、施工季节等,结合碎石粒径和封层类型确定。

图3-46为加纤同步碎石封层车,图3-47为基层、黏结层(沥青、纤维)、碎石对比图。

图3-46 加纤同步碎石封层车　　　　图3-47 基层、黏结层(沥青、纤维)、碎石对比

(4)纤维封层施工前,应彻底清除原路面的泥土、杂物并保持路面相对干燥,应对坑槽、裂缝等严重病害的路面应进行修补,如路面整体强度不足时应进行补强。

(5)纤维封层专用设备洒布改性乳化沥青施工后,紧接着撒布碎石层,碎石撒布完成后应及时使用胶轮压路机进行碾压,压路机的行驶速度不宜超过3km/h。

(6)纤维封层施工后应待改性乳化沥青破乳、水分蒸发并基本成型后方可通车,同时做好纤维封层的初期养护,在通车初期应设置限速设施控制行车速度,限制行车速度不得超过20km/h。

(7)纤维封层施工中应对其现场质量进行抽样检测,检测项目、质量要求、检测频率及检测方法应符合表3-28的规定。

纤维封层施工过程控制要求　　　　表3-28

检测项目	检测频率	质量要求	检测方法
外观	全线连续	改性乳化沥青无明显囤积、流淌或漏洒;纤维无明显囤积,交错与搭接均匀;碎石无明显囤积、漏撒	目测
胶结料洒布量(kg/m²)	1次/工作日	设计值±0.2	T 0982,总量检验法
纤维撒布量(g/m²)	1次/工作日	设计值±5	总量检验法
碎石撒布量(kg/m²)	1次/工作日	设计值±0.5	T 0982,总量检验法

(8)纤维封层施工的工程验收标准应符合表 3-29 的规定。

纤维封层施工的工程验收标准　　　　　　表 3-29

检测项目	检测频率	质量要求或允许偏差(%)	检测方法
碎石剥落率 P	5 个点/km	≤10	附录 C.1
碎石覆盖率 Q	5 个点/km	90±10(预防养护) 80±10(黏结防水层)	附录 C.2
构造深度(mm)	5 个点/km	≥0.80	T 0961
宽度(mm)	5 个点/km	不小于设计值	钢卷尺法

注：附录 C.1 和附录 C.2 为《公路沥青路面养护技术规范》(JTG 5142—2019)中的附录。

七、复合封层

复合封层是指由碎石封层或纤维封层和微表处，或由碎石封层和稀浆封层组合而成的封层(**资源 3-9**)。

3-9　复合封层

（1）复合封层适用于各等级公路，需要改善抗滑等使用性能的沥青路面。碎石封层或纤维封层和微表处适用于二级及二级以上公路，碎石封层和稀浆封层适用于二级及二级以下公路，其适用的各等级公路路况水平应符合表 3-30 的规定。

复合封层适用的各等级公路路况水平　　　　　　表 3-30

路况指数	高速公路	一级及二级公路	三级及四级公路
PCI、RQI、RDI	≥80	≥75	≥70

（2）复合封层的原材料技术要求应符合现行《公路沥青路面养护技术规范》(JTG 5142)的有关规定。

（3）复合封层的配合比设计与使用性能检验应符合现行《公路沥青路面养护技术规范》(JTG 5142)的有关规定。

（4）复合封层的施工与质量检验应分别符合前文碎石封层、纤维封层和微表处、稀浆封层的有关规定。

（5）复合封层施工的工程验收标准应符合表 3-31 的规定。

复合封层施工的工程验收标准　　　　　　表 3-31

检测项目		检测频率	质量要求或允许偏差	检测方法
厚度 (mm)	均值	5 个断面/km	不小于设计值	T 0912，每个断面挖坑 3 点
	合格值		设计厚度 -10%	
渗水系数(mL/min)		5 个点/km	≤10	T 0971
纵向接缝高差(mm)		全线连续	≤6	3m 直尺法
抗滑性能	摆值 F_b(BPN)	5 个点/km	符合设计要求	摆式仪：T 0964
	横向力系数			T 0965 或 T 0967
	构造深度(mm)			T 0961
宽度(mm)		5 个点/km	不小于设计值	钢卷尺法

注：横向力系数由建设单位确定是否检测。

课题3-6　功能性罩面

功能性罩面是指在原沥青路面满足结构强度要求的情况下,为修复路面轻微病害、改善使用功能,铺筑厚度小于6cm加铺层的养护措施。根据铺筑厚度不同,功能性罩面可分为小于25mm的超薄罩面、不小于25mm且小于40mm的薄层罩面和不小于40mm且小于60mm的罩面。

一、一般规定

(1)功能性罩面适用于各等级公路预防或修复病害,需要改善抗滑等使用性能且结构强度满足使用要求的沥青路面,铺筑厚度小于40mm的功能性罩面可作为预防养护措施。

(2)应根据路面技术状况、主导损坏类型、交通量大小及组成、气候条件、工程经验等因素,合理确定功能性罩面措施。

(3)功能性罩面沥青胶结料可采用热沥青、温拌或冷拌改性沥青,应根据路面损坏状况、改善使用功能、施工条件、工程经验等因素进行选用。

(4)对沥青路面部分车道进行功能性罩面时,应做好横坡顺接,保障排水顺畅。

(5)功能性罩面应采用机械化作业方式,施工前彻底清除原路面的泥土、杂物,保证原路面干净、干燥,并应符合下列规定:

①对原路面损坏程度不超过轻度裂缝、轻度松散、轻微泛油,高差不超过10mm的各类变形,可直接实施功能性罩面。

②对原路面超过上述损坏程度的病害,应按现行《公路沥青路面养护技术规范》(JTG 5142)的有关规定进行原路面病害处治后,实施功能性罩面。

(6)功能性罩面施工应按现行《公路沥青路面施工技术规范》(JTG F40)的有关规定执行,并应符合下列规定:

①功能性罩面与原路面层间应设置具有应力吸收作用的黏结防水层,可对原路面进行拉毛处理,保证功能性罩面与原路面层间黏结良好而不脱落。

②功能性罩面不应铺筑在逐年加铺的软沥青层上,也不应铺在与原路面黏结不良、即将脱皮的沥青薄层上,应先将其铲除与整平,再进行功能性罩面。

二、超薄罩面

(1)超薄罩面适用于预防或部分修复病害、需要改善抗滑等使用性能的沥青路面,其适用的各等级公路路况水平应符合表3-32的规定。

超薄罩面适用的各等级公路路况水平　　　　表3-32

路况指数	高速公路	一级及二级公路	三级及四级公路
PCI、RQI	≥85	≥80	≥75
RDI	≥80	≥75	≥70

(2)超薄罩面宜采用热拌沥青混凝土铺筑,也可采用温拌或冷拌沥青混合料进行铺筑,其材料应符合下列规定:

①沥青胶结料可采用高黏度改性沥青、橡胶改性沥青、温拌或冷拌改性沥青。铺筑厚度不大于1.5cm的超薄罩面宜采用60℃动力黏度不小于100kPa·s的高黏度改性沥青;橡胶改性沥青技术指标应符合规定;温拌或冷拌改性沥青应经试验验证并符合相关产品标准。

②粗集料、细集料和填料技术指标应符合现行《公路沥青路面施工技术规范》(JTG F40)的有关规定。其中,粗集料应使用质地坚硬、表面粗糙、形状接近立方体的玄武岩或辉绿岩加工而成,具有良好的耐磨耗与磨光性能;细集料应使用石灰岩或岩浆岩中的强基性岩石经制砂机破碎得到的机制砂,与沥青有良好的黏结能力;填料应使用石灰岩或岩浆岩中的强基性岩石经磨细得到的矿粉,保证洁净、干燥,能自由地从矿粉仓中流出。

(3)超薄罩面铺筑前,应在原路面表面喷洒一层黏层,其材料可使用高黏度改性乳化沥青或不粘轮改性乳化沥青,具有良好的黏结性能和抗水损特性。高黏度改性乳化沥青技术指标应符合规定,不粘轮改性乳化沥青应经试验验证并符合相关产品标准。

图3-48为超薄罩面现场施工。

a)   b)

图3-48 超薄罩面现场施工

(4)超薄罩面沥青混合料的矿料级配类型及组成结构可采用骨架-空隙型级配(CPA)、骨架-密实型级配(SMA)和密实-悬浮型级配(AC)。CPA矿料级配公称最大粒径可选用与铺筑厚度相匹配的7.2mm(CPA-7)或9.5mm(CPA-10),其矿料级配范围宜符合表3-33的规定;SMA-10和AC-10矿料级配范围应符合现行《公路沥青路面施工技术规范》(JTG F40)的有关规定,SMA-5/AC-5矿料级配范围宜符合表3-34的规定。

CPA-7/10 矿料级配范围   表3-33

级配类型	通过下列筛孔(mm)的质量百分率(%)									
	13.2	9.5	7.2	4.75	2.36	1.18	0.6	0.3	0.15	0.075
CPA-7	—	100	55~100	15~40	12~35	11~19	8~15	3~12	3~9	2~7
CPA-10	100	85~100	—	18~43	12~35	11~19	8~15	3~12	3~9	2~7

SMA-5/AC-5 矿料级配范围　　　　表 3-34

级配类型	通过下列筛孔(mm)的质量百分率(%)							
	9.5	4.75	2.36	1.18	0.6	0.3	0.15	0.075
SMA-5	100	90~100	35~65	22~36	18~28	15~22	13~18	9~15
AC-5	100	90~100	50~70	35~55	20~40	12~28	7~18	5~9

(5)超薄罩面沥青混合料配合比设计宜按目标配合比、生产配合比和试拌试铺验证三个阶段进行,确定其矿料级配及最佳沥青用量,并按规定对 CPA-7/10 矿料级配类型的沥青混合料进行性能试验验证,其他矿料级配类型的沥青混合料应按现行《公路沥青路面施工技术规范》(JTG F40)的有关规定进行性能试验验证。

(6)超薄罩面施工工艺可分为同步超薄罩面和异步超薄罩面。CPA-7/10 矿料级配类型应采用同步超薄罩面施工工艺,保证黏层与超薄罩面层用同一台施工设备同步喷洒和摊铺;对于其他矿料级配类型,宜采用同步超薄罩面施工工艺,也可采用异步超薄罩面施工工艺。图 3-49 为同步超薄罩面现场施工。

(7)超薄罩面的施工工艺、设备要求与质量控制应按现行《公路沥青路面施工技术规范》(JTG F40)的有关规定执行,同步超薄罩面还应符合下列规定:

①间歇式拌和机每盘的生产周期应适当延长 5~10s,沥青混合料的储存时间不宜超过 6h。

②黏层改性乳化沥青喷洒温度应为 50~80℃,同步施工黏层改性乳化沥青喷洒温度不应小于 80℃,热沥青混合料摊铺在改性乳化沥青喷洒的表面上。

③碾压应在沥青混合料温度下降至 90℃ 之前完成,碾压过程中使用 11~13t 双钢轮压路机静压 2~3 遍,严禁使用轮胎压路机。图 3-50 为双钢轮压路机压实现场施工。

图 3-49　同步超薄罩面现场施工　　　　图 3-50　双钢轮压路机压实现场施工

④纵向接缝宜为冷接缝,摊铺宽度宜为一个车道,纵向接缝宜位于标线处。

(8)同步超薄罩面应使用专用同步洒布摊铺设备进行铺筑,施工设备应包含受料斗、传送带、带加热功能的乳化沥青储罐、智能喷洒系统、宽度可调节的振动熨平板等部分,可一次同步实施乳化沥青喷洒、混合料摊铺及熨平,乳化沥青喷洒与混合料摊铺时间间隔不应超过 5s。

(9)超薄罩面施工的工程验收标准应符合表 3-35 的规定。

超薄罩面施工的工程验收标准　　　　　　　　　　表 3-35

检测项目		检测频率	质量要求或允许偏差		检测方法
			高速及一级公路	其他等级公路	
平整度	σ(mm)	连续检测	≤1.5	≤2.5	T 0932 或 T 0934
	IRI(m/km)		≤2.5	≤4.2	
厚度	均值	5 个点/km	不小于设计值		T 0912,每个断面挖坑 3 点
	合格值		设计厚度 -10%		
渗水系数(mL/min)		5 个点/km	符合设计要求		T 0971
抗滑性能	摆值 F_b(BPN)	5 个点/km	≥45	符合设计要求	摆式仪:T 0964
	横向力系数		≥54		T 0965 或 T 0967
	构造深度(mm)		≥0.60		T 0961
宽度(mm)		5 个点/km	不小于设计值		钢卷尺法

三、薄层罩面

(1)薄层罩面适用于预防或修复病害、需要改善抗滑等使用性能的沥青路面,其适用的各等级公路路况水平应符合表 3-36 的规定。

薄层罩面适用的各等级公路路况水平　　　　　　　　表 3-36

路况指数	高速公路	一级及二级公路	三级及四级公路
PCI、RQI	≥80	≥75	≥70
RDI	≥75	≥70	≥65

(2)薄层罩面宜采用热拌沥青混凝土,也可采用温拌或冷拌沥青混合料进行铺筑,其材料应符合下列规定:

①沥青胶结料应采用高黏度改性沥青、SBS 改性沥青、橡胶改性沥青或温拌改性沥青。

②粗集料、细集料和填料的技术指标应符合现行《公路沥青路面养护技术规范》(JTG 5142)的有关规定。

(3)薄层罩面铺筑前,可在原路面表面喷洒一层黏层,也可在原路面表面铺筑碎石封层或纤维封层。

(4)宜根据所在路段的公路等级、路面技术状况、交通量、使用功能等因素,设计碎石封层或纤维封层 + 薄层罩面结构组合与厚度,并应符合表 3-37 的规定。

碎石封层或纤维封层 + 薄层罩面结构组合与厚度　　　　　　　表 3-37

使用条件	碎石封层或纤维封层厚度(cm)	薄层罩面厚度(cm)
路面技术状况指数、行驶质量指数在中、良等级,交通量较大、重型车较多的路段	1.2~1.5	2.5~3.5
路面技术状况指数、行驶质量指数在中、良等级,中等交通量的路段	0.7~1.2	2.5~3
路面技术状况指数、行驶质量指数在中、良等级,交通量小、重型车少的路段	0.5~0.8	2.5~3

(5) 薄层罩面沥青混合料的矿料级配类型及组成结构可采用骨架-空隙排水型级配(BPA)、骨架-密实型级配(SMA)和密实-悬浮型级配(AC),其公称最大粒径可选用与铺筑厚度相匹配的9.5mm(10型)或13.2mm(13型)。BPA-10/13矿料级配范围宜符合表3-38的规定,SMA-10/13和AC-10/13矿料级配范围应符合现行《公路沥青路面施工技术规范》(JTG F40)的有关规定。

BPA-10/13 矿料级配范围 表3-38

级配类型	通过下列筛孔(mm)的质量百分率(%)									
	16.0	13.2	9.5	4.75	2.36	1.18	0.6	0.3	0.15	0.075
BPA-10	—	100	80~100	25~40	22~35	13~25	9~19	7~14	5~11	3~7
BPA-13	100	80~100	60~80	25~40	22~35	13~25	9~19	7~14	5~11	3~7

(6) 薄层罩面沥青混合料配合比设计宜按目标配合比、生产配合比和试拌试铺验证三个阶段进行,确定其矿料级配及最佳沥青用量,并应符合下列规定:

①沥青混合料配合比设计宜采用马歇尔成型方法,按规定对BPA-10/13矿料级配类型的沥青混合料进行性能试验验证。

②其他矿料级配类型的沥青混合料应按现行《公路沥青路面施工技术规范》(JTG F40)的有关规定进行性能试验验证。

(7) 薄层罩面施工工艺可分为同步薄层罩面和异步薄层罩面。BPA-10/13矿料级配类型宜采用同步薄层罩面施工工艺,保证黏层与薄层罩面层用同一台施工设备同步喷洒和摊铺,也可采用异步薄层罩面施工工艺;对于其他矿料级配类型,可采用同步薄层罩面或异步薄层罩面施工工艺。采用铺筑碎石封层或纤维封层应力吸收层时,应采用异步薄层罩面施工工艺。

薄层罩面及碾压现场施工如图3-51、图3-52所示。

图3-51 薄层罩面现场施工

图3-52 薄层罩面碾压现场施工

(8) 层间黏层材料可采用高黏度改性乳化沥青或不粘轮改性乳化沥青,其技术指标应符合现行《公路沥青路面养护技术规范》(JTG 5142)的有关规定。

(9) 层间应力吸收层可采用碎石封层或纤维封层。

四、罩面

（1）罩面适用于修复病害，需要改善抗滑等使用性能的沥青路面，可分为直接罩面和沥青表面层铣刨后罩面，其适用的各等级公路路况水平应符合表3-39的规定。

罩面适用的各等级公路路况水平　　　　表3-39

路况指数	高速公路	一级及二级公路	三级及四级公路
PCI、RQI	≥80	≥75	≥70

（2）罩面宜采用热拌或温拌沥青混凝土进行铺筑，其材料应符合现行《公路沥青路面施工技术规范》（JTG F40）的有关规定。

（3）罩面铺筑前，可在原路面或沥青表面层铣刨后下承层表面喷洒一层黏层，也可在原路面或沥青表面层铣刨后下承层表面铺筑碎石封层或纤维封层。

（4）宜根据所在路段的公路等级、路面技术状况、交通量、使用功能等因素，设计碎石封层或纤维封层＋罩面结构组合与厚度，并应符合表3-40的规定。

碎石封层或纤维封层＋罩面结构组合与厚度　　　　表3-40

使用条件	碎石封层或纤维封层厚度（cm）	罩面厚度（cm）
路面破损、平整度、抗滑三项指标都在中等以下，要求恢复到优、良等级，且交通量较大、重型车较多的路段	1.2~1.5	4.0~5.5
路面破损、平整度、抗滑三项指标都在中等以下，要求恢复到优、良等级，且中等交通量的路段	0.7~1.2	4.0~5.0
路面破损、平整度、抗滑三项指标都在中等以下，要求恢复到优、良等级，且交通量小、重型车少的路段	0.5~0.8	4.0~5.0

（5）罩面沥青混合料的矿料级配类型及组成结构可采用骨架-空隙排水型级配（PA）、骨架-密实型级配（SMA）和密实-悬浮型级配（AC），其公称最大粒径可选用与铺筑厚度相匹配的13.2mm（13型）或16mm（16型）。

（6）层间黏层材料可采用改性乳化沥青。

（7）层间应力吸收层可采用碎石封层或纤维封层。

图3-53为旧沥青面层铣刨后铺设玻璃纤维格栅，图3-54为铣刨后罩面现场施工。

（8）罩面的施工工艺、设备要求与质量控制应符合现行《公路沥青路面施工技术规范》（JTG F40）的有关规定。

图 3-53 铺设玻璃纤维格栅

图 3-54 罩面现场施工

课题 3-7 结构性补强

结构性补强是指在原沥青路面不满足结构强度要求的情况下为提高路面整体承载能力，铺筑厚度不小于 6cm 加铺层的养护措施。

一、一般规定

（1）结构性补强适用于路面结构强度不足、旧路病害严重、需要改善使用性能的沥青路面，应根据路面结构强度状况、主要病害类型与数量、严重程度、产生原因等因素，确定要采取的直接加铺或铣刨加铺补强措施。

（2）结构性补强应通过结构验算确定路面结构组合与厚度，并采用铺筑总厚度不小于 6cm 的双层或双层以上路面结构。

（3）应做好结构性补强厚度引起设计高程变化、横坡调整、与桥隧构造物衔接、沿线交通工程等方面的相互协调，并采取相应的处理措施。

（4）结构性补强时可对不合适的路拱、横坡进行调整。高速公路及一级公路硬路肩不进行结构性补强时，应做好横坡顺接，保障排水顺畅。

（5）与桥涵的衔接处理应符合下列规定：

①当结构性补强路段内有桥涵等构造物时，施工前应对其铺装层进行检查，及时修复原铺装层出现的破损。新铺筑的沥青铺装层不宜增加厚度，保证路面与桥涵顶面的纵坡顺适。

②结构性补强可从桥涵两侧的搭板外开始，变坡点设在搭板两侧以外，保证路线纵坡平顺。

③对于无搭板情况，结构性补强变坡点距离桥涵台背端点不小于 10m，保证路线纵坡与桥涵构造物在变坡点处的衔接顺适。

（6）结构性补强层与下承层间应采取黏层、封层等处理措施，保证补强层与下承层间有效的黏结防水，与不维修路段界面应涂刷黏层乳化沥青，并在路面压实成型后采用密封胶、贴缝胶等防水材料进行密封,保证水分不从界面处下渗。

(7)结构性补强施工前后,应对排水不良路段采取加深边沟、设置盲沟或渗井、增设隔水层等措施进行处理。

(8)结构性补强层材料类型应按现行《公路沥青路面设计规范》(JTG D50)的有关规定进行选用,其原材料要求、混合料设计与性能检验、施工工艺、设备要求与质量管理应按现行《公路沥青路面施工技术规范》(JTG F40)和《公路路面基层施工技术细则》(JTG/T F20)的有关规定执行。

二、直接加铺补强

(1)应根据路面结构强度状况、主要病害类型与发生层位等因素,确定采取直接加铺沥青面层或基层与沥青面层共同补强措施,并应符合下列规定:

①高速公路、一级及二级公路路面采取直接加铺沥青面层或柔性基层与沥青面层共同补强措施。

②三级及四级公路路面采取直接加铺沥青面层或半刚性基层与沥青面层共同补强措施。

(2)沥青路面直接加铺补强前,应对原路面病害类型、层位及范围进行详细调查,并按现行《公路沥青路面养护技术规范》(JTG 5142)的有关规定对病害进行彻底处治。

(3)采用柔性基层或半刚性基层与沥青面层共同补强时,基层应比沥青面层宽出20~25cm或埋设路缘石,保证路面边缘坚实稳定;路肩过窄路段,先加宽路基达到标准宽度,或先增设护肩石,再加宽基层。

(4)采用柔性基层或半刚性基层与沥青面层共同补强时,应通过加铺调平层,或加铺柔性基层或半刚性基层的厚度调整,保证原路面纵横坡符合要求。

(5)因沥青面层裂缝引起雨雪水侵入造成基层顶面破坏而形成的翻浆,可待翻浆基层水分蒸发且稳定,采用裂缝处治或挖补后进行直接加铺沥青面层补强。

三、铣刨加铺补强

(1)应根据路面结构强度状况、主要病害发生层位等因素,确定采取铣刨加铺沥青面层或基层与沥青面层共同补强措施,并应符合下列规定:

①对于沥青面层部分破损、基层完好,仅铣刨处治部分厚度沥青面层的,对部分沥青面层回填压实后,采取沥青面层补强措施。如图3-55、图3-56所示。

②对于沥青面层严重破损、基层较完好,铣刨处治全部沥青面层的,采取直接加铺沥青面层、柔性基层或半刚性基层与沥青面层共同补强措施。

③对于沥青面层严重破损、基层局部病害,铣刨处治全部沥青面层的,对基层局部病害处理后,采取直接加铺沥青面层、柔性基层或半刚性基层与沥青面层共同补强措施。

④对于沥青路面整体破损严重,铣刨处治沥青面层与基层的,采取柔性基层或半刚性基层与沥青面层共同补强措施。

⑤二级及二级以下公路路面结构强度指数(PSSI)小于70、沥青面层厚度小于4cm且老化破损严重时,可将水硬性结合料类全深式再生作为基层,直接加铺沥青面层、柔性基层与沥青

面层或半刚性基层与沥青面层共同补强措施;也可将沥青类全深式再生作为柔性基层,直接加铺沥青面层,或采取柔性基层与沥青面层共同补强措施。

图 3-55　路面铣刨施工

图 3-56　路面铣刨重铺补强

(2)病害铣刨处治与加铺结构性补强重铺前应对下承层病害与结构强度状况进行详细调查。对于铣刨处治部分沥青面层的,应在铣刨处治前详细调查与标记病害位置,铣刨处治后清理干净下承层表面,并对下承层病害进行彻底处治。

(3)病害铣刨处治应避免雨季施工,不得严重破坏完好的下承层,不同路面结构层的接缝位置错开不应小于30cm。

(4)铣刨的沥青面层和基层旧料应按再生利用要求进行分类收集,并减少泥土或其他杂物混入沥青面层或基层旧料,及时回收运送至拌和场或指定地点进行分类储存与再生利用。

(5)因基层水稳定性不良或水量过大造成的翻浆,应铣刨沥青面层和基层全部软弱部分,将基层材料晾晒干,并可适当增加透水性良好的碎石,按每层厚度不超过15cm进行分层填补并压实后,采取加铺沥青面层或基层与沥青面层共同补强措施。

(6)由路基引起沥青路面病害的,应按现行《公路路基施工技术规范》(JTG/T 3610)的有关规定,彻底处治路基病害并完善防排水设施后,采取加铺半刚性基层或柔性基层与沥青面层共同补强措施。

(7)路基冻胀与翻浆处治材料应具有良好的防冰冻性能和抗水损害性能,并要求路基处理及垫层施工达到设计及规范要求。

(8)因冬季路基中的水结冰引起冻胀,春融季节化冻而引起的翻浆,应采用下列方法进行处治:

①换填水稳定性好的路基及基层材料。

②局部发生翻浆的路段,可采用压浆、水泥碎石桩或砂砾桩进行处治。

③加深边沟,并在翻浆路段两侧路肩上交错开挖宽30~40cm、间距3~5m的横沟,其沟底纵坡不小于3%。边沟根据解冻情况,逐渐加深至路基。横沟的外口高于边沟的沟底。路面翻浆严重的,除挖横沟外,顺路面边缘设置纵向小盲沟,交通量较小的路段挖成明沟,翻浆停止后将明沟填平恢复原状。

(9)因路基冻胀使路面局部或大面积隆起影响行车时,应将胀起的沥青路面刨平,待春融后按翻浆处理方法进行处治。

课题 3-8　局部加宽

局部加宽是沥青路面养护工程的措施之一。局部加宽是指为改善局部线形、通行能力与服务水平而采取的局部路段加宽、弯道路段加宽、爬坡车道增设加宽、停车港湾增设加宽、城镇出入口路段加宽等养护措施。

一、一般规定

（1）局部加宽适用于改善局部线形、通行能力与服务水平，包括局部路段、城镇出入口、平面交叉口、弯道路段的加宽和爬坡车道、避险车道、停车港湾的增设。

（2）单侧或双侧局部加宽方式应根据原公路等级、线形、局部加宽路段类型、交通量等因素，通过对原路面调查分析确定，并应遵循下列选用原则：

①因线形约束仅一侧具备空余用地，以及弯道路段和爬坡车道、避险车道、停车港湾的增设，宜采用单侧局部加宽方式。

②两侧都具备空余用地的，可采用双侧局部加宽方式。

图 3-57、图 3-58 为沥青路面加宽及其施工。

图 3-57　沥青路面加宽

图 3-58　沥青路面加宽施工

（3）单侧局部加宽应调整原路面的路拱横坡，并保证路拱横坡调整层的最小厚度；局部加宽处于路线平曲线处时，应按现行《公路工程技术标准》（JTG B01）的有关规定设置超高和加宽。

（4）对于不能保证路面两侧相等加宽的，两侧局部加宽的宽度差不大于 1m 时，可不调整原路面的路拱横坡；当两侧局部加宽的宽度差大于 1m 时，宜调整原路面的路拱横坡。

（5）局部加宽路面结构层应与原路面相应的结构层一致；局部加宽与原路面功能性罩面或结构性补强同步实施时，其结构层宜一致，并同步施工。

（6）局部加宽路面结构层与原路面纵向搭接应与路中线平行，横向搭接应采取台阶式搭接、土工合成材料加筋等措施。上、下结构层搭接错开距离为 30cm，保证搭接处不出现纵向裂缝。

（7）原路面功能性罩面或结构性补强和局部加宽的结构层间应采取封层、黏层等处理措施，保证路面各结构层间有效的黏结防水和整体的使用功能。

（8）局部加宽路基设计与施工应按现行《公路路基设计规范》（JTG D30）、《公路路基施工技术规范》（JTG/T 3610）等的有关规定执行，并根据路基地下水位情况采取可靠的防排水措施，路基填筑材料可采用旧路路基挖除或基层铣刨材料。

二、基层施工与质量控制

（1）局部加宽基层原材料要求、混合料配合比设计与性能检验应按现行《公路路面基层施工技术细则》（JTG/T F20）的有关规定执行，其混合料经试验验证可采用基层再生材料。

（2）新旧基层横向搭接处理应符合下列规定：

①基层厚度不小于25cm时，宜采用相错搭接法，搭接长度不小于30cm，搭接部位应首先采用小型机具夯实至设计规定的压实度，然后再对整个加宽基层采用机械全面压实，压实质量应符合设计要求，压实成型的新基层应与原基层平齐。

②基层厚度小于25cm时宜采用平头接头法，新铺筑的基层成型后，应与原路面基层平齐。

③邻接加宽部位30cm的旧沥青面层应揭掉，并使原路面露出坚硬的边缘，材料不可松动，保持沥青面层边缘垂直，基层顶面应平整；旧基层上的松散浮土、浮石渣应清扫干净，并将其顶面拉毛。

（3）局部加宽基层需调拱时，加宽部分与调拱部分应按路面横坡一次调正与整型压实，并将旧面层先铲掉，把原基层拉毛后再与调拱层结合，保证调拱部分新旧基层结合良好。调拱基层的最小厚度应满足现行《公路沥青路面设计规范》（JTG D50）的要求，不足时可向下开挖原基层，保证调拱基层满足最小厚度要求。

（4）局部加宽基层施工工艺、设备要求与质量控制应按现行《公路路面基层施工技术细则》（JTG/T F20）的有关规定执行。

三、沥青面层施工与质量控制

（1）局部加宽沥青面层原材料要求、混合料配合比设计与性能检验应按现行《公路沥青路面施工技术规范》（JTG F40）的有关规定执行，其混合料经试验验证可采用沥青面层再生材料，平面交叉口、弯道路段加宽和爬坡车道、停车港湾增设的沥青面层宜采用抗车辙或高模量沥青混合料。

（2）新旧沥青面层横向搭接宜采用立茬毛缝方法，并应符合下列规定：

①在基层加宽的基础上将原路面边缘刨切整齐，使其露出坚硬的垂直边缘，原路面面层和新铺基层的粒料不可松动，并将加宽的基层表面清扫干净。

②在接茬处应均匀涂覆黏结乳化沥青，以保证新铺混合料与原沥青面层更好地黏结。

③单层沥青面层接茬、混合料摊铺应与原路面平齐对接，压实后的高度与原路面面层平齐。

④双层或双层以上沥青面层接茬，上、下面层不宜接在同一垂直面上，应错开30cm以上，

做成台阶式。

(3)新旧沥青面层搭接施工应符合下列规定:

①接茬部位沥青混合料的摊铺可视加宽宽度选择人工摊铺法或机械摊铺法。采用人工摊铺法时,按松铺厚度摊平,并沿边缘用沥青混合料覆盖于原路面边缘预热,及时用小型振动板沿纵向接茬部位朝向接茬处压实,新铺沥青面层可比原面层略高,再用重型压路机后轮对新铺沥青面层进行充分碾压,成型的高度应与原面层平齐;采用机械摊铺法施工时,可直接沿纵向接茬部位摊铺,并朝向接茬处压实,及时对接茬部位进行整平或补料。

②当加宽部位原路面不需要调拱时,新铺沥青混合料的碾压应朝向接茬处压实,保证满足设计要求的路拱;当原路面需要调拱时,压实方法同新建沥青路面的有关规定,保证接缝位置平顺和满足设计要求的路拱,以及压实度满足设计要求。

(4)局部加宽沥青面层的施工工艺、设备要求与质量控制应按现行《公路沥青路面施工技术规范》(JTG F40)的有关规定执行。

课题 3-9　桥隧沥青铺装养护

大跨径斜拉桥、悬索桥及特殊结构桥梁和特长、长隧道沥青铺装受桥隧结构、铺装状况、行车荷载、车辆安全、所处环境等影响,容易出现沥青铺装各类病害,甚至危及桥隧使用耐久性、结构与行车安全,因此,需要及时发现桥隧沥青铺装的各类病害或异常,并进行处治或养护。

一、一般规定

(1)应加大对桥隧特别是特大、大桥和特长、长隧道沥青铺装的日常巡查与保养频率,及时发现各类病害及异常情况。

(2)应根据桥隧沥青铺装病害位置、主要类型与数量、严重程度、产生原因等因素,确定采取病害处治或养护工程措施。

(3)桥隧沥青铺装病害处治应按有关规定执行,并保证修补部分与原沥青铺装界面的黏结牢固、有效防水,宜采用就地热修补法处治病害,采用挖补法处治病害时宜采用与原沥青铺装层相同或相近的材料进行回填压实。

(4)桥梁沥青铺装采取铣刨重铺养护工程措施时,其厚度不宜大于原沥青铺装层厚度;采取封层、功能性罩面等养护工程措施时,应通过桥梁荷载验算。隧道沥青铺装采取功能性罩面、铣刨重铺等养护工程措施时,应计算隧道净空,使其满足使用要求。

(5)桥隧沥青铺装病害处治和养护工程施工时,应做好与桥隧已有排水设施的衔接。采取铣刨重铺措施时,路拱横坡低的一侧边缘沥青铺装下层宜设置纵向排水盲沟,保证渗入层间的水通过桥梁泄水孔或隧道排水设施及时排除。

(6)桥隧沥青铺装病害处治和养护工程施工应做好交通组织疏导与材料设备堆放,并规范、快速进行养护作业,不得危及桥隧结构与行车安全。

二、水泥混凝土桥面沥青铺装养护

（1）水泥混凝土桥面沥青铺装主要病害包括裂缝、坑槽、开裂滑移、车辙、波浪拥包、脱层等，发现病害时应分析诊断主要病害的产生原因，并及时采取病害处治或养护工程措施。

图 3-59 为水泥混凝土桥面沥青铺装病害。

a)　　　　　　　　　　　　　　　　　b)

图 3-59　水泥混凝土桥面沥青铺装病害

（2）水泥混凝土桥面沥青铺装病害处治应按现行《公路沥青路面养护技术规范》（JTG 5142）的有关规定执行，采取的养护工程措施应符合下列规定：

①沥青铺装层引起的严重裂缝、坑槽、车辙、波浪拥包等病害，宜采取封层、功能性罩面、铣刨重铺等养护工程措施。

②由黏结防水层失效引起或与沥青铺装层共同引起的开裂滑移、车辙、波浪拥包、脱层等病害，宜采取铣刨重铺养护工程措施。

③采用封层和功能性罩面应按本章前文的有关规定执行，采用铣刨重铺应做好桥面水泥混凝土铺装层与沥青铺装层间的黏结防水。

（3）沥青铺装铣刨重铺时，桥面水泥混凝土铺装层处理应符合下列规定：

①对水泥混凝土铺装层进行喷砂或精铣刨处理，打掉表面浮浆，直至表面裸露石子，喷砂处理后的铺装层表面构造深度应达到 0.3~0.5mm。

②采用三米直尺测量水泥混凝土铺装层平整度，最大间隙为 8~15mm 的部位应打磨掉铺装层突出物，并填补坑洞。

③高程测定水泥混凝土铺装层大范围平整度偏差大于 15mm 时，应采用铣刨机精铣刨或大型抛丸机喷砂处理。

水泥桥面精铣刨施工及效果如图 3-60、图 3-61 所示。

④当水泥混凝土铺装层发生严重破坏时，应凿除并重铺水泥混凝土铺装层，可采取钢筋水泥混凝土重铺措施。

（4）沥青铺装铣刨重铺层间的黏结防水层可选用高黏改性乳化沥青、改性沥青、高黏高弹改性沥青等材料，并应符合下列规定：

①用于铺筑厚度不大于 6cm 单层沥青铺装的黏结防水层，其 25℃ 的剪切强度不得小于 1.0MPa，拉拔强度不得小于 1.0MPa。

②用于铺筑厚度大于 6cm 双层沥青铺装的黏结防水层，其 25℃ 的剪切强度不得小于 0.7MPa，拉拔强度不得小于 0.7MPa。

图 3-60　水泥桥面精铣刨施工　　　　　　图 3-61　水泥桥面精铣刨施工后效果

（5）沥青铺装铣刨重铺层间的黏结防水层可采用环氧沥青、高黏高弹改性沥青等材料,水泥混凝土桥面沥青铺装厚度为 5～6cm,其混合料类型可采用骨架密实型的沥青玛蹄脂碎石混合料 SMA 或沥青混合料 SAC。

（6）沥青铺装养护工程措施所用的原材料、混合料配合比设计与性能检验、施工工艺、设备要求与质量控制应按现行《公路沥青路面施工技术规范》(JTG F40)、《公路沥青路面再生技术规范》(JTG/T 5521)等的有关规定执行。

三、钢桥面沥青铺装养护

（1）钢桥面沥青铺装主要病害包括纵横向裂缝、坑槽、鼓包、开裂滑移、车辙、波浪拥包、脱层等,发现病害时应分析诊断主要病害的产生原因,并及时采取病害处治或养护工程措施。

钢桥面环氧沥青铺装严重损坏示意图如图 3-62、图 3-63 所示。

图 3-62　钢桥面环氧沥青铺装严重损坏　　　　图 3-63　钢桥面双层环氧沥青铺装严重损坏

（2）钢桥面沥青铺装病害处治应按有关规定执行,对于环氧沥青铺装纵横向裂缝处治宜采用与铺装层胶结料相同的环氧沥青进行灌缝,坑槽处治宜采用与环氧沥青铺装相同的材料进行修补。

（3）应根据钢桥面环氧沥青铺装鼓包成因及不同发展阶段,采取不同的鼓包处治材料灌注与回填方法。

（4）钢桥面沥青铺装采取养护工程措施时应符合下列规定：

①由沥青铺装层引起的严重裂缝与坑槽、车辙、波浪拥包等病害,宜采取封层、功能性罩面、铣刨重铺等养护工程措施。

②由黏结防水层失效,层间黏结不良引起或与沥青铺装层共同引起的开裂滑移、车辙、波浪拥包、脱层等病害,宜采取铣刨重铺养护工程措施。

③采用封层和功能性罩面应按本章前文介绍的有关规定执行,采用铣刨重铺应做好钢桥面与沥青铺装层间的处理。

(5)沥青铺装铣刨重铺时,钢桥面板处理应符合下列规定:

①应对钢桥面板表面进行喷砂处理,喷砂处理后的钢桥面板表面粗糙度应达到 Sa 2.5 级以上。图 3-64 为钢桥面板抛丸喷砂处理。

②采用 3m 直尺测量钢桥面板表面平整度,最大间隙大于 6mm(除焊缝外)的部位应打磨掉钢桥面板表面突出物。

③钢桥面板表面处理后应在 3h 内喷涂。图 3-65 为钢桥面板除锈、喷漆。

图 3-64　钢桥面板抛丸喷砂处理

图 3-65　钢桥面板除锈、喷漆

(6)沥青铺装铣刨重铺层间的黏结防水层可选用高黏高弹改性沥青、环氧沥青等材料,其 25℃的剪切强度不得小于 1.5MPa,拉拔强度不得小于 1.5MPa。

(7)沥青铺装养护工程中的环氧沥青黏结防水层施工应符合下列规定:

①施工工艺应包括黏结防水层材料准备、环氧沥青喷洒、碎石撒布等,其环境温度不应低于 10℃,且环氧沥青黏结防水层施工应避雨、雾天气。

②环氧沥青黏结防水层材料准备与喷洒前,应保证钢桥面板表面干燥、洁净,喷砂除锈和喷涂环氧富锌漆防锈层施工质量应满足设计及规范要求。

(8)沥青铺装养护工程所用的原材料、混合料配合比设计与性能检验、施工工艺、设备要求与质量控制应按现行《公路沥青路面施工技术规范》(JTG F40)、《公路沥青路面再生技术规范》(JTG/T 5521)等的有关规定执行。

(9)采用环氧沥青作为钢桥面沥青铺装养护工程中的黏结防水层与沥青铺装层材料,其固化时间应满足交通组织及封闭时间要求。

四、隧道路面沥青铺装养护

作为隧道工程重要组成部分的沥青铺装通常由黏结防水层与沥青铺装层组成。

(1)隧道路面沥青铺装病害包括裂缝、坑槽、开裂滑移、车辙、波浪拥包、脱层等,应分析诊断主要病害的产生原因,并及时采取病害处治或养护工程措施。

(2)隧道路面沥青铺装病害处治应按有关规定执行,采取养护工程措施应符合下列规定:

①由沥青铺装层引起严重的裂缝与坑槽、车辙、波浪拥包等病害,宜采取封层、功能性罩

面、铣刨重铺等养护工程措施。

②由隧道结构变形、黏结防水层失效引起或与沥青铺装层共同引起的开裂滑移、车辙、波浪拥包、脱层等病害,宜采取铣刨重铺养护工程措施。

③采用封层和功能性罩面应按有关规定执行,采用铣刨重铺应做好隧道路面与沥青铺装层间的处理。

(3)当隧道路面沥青铺装采用铣刨重铺时,水泥混凝土铺装层应按有关规定执行。

(4)当隧道路面沥青铺装采用铣刨重铺时,水泥混凝土铺装层与沥青铺装层间的黏结防水层应按有关规定执行。在黏结防水层施工前,应清理干净水泥混凝土铺装层,并保证干燥。

(5)隧道路面沥青铺装养护工程所用的原材料、混合料配合比设计与性能检验、施工工艺、设备要求与质量控制应按现行《公路沥青路面施工技术规范》(JTG F40)的有关规定执行,其沥青混合料宜采取添加阻燃剂、温拌剂等技术措施。

课题 3-10　水泥混凝土路面沥青铺装养护

(1)应加强对水泥混凝土路面沥青铺装的日常巡查,及时发现早期病害及异常情况,分析早期病害的产生原因,并做好初期养护。

(2)水泥混凝土路面沥青铺装主要病害包括裂缝、坑槽、车辙、沉陷、波浪拥包、脱层等,应分析诊断主要病害的产生原因。

(3)应根据沥青铺装病害位置、主要类型与数量、严重程度、产生原因等,以及原水泥混凝土路面旧路处理情况,沥青铺装结构与材料设计、施工状况等因素,确定采取病害处治或养护工程措施。

(4)沥青铺装病害处治应按有关规定执行,并应符合下列规定:

①沥青铺装反射裂缝宜采用密封胶灌缝、贴缝胶贴缝或灌缝后贴缝方法;当原水泥混凝土路面板缝出现上下移动时,采用板缝两侧注浆后,沥青铺装反射裂缝应采用灌缝与贴缝胶贴缝组合方法。

图 3-66 为使用密封胶灌缝,图 3-67 为使用贴缝胶贴缝。

图 3-66　密封胶灌缝

图 3-67　贴缝胶贴缝

②沥青铺装病害处治后应使修补部分与原沥青铺装层界面的黏结牢固、有效防水,并应做好与沿线已有排水设施的衔接。

(5)水泥混凝土路面旧路病害处治后直接铺装沥青,采取养护工程措施时应符合下列规定:

①对于沥青铺装厚度不大于12cm,由原水泥混凝土路面板缝反射、层间黏结不良和沥青铺装层引起严重的反射裂缝与坑槽、车辙、波浪拥包、脱层等病害,宜采取铣刨重铺等养护工程措施。

②对于沥青铺装厚度大于12cm,由沥青铺装层引起严重的坑槽、车辙、波浪拥包等病害,宜采取封层、功能性罩面、就地热再生、铣刨重铺等养护工程措施。

③采用封层和功能性罩面应按本章前文介绍的有关规定执行;铣刨重铺时,原水泥混凝土路面与沥青铺装层间宜采用高黏高弹改性沥青、橡胶改性沥青等作为胶结料的应力吸收层。

(6)水泥混凝土路面旧路破碎再生处理后沥青铺装,由沥青铺装层、路面结构局部强度不足和整体强度不足引起严重的裂缝、坑槽、车辙、波浪拥包等病害,宜采取病害处治后封层或功能性罩面、铣刨重铺等养护工程措施。

(7)水泥混凝土路面沥青铺装养护工程所用的原材料、混合料设计与性能检验、设备要求与质量控制应按现行《公路沥青路面施工技术规范》(JTG F40)、《公路沥青路面再生技术规范》(JTG/T 5521)等的有关规定执行。

(8)应根据水泥混凝土路面沥青铺装使用性能变化及其主要病害产生情况,分析并做好沥青铺装工程经验与技术总结,保证水泥混凝土路面二次沥青铺装使用性能及耐久性。

课题 3-11 绿色养护

一、一般规定

(1)沥青路面养护应积极采用节能减排、低碳环保的绿色养护技术。

(2)绿色养护可采用沥青路面再生利用、温拌沥青路面、降噪沥青路面、钢渣等工业废料应用,以及油改气、低碳排放施工等技术。

(3)结合沥青路面养护实际工程经验及应用条件,应合理选用绿色养护各种技术措施。

(4)应对绿色养护技术应用效果进行跟踪观测与评估,总结形成可指导实际应用的规范性文件。

二、沥青路面再生利用

1. 总则

(1)沥青路面再生应使用沥青路面再生设备,将一定比例的新集料、再生结合料、沥青再生剂等新材料与沥青混合料回收料、无机回收料等沥青路面回收料进行拌和,并经摊铺、压实后,形成路面结构层。

(2)再生利用技术有厂拌热再生、就地热再生、厂拌冷再生、就地冷再生和全深式冷再生5种,后文将对这5种再生利用技术作详细介绍。

各种再生方式的主要差别见表3-41。

各种再生方式的主要差别　　　　　　　　　　　表3-41

再生方式	拌和场所		拌和温度		再生涉及层位			结合料类型		
	路面现场	拌和厂	加热	常温	沥青层	非沥青层	沥青层+非沥青层	沥青、沥青再生剂	乳化沥青或泡沫沥青	无机结合料
厂拌热再生	—	√	√	—	√	—	—	√	—	—
就地热再生	√	—	√	—	√	—	—	√	—	—
厂拌冷再生	—	√	—	√	√	√	—	—	√	√
就地冷再生	√	—	—	√	√	—	—	—	√	√
全深式冷再生	√	—	—	√	—	√	√	—	√	√

注:使用乳化沥青或泡沫沥青作为结合料,可同时添加水泥等无机结合料。

(3)沥青路面再生应用应积极稳妥地采用新技术、新材料、新设备和新工艺。

2. 术语和符号

1)术语

(1)沥青路面回收料(Reclaimed Materials from Asphalt Pavement,RMAP)是指采用铣刨、开挖等方式从沥青路面上获得的旧料,包括沥青混合料回收料(RAP)和无机回收料(RAI)。

①沥青混合料回收料(Reclaimed Asphalt Pavement,RAP)是指采用铣刨,开挖等方式从沥青路面上获得的旧沥青混合料。

②无机回收料(Reclaimed Aggregate or Reclaimed Inorganic Binder Stabilized Aggregate,RAI)是指采用铣刨、开挖等方式从沥青路面上获得的旧无机结合料稳定粒料或旧无结合料粒料。

(2)再生结合料(Binder for RMAP)是指新添加到再生混合料中起主要胶结作用的材料,主要包括道路石油沥青、改性沥青乳化沥青、泡沫沥青、水泥等。

(3)沥青再生剂(Rejuvenating Agent,RA)是指掺加到热再生沥青混合料中,用于改善老化沥青性能的添加剂。

(4)厂拌热再生(Hot Central Plant Recycling)是指在拌和厂将沥青混合料回收料(RAP)破碎、筛分后,以一定的比例与新矿料、新沥青、沥青再生剂等加热拌和为混合料,然后铺筑形成沥青路面的技术,如图3-68所示。

(5)就地热再生(Hot In-place Recycling)是指采用专用设备对沥青路面就地进行加热、翻松、掺入一定数量的新沥青、新沥青混合料、沥青再生剂等,经热态拌和、摊铺、碾压等工序,实现旧沥青路面面层再生的技术(**资源3-10**),如图3-69所示。

3-10 就地热再生

图 3-68　厂拌热再生施工

图 3-69　就地热再生施工

就地热再生技术分为以下两种：

①复拌再生（Remixing）：将旧沥青路面加热、翻松，就地掺入一定数量的沥青再生剂、新沥青混合料、新沥青（需要时），经热态拌和、摊铺、压实成型。

②加铺再生（Repaving）：将旧沥青路面加热、翻松，就地掺入一定数量的沥青再生剂、新沥青（需要时），拌和形成再生沥青混合料，利用再生复拌机的第一熨平板摊铺再生沥青混合料，利用再生复拌机的第二熨平板同时将新沥青混合料摊铺于再生混合料之上，两层一起压实成型。

（6）厂拌冷再生（Cold Central Plant Recycling）是指在拌和厂将沥青混合料回收料（RAP）或者无机回收料（RAI）破碎、筛分后，以一定的比例与新矿料、再生结合料、水等在常温下拌和为混合料，然后铺筑形成沥青路面的技术。

对于 RAP，一般使用乳化沥青或泡沫沥青作为再生结合料；对于 RAI，可以使用水泥或石灰等无机结合料作为再生结合料，或根据工程需要使用泡沫沥青等作为再生结合料。使用沥青类结合料时可以同时掺入一定量的无机结合料。

（7）就地冷再生（Cold In-place Recycling）是指采用专用设备对沥青层进行就地铣刨，掺入一定数量的新矿料、再生结合料、水，经过常温拌和、摊铺、压实等工序，实现旧沥青路面再生的技术（**资源 3-11**）。就地冷再生施工如图 3-70 所示。

3-11　冷再生

a)

b)

图 3-70　就地冷再生施工

(8)全深式冷再生(Full Depth Reclamation)是指采用专用设备对沥青层及部分下承层进行就地翻松,或将沥青层部分或全部铣刨移除后对部分下承层进行就地翻松,同时掺入一定数量的新矿料、再生结合料、水等,经过常温拌和、摊铺、压实等工序,实现旧沥青路面再生的技术。

(9)再生混合料(Recycled Mixture)是指含有沥青路面回收料(RMAP)的混合料。

(10)泡沫沥青(Foamed Asphalt)是指将热沥青和水在专用的发泡装置内混合、膨胀,形成的含有大量均匀分散气泡的沥青材料。

(11)泡沫沥青膨胀率(Maximum Expansion Ratio of Foamed Asphalt)是指泡沫沥青发泡状态下的最大体积与未发泡时沥青体积的比值。

(12)泡沫沥青半衰期(Half Life of Foamed Asphalt)是指泡沫沥青从最大体积衰减到最大体积的50%所用的时间。

(13)再生沥青(Rejuvenated Binder)是指沥青混合料回收料(RAP)中的回收沥青与沥青再生剂、新沥青(需要时)组成的混合物。

2)符号

(1)OEC——冷再生混合料最佳乳化沥青用量;

(2)OFC——冷再生混合料最佳泡沫沥青用量;

(3)OWC——冷再生混合料最佳含水率;

(4)w_{opt}——泡沫沥青的最佳发泡用水量。

3. 基本规定

(1)再生沥青路面结构设计应符合现行《公路沥青路面设计规范》(JTG D50)的有关规定。

(2)不同来源和不同规格的沥青路面回收料(RMAP)宜分开堆放,应堆放在预先经过硬化处理且排水通畅的地面上,并应采取设置防雨罩棚等防水措施。

(3)沥青混合料回收料(RAP)与无机回收料(RAI)宜分开再生利用。

(4)再生混合料配合比设计应对沥青路面回收料(RMAP)进行取样与试验分析,选用符合要求的材料,确认满足要求。使用泡沫沥青时应对沥青的发泡特性进行检验。

(5)再生混合料配合比设计,原则上应按目标配合比设计、生产配合比设计、生产配合比验证三阶段进行。

(6)目标配合比设计应在满足混合料技术标准和检验要求的基础上,确定矿料级配、最佳沥青用量等。有成熟经验的地区和工程项目可使用其他设计方法进行混合料配合比设计,但应按现行《公路沥青路面再生技术规范》(JTG/T 5521)中的方法进行设计检验,满足要求时方可使用。

(7)生产配合比设计阶段应符合下列规定:

①采用厂拌热再生方式的再生混合料,应取目标配合比设计阶段的最佳沥青用量OAC和OAC±0.3%这3个沥青用量进行马歇尔试验和试拌,通过室内试验及从拌和机取样试验综合确定生产配合比的最佳沥青用量,由此确定的最佳沥青用量与目标配合比设计结果的差值宜控制在±0.2%范围内。

②采用就地热再生方式的再生混合料,其中新添加的沥青混合料应按现行《公路沥青路面施工技术规范》(JTG F40)中的规定方法取样测试各热料仓的材料级配,确定各热料仓的配合比。

③采用厂拌冷再生方式的再生混合料,当进行目标配合比设计时使用的回收料是按现行《公路沥青路面再生技术规范》(JTG/T 5521)中附录 B.1 现场取样的材料时,应按目标配合比使用料堆取样的材料进行混合料生产配合比设计;当进行目标配合比设计时使用的回收料是按规范附录 B.2 拌和厂料堆取样的材料时,可采用目标配合比作为生产配合比。

④采用就地冷再生和全深式冷再生方式的再生混合料,应使用工程实际使用的冷再生机按再生工艺铣刨的回收料,并按目标配合比设计要求进行混合料生产配合比设计。

(8)生产配合比验证阶段应符合下列规定:

①应按生产配合比结果试拌铺筑试验段,取样检测混合料各项指标是否满足规范要求,由此确定生产用的标准配合比。

②应根据标准配合比及设计文件要求,确定施工用的级配控制范围。

(9)对于厂拌热再生和就地热再生,再生混合料应以沥青混合料回收料(RAP)中的回收矿料与新矿料的合成级配作为级配设计依据;对于厂拌冷再生、就地冷再生、全深式冷再生,再生混合料应以沥青混合料回收料(RAP)、无机回收料(RAI)与新矿料的合成级配作为级配设计依据。

(10)沥青路面再生施工应符合下列规定:

①不得在雨天施工。

②就地热再生不宜在强风及以上风力条件下施工,不宜在路面潮湿的情况下施工。

③冷再生在养护初期 12h 内不宜淋雨,遇雨时应进行覆盖。

④沥青路面再生施工和养护期的日最低气温不宜低于 5℃。

4. 再生沥青路面结构

1)原路面调查

(1)应根据工程需要收集下列拟再生路段的相关资料:

①基础数据,包括公路等级、设计标准、原路面结构和材料类型、几何线形等。

②路段沿线环境条件、水文地质条件等。

③交通状况信息,包括历年交通量、轴载组成情况等。

④养护管理数据,包括养护历史近 5 年的路况检测数据等。

⑤价格参数,包括工程材料单价人工费、机械设备费等。

(2)应根据工程需要检测下列内容,并根据需要计算路面损坏状况指数(PCI)、路面结构强度指数(PSSI)、路面车辙深度指数(RDI)等:

①路面表面损坏,包括各种路面损坏的位置、数量、严重程度等。

②路面内部结构状况,包括结构损坏类型、病害层位、病害严重程度、层间黏结状况、结构层材料性能指标等,可通过探坑开挖、钻芯取样等方法检查。

③路基顶面当量回弹模量。

④路基路面排水状况,包括路表排水设施状况、结构内部排水状况、地下排水状况等,可通过人工调查、渗水仪检测等方法检查。

(3)应对拟再生路段原路面材料进行取样,并根据工程需要进行性能指标测试。

2)再生方式的选择

(1)沥青路面再生方式的选择可按表 3-42～表 3-47 的规定进行。三、四级公路面层采用冷再生作为上面层时,应采用稀浆封层、碎石封层、微表处等做上封层。

厂拌热再生的适用范围　　　　　　　　　　表 3-42

公路等级	再生层的结构层位				
	表面层	中面层	下面层	基层	底基层
高速、一级	可使用	宜使用			—
二级	可使用	宜使用			—
三、四级	宜使用				—

注:1."—"表示不存在这种情况。
　2. 表 3-43～表 3-47 中"—"均是这种意思。

就地热再生的适用范围　　　　　　　　　　表 3-43

公路等级	再生层的结构层位				
	表面层	中面层	下面层	基层	底基层
高速、一级	宜使用		—	—	—
二级	宜使用		—	—	—
三、四级	不应使用			—	—

乳化沥青及泡沫沥青厂拌冷再生的适用范围　　　　　　　　　　表 3-44

公路等级	再生层的结构层位				
	表面层	中面层	下面层	基层	底基层
高速、一级	不应使用	可使用	宜使用		—
二级	不应使用	宜使用			—
三、四级	宜使用				—

无机结合料厂拌冷再生的适用范围　　　　　　　　　　表 3-45

公路等级	再生层的结构层位				
	表面层	中面层	下面层	基层	底基层
高速、一级	不应使用			可使用	宜使用
二级	不应使用			宜使用	—
三、四级	—			宜使用	

就地冷再生的适用范围　　　　　　　　　　表 3-46

公路等级	再生层的结构层位				
	表面层	中面层	下面层	基层	底基层
高速、一级	不应使用		宜使用		—
二级	不应使用	可使用		宜使用	—
三、四级	宜使用				

全深式冷再生的适用范围　　　　　　　　　　　　　　　　　　表 3-47

公路等级	再生层的结构层位				
	表面层	中面层	下面层	基层	底基层
高速、一级	—	—	可使用	宜使用	宜使用
二级	—	—	可使用	宜使用	宜使用
三、四级	—	宜使用			

（2）含 SBS 改性沥青的沥青混合料回收料（RAP）可用于厂拌热再生，使用其他类型改性剂的改性沥青混合料的回收料，应经论证后使用。

（3）采用就地热再生方式时，路面技术状况宜满足表 3-48 的要求。

就地热再生方式适用的路面技术状况　　　　　　　　　　　　　　表 3-48

指标		技术要求
路面结构强度指数 PSSI		≥80
原路面沥青层厚度（mm）		≥（再生深度+30）
再生深度范围内沥青混合料	沥青25℃针入度（0.1mm）	≥20
	沥青含量（%）	≥3.8
路面病害涉及范围		主要集中在再生深度范围内

（4）当稀浆封层、微表处、薄层罩面、碎石封层路面再生设计采用就地热再生方式时，混合料的级配、加热温度应满足混合料性能及施工工艺要求。当不能满足混合料性能及施工工艺要求时，应将上述材料层铣刨后再进行就地热再生。

（5）采用就地冷再生方式时，路面技术状况宜满足表 3-49 的要求。

就地冷再生方式适用的路面技术状况　　　　　　　　　　　　　　表 3-49

指标	技术要求
路面结构强度指数 PSSI	≥80
路面损坏状况指数 PCI	≤90
路面病害涉及范围	主要集中在再生深度范围内
下承层强度	满足设计要求

（6）采用全深式冷再生方式时，路面技术状况宜满足表 3-50 的要求。

全深式冷再生方式适用的路面技术状况　　　　　　　　　　　　　表 3-50

指标	技术要求
路面结构强度指数 PSSI	≥70
路面损坏状况指数 PCI	≤85
路面病害涉及范围	主要集中在再生深度范围内
下承层强度	满足设计要求

（7）采用冷再生方式时，再生结合料类型的选择应符合下列规定：

①沥青混合料回收料（RAP）应使用乳化沥青或泡沫沥青作为再生结合料并添加适量水

泥,不宜单独使用水泥、石灰进行再生。

②无机回收料(RAI)可单独使用水泥、石灰进行再生,也可使用乳化沥青或泡沫沥青作为再生结合料,并添加一定比例的水泥进行再生。

③沥青路面回收料中同时含有沥青混合料回收料(RAP)和无机回收料(RAI)情况下,宜使用乳化沥青或泡沫沥青作为再生结合料并添加适量水泥。如仅采用水泥或石灰作为再生结合料,沥青混合料回收料(RAP)在沥青路面回收料中的占比宜小于40%。

3)结构组合与结构厚度

(1)采用就地热再生方式时,采用一级加热翻松工艺的就地热再生深度宜为20~60mm。当再生深度超过60mm时,应采用二级加热翻松工艺。

目前就地热再生设备多采用一级加热翻松工艺。为提高就地热再生的再生深度,出现了双层再生、多步法再生等二级加热翻松工艺,即在一级加热翻松后再对下承层进行二级加热和翻松,从而使再生深度增加。

(2)采用厂拌热再生方式时,再生层厚度及路面结构组合应符合现行《公路沥青路面设计规范》(JTG D50)中对应级配类型沥青混合料的有关规定。

(3)采用厂拌冷再生、就地冷再生、全深式冷再生方式时,可按表3-51初步拟定路面结构厚度,并应根据现行《公路沥青路面设计规范》(JTG D50)的有关规定进行分析设计。

沥青路面冷再生结构组合与厚度 表3-51

交通荷载等级	沥青面层		冷再生层厚度(mm)	下承层
	推荐厚度(mm)	最小厚度(mm)		
特重、极重	150~220	120	≥120	下承层结构强度应满足路面基层或底基层设计要求
重	120~180	100	≥100	
中	60~120	50	≥80(≥160)	
轻	≥30或者采用微表处、稀浆封层、碎石封层等磨耗层		≥80(≥160)	

注:1.表中冷再生层厚度中,括号内数字是无机结合料冷再生材料层的厚度,其他为沥青冷再生材料层的厚度。
2.下承层结构强度不满足要求的可采用水泥或石灰稳定冷再生进行处治,处治层厚度宜为140~200mm。
3.对于重及以上交通荷载等级的公路,沥青面层宜采取技术措施提高抗车辙能力。

(4)冷再生层厚度设计时应考虑可压实性,并应符合下列规定:

①单层压实厚度不宜大于200mm。当单层冷再生混合料压实厚度大于200mm时,应检验并论证其压实效果是否满足要求。

②采用泡沫沥青或乳化沥青时,厂拌冷再生、就地冷再生的单层冷再生混合料压实厚度不宜小于80mm,全深式冷再生的单层冷再生混合料压实厚度不宜小于100mm。

③单独采用无机结合料的冷再生方式时,单层冷再生混合料压实厚度不宜小于160mm。

三、温拌沥青路面应用

(1)温拌沥青路面技术措施有泡沫沥青温拌、添加温拌剂和温拌沥青结合料等。

(2)应根据公路等级、路面状况、施工环境及能力、交通与气候条件等因素,结合试验、工艺与工程验证结果,在沥青路面养护工程中合理选用温拌技术措施,并保证工程应用的技术可靠、耐久经济和便于实施。

(3)温拌沥青混合料性能指标应达到相应的热拌沥青混合料技术要求,其原材料要求、混合料设计与性能检验、施工工艺、设备要求与质量管理应按现行《公路沥青路面施工技术规范》(JTG F40)的有关规定执行。

四、降噪沥青路面应用

1. 一般规定

(1)降噪沥青路面技术措施有排水沥青面层、高弹胶结料沥青面层和弹性颗粒填充沥青面层等。

(2)应根据公路等级、路面状况、施工环境及能力、交通与气候条件等因素,结合试验、工艺与工程验证结果,在养护工程中合理选用降噪沥青路面技术措施,其降噪性能、使用性能等应满足设计及规范要求。

(3)排水沥青面层原材料要求、混合料设计与性能检验、施工工艺质量管理应按现行《公路沥青路面施工技术规范》(JTG F40)的有关规定执行。

(4)高弹胶结料沥青面层原材料要求、混合料设计与性能检验、施工工艺要求与质量管理可按现行《公路沥青路面施工技术规范》(JTG F40)的有关规定执行。

(5)掺入弹性颗粒干法拌制的沥青面层混合料性能指标应达到相应的热拌沥青混合料技术要求,其原材料要求、混合料设计与性能检验、施工工艺、设备要求可按现行《公路沥青路面施工技术规范》(JTG F40)等的有关规定执行。

2. 排水沥青路面

(1)排水沥青(Drainage Asphalt)路面,又称透水沥青(Porous Asphalt)路面,是指压实后空隙率在18%以上,表面厚度一般为4~5cm,能够在混合料内部形成排水通道的新型沥青混凝土面层,其实质为单一粒径碎石按照嵌挤机理形成骨架-空隙结构的开级配沥青混合料。此外,针对以改善表面抗滑功能为主的开级配表面薄层应用,又称开级配磨耗层(Open-Graded Friction Course,OGFC)、多孔隙沥青磨耗层(Porous Asphalt Wearing Course,PAWC)等。这些材料的构成特征基本相同,但由于使用功能、描述角度和突出重点有所区别被赋予不同名称;有时在技术特点上也有所不同。排水沥青路面与普通路面的排水原理,如图3-71所示。

(2)性能优势与存在问题。具有大空隙特征的排水沥青路面铺装因为具有抗滑性能高、噪声低、抑制水雾、防止水漂、减轻眩光等突出优点(图3-72、图3-73),可以说达到了现有沥青路面技术中的"顶端路用性能",成为实现道路表面特性品质飞跃的最佳路面形式。但是排水性沥青路面也有其缺点,主要是路面空隙易造成堵塞,同时冬季除雪剂的消耗因此增加很大。英、德等国家为研究排水性沥青路面对降低噪声及耐久性的功效,进行各种组成材料的铺设,其空隙率均超过20%。荷兰、丹麦等国家针对空隙阻塞问题,研究了双层式排水性沥青路面,上层采用最大粒径4mm或8mm,下层采用最大粒径11mm或16mm,总铺筑厚度达70mm,两层材料压实后的空隙率均超过20%。欧洲透水性路面的空隙率起初为15%,后来为防止空隙逐渐堵塞及便于养护管理,设计空隙率逐渐提高到20%或大于20%。欧洲的排水性路面面层较厚,粗集料最大粒径为 10～20mm,其中以 12.5mm 居多,集料的要求比美国开级配沥青抗滑磨耗层(OGFC)更严格。

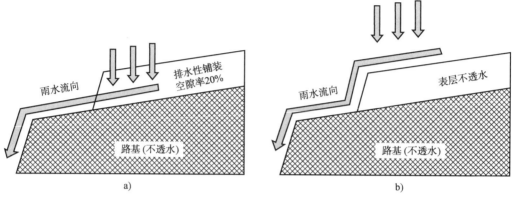

图 3-71　排水沥青路面与普通路面的排水原理
a)排水降噪安全路面；b)普通路面

图 3-72　排水路面有效减少路表面积水

图 3-73　排水路面有效抑制水雾

五、钢渣等工业废料应用

(1)工业废料应用包括钢渣、煤矸石等,主要用于养护工程沥青路面混合料的粗细集料。

(2)应根据公路等级、路面状况、施工环境及能力、交通与气候条件等因素结合试验、工艺与工程验证结果,在养护工程中合理选用钢渣、煤矸石等工业废料,保证将工业废料投入应用后路面具有良好的使用性能。

(3)利用钢渣等工业废料拌制的沥青混合料性能指标应达到相应的热拌沥青混合料技术要求,其原材料要求、混合料设计与性能检验、施工工艺、设备要求与质量管理可按现行《公路沥青路面施工技术规范》(JTG F40)的有关规定执行。

1. 简述路面养护的一般规定。
2. 沥青路面养护的日常养护包括哪些内容？养护工程包括哪些内容？
3. 简述沥青路面裂缝灌缝作业流程和主要设备。

4. 简述沥青路面坑槽的维修方法及施工要求。
5. 试述沥青路面沉陷的维修方法。
6. 试述沥青路面车辙的维修方法。
7. 试述沥青路面拥包的维修方法。
8. 试述沥青路面泛油的维修方法。
9. 简述封层的适用情况以及封层的类型。
10. 简述微表处的适用范围。
11. 简述同步碎石封层的定义和主要结构类型。
12. 简述雾封层技术的定义和适用范围。
13. 公路沥青路面补强应符合哪些要求?
14. 公路沥青路面加宽应符合哪些要求?
15. 简述公路沥青路面再生利用的定义及分类。
16. 简述就地热再生施工技术的适用范围。
17. 简述排水沥青的优缺点。

单元4 UNIT FOUR
水泥混凝土路面养护

1. 掌握水泥混凝土路面病害常见类型及病害产生原因；
2. 掌握水泥混凝土路面典型病害处治方法及施工工艺和施工质量控制要点；
3. 熟悉水泥混凝土路面注浆法所用各类注浆材料的优缺点以及注浆施工的施工工艺和质量控制要点；
4. 熟悉水泥混凝土路面"白改黑"改造方案的类型及适用条件；
5. 熟悉水泥混凝土路面碎石化技术施工工艺及质量控制要点。

1. 能正确运用检查手段，快速完整识别水泥混凝土路面病害，确定病害类型和严重程度；
2. 能根据水泥混凝土路面病害调查结果，分析病害产生的原因及可能造成的后果；
3. 能根据水泥混凝土路面不同病害特点，选择合理的养护维修方案；
4. 会处治水泥混凝土路面裂缝、坑洞、拱起、错台等病害；
5. 会更换水泥混凝土路面的个别面板；
6. 能从材料性能、来源、施工工艺、成本及环保等方面进行对比选择合适的注浆材料；
7. 能从适应条件、路用性、经济性、制约因素等方面对比选择合适的"白改黑"改造方案。

课题 4-1　养护要求、内容和日常养护

一、一般规定

（1）当水泥混凝土路面出现轻微损坏时，预防养护应采取下列一种或多种组合措施：
①当路段内填缝料损坏比例达到15%及以上时，应更换30%以上的填缝料；填缝料损坏

比例达到50%及以上,或填缝料达到使用有效期时,应全部更换。

②当路面出现裂缝时,应及时进行裂缝密封处理。

③因基层冲刷、路床软弱、路基不均匀沉降等造成路面局部脱空或错台等病害时,可分别采取板底灌浆、路床加固灌浆或填充灌浆等加固措施。对于灌浆处理后错台尚未完全消除的,应进行磨平或整平处理。

④当路面结构内部存在积水时,应增设路面结构内部排水系统或边缘排水系统。因积水导致路床软化时,应对路床进行灌浆加固处理。

(2)当水泥混凝土路面出现非结构性损坏时,应进行非结构性修复,并应符合下列规定:

①当路面抗滑性能不足时,可采取机械硬刻槽、抛丸、化学处理或金刚石纵向铣刨等措施。

②当路面抗滑性能和平整度均不足时,可采取聚合物水泥砂浆罩面或薄层沥青混凝土罩面等措施。

③当路面出现坑洞时,应采用低收缩干硬性混凝土或补偿收缩快硬混凝土等及时进行修复。

④当路面出现较大范围脱空或错台时,应及时处理。

(3)当水泥混凝土路面出现结构性损坏时,应采取一种或多种组合措施,单项修复措施包括植筋补强、设置隔离缝、补设传力杆或拉杆、全深度补块、拱起修复,以及结合式加铺、直接式加铺或沥青混凝土加铺等;当同一路段有多块面板出现较大面积损坏时,宜采用大块预制拼装修复技术。

(4)当水泥混凝土路面发生全面性结构性损坏,采用结构性修复措施难以恢复良好技术状况时,应实施专项工程进行全面加铺补强、改建或重建。

二、养护内容

(1)行车道与硬路肩上的泥土和杂物,应经常予以清扫。当设有中央分隔带、变速车道、爬坡车道、应急停车带时,其上的泥土和杂物亦应清扫干净。

(2)水泥混凝土路面各种接缝的填缝料出现缺损或溢出,应及时填补或清除,并应防止泥土、砂石及其他杂物挤压进入接缝内,影响混凝土路面板的正常伸缩。

(3)路基路面(包括路肩、中央分隔带等)排水设施,应经常检查和疏通,防止积水,以保护路面不受地面水和地下水的损害。

(4)路面各种标线、导向箭头及文字标记,应及时清洗和恢复,经常保持各种标线、标记完整无缺,清晰、醒目;辅助和加强标线作用的凸起路标,应无损坏、松动或缺失,并保持其反射性能。

(5)路肩外和中央分隔带内种植的乔木、绿篱和花草,应及时浇灌、剪修,以保持路容整齐、美观;如有空缺或老化,应适时补植或更新;对病虫害,应及时防治;对影响视距和路面稳定的绿化栽植,应予以处理。

(6)对路面、路肩和路缘石等的局部损坏,应查清原因,采取合适的材料和相应的措施进行修复,以保持路面具备各级公路所要求的使用状态和服务水平。

(7)对路面的较大损坏,应按现行《公路水泥混凝土路面养护技术规范》(JTJ 073.1)对路面检查评定结果确定的养护对策,安排大修、中修或专项工程,进行维修和整治。对于局部路段路面损坏严重的,应予以翻修,以达到设计标准;对于整个路段路面平整度、抗滑能力不足的,可采取罩面,铺筑加铺层,以恢复其表面功能;对于整个路段路面接缝填缝料失效的,应予以全面更换。

(8)对承载能力不足或不适应交通发展要求的路面,可根据不同情况进行加铺、加宽,以提高承载能力和通行能力。

三、日常养护

1. 一般规定

水泥混凝土路面日常养护应做好预防性、经常性养护,通过经常的巡视检查,及早发现缺陷,查清原因,采取适当措施,清除障碍物,保持路面状况良好。

2. 清扫保洁

(1)水泥混凝土路面必须定期清扫泥土和污物;与其他不同类型路面平面连接处及平交道口应勤加清扫;路面上出现的小石块等坚硬物应予以清除;中央分隔带内的杂物应定期清除;保持路容整洁。

(2)清扫路面时,应尽量减少清扫作业产生的灰尘,以免污染环境,危及行车安全;清扫作业宜避开交通量高峰时段进行。

(3)应将路面清扫后的垃圾运至指定地点进行处理,不得随意倾倒。

(4)当路面被油类物质或化学药品污染时,应清洗干净,必要时用中和剂或其他材料处理后再用水冲洗。

(5)交通标志标牌、示警桩、轮廓标以及防撞栏等交通安全设施应定期擦拭,交通标志及标线受到污染后应及时清扫(洗),保持整洁、醒目。

(6)应保持交通标志标牌、标线、示警桩、轮廓标的完整,当发生局部脱落、破损时应用原材料进行修复或更换。

3. 接缝保养

(1)应对接缝进行适时的保养,保持接缝完好,表面平顺。

(2)填缝料凸出板面,高速公路、一级公路超出3mm,其他等级公路超过5mm时应铲平。

(3)填缝料外溢流淌到接缝两侧面板,影响路面平整度和路容时应予清除。

(4)杂物嵌入接缝时应予清除,若杂物系小石块及其他坚硬物时,应及时剔除。

4. 填缝料更换

(1)应对填缝料进行周期性或日常性更换,更换周期一般为2~3年。

(2)填缝料局部脱落时应进行灌缝填补;填缝料脱落缺失大于1/3缝长或填缝料老化、接缝渗水严重时,应立即进行整条接缝的填缝料更换。

(3)填缝料的更换应做到饱满、密实、粘接牢固。清缝、灌缝作业宜使用专用机具。

①更换填缝料前应将原填缝料及掉入缝槽内的砂石杂物清除干净,并保持缝槽干燥、清洁。

②填缝料灌注深度宜为3.0~4.0cm。当缝深过大时,缝的下部可填2.5~3.0cm高的多

孔柔性垫底材料或泡沫塑料支撑条。如图4-1所示采用的是泡沫塑料支撑条。图4-2为填缝料更换现场施工。

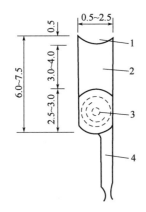

图4-1 填缝料的更换图示(尺寸单位:cm)
1-膨胀空间;2-填入接缝材料;3-泡沫塑料支撑条;4-导裂缝

图4-2 填缝料更换施工

③填缝料的灌注高度,夏天宜与面板齐平,冬天宜稍低于面板约2mm。多余的或溅到面板上的填缝料应予以清除。

④填缝料更换宜选在春秋两季,或宜在当地年气温居中且较干燥的季节进行。

5. 排水设施养护

(1)必须对路面、路肩、中央分隔带、边沟、边坡、挡土墙以及所有排水构造物进行妥善的日常维护,保持系统的排水功能。当排水系统整体功能不能满足要求时,应通过改善或改建工程进行完善提高。

(2)对路面排水设施,应采取经常性的巡查并与重点检查相结合,发现损坏应及时安排修复,发现堵塞必须立即疏通,路段积水应及时排出。

(3)雨天应重点检查超高路段的中央分隔带纵向排水沟、横向排水管、雨水井、集水井等的排水状况,出现堵塞、积水应及时排出。

(4)排水构造物及路肩修复宜采用与原构造物相同材料。

(5)保持路面横坡及路面平整度。当快车道是水泥混凝土路面,慢车道或非机动车道是沥青路面时,应保持沥青路面横坡大于水泥混凝土路面横坡。

(6)保持路肩横坡大于路面横坡,路肩横坡应顺适,并及时修复路肩缺口。

(7)封闭路面板裂缝。

(8)路面接缝、路肩接缝及路缘石与路面接缝出现接缝变宽渗水时应进行填缝处理。

(9)定期修整路肩植物、清除路肩杂物,疏通路肩排水设施和中央分隔带排水设施,常年保持路面排水顺畅。

6. 冬季养护

(1)冰雪地区路段水泥混凝土路面冬季养护的重点内容是除雪、除冰、防冻、防滑;作业的重点对象是桥面、坡道、弯道、垭口及其他严重危害行车安全的路段。

(2)除雪、除冰、防冻、防滑时要根据气象资料、沿线条件、降雪量、积雪深度、危害交通范围等确定作业计划,并做好驾驶人员培训,以及机械设备、作业工具、防冻防滑材料的准备。

(3)除雪作业以清除新雪为主;化雪时应及时清除雪水和薄冰。在除冰困难的路段应以防滑措施为主,除冰为辅;除冰作业应防止破坏路面。

(4)水泥混凝土路面防冻、防滑的主要措施:

①使用盐或其他融雪剂降低路面上的结冰点。

②单独使用砂等防滑材料或与盐掺和使用,增大轮胎与路面间的摩擦系数。

③防冻、防滑材料施撒时间,主要根据气象条件(降雪、风速、气温)、路面状况等来确定。一般可在刚开始下雪时就撒布融雪剂或与防滑料掺和撒布,或者估计在路面出现冻结前 1~2h 撒布。

(5)在冻融前,应将积雪及时清除于路肩之外,以免雪水渗入路肩。冰雪消融后,应清除路面上的残留物。

(6)禁止将含盐的积雪堆积于绿化带。

课题 4-2　常见病害的处治

水泥混凝土路面的常见病害包括:裂缝、板边剥落、板角断裂、板块脱空、唧泥、错台、沉陷、拱起、坑洞、接缝损坏、表面露骨等。每种病害都有相应的处治措施,当一种病害单独出现或多种病害同时出现时需及时对其进行处治。

一、裂缝的处治

裂缝常用的处治方法有灌浆法、条带罩面法和全深度补块法。

1. 一般规定

采用灌浆法和条带罩面法处治裂缝,应符合下列要求:

(1)灌浆法主要包括:压注灌浆法、扩缝灌浆法和直接灌浆法等方法,使用灌浆法处治裂缝时应根据病害程度和施工条件等因素进行选择,后文以扩缝灌浆法为例说明。

(2)灌浆材料应具有较好的防水性能和足够的强度与湿度稳定性,并应通过试验确定。

(3)当采用条带罩面法时,裂缝两侧的切缝应平行于横缝(或纵缝),且距裂缝距离不小于 150mm,凿除的混凝土深度以 70mm 为宜。

(4)修复后的路面平整度(包括接缝在内)须用三米直尺检测,高速公路、一级公路应不大于 3mm,其他等级公路应不大于 5mm。

4-1　水泥路面裂缝的维修

2. 方法与工艺(资源 4-1)

1)扩缝灌浆法

对宽度小于 3mm 的轻微裂缝,可采用扩缝灌浆法,如图 4-3~图 4-6 所示为扩缝灌浆法现场施工。扩缝灌浆施工工艺如下:

(1)顺着裂缝走向将裂缝拓宽成 1.5~2.0cm 的沟槽,槽深可根据裂缝深度确定,最大深度不得超过 2/3 板厚。

(2)清除混凝土碎屑,吹净灰尘后,填入粒径为 0.3~0.6cm 的清洁石屑。

(3)根据选用的灌缝材料,按规定进行配比,混合均匀后,灌入扩缝内。

(4)灌缝材料固化后,达到通车强度,即可开放交通。

图4-3 裂缝锯切缝

图4-4 刷缝机清理缝内外杂物

图4-5 气泵吹走细砂和灰尘

图4-6 灌缝机灌缝

2)条带罩面法

对贯穿全厚的大于3mm、小于15mm的中等裂缝,可采取条带罩面法进行补缝。如图4-7所示为条带罩面补缝示意图。条带罩面法施工工艺如下:

(1)在裂缝两侧切缝时,应平行于缩缝,且距裂缝距离不小于15cm。

(2)凿除两横缝内混凝土的深度以7cm为宜。

(3)每间隔50cm打一对耙钉孔,耙钉孔的大小应略大于耙钉直径2~4mm,并在两个耙钉孔之间打一对与耙钉孔直径适配的耙钉槽。

(4)耙钉宜采用φ16螺纹钢筋,使用前应予以除锈。耙钉长度不小于20cm,弯钩长度为7cm。

(5)耙钉孔必须填满砂浆,方可将耙钉插入孔内安装。

(6)切割的缝内壁应凿毛,并清除松动的混凝土碎块及表面尘土、裸石。

(7)浇筑混凝土应及时振捣密实、抹平,并喷洒养护剂。

(8)修补块面板两侧,应加深缩缝,并灌注填缝料。

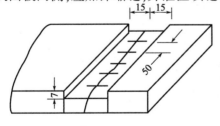
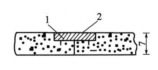

图4-7 条带补缝(尺寸单位:cm)
1—耙钉;2—新浇混凝土

3) 全深度补块法

对宽度大于 15mm 的严重裂缝可采用全深度补块法。全深度补块法分集料嵌锁法、刨挖法、设置传力杆法。

(1) 集料嵌锁法施工工艺如下：

① 在混凝土路面需修补位置上，平行于缩缝画线，沿画线位置进行全深度切割。在保留板块边部，沿内侧 4cm 位置锯 5cm 深的缝，如图 4-8 所示。

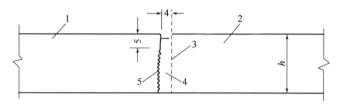

图 4-8 集料嵌锁法（尺寸单位：cm）
1-保留板；2-全深度补块；3-全深度锯缝；4-凿除混凝土；5-缩缝交错接面

② 破碎、清除旧混凝土的过程中不得伤及基层、相邻面板和路肩。若破除的旧混凝土面积当天完不成混凝土浇筑时，其补块位置应做临时补块。

③ 全深锯口和半深锯口之间的 4cm 宽条混凝土垂直面应凿成毛面。

④ 处理基层时，基层强度符合规范要求，应整平基层；基层强度低于规范要求，应予以补强，并严格整平；若基层全部损坏或松软，应按原设计基层材料重新做基层。

⑤ 混凝土的配合比应根据设计弯拉强度、耐久性、耐磨性、和易性等要求，先用原材料进行配比设计。

⑥ 用水量应控制在混合料运送到工地最佳和易性所需的最小值，最大水灰比为 0.4。

⑦ 混凝土拌和后 30～40min 内卸到补块区内摊铺，并振捣密实。

⑧ 浇筑的混凝土面层应与相邻路面的横断面吻合，补块的表面纹理应与原路面吻合。

⑨ 补块养护宜采用养护剂，其用量根据养护材料性能确定。

⑩ 做接缝时，将板中间的各缩缝锯切到 1/4 板厚处，将接缝材料填入缩缝内。

⑪ 混凝土达到通车强度后，即可开放交通。

(2) 刨挖法又称为倒 T 形法，施工工艺如下：

① 施工要求按相关规范执行。

② 在相邻板块横边的下方暗挖 15cm×15cm 的一块面积用于荷载传递，如图 4-9 所示。

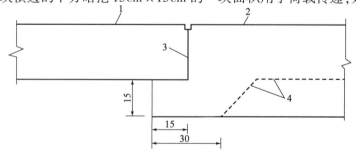

图 4-9 刨挖法（尺寸单位：cm）
1-保留板；2-补块；3-全深度锯缝；4-垫层开挖线

（3）设置传力杆法施工工艺如下：

①处理基层后，应修复、安设传力杆和拉杆。

②原混凝土面板没有传力杆或拉杆折断时，应用与原规格相同的钢筋焊接或重新安设。安装时应在板厚1/2处钻比传力杆直径大2~4mm的孔，孔中心距为30cm，其误差不应超过3mm。

③横向施工缝传力杆直径为25mm，长度为45cm，嵌入相邻保留板内深22.5cm。

④拉杆孔直径宜比拉杆直径大2~4mm，并应沿相邻板块间的纵向接缝板厚1/2处钻孔，中心距80cm。拉杆采用直径为16mm、长80cm的螺纹钢筋，其中约40cm嵌入相邻车道的板内。

⑤传力杆和拉杆宜用环氧砂浆牢牢地固定在规定位置，摊铺混凝土前，光圆传力杆的伸出端应涂少许润滑油。

⑥新补板块与沥青路肩相接时，应和现有路肩齐平。

⑦若传力杆安装后倾斜或松动失效，应予以更换。

设置传力杆法施工工艺示意图如图4-10所示。

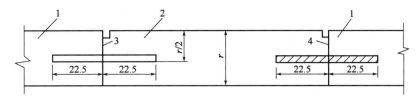

图4-10 设置传力杆法（尺寸单位：cm）
1-保留板；2-全深度补块；3-缩缝；4-施工缝

二、板边边剥落、板角断裂修补

1. 板边剥落修补基本要求

（1）当对水泥混凝土面板边轻度剥落进行修补时，应将剥落的表面清理干净，用沥青混合料或接缝材料修补平整。

（2）当板边严重剥落时，采用条带罩面法进行修补。

（3）当板边全深度破碎时，采用全深度补块法进行修补。

2. 板角断裂修补基本要求

（1）板角断裂应按破裂面的大小确定切割范围。

（2）切缝后，凿除破损部分时，应凿成规则的垂直面。对原有钢筋不应切断，如果钢筋难以全部保留，至少也要保留20~30cm长的钢筋头，且应长短交错。

（3）原有滑动传力杆如果有缺陷应予以更换，并在新旧混凝土之间加设传力杆，传力杆间距控制在30cm。

（4）当基层不良时，可采用C15混凝土浇筑基层。

（5）与原有路面板的接缝面应涂刷沥青；如为胀缝，应设置接缝板。

（6）现浇混凝土与旧混凝土面板之间的接缝应切出宽3mm、深4mm的接缝槽，并灌入填缝材料。

（7）待混凝土达到强度后，方可开放交通。

板角修补施工工艺如图4-11所示。

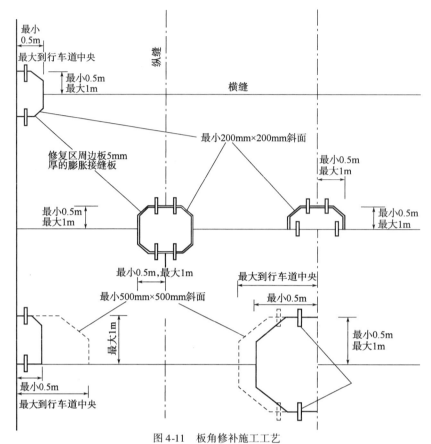

图 4-11 板角修补施工工艺

注：修复纵向边不能位于车轮轨迹上。

三、板块脱空处治

水泥混凝土面板出现脱空病害时需要先确定面板脱空位置，后根据病害特点选择合适的注浆材料(包括沥青类注浆材料和水泥类注浆材料)采用注浆法进行处治。

1. 一般规定

采用注浆法处治板底脱空，应符合下列要求：

(1)根据检查结果，确定脱空部位，合理布置注浆孔。

(2)注浆材料应具有足够的强度和耐久性，当采用沥青类材料时，灌浆压力应控制在 200~400kPa，水泥类材料应控制在 1.5~2.0MPa。

(3)注浆效果检查可采取钻孔取芯、超声波或雷达检测等方法检验。

(4)注浆结束后，应将注浆孔及检查孔用水泥砂浆封填密实。

2. 方法与工艺

(1)水泥混凝土面板脱空位置的确定可采用弯沉测定法。凡弯沉超过 0.2mm 的，应确定为面板脱空。

(2)灌浆孔布设基本要求：

①灌浆孔布设应根据路面板的尺寸、下沉量大小、裂缝状况以及灌浆机械性能确定。

②用凿岩机在路面上打孔,孔的大小应和灌注嘴的大小一致,一般为50mm左右。

③灌浆孔与面板边的距离不应小于0.5m。在一块面板上,灌浆孔的数量一般为5个,也可根据情况确定。图4-12为灌浆孔布置图,图4-13为灌浆施工现场。

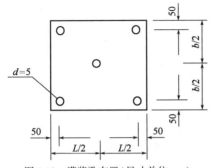

图4-12 灌浆孔布置(尺寸单位:cm)
d-灌浆孔直径;L-板长;b-板宽

图4-13 灌浆施工现场

(3)水泥混凝土路面板和基层之间由于出现空隙而导致路面沉陷的,可采用沥青灌注法、水泥浆、水泥粉煤灰浆和水泥砂浆灌浆法等方法进行板下封堵。

①沥青灌注法

a.按照灌浆孔布设基本要求布置灌浆孔。

b.灌浆孔钻好后,应采用压缩空气将孔中的混凝土碎屑、杂物清除干净,并保持干燥。

c.宜采用建筑沥青,沥青加热熔化温度一般为180℃。

d.沥青洒布车或专用设备的压力为200~400kPa。灌注沥青压满后约0.5min,应拔出喷嘴,用木楔堵塞。

e.沥青温度下降后,应拔出木楔,填进水泥砂浆,即可开放交通。

②水泥灌浆法

a.按照灌浆孔布设基本要求布设灌浆孔。

b.灌注机械可用压力灌浆机或压力泵,灌注压力为1.5~2.0MPa。

c.灌浆作业应先从沉陷量大的地方的灌浆孔开始,逐步由大到小;当相邻孔或接缝中冒浆,可停止泵送水泥浆,每灌完一孔应用木楔堵孔。

d.当砂浆抗压强度达到3MPa时,用水泥砂浆堵孔,即可开放交通。

四、唧泥处治

水泥混凝土路面唧泥病害产生的同时,面板往往会出现不同程度的脱空,因此,为使面板脱空面积不再扩大至致使面板断裂、破裂,必须及时进行压浆处理。同时,对水泥混凝土面板进行压浆处理后,虽然面板脱空得到了充填,但对面板下细小的间隙很难达到充实,如果对接缝不及时灌缝,地面水一旦渗入基层,经车辆行驶一段时间,仍会出现唧泥现象,所以对面板的接缝及时灌缝,是防止唧泥病害再次产生的有效方法。

另外,设置排水设施(如设置纵向积水管、横向出水管及盲沟等)是弥补因设计、施工或基层材料选用不合理,致使面板的纵横缝产生唧泥病害的一种有效措施。

唧泥病害处治基本要求如下:

(1) 水泥混凝土路面唧泥病害采取压浆处理具体要求参照板块脱空处治。
(2) 水泥混凝土面板进行压浆处理后对接缝及时灌缝的具体要求见后文接缝维修。
(3) 设置排水设施基本要求：
① 路面和路肩应保持设计横坡，宜铺设硬路肩。
② 路面裂缝、接缝以及路面与硬路肩接缝应进行密封。
③ 设置纵向积水管和横向出水管。

a. 在水泥路面的外侧边缘挖一条纵向沟，宽 15~25cm，沟深挖至集料基层之下 15cm，横沟与纵沟的交角应为 45°~90°，横沟间的距离约 30m，如图 4-14 所示。

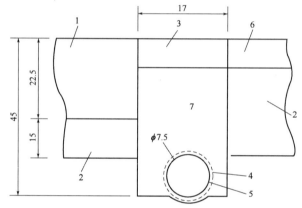

图 4-14 边部排水管布置图（尺寸单位：cm）
1-水泥混凝土；2-集料基层；3-沥青混凝土；4-渗滤织物；5-多孔管；6-沥青混凝土路肩；7-细渗滤集料

b. 积水管一般采用 ϕ7.5cm 多孔塑料管，出水管为无孔塑料管。
c. 设置纵向和横向水管，并按设计的距离将积水管和出水管连接起来。
d. 纵向多孔管应包一层渗透性较强的土工织物。
e. 积水管和出水管放入沟槽时，其底部应平顺，横向出水管的坡度应大于或等于纵向排水坡度，出水管的管端应延伸到排水沟内，并设端墙。
f. 管的外围应填放粗砂等渗滤集料，并振动压实。
g. 回填沟槽时，应采用与原路肩相同的材料恢复原状。

④ 盲沟设置的基本要求。在沿水泥路面外侧挖纵向沟时，沟底应低于面板以下 10cm，在水泥混凝土路面接缝处挖横向沟。如图 4-15 所示为盲沟设置图。

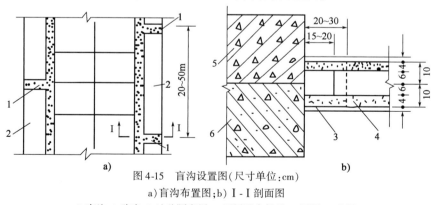

图 4-15 盲沟设置图（尺寸单位：cm）
a) 盲沟布置图；b) Ⅰ-Ⅰ剖面图
1-盲沟；2-路肩；3-油毡隔离层；4-石屑及中粗砂；5-面层；6-基层

五、错台处治

错台的处治方法有磨平法和填补法两种,可按错台的轻重程度选定。

(1)高差小于或等于10mm的错台,可采用磨平机磨平或人工凿平。磨平法施工工艺如下:

①应从错台最高点开始向四周扩展,边磨边用3m直尺找平,直至相邻两块板齐平为止,如图4-16所示。

②磨平后,接缝内应将杂物清除干净,并吹净灰尘,及时将嵌缝料填入。

(2)高差大于10mm的严重错台,可使用填补法(采用沥青砂或水泥混凝土材料)进行处治。如图4-17所示为填补法示意图。

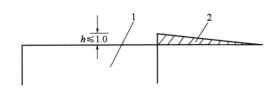
图4-16 磨平法示意图(尺寸单位:cm)
1-下沉板;2-磨平

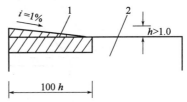
图4-17 填补法示意图(尺寸单位:cm)
1-凿除修补;2-下沉板

①沥青砂填补基本要求:

a.在沥青砂填补前应清除路面杂物和灰尘,并喷洒一层热沥青或乳化沥青,沥青用量为$0.4\sim0.6kg/m^2$。

b.修补面纵坡变化应控制在1%以内。

c.沥青砂填补后,宜用轮胎压路机碾压。

d.初期应控制车辆慢速通过。

②水泥混凝土修补基本要求:

a.应将错台下沉板凿除2~3cm深,修补长度按错台高度除以坡度(1%)计算,如图4-17所示。

b.凿除面应清除杂物灰尘。

c.浇筑聚合物细石水泥混凝土。

d.混凝土达到通车强度后,即可开放交通。

六、沉陷处治

(1)沉陷处治应根据发生的原因设置排水设施,具体要求见唧泥处治中设置排水设施基本要求。

(2)面板顶升基本要求:

①面板在顶升前,应用水准仪测量下沉板的下沉量,测站距下沉处应大于50m,并绘出纵断面,求出升起值。

②在水泥混凝土面板上钻孔,孔深应略大于板厚2cm。

③板块顶升宜采用起重设备或千斤顶。

④灌注材料可采用水泥砂浆。

⑤灌注材料压入后,每灌一孔应用木楔堵塞,压浆全部完毕,应拔出木楔,宜用高强水泥砂浆堵孔。

⑥待压浆材料的抗压强度达到6MPa时,方可开放交通。
(3)当水泥混凝土整板沉陷并产生破碎时,应整板翻修。

七、拱起处治

拱起应根据具体情况,采取不同的方法进行处治。
(1)板端拱起但路面完好时,应根据板块拱起高低程度,计算要切除部分板块的长度。先将拱起板块两侧附近1~2条横缝切宽,待应力充分释放后切除拱起端,逐渐将板块恢复原位,清缝后灌接缝材料。板体拱起修复示意如图4-18所示。

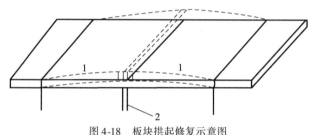

图4-18 板块拱起修复示意图
1-拱起板块;2-切除部分

(2)当拱起板端发生断裂或破损时,可采用全深度补块处理。
(3)拱起板两端间因硬物夹入发生拱起,应将硬物清除干净,使板块恢复原位,同时清理接缝内杂物和灰尘,灌填缝料。
(4)胀缝间因传力杆部分或全部在施工时设置不当,使板受热时不能自由伸长而发生拱起时,应重新设置胀缝,使面板恢复原状。
(5)水泥混凝土路面板的胀起与拱起的处理方法一致。

八、坑洞修补

坑洞修补应根据不同情况采取相应措施。
(1)对数量较少个别的坑洞,应清除洞内杂物,用水泥砂浆等材料填充,达到平整密实。
(2)对较多坑洞且连成一片的,应采取薄层修补方法进行修补,具体要求如下:
①切割面积的图形边线,应与路中心线平行或垂直。
②切割的深度,应在6cm以上,并将切割面内的光滑面凿毛。
③清除切割后槽内的混凝土碎屑。
④混凝土拌和物填入槽内,振捣密实,并保持与原混凝土面板齐平。
⑤喷洒养护剂养护,待混凝土达到通车强度要求后,方可开放交通。
(3)对于低等级公路上面积较大、深度在3cm以内、成片的坑洞,可用沥青混凝土进行修补,具体施工工艺如下:
①用风镐凿除一个处治区,其图形边线应与路中心线平行或垂直。
②凿除深度以2~3cm为宜,并清除混凝土碎屑。
③将凿除的槽底面和槽壁洒黏层沥青,其用量为0.4~0.6kg/m²。
④铺筑沥青混凝土并碾压密实、平整,待沥青混凝土冷却后,控制车速通车。

九、接缝损坏维修

接缝损坏包含接缝填缝料损坏、纵向接缝张开和接缝碎裂等,实际工程中应根据接缝损坏类型选择相应的维修处治措施。

(1)接缝填缝料损坏维修,应符合下列规定:

①接缝中的旧填缝料和杂物,应予以清除,并将缝内灰尘吹净。

②在胀缝修理时,应先将热沥青涂刷缝壁,再将接缝板压入缝内;对接缝板接头及接缝板与传力杆之间的间隙,必须用沥青或其他填缝料填实抹平;上部用嵌缝条的接缝应及时嵌入嵌缝条。

③当用加热式填缝料修补时,必须将填缝料加热至灌入温度;宜用嵌缝机填灌,填缝料应与缝壁黏结良好和填灌饱满;在气温较低季节施工时,应先用喷灯将接缝预热。

④用常温式填缝料修补时,除无须加热外,其施工方法与加热式填缝料相同。

(2)纵向接缝张开维修,应符合下列规定:

①当相邻车道面板横向位移,纵向接缝张开宽度在10mm以下时,宜采取聚氯乙烯胶泥、焦油类填缝料和橡胶沥青等加热施工式填缝料,施工方法参照接缝填缝料损坏维修工艺。

②当相邻车道板面横向位移,纵向接缝张口宽度在10mm以上时,宜采取聚氨酯类常温施工式填缝料进行维修,其他维修要求如下:

a. 维修前应清除缝内杂物和灰尘。

b. 应按材料配比配制填缝料。

c. 宜采用挤压枪注入填缝料。

d. 填缝料固化后,方可开放交通。

③当纵向接缝张口宽度在15mm以上时,采用沥青砂填缝。

(3)接缝出现碎裂时,接缝维修应符合下列规定:

①在破碎部位外缘,应切割成规则图形,其周围切割面应垂直于面板,底面宜为平面。

②应清除混凝土碎块,吹净灰尘杂物,并保持干燥状态。

③宜用高模量补强材料进行填充维修。

④修补材料达到通车强度要求后,方可开放交通。

十、表面露骨维修

维修表面露骨病害时应根据公路等级和表面破损程度,采取不同的材料和施工方法,对局部板块的表面起皮应进行罩面。

(1)一般公路水泥混凝土面板表面露骨,可采用稀浆封层加以处治。

(2)高速公路水泥混凝土面板表面露骨,采用改性沥青稀浆封层或沥青混凝土加以处治。

(3)对于较大面积的水泥混凝土面板表面露骨,可采取稀浆封层及沥青混凝土罩面措施进行露骨维修,如图4-19所示。

a)   b)

图 4-19　表面露骨维修
a) 维修前水泥混凝土路面；b) 维修后水泥混凝土路面

课题 4-3　水泥混凝土路面加宽

为提高行车通过能力，常需要加宽水泥混凝土路面。

一、基本要求

水泥混凝土路面的加宽，应符合下列基本要求：

(1) 路基加宽应符合现行《公路路基设计规范》(JTG D30)、《公路路基施工技术规范》(JTG/T 3610) 的有关规定。

(2) 基层加宽时，新加宽的基层强度不得低于原有水泥混凝土路面的基层强度，并宜采用台阶法搭接。

(3) 两侧新加宽的水泥混凝土路面宽度差大于 1m 和单侧加宽时，应调整路拱。如条件许可，应尽可能采取双侧相等加宽方式。

(4) 在平曲线处，应按现行《公路工程技术标准》(JTG B01) 规定设置超高、加宽，原来漏设的，应予以补设。

(5) 路面板加宽处的纵缝应设置拉杆。

(6) 加宽水泥混凝土面板的强度、厚度、路拱、横缝均应与原设计相同。加宽水泥混凝土路面的施工，应符合相关施工规范规定。

二、土基拓宽

土基拓宽时应先将原边坡坡脚或边沟清淤。

(1) 必须铲除边坡杂草、树根和浮土。

(2) 应分层填筑压实土基。

(3) 必须处理好新旧路基的衔接，在新旧路基交界处，路基与基层界面上铺设一层土工格栅。

(4) 在做路基加宽时，应同时做好路基排水系统。

三、路面基层拓宽

路面基层拓宽时,新加宽的基层强度不得低于原有水泥混凝土路面的基层强度,宜采用相错搭接法,如图 4-20 所示。

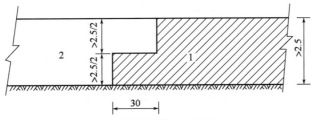

图 4-20 相错搭接法(尺寸单位:cm)
1-原有基层;2-新铺加宽基层

四、混凝土路面加宽

混凝土路面加宽应符合下列要求:

(1)双侧加宽。如旧路基较宽,路面加宽后路肩宽度大于 75cm 时,可以直接加宽;如旧路基较窄,不具备加宽路面条件,应先加宽路基。如果施工机械和操作方法能保证路基加宽部分达到规定密实度,即可加宽路面,否则应待路基压实稳定后,再加宽路面。宜采用两侧相等加宽的方式,如图 4-21 所示。两侧不等宽的加宽方式,如图 4-22、图 4-23 所示,$a-a'<1m$ 时不调整路拱,$a-a'>1m$ 时必须调整路拱。

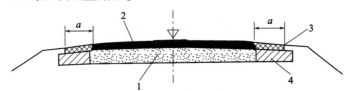

图 4-21 两侧相等加宽路面
1-原基层;2-原路面;3-加宽路面;4-加宽基层

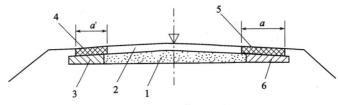

图 4-22 两侧不相等加宽路面
1-原基层;2-原路面;3-加宽基层(较窄);4-加宽面层(较窄);5-加宽面层(较宽);6-加宽基层(较宽)

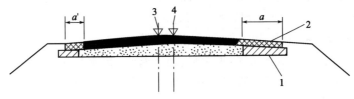

图 4-23 两侧不相等加宽路面
1-加宽基层;2-加宽面层;3-原路拱;4-新铺路拱

（2）单侧加宽。由于受线形和地形的限制必须采用单侧加宽时，可采用图4-24的加宽图示。

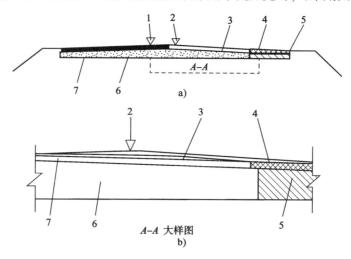

图4-24 单侧加宽
a）加宽图示；b）A-A大样图
1—旧路拱中心；2—调拱后中心；3—调拱三角垫层；4—加宽面层；5—加宽基层；6—旧基层；7—旧面层

（3）在平曲线处，均应按规定设置超高、加宽，原来漏设的，也应结合加宽补设。

（4）加宽的混凝土面板的强度、厚度、路拱、横缝均宜与原混凝土面板相同。板块长宽比应为1.2~1.3，路面板加宽应增设拉杆。

（5）路面板加宽应按下列方法增设拉杆：

①在面板外侧每间隔60cm，在1/2板厚处打一深为30cm、直径为18mm的水平孔。

②清除孔内混凝土碎屑。

③向孔内压入高强砂浆。

④插入直径为14mm、长60cm的螺纹钢筋。

课题 4-4　水泥混凝土路面再生利用

对旧水泥混凝土进行再生利用时，应符合下列要求：

（1）对水泥混凝土板的大面积破坏，可对旧混凝土进行再生利用。混凝土再生利用主要用作水泥混凝土面层粗集料、基层集料和碎块底基层。

（2）旧水泥混凝土板块强度达到石料二级标准时，可作为再生混凝土集料使用。

（3）旧水泥混凝土板再生利用时，应符合下列要求：

①在旧水泥混凝土板破碎前，应标明涵洞、地下管道、排水管位置。在有沥青罩面层处应先用铣刨机清除沥青层。在地下构造物、涵洞、地下管道位置，以及破碎板与保留板连接处的第一块旧混凝土板，应用液压镐破碎。全幅路面板破碎可用落锤式破碎机进行施工。

②将旧水泥混凝土碎块装运到料场进行加工。在旧混凝土板破碎、装运、输送的过程中应

将钢筋剔除。旧混凝土集料的最大粒径应为 40mm，小于 20mm 的粒料不再作为集料。

③当进行水泥混凝土配合比设计时，粒径小于 20mm 的集料宜采用新的碎石，掺加减水剂和二级干粉煤灰。回收集料、新集料、水泥、粉煤灰最终级配要求应满足表 4-1 和表 4-2 的要求。

粗集料级配要求 表 4-1

筛孔尺寸（mm）	40	20	10	5
累计筛余（%）	0~5	30~65	70~90	95~100

细集料级配要求 表 4-2

筛孔尺寸（mm）	5	2.5	1.25	0.63	0.315	0.16
累计筛余（%）	0	0~20	15~50	40~75	70~90	90~100

（4）旧水泥混凝土板块强度达到三级标准可作为基层集料。

①宜采用石灰、粉煤灰结合旧混凝土集料做基层。

②混凝土基层集料含量宜为 80%~85%。

③石灰、粉煤灰比例宜为 1∶4。

（5）水泥混凝土路面破损状况属差级时，应将混凝土板破碎作为底基层使用。

①在水泥混凝土路面两侧挖纵横向排水沟，排除积水。

②破碎旧水泥混凝土板按本课题旧水泥混凝土破碎要求执行。落锤落点间距为 30cm，宜交错布置，混凝土板碎块最大尺寸不超过 30cm。

③用灌浆设备将 M5 水泥砂浆灌入板块缝内。

④用 25t 振动压路机进行振碾，碾压速度为 2.5km/h，往返碾压 6 次。最终碾压后要求基层稳定，灌浆饱满。

⑤对软弱松动碎块应予清除，并用 C15 贫混凝土填补。

水泥混凝土路面再生利用施工如图 4-25 所示。

a)　　　　　　　　　　　　　　　　b)

图 4-25　水泥混凝土路面再生利用施工

课题 4-5　水泥混凝土加铺层

水泥混凝土加铺层分为分离式、直接式和结合式三种类型。分离式加铺层施工方便，对混凝土面板尺寸没有严格要求；结合式加铺层较薄，但是是施工时旧混凝土板要凿毛，施工难度较大；直接式加铺层介于结合式与分离式二者之间，施工较为简单，旧混凝土板表面不要凿毛，进行清洗即可。

分离式加铺层适用于旧路加宽、加厚，结合式混凝土加铺层适用于罩面，直接式加铺层适用于提高旧路的承载能力，以下以分离式加铺和直接式加铺为例，介绍水泥混凝土加铺层的使用要求。

一、分离加铺

在旧水泥混凝土路面上分离加铺，应符合下列要求：
(1)旧水泥混凝土路面的损坏状况指数和行驶质量指数在中或中以下。
(2)旧水泥混凝土板块应充分破碎或压裂，并稳定无脱空，必要时可采用乳化沥青、水泥浆压注稳定。
(3)在旧水泥混凝土板破碎或压裂时，应做好涵洞、地下管道、电缆、排水管等设施的保护。
(4)基层的厚度应通过结构设计确定，且不小于最小结构厚度。
(5)加铺的基层与面层的设计与施工，按照相关设计、施工规范规定执行。

二、直接加铺

在旧水泥混凝土路面上直接加铺，应符合下列要求：
(1)旧水泥混凝土路面上直接加铺的路面种类主要有普通水泥混凝土、钢筋混凝土、钢纤维混凝土、沥青混凝土等，应根据检查、检测结果，针对外部环境和交通量发展状况，按照经济、合理的原则，选择相应的路面加铺层类型。
(2)高速公路及一级公路的路面损坏状况指数和行驶质量指数应在良及良以上；二级及二级以下公路的路面损坏状况指数和行驶质量指数应在中及中以上。
(3)无论采用何种路面类型，均应对旧路面的病害进行修复处治。
(4)新旧路面之间应设隔离层，一般用沥青混凝土、土工布或沥青油毡等。
(5)加铺层的路面厚度应通过计算确定，普通水泥混凝土不小于180mm，钢筋混凝土不小于140mm，钢纤维混凝土不小于120mm，沥青混凝土不小于70mm。
(6)路面加铺层的纵、横缝位置应与旧水泥混凝土面板一致。
(7)路面加铺层的设计与施工，按照相关路面的设计、施工规范规定执行。

三、基本要求

(1)在旧水泥混凝土路面上加铺水泥混凝土面层之前应对旧混凝土路面进行处理。
①对旧混凝土路面进行调查，分板块逐一编号，绘制病害平面图。
②按设计要求对病害面板进行处理。
③板底脱空可采用板下封堵的方法进行压浆处理。
④板块破碎、角隅断裂、沉陷、掉边、缺角等病害板，必须用破碎机(液压镐)凿除。清除混凝土碎屑后，整平基层，并夯压密实，然后铺筑与旧板块等强度的水泥混凝土，其高程控制与旧板面齐平。
(2)在旧混凝土顶面宜铺筑一层隔离层。
①铺筑前应先清除旧面板表面杂物，冲刷尘污，使板面洁净无异物。

②用清缝机清除水泥混凝土面板接缝杂物,用灌缝机灌入接缝材料。

③在旧混凝土表面洒布黏层沥青。

a. 在封闭交通施工的路段,施工路段长度一般不宜大于1000m;在半幅通车半幅施工路段,一般不宜大于300m。

b. 黏层沥青采用热沥青或乳化沥青。沥青用量为 $0.4kg/m^2$,使用乳化沥青,宜采用快裂洒布型乳化沥青 PC-3、PA-3,乳液中沥青含量不少于50%,乳化沥青用量为 $0.6kg/m^2$;洒布过量处,应予刮除。

c. 严禁在已洒布或涂刷黏层沥青的面板上通行车辆和行人,并防止土石杂物等散落在沥青上面。

④沥青混凝土隔离层:

a. 沥青混凝土厚度以 1.5~2.5cm 为宜。

b. 摊铺宽度应超过加铺板边缘 25cm,严禁出现空白区。

c. 碾压机械宜采用轮胎压路机,自路边向路中心碾压,边压边找平,至沥青混凝土隔离层平整无轮迹为止。

⑤土工布隔离层:

a. 在水泥混凝土路面上满铺土工布。

b. 土工布纵横向搭接宽度为 2cm。

c. 在土工布搭接部分涂刷热沥青。

⑥沥青油毡隔离层:

a. 在水泥混凝土路面上满铺沥青油毡。

b. 沥青油毡纵横向搭接宽度为 20cm。

c. 在沥青油毡搭接部分涂刷热沥青。

(3)水泥混凝土加铺层厚度应通过计算确定,且不小于 18cm。

①水泥混凝土加铺层半幅施工时模板应采用钢模板,中模以角钢为宜,必须支立稳固,其平面位置与高度应符合设计要求。

②安装模板宜采取由边模固定中模的方法。边模由钢钎固定,中模每间隔 1m 用膨胀螺丝将模板外侧底部预先定位固定,中、边模之间采用横跨两模板的活动卡梁辅助固定。活动卡梁间距不大于 2m,并随铺筑进度相应装拆推移。

③混凝土配合比设计,混合料搅拌、运输、摊铺、振捣、整平、接缝设置、表面修整、养护、锯缝、填缝等工艺应符合公路水泥混凝土路面有关施工规范规定。

④加铺层时新、旧混凝土面板应尽可能对缝,模板拆除时必须做好锯缝位置的标记。

(4)钢纤维混凝土加铺层适用于路面高程受到限制的路段。

①钢纤维混凝土路面板厚应通过结构设计确定,也可取普通混凝土路面板厚度的 0.65 倍,一般不小于 12cm。

②集料的粒径不大于 15mm。

③钢纤维体积率为 1.2%,钢纤维混凝土拌和物的配合比,混合料搅拌、摊铺、振捣、整平、养护等,均应符合公路水泥混凝土路面有关施工规范的规定。

④纵、横缝应与旧混凝土面板一致,拆模时必须做好锯缝标记。

(5)连续配筋混凝土加铺层适用于高速公路。

①纵向、横向钢筋应采用螺纹钢筋。

②钢筋布置应符合下列要求:

a. 纵向钢筋间距不小于10cm且不大于25cm。

b. 横向钢筋间距不大于80cm。

c. 纵向钢筋焊接长度不小于50cm或钢筋直径的30倍,焊接位置相互错开,不应在一个断面上重叠。

d. 纵向钢筋应设在面板厚度的1/2处,横向钢筋位于纵向钢筋之下,横向钢筋下设梯形混凝土支撑垫块。

e. 边缘钢筋至板边的距离一般为10~15cm。

③端部处理。在与其他路面或桥梁、涵洞等构造物连接处,必须进行端部处理。可根据实际情况连续设置三道胀缝或三道矩形锚固梁。

④接缝设置。

a. 纵缝不另设拉杆,由一侧板的横向钢筋延伸,并穿过纵缝代替拉杆。

b. 施工缝可采用平缝,纵向钢筋应保持连续,穿过接缝。

(6)钢筋混凝土加铺层适用于一般路段。

①钢筋混凝土板厚按普通混凝土板规定进行设计。

②纵、横向钢筋宜采用相同的直径。钢筋的最大间距和最小直径按表4-3确定。

钢筋最小直径和最大间距 表4-3

钢筋类型	光面钢筋	螺纹钢筋
最小直径(mm)	8	12
纵向最大间距(cm)	15	35
横向最大间距(cm)	30	75

③钢筋的搭接长度宜大于直径的25倍,钢筋应设在板面下1/3~1/2板厚范围内,外侧钢筋中心距接缝或自由边的距离为10~15m,钢筋保护层的最小厚度不小于5cm。

④横向缩缝间距宜为10m,并应设传力杆;纵缝、胀缝和施工缝的设置与普通混凝土路面相同。

(7)直接式加铺层施工须清除旧面板表面积物,冲刷尘污,使板面洁净无异物。直接式加铺层厚度应通过计算确定且不小于14cm。

①采用直接式加铺层的路段,其板面应基本完好、平整。旧混凝土面板局部裂缝处应采用钢筋网片补强,钢筋网片覆盖于裂缝之上,超过裂缝不小于50cm,网片距板底面5cm。

②水泥混凝土路面施工,按照公路水泥混凝土路面有关施工规范规定执行。

四、应用实例

(1)结构形式:碎石化基层 + 水泥混凝土面层。

(2)项目名称:广东省新丰县G105线改造工程。

(3)路线名称或编号:G105;

(4)技术等级:一级;

(5)改造时间:2006年;

(6)破碎后代表弯沉：<70；

(7)加铺结构形式：15cm 水泥稳定碎石 +26cm 水泥混凝土。

图 4-26 ~ 图 4-29 为部分施工图片。

图 4-26 碎石化施工现场

图 4-27 碎石化施工后现场

图 4-28 碾压施工现场

图 4-29 路面摊铺施工现场

课题 4-6　沥青混凝土加铺层

一、一般规定

（1）沥青混凝土加铺层要求旧混凝土路面稳定、清洁，对面板损坏部分必须维修，对旧水泥混凝土路面进行相应的处理。

（2）反射裂缝的防治可采用土工格栅、油毡、土工布、切缝填封橡胶沥青或做二灰碎石、水泥稳定粒料层碎石化技术、适当提高沥青混凝土面层厚度等方法。

①采用土工格栅施工，应符合下列规定：

a. 先在混凝土面板上洒黏层沥青，沥青用量为 $0.4 \sim 0.6 kg/m^2$。

b. 用 1~2cm 沥青砂调平旧混凝土路面。

c. 宜采用玻璃纤维格栅压入沥青调平层。

d. 采用膨胀螺丝加垫片固定格栅端部。

e. 格栅纵、横向的搭接部分不小于 20cm。

f.格栅中部在混凝土面板纵、横缝位置及两外侧边缘用铁钉加垫片固定。

图4-30、图4-31为防治反射裂缝所采取的部分措施。

图4-30　土工格栅和抗裂贴联合防治反射裂缝　　图4-31　抗裂贴防治反射裂缝

②采用油毡施工,应符合下列规定:

a.将油毡切割成50cm宽的长条带。

b.用压缩空气清除表面杂物。

c.将油毡铺在接缝处,缝两侧各25cm。

d.用汽油喷灯烘烤油毡。

e.当油毡处于熔融状态后压实。

f.用一层沥青砂覆盖油毡表面。

③采用土工布施工,应符合下列规定:

a.凿平板块错台部位。

b.喷洒黏层沥青,沥青用量为$0.4 \sim 0.6 kg/m^2$。

c.一端固定土工布,然后拉紧、铺平,粘贴土工布。

④在沥青路面上对应水泥混凝土横向接缝处切缝,灌接缝材料。

a.按旧水泥混凝土路面平面图,确定水泥混凝土板的接缝位置。

b.在沥青面层已定位的接缝上方,锯深为1.5cm、宽为0.5cm的缝。

c.用压缩空气将锯缝清理干净,并保持干燥。

d.灌填橡胶沥青。

⑤做二灰碎石、水泥稳定碎石上基层,基层厚度不小于15cm。

(3)沥青混凝土面层结构厚度应满足沥青混凝土最小结构厚度,沥青路面厚度一般不低于7cm。

(4)沥青混凝土路面施工,应符合现行《公路沥青路面施工技术规范》(JTG F40)有关规定。

二、施工技术

1.旧水泥混凝土路面处理

沥青混凝土加铺层要求旧水泥混凝土路面稳定、清洁,对面板损坏部分必须维修(更换破碎板,修补和填封裂缝,灌浆填封板底脱空,清除旧水泥混凝土面层表面的松散碎屑、油迹或轮胎擦痕,剔除接缝中失效的填缝料和杂物,并重新封缝)。

(1)旧水泥混凝土路面的处理应符合下列规定:
①按设计要求对病害面板进行处理。
②板底脱空可采用板下封堵方法进行灌浆处理。
③板块破碎、板角断裂、裂缝等病害板必须用破碎机(液压镐)凿除。清除碎屑后整平基层,并夯压密实,后铺筑与旧板块等强度的水泥混凝土,其高程控制与旧板面齐平。
(2)根据破损调查和承载能力检测结果,旧水泥混凝土路面按表4-4进行处理。

旧水泥混凝土路面处理方法   表4-4

原路面状况	评定等级	平均弯沉值(0.01mm)	修补方法
路面损坏状况	优、良	20~45	局部处理:采取更换破碎板、修补开裂板块、脱空板灌浆等措施,使路段代表弯沉值小于0.20mm
	中及以下	>45	采取打裂或碎石化等技术将旧混凝土板打碎、压实
接缝传荷能力	中及以下	—	灌浆填封,或者增加传力杆,或者采取打裂措施消除垂直、水平方向变形
板底脱空	—	—	灌浆或打裂、压实措施消除垂直、水平方向变形,使路面稳定

注:"中及以下"包括中、次、差。

①若路面结构承载能力不满足现有交通荷载要求,应采取补强措施。
a.旧水泥混凝土板的接缝传荷能力应采用落锤式弯沉仪测试法调查评定。
b.测定横向接缝两侧板边的弯沉差。
c.测定横向接缝两侧板边的弯沉时,宜用平均弯沉值评价水泥混凝土板的承载能力。
d.板底脱空可根据面板角隅处的落锤式弯沉仪测定多级荷载弯沉测试结果,并综合考虑唧泥和错台发展程度,以及接缝传荷能力进行判别。
②破碎板的补强设计。
a.当旧路面板接缝或裂缝处平均弯沉值大于0.45mm时,宜采取打裂措施,消除旧水泥混凝土板脱空,使其与基层紧密结合、稳定后,再加铺结构层。
b.当旧路面板接缝或裂缝处平均弯沉值大于0.70mm或水泥混凝土板较破碎时,可将板块碎石化,作为下基层或底基层用。
c.直接加铺沥青层的旧路面,加铺之前需进行对旧路面进行铣刨,铣刨厚度为0.5~1.5cm。
(3)防裂层制作。接缝传荷能力评定等级为中时,应根据气温、荷载、旧水泥混凝土路面承载能力、接缝处弯沉差等情况选用相应减缓反射裂缝的措施。反射裂缝的防治可采用玻璃纤维格栅、油毡、土工织物、切缝填封橡胶沥青、做水泥稳定碎石层或沥青碎石裂缝缓解层、设置(橡胶沥青)应力吸收层、增加沥青加铺层厚度。
(4)做水泥稳定碎石上基层时,基层厚度不小于15cm。
(5)做沥青碎石层上基层时,基层厚度不小于4cm,并应在路面边缘设置内部排水系统。
(6)应力吸收层。
①施工前必须洒布改性乳化沥青黏层,宜采用SBS或橡胶改性。改性乳化沥青不得稀释,且必须采用洒布车机械洒布,洒布量为2.6~3.0kg/m²。
②采用机械撒布规格为16~19mm的单粒径碎石,撒布量为8~10kg/m²,以满布70%左右为宜。采用轮胎压路机碾压2~3遍。
③如果采用STRATA应力吸收层或其他新型应力吸收层技术,应经过技术论证后确定,材

料及工艺应满足设计文件的要求。

(7)确定沥青加铺层厚度时应考虑减缓反射裂缝的要求而适当增加厚度,厚度最大取15cm,一般取10~15cm为宜,再考虑采用其他防裂措施配合综合防裂。

2.沥青混凝土加铺层典型结构及设计

(1)沥青混凝土加铺层结构应充分考虑道路等级、交通条件、旧路面状况、当地材料及环境特点等综合因素确定。

(2)进行沥青加铺层结构设计时,应通过采用较优的路面结构组合、设置合理的防裂层、采用高性能沥青混合料(HPAC)以及合理厚度来提高加铺层的长期性能。

(3)当水泥混凝土路面损坏状况等级为优、良,且水泥混凝土板的弯沉差小于0.05mm时,可直接加铺。可采用表4-5中路面加铺前路面破损状况等级为优、良的路面结构,但应采取措施预防反射裂缝。

(4)当水泥混凝土路面损坏状况等级为中时,对旧路面进行处治后铺设补强层,可采用表4-5中路面加铺前路面破损状况等级为中的路面结构。

沥青加铺层推荐结构　　　　表4-5

路面加铺前破损状况等级	交通荷载等级			
	中轻交通	重载交通		特重载交通
优、良	结构AⅠ-1	结构AⅠ-2-1	结构AⅠ-2-2	结构AⅠ-3
	4cm HPAC	4cm HPAC	4cm HPAC	4cm HPAC
	6cm HPAC	6cm HPAC	6cm HPAC	6cm HPAC
	黏结层	2~3cm应力吸收层	6cm AM	6~8cm HPAC
	10~20cm GA	黏结层	黏结层	2~3cm应力吸收层
	旧路面(处治)	旧路面(处治)	旧路面(处治)	黏结层
				旧路面(处治)
中	结构AⅡ-1	结构AⅡ-2-1	结构AⅡ-2-2	结构AⅡ-3
	4cm HPAC	4cm HPAC	4cm HPAC	4cm HPAC
	6cm HPAC	5cm HPAC	6cm HPAC	6cm HPAC
	黏结层	6cm HPAC	8cm AM20或AM25	6~8cm HPAC
	10~20cm GA	黏结层	黏结层	2~3cm应力吸收层
	旧路面(处治)	15~20cm CGA或CCS	15~20cm GA	黏结层
		10~20cm GA	旧路面(处治)	旧路面(处治)
		旧路面(处治)	—	—

注:HPAC-高性能沥青混合料;CGA-水泥稳定级配碎石;GA-级配碎石;CCS-水泥稳定碎石;黏结层可选择乳化沥青黏结层0.5~1.0kg/m²;表面层HPAC可以选用改性GAC13、SMA13;中面层HPAC可以选用改性GAC20、SUP20、FAC20;下面层HPAC可以选用改性GAC25、SUP25、FAC25。

(5)当旧路面损坏状况评定等级为中时,在对旧路面采用灌浆、换板等处治措施后也可选用表4-5中路面加铺前路面破损状况等级为优、良的路面结构,但应进行技术经济论证。

(6)在加铺前应对水泥混凝土路面进行拉毛或铣刨处理,厚度为0.5~1.5cm,确保新铺的沥青层与旧路面有效结合。

（7）当水泥混凝土路面损坏状况等级为次、差时，或原路面破损严重导致无法直接利用，可将原路面打碎后作为路面的底基层或垫层使用，根据打碎后的当量回弹模量和交通荷载等级选择路面结构。加铺沥青层的三种形式：直接加铺沥青层；加铺沥青稳定碎石基层后再加铺沥青层；加铺无机结合料基层后再加铺沥青层。在具体的应用中针对不同的交通荷载等级可采用表4-6的路面结构。

沥青加铺层推荐结构 表4-6

路面加铺前破损状况等级		交通荷载等级		
		中轻交通	重载交通	特重载交通
碎石化后路面顶面当量回弹模量	>300MPa	结构 AⅢ-1-1	结构 AⅢ-2-1	结构 AⅢ-3-1
		4cm HPAC	4cm HPAC	4cm HPAC
		6cm HPAC	6cm HPAC	6cm HPAC
		黏结层	6~8cm AM20	8cm AM
		15~20cm GA	黏结层	黏结层
		黏结层	破碎稳定的旧路面	18~20cm CGA 或 CCS
		破碎稳定的旧路面	—	黏结层
		—	—	破碎稳定的旧路面
	150~300MPa	结构 AⅢ-1-2	结构 AⅢ-2-2	结构 AⅢ-3-2
		4cm HPAC	5cm HPAC	5cm HPAC
		6cm HPAC	7cm HPAC	7cm HPAC
		黏结层	12~15cm ATB25 或 30	12~15cm ATB25 或 30
		18~20cm CGA 或 CCS	黏结层	黏结层
		黏结层	15~20cm GA	15~20cm GA
		破碎稳定的旧路面	黏结层	15~20cm CGA 或 CCS
		—	破碎稳定的旧路面	黏结层
		—	—	破碎稳定的旧路面
碎石化后路面顶面当量回弹模量	<150MPa	结构 AⅢ-1-3	结构 AⅢ-2-3	结构 AⅢ-3-3
		5cm HPAC	4cm HPAC	4cm HPAC
		7cm HPAC	6cm HPAC	6cm HPAC
		黏结层	6cm HPAC	8cm HPAC
		10~20cm GA	黏结层	黏结层
		18~20cm CGA 或 CCS	30~40cm CGA 或 CCS	30~40cm CGA 或 CCS
		黏结层	15~20cm CCS	15~20cm GA
		破碎稳定的旧路面	黏结层	黏结层
			破碎稳定的旧路面	破碎稳定的旧路面

注：HPAC-高性能沥青混合料；CGA-水泥稳定级配碎石；GA-级配碎石；CCS-水泥稳定碎石；水稳层与沥青层之间黏结层可选择乳化沥青黏结层0.5~1.0kg/m²；碎石化后的旧路面表面的黏结层可选择乳化沥青黏结层2.5kg/m²；表面层HPAC可以选用改性 GAC13、SMA13；中面层 HPAC 可以选用改性 GAC20、SUP20、FAC20；下面层 HPAC 可以选用改性 GAC25、SUP25、FAC25。

(8)在沥青层下应设置下封层,具体应满足现行《公路沥青路面施工技术规范》(JTG F40)的要求。

三、碎石化技术

目前,水泥混凝土路面"白改黑"最常用方法有直接加铺、挖除换填和就地再生利用等方法。其中就地再生利用还包括碎石化技术、门板式打裂技术、共振破碎技术、冲击破碎技术等(**资源4-2、资源4-3**)。

4-2 共振碎石化

1. 工艺简介

碎石化技术是指采用多锤头破碎机反复冲击打碎混凝土面板,将路面分层破碎成大小均匀的块径。这种技术破碎后的路面,可形成上面层粒径较小、中面层粒径稍粗、底层料径较大的嵌挤结构。碎石化技术在实际工程中常采用就地破碎,一次成型的施工方式,完成破碎后通过Z型压路机压稳,形成平整、稳固的基层结构。路面通过破碎和压实后既能满足基层强度要求,又可消除反射裂缝,为新铺面层提供理想的基层结构。碎石化技术存在以下优点:

4-3 MHB碎石化

(1)是目前解决反射裂缝问题的有效方法之一。
(2)碎石化后水泥混凝土路面形成粒径由小而大、嵌挤紧密、分布合理的结构基层。
(3)施工简便、效率高。
(4)充分再利用资源,环保、无污染。
(5)施工干扰小,综合造价低。

2. 适用条件

(1)一般而言,当水泥混凝土路面出现下列情况时,可以考虑使用碎石技术进行改造。
①水泥混凝土路面有大量病害,错台、翻浆和角隅破坏等达到总接缝长度的20%以上。
②板块出现开裂、断板或下沉,需要修补的面积达到路面总面积的20%~70%。
③水泥混凝土路面基层及面层厚度超过33cm。
④20%的路面面板已被修补或需要被修补。
⑤混凝土路面断板率介于20%~45%范围内。
⑥其他认为需要碎石化的路段,如水泥混凝土路面"白改黑"时为消除反射裂缝。
(2)在下列情况下不建议使用碎石化技术:
①旧路改建中遇到挡墙、桥梁和涵洞等的承载力不足以承受再生设备荷载但需加固的路段。
②公路近旁有敏感建筑物或设备(安全距离小于5m),不能经受再生设备引起的地面振动路段。
③路面以上受净空限制,不容许加铺新路面的路段。

3. 改造路面结构实例

对于满足碎石化技术适用条件,且路基未出现重大病害及非软弱地基路段,建议采用碎石化改造方案。碎石化后路面结构可根据道路交通量等级及碎石化后的回弹模量采用常规设计法进行计算。下面介绍两种典型路面结构:

(1)结构一:22cm碎石化底基层+20cm水泥稳定碎石基层+5cm中粒式沥青混凝土下面

层+4cm细粒式沥青混凝土面层,如图4-32所示(透层、黏层略)。

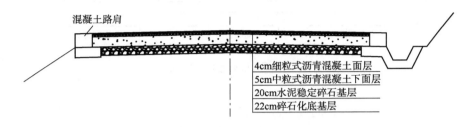

图4-32 碎石化改造路面(结构一)

(2)结构二:22cm碎石化底基层+8cm沥青稳定碎石基层+5cm中粒式沥青混凝土下面层+3cm细粒式沥青混凝土上面层,如图4-33所示(透层、黏层略)。

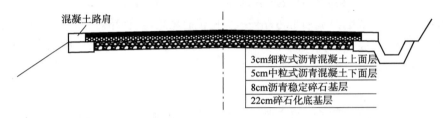

图4-33 碎石化改造路面(结构二)

根据原路面结构组成,碎石化层顶控制弯沉按100(0.01mm)考虑,在碎石化施工初期须选取1~2km具有代表性的路段作为试验路段,确定合理破碎工艺参数后,实测碎石化层顶面回弹弯沉,若与预计的控制弯沉差值异较大,可对路面结构层加铺厚度进行适当调整。

上述两种路面结构,均是在碎石化处理后的路面上加铺新的路面结构层。其中,结构一采用水泥稳定碎石基层,结构二采用沥青稳定碎石基层。采用沥青稳定碎石基层可缩短工期,但成本相对较高,路面结构相对较柔,长期使用易产生车辙;采用水泥稳定碎石基层成本相对较低,路面结构刚度相对较大,但施工工期较长,建成后的路面高程相对较高。

对软弱地基及路基病害较为严重的路段,可采用挖除换填的办法进行局部处理。挖除换填的主要目的是为了解决路基病害以及因碎石化不能解决的路基出现的病害,故挖除换填是作为碎石化方案的补充。

4.施工工艺及控制要点

(1)施工工艺流程

①选择一段具代表性路段进行试破碎,其中多锤头破碎机应分别采用不同的行走速度及锤头提升高度。

②对试破碎的路段现场刨坑,检查破碎粒径及路面板破碎率是否满足要求,并及时进行调整。

③根据试破碎确定工艺参数,即确定合理的锤头提升高度和设备行走速度。

④对破碎完成的破面采用Z型钢轮压路机压稳,一般情况下碾压2~3遍。

⑤碎石化完成后应立即进行下封层施工,封闭交通8~12h后可临时开放交通。

⑥碎石化工艺完成后,即可进行基层、面层摊铺。

碎石化改造施工工艺流程如图4-34所示。

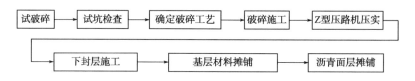

图 4-34 碎石化改造施工工艺流程图

（2）控制要点

①碎石化施工过程中主要控制破碎率和破碎粒径。其中，破碎率应达到 75% 以上；破碎粒径：表面层最大尺寸小于 7.5cm；中间层最大尺寸小于 22.5cm；底层最大尺寸小于 37.5cm。

②基层、面层等施工则按现行《公路沥青路面施工技术规范》（JTG F40）进行控制。

（3）注意事项

①破碎面若存在坑洼深度大于 5cm 的部位，应用级配碎石找平；

②选用多锤头碎石化方案时，若部分路段线路两侧有敏感建筑或险要山体，且在振动影响范围以内（5m），为保证安全，应对该路段改造方案进行单独设计，如采用镐式破碎后挖除换填。

5. 机械设备配置要求

（1）结构一：

根据此方案工艺要求，需完成的主要工作包括路面破碎与压稳、水泥稳定碎石基层摊铺、透层、黏层洒布、沥青面层摊铺。各项工作所需的机械设备型号、数量应按表 4-7 进行配置。

主要机械设备配置需求表　　　　　　　　　　表 4-7

序号	设备名称	型号	数量	备注
1	多锤头破碎机	HB4000-2 型	2	破碎
2	Z 型钢轮压路机	20～25t	1	压稳
3	沥青洒布车	—	1	透层、黏层
4	钢筒式压路机	6～8t	1	透层
5	沥青混凝土拌和站	—	1	基层、面层
6	摊铺机	—	2	基层、面层
7	双钢轮振动压路机	10～13t	4	基层、面层
8	轮胎压路机	25t 以上	2	基层、面层
9	装载机	50 型	2	—
10	沥青混合料运输车	20t	10	面层
11	水泥稳定碎石拌和站	—	1	基层
12	运输车	20t	10	基层

（2）结构二：

根据此方案工艺要求，需完成的主要工作包括路面破碎与压稳、沥青稳定碎石基层摊铺、透层、黏层洒布、沥青面层摊铺。各项工作所需的机械设备型号、数量应按表 4-8 进行配置。

主要机械设备配置需求表　　　　　　　　　　表 4-8

序号	设备名称	型号	数量	备注
1	多锤头破碎机	HB4000-2 型	2	破碎
2	Z 型钢轮压路机	20～25t	1	压稳
3	沥青洒布车	—	1	透层、黏层
4	钢筒式压路机	6～8t	1	透层

续上表

序号	设备名称	型号	数量	备注
5	沥青混凝土拌和站	—	1	基层、面层
6	摊铺机	—	2	基层、面层
7	双钢轮振动压路机	10~13t	4	基层、面层
8	轮胎压路机	25t 以上	2	基层、面层
9	装载机	50 型	2	—
10	沥青混合料运输车	20t	10	面层

6. 施工要点

(1) 施工前,清除原有的沥青混凝土面层(如果有),在施工路段两端对路面进行全深度切割。

(2) 在正式施工之前,应在试验区进行试破碎,以确定满足破碎尺寸要求的锤头高度和速度。试验区尺寸为车道全宽,长度为75m。为确保路面被破碎成规定的尺寸,应同时在试验区内开挖至少2个试坑来检验实际破碎效果。

(3) 破碎前,锯开所有缝,清除缝内填充物和杂质,然后用多锤头破碎机破碎原路面。

①混凝土板表面最大尺寸不超过7.5cm,中间不超过22.5cm,底部不超过37.5cm。应通过开挖试坑(平面尺寸为1m×1m,深度达到基层)后使用卷尺结合目测的方式进行粒径检测,频率为单幅2个/km。如不满足要求,需作小幅调整。

②破碎率(满足破碎尺寸要求面积/总面积)超过施工路段总面积75%。

③破碎后顶面回弹模量平均值控制在200~300MPa范围内,频率为至少6个有效数据/km。

(4) 在破碎施工和压实操作过程中,如发现部分区域存在单独的软弱基层或底基层时,应按以下程序加以修复:

①清除原混凝土路面和基层。

②根据具体情况,开挖到具有足够强度的路基深度。

③从路基到破碎混凝土板底采用满足规范要求的级配粒料回填,剩余的部分应可采用贫混凝土、大粒径碎石或粗粒式沥青混合料回填。

(5) 破碎完成后应进行压实。应避免过度压实和在路基含水率较大时进行压实操作,以避免损坏底基层。具体压实的次数应在试验区确定,一般Z型钢轮压路机为2~3遍,光轮压路机为1~2遍。

(6) 破碎后的水泥混凝土路面不得开放交通。必须开放交通的应在摊铺沥青混凝土前对由于开放交通而导致松散或不稳定的路段进行重新压实。

(7) 摊铺沥青混凝土前应在破碎并压实后的旧路表面上均匀洒布乳化沥青透层油,用量为2.5~3.0kg/m²,然后在表面均匀撒布一薄层石屑,厚度为0.5~1.0cm;用光轮压路机碾压稳定。

(8) 沥青混凝土面层结构厚度应满足设计厚度,并不小于最小结构厚度10cm(高速公路、一级公路)或7cm(其他等级公路)。

4-4 超薄白改黑

图4-35、图4-36为旧水泥路面碎石化及加铺沥青面层施工照片(**资源4-4**)。

图 4-35　旧水泥混凝土路面碎石化施工现场

图 4-36　加铺沥青面层施工现场

1. 水泥混凝土路面养护应符合哪些要求？
2. 试述水泥混凝土路面养护的内容。
3. 采用灌浆法和条带罩面法处治裂缝时，应符合哪些要求？
4. 简述裂缝扩缝灌浆法施工工艺。
5. 简述裂缝条带罩面法施工工艺。
6. 裂缝全深度补块法可分为哪三种方法？
7. 简述集料嵌锁法施工工艺。
8. 简述板角修补的基本要求。
9. 采用注浆法处治板底脱空时，应符合哪些要求？
10. 错台的处治方法有哪两种？
11. 简述沥青砂填补基本要求。
12. 沉陷处理、面板顶升的基本要求有哪些？
13. 接缝填缝料损坏维修时，应符合哪些规定？
14. 水泥混凝土路面加宽的基本要求有哪些？
15. 试述路面板加宽增设拉杆的方法。
16. 旧水泥混凝土再生利用时，应符合哪些要求？
17. 沥青混凝土加铺层，采用在旧水泥混凝土路面上直接加铺，应符合哪些要求？
18. 沥青混凝土加铺层，采用在旧水泥混凝土路面上分离加铺，应符合哪些要求？
19. 沥青混凝土加铺层，旧水泥混凝土路面的处理应符合哪些规定？
20. 简述碎石化技术的优点。

单元5 UNIT FIVE
桥梁、涵洞养护

 知识目标

1. 了解桥梁、涵洞养护的基本内容和要求;
2. 熟悉桥梁检查类型及其对应的检查方法、频率和要求;
3. 掌握桥面铺装养护维修要点、伸缩缝更换要点;
4. 掌握梁式桥上部结构病害处治及主梁加固处理方法;
5. 熟悉桥梁下部结构、墩台基础的各种病害的常见维修方法和施工工艺;
6. 熟悉支座的更换方法及施工工艺流程;
7. 掌握桥梁主要灾害的防治与抢修方法;
8. 掌握涵洞日常养护的主要任务、要求及维修加固方法。

 能力目标

1. 能进行桥梁的初始检查、经常检查、定期检查和特殊检查,并能够现场填写各种桥涵检查表格;
2. 能结合桥梁病害调查结果,对桥梁技术状况进行评定,并制定养护维修对策;
3. 能进行梁式桥桥面铺装的维修、伸缩缝的更换;
4. 能进行梁式桥上部结构常见病害的养护维修及主梁加固;
5. 能进行小桥墩台、基础的养护维修;
6. 能进行桥梁支座更换;
7. 能进行桥梁主要灾害的防治与抢修;
8. 能进行涵洞日常养护和维修。

课题 5-1　桥梁检查

一、一般规定

公路桥梁养护检查等级分为Ⅰ、Ⅱ、Ⅲ级,分级标准应符合下列规定:
(1)单孔跨径大于150m的特大桥、特别重要桥梁的养护检查等级为Ⅰ级。
(2)单孔跨径小于或等于150m的特大桥、大桥,以及高速公路或一、二级公路上的中桥、小桥的养护检查等级为Ⅱ级。
(3)三、四级公路上的中桥、小桥的养护检查等级为Ⅲ级。
(4)技术状况评定为3类的大、中、小桥应提高一级进行检查。
(5)技术状况评定为4类的桥梁在加固维修前应按Ⅰ级进行检查。
桥梁检查应分为初始检查、日常巡查、经常检查、定期检查和特殊检查。
养护检查等级为Ⅰ级的桥梁宜安装结构监测系统对结构状态和各类外荷载作用下的响应情况进行监测,定期将监测结果与桥梁检查结果进行比对和分析。
桥梁评定应包括技术状况评定和适应性评定。

二、初始检查

初始检查是桥梁建成或改造后的首次检查,能够反映桥梁的初始技术状态,作为日后各项检查与评定的基准,是桥梁养护工作的基础。

初始检查的目的是采集桥梁的基础状态数据,建立桥梁技术档案,作为后期经常检查、定期检查、特殊检查及桥梁评定的基准。通过初始检查,可以确定桥梁各构件的基础技术状况,便于对后期发现的桥梁缺陷和病害作对比分析,确定病害或缺陷的成因及发展程度,为进一步开展桥梁养护工作提供依据。

新建或改建桥梁应进行初始检查。初始检查宜与交工验收同时进行,最迟不得超过交付使用后1年。

初始检查需要尽早进行,以确保如实反映桥梁的初始技术状况。初始检查宜与交工验收同时进行,可以避免一些参数重复检查或漏检。交工验收是以抽检的形式按现行《公路工程质量检验评定标准　第一册　土建工程》(JTG F80/1)对桥梁工程质量进行检测评定;初始检查是全面检查,按本规范要求的内容和现行《公路桥梁技术状况评定标准》(JTG/T H21)进行检查评定;交工验收检测不能替代初始检查,初始检查可以沿用交工验收检测报告中已经包含的参数数据,避免重复检测,节约养护费用。

1.初始检查的内容

初始检查包括下列内容:
(1)定期检查需测定的所有项目,并按要求设置永久观测点。
(2)测量桥梁长度、桥宽、净空、跨径等;测量主要承重构件尺寸,包括构件的长度与截面尺寸等;测定桥面铺装层厚度及拱上填料厚度等。

(3)测定桥梁材质强度、混凝土结构的钢筋保护层厚度。

(4)养护检查等级为Ⅰ级的桥梁,通过静载试验测试桥梁结构控制截面的应力、应变、挠度等静力参数,计算结构校验系数;通过动载试验测定桥梁结构的自振频率、冲击系数、振型、阻尼比等动力参数。

(5)有水中基础,养护检查等级为Ⅰ、Ⅱ级的桥梁,应进行水下检测。

(6)量测缆索结构的拉索索力及吊杆索力,测试索夹螺栓紧固力等。

(7)检测钢管混凝土拱桥钢管内混凝土密实度。

(8)当交、竣工验收资料中已经包含上述检查项目或参数的实测数据时,可直接引用。

初始检查内容中包含桥梁总体尺寸、主要承重构件尺寸、材质强度、钢筋保护层厚度等检测内容。在桥梁没有明显腐蚀、锈蚀、损伤或经历改造的情况下,上述参数不会发生能影响结构评定的变化,因此在后期的定期检查和特殊检查中可以直接沿用上述参数在初始检查时得到的数据,避免检查工作的重复,节约养护资源。

水下基础检测需要对基础及河底铺砌的缺损情况进行详细检测,一般通过相关辅助手段(如水下摄像机、水下腐蚀电位测量仪等)进行检测,了解构件的损伤、损坏情况;在水流速和能见度符合要求时,也采用人工潜水检测。在国外,有采用侧向超声波测位仪来检测桥梁水下部分的桥墩、基础冲刷,填石或石笼的范围、移动情况等的实例,也有采用贯入地面雷达检测桥台外形及其稳定性的实例。

2.初始检查技术状况评定报告内容

初始检查后应提交技术状况评定报告。技术状况评定报告应包括下列内容:

(1)桥梁基本状况卡片、桥梁初始检查记录表(表5-1)、桥梁定期检查记录表、桥梁技术状况评定表。

(2)典型缺损和病害的照片、文字说明及缺损分布图,缺损状况的描述应采用专业标准术语,说明缺损的部位、类型、性质、范围、数量和程度等。

(3)3张总体照片,包括桥面正面照片1张,桥梁两侧立面照片各1张。

(4)规定的检查内容的成果。

(5)养护建议。

桥梁初始检查记录表 表5-1

(公路管理机构名称)					
1.路线编号		2.路线名称		3.桥位桩号	
4.桥梁编号		5.桥梁名称		6.被跨越道路(通道)名称	
7.被跨越道路(通道)桩号		8.桥梁全长(m)		9.最大跨径(m)	
10.上、下部结构形式					
11.桥梁分联及跨径组合					
12.桥梁施工方法					

续上表

13.新建桥梁在施工过程中的返工、维修或加固情况			
14.加固改造后的桥梁,加固改造情况			
15.档案资料不齐全的桥梁,维修加固情况			
16.设计单位名称		17.施工单位名称	
18.管养单位名称		19.交工时间(年 月 日)	
20.初始检查(年 月 日)		21.初始检查时的气候及环境温度	
22.桥面高程			
23.拱轴线			
24.主缆线形			
25.墩、台身、锚碇的高程			
26.墩、台身、索塔倾斜度			
27.索塔水平变位、高程			
28.拱桥桥台、悬索桥锚碇水平位移			
29.悬索桥索夹螺栓紧固力			
30.水中基础			
31.斜拉索或吊杆索力			
32.主要承重构件尺寸			
33.材质强度			
34.保护层厚度			
35.钢管混凝土管内混凝土密实度			
36.静载试验结果			
37.动载试验结果			
38.记录人		39.桥梁工程师	
40.桥梁初始检查机构			

三、日常巡查

日常巡查的目的是及时获知桥梁结构运营是否正常,使桥梁结构在病害初期或突发情下能得到及时的养护或紧急处治,可由管养单位专业技术人员组织实施。

养护检查等级为Ⅰ、Ⅱ级的桥梁,日常巡查每天不应少于1次;对有特殊照明需求(含对功能性及装饰性照明、航空航道指示灯等)的桥梁,应适当开展夜间巡查。对养护检查等级为Ⅲ级的桥梁,日常巡查每周不应少于1次;遇地震、地质灾害或极端气象时应增加检查频率。

日常巡查可以乘车目测为主,并应做巡检记录,若发现明显缺损和异常情况应及时上报。

日常巡查可采用桥梁信息管理系统或人工制定当日巡查桥梁名录及巡查路线,对巡检过程中发现的明显缺损和异常,应立即向主管部门报告,必要时采取交通管制措施。每次巡查结束后将巡检记录及时归档。日常巡查的记录表格可以根据桥梁结构形式、桥位所处环境、交通特点等因素,由桥梁管养单位的信息管理系统或人工制定。

日常巡查应包括下列内容:
(1)桥路连接处是否异常。
(2)桥面铺装、伸缩缝是否有明显破损;伸缩缝位置的桥面系是否存在异常。
(3)栏杆或护栏等有无明显缺损。
(4)标志标牌是否完好。
(5)桥梁线形是否存在明显异常。
(6)桥梁是否存在异常的振动、摆动和声响。
(7)桥梁安全保护区是否存在侵害桥梁安全的情况。

日常巡查内容主要包括桥面及以上部分的桥梁构件及桥梁结构异常变位情况的目测检查,关注桥梁自身情况的同时,也应注意桥梁使用环境是否存在异常。当主梁或下部结构发生异常的横桥向变形或变位时,伸缩缝处的护栏、栏杆、标线等会有明显的错位、错台等情况出现,日常巡查时需要重视。

四、经常检查

桥梁的经常检查主要指对桥面设施、上部结构、下部结构及附属构造的技术状况进行日常巡视检查,及时发现缺损并进行小修保养工作。

经常检查是检查桥梁外表可见到的病害和缺陷等,为小修保养计划提供依据;按照桥梁养护管理"预防为主、安全至上"的工作方针,对桥梁各部分及附属工程进行预防性保养,修补其轻微损坏部分,预防结构病害的发生,使桥梁经常保持完好状态。

经常检查,又称为日常检查或例行检查,其目的是确保结构功能正常,使结构能得到及时的养护和保养或紧急处理,对需要检修和一些重大问题作出报告。

根据桥涵养护检查等级不同,结合桥梁技术状况,为适应不同的养护需求,采取差异化的检查频率,起到合理配备养护资源的作用。经常检查应符合下列规定:

(1)养护检查等级为Ⅰ级的桥梁,经常检查每月不应少于1次。
(2)养护检查等级为Ⅱ级的桥梁,经常检查每两个月不应少于1次。
(3)养护检查等级为Ⅲ级的桥梁,经常检查每季度不应少于1次。
(4)在汛期、台风、冰冻等自然灾害频发期,应提高经常检查频率。
(5)养护检查等级为Ⅱ、Ⅲ级的桥梁,在定期检查中发现存在4类构件时,加固处治前应提高经常检查频率。
(6)对支座的经常检查每季度不应少于1次。

经常检查宜抵近桥梁结构,主要采用目测检查方法,并辅以简单设备(如望远镜、照相机、摄像机,以及扳手、铲子、锉刀等常用工具)来进行检查和记录。应现场填写"桥梁经常检查记录表"(表5-2),这是及时、准确收集信息的重要保证,填写要求应准确无误,不能漏填,不允许事后回忆补填。经常检查中发现桥梁重要部件缺损严重,应及时上报。

桥梁经常检查记录表　　　　　　　　　　　表 5-2

公路管理机构名称：

1. 路线编号		2. 路线名称		3. 桥位桩号	
4. 桥梁编号		5. 桥梁名称		6. 养护单位	
7. 检查项目		缺损类型	缺损范围	处治建议	
8. 主梁					
9. 主拱圈					
10. 拱上建筑					
11. 桥(索)塔(含索鞍)					
12. 主缆					
13. 斜拉索					
14. 吊杆					
15. 系杆					
16. 桥面铺装					
17. 伸缩缝					
18. 人行道、路缘					
19. 栏杆、护栏					
20. 标志、标线					
21. 排水系统					
22. 照明系统					
23. 桥台及基础(含冲刷)					
24. 桥墩及基础(含冲刷)					
25. 锚碇(含散索鞍、锚杆)					
26. 支座					
27. 翼墙(耳墙、侧墙)					
28. 锥坡、护坡					
29. 桥路连接处(桥头搭板)					
30. 航标、防撞设施					
31. 调治构造物					
32. 减振装置					
33. 其他					
34. 负责人		35. 记录人		36. 检查日期	年 月 日

经常检查应包括下列内容：

（1）桥梁结构有无异常的变形、振动及其他异常状况。图 5-1 所示的基础已发生了较明显的差异沉降，高差为 3cm。

（2）外观是否整洁，构件表面是否完好，有无损坏、开裂、剥落、起皮、锈迹等。如图 5-2、图 5-3 所示，从外观来看，全桥已发生了明显的老化、破损。

图 5-1　基础差异沉降

图 5-2　全桥破损

图 5-3　全桥老化

（3）混凝土主梁裂缝是否有发展，箱梁内是否有积水。钢结构主梁抽查焊缝有无开裂，螺栓有无松动或缺失。

（4）斜拉索、吊杆（索）、系杆等索结构锚固区的密封设施是否完好，有无积水或渗水痕迹，密封材料等有无老化和开裂；主缆最低点是否渗水；索鞍是否有异常的位移、卡死、辊轴歪斜以及构件锈蚀、破损；鞍座混凝土是否开裂；鞍室是否渗水、积水。

（5）支座是否有明显缺陷，使用功能是否正常。图 5-4 所示为支座发生位移。

图 5-4　支座发生位移

(6)桥面铺装是否存在病害。图 5-5、图 5-6 所示桥面铺装层已发生了明显的破损,表现为桥面坑槽、露筋。

图 5-5 桥面坑槽

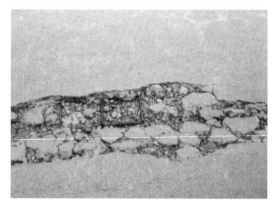
图 5-6 桥面露筋

(7)伸缩缝是否堵塞、卡死,连接部件有无松动、脱落、局部破损。如图 5-7、图 5-8 所示,桥梁伸缩缝已发生了破损、堵塞现象。

图 5-7 伸缩缝破损

图 5-8 伸缩缝堵塞

(8)人行道、缘石有无破损、剥落、裂缝、缺损和松动。图 5-9 所示的人行道已发生了破损。

图 5-9 人行道破损

(9)栏杆、护栏有无破损、缺失、锈蚀、移动或错位。
(10)排水设施有无堵塞和破损。图5-10、图5-11所示分别为泄水孔堵塞和排水管缺失。

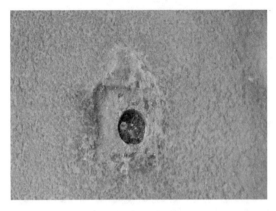
图5-10　泄水孔堵塞

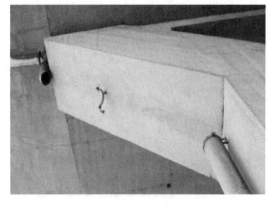
图5-11　排水管缺失

(11)墩台有无明显的倾斜、损伤、开裂,是否受到车、船或漂流物撞击而受损;基础有无冲刷、损坏、悬空;墩台与基础是否受到生物腐蚀。图5-12所示为河床堵塞现象。图5-13所示为桥梁受撞击后坍塌。图5-14所示为桥梁墩身基础已发生了严重的冲刷破坏。

图5-12　河床堵塞

图5-13　桥梁受撞击后坍塌

图5-14　桥梁墩身基础发生了严重的冲刷破坏

(12)翼墙(侧墙、耳墙)、锥坡、护坡、调治构造物有无缺损、开裂、沉降和塌陷。图 5-15 所示的翼墙已发生了非常明显的滑移现象。图 5-16 所示为桥梁锥坡塌陷。

图 5-15　翼墙滑移

图 5-16　锥坡塌陷

(13)悬索桥锚碇是否存在渗水、积水。

(14)交通信号、标志、标线、照明设施以及桥梁其他附属设施是否完好、正常工作。图 5-17 所示的桥梁墩身反光标志已发生了破损；图 5-18 所示的限高标志发生了变形。

图 5-17　墩身反光标志破损

图 5-18　限高标志变形

(15)永久观测点及标志点是否完好。

五、定期检查

定期检查是桥梁养护管理系统中采集结构技术状况动态数据的工作,它为评定桥梁使用功能、制订养护计划提供基本数据。

定期检查的目的是通过对结构物进行全面、系统的检查,建立结构管理和养护档案,对结构的缺损状况作出评估,评定结构构件和整体结构的技术状况,确定改进工作和特别检查的需求,并确定结构维修、加固、更换的优先排序,并及早发现桥梁的主体结构及其附属构造物的缺损状况,使之经常处于良好状态,保证公路畅通无阻。定期检查周期应符合下列规定：

(1)养护检查等级为Ⅰ级的桥梁,定期检查周期不得超过 1 年。

(2)养护检查等级为Ⅱ、Ⅲ级的桥梁,定期检查周期不得超过3年。

1. 定期检查的方式和工作内容

定期检查和经常检查均有目测,但定期检查需要辅以必要的测量仪器,如望远镜、照相机、探测工具和设备。定期检查需要创造接近各部件的条件,如使用桥梁检测车、搭设临时支架等。定期检查前要认真查阅有关技术资料、初始检查报告及历次定期检查报告,做好人员、设备等方面的准备,落实安全保障措施,并应符合下列规定:

(1)现场校核桥梁基本数据,填写或补充完善"桥梁基本状况卡片"。

(2)现场填写"桥梁定期检查记录表(梁式桥)"(表5-3),记录各部件缺损状况并绘制主要病害分布图。

(3)对桥梁永久观测点进行复核,对桥面高程及线形、变位等检测指标进行量测。

(4)判断病害原因及影响范围。

(5)进行技术状况评定,提出养护建议。

桥梁定期检查记录表(梁式桥) 表5-3

公路管理机构名称:

1.路线编号		2.路线名称		3.桥位桩号	
4.桥梁编号		5.桥梁名称		6.被跨越道路名称	
7.桥梁全长(m)		8.主跨结构		9.最大跨径(m)	
10.管养单位		11.建成时间		12.上次修复养护时间	
13.上次检查时间		14.本次检查时间		15.本次检查时气候及环境温度	

16.部位	17.部件名称	18.评分	19.缺损					20.养护建议(维修范围、方式、时间)	21.是否需特殊检查
			类型	位置	范围	照片	最不利构件		
桥面系	桥面铺装								
	伸缩装置								
	排水系统								
	人行道								
	栏杆、护栏								
	照明、标志								
	桥路连接处								
上部结构	主要承重构件								
	一般构件								
下部结构	桥墩及基础								
	桥台及基础								
	翼墙、耳墙								
	锥坡、护坡								
	支座								

续上表

16.部位	17.部件名称	18.评分	19.缺损					20.养护建议（维修范围、方式、时间）	21.是否需特殊检查
			类型	位置	范围	照片	最不利构件		
附属设施	防撞设施								
	防雷设施								
	防抛网、声屏障								
	检修设施								
	监测系统、永久观测点								
调治构造物									
其他									
22.桥梁技术状况评定等级			23.全桥清洁状况				24.预防及修复养护状况		
25.记录人			26.负责人				27.下次检查时间		

2. 桥梁永久观测点设置

桥梁永久观测点，可作为位移和变形监测的基准，是评定桥梁结构技术状况的重要指标。对大型桥梁建立永久观测点，定期进行控制检测，是桥梁检查的一项工作。其检测周期可以与定期检查相同，也可以短于定期检查周期。桥梁永久观测点设置及检测项目应符合下列规定：

（1）对于单孔跨径不小于 60m 的桥梁，应设立永久观测点，定期进行控制检测。桥梁检测项目与永久观测点布置要求见表 5-4。对于单孔跨径小于 60m 的桥梁，检测中若发现结构存在异常变形，应进行相应的控制检测。对于特殊结构桥梁，宜根据养护、管理的需要，增加相应的控制检测项目。

桥梁检测项目与永久观测点　　　　　　表 5-4

序号	检测项目	永久观测点
1	桥面高程	每孔不宜少于 10 个测点，沿行车道两边（靠缘石处）布设，跨中、$L/4$、支点等控制截面必须布设
2	墩、台身、锚碇变位	布置于墩、台身底部（距地面或常水位 0.5~2m）、桥台侧墙尾部顶面和锚碇的上、下游两侧各 1~2 测点
3	墩、台身、索塔倾斜度	墩、台身底部（距地面或常水位 0.5~2m）的上、下游两侧各 1~2 测点
4	索塔变位	每个索塔不宜少于 2 个测点，索塔顶面、塔梁交接处各 1~2 测点
5	主缆线形	每孔不宜少于 10 个测点，沿索夹位置布设，主缆最低点和最高点必须布设
6	拱轴线	每孔不宜少于 18 个测点，沿拱圈上、下游两侧拱肋中心处在拱顶、$L/8$、$L/4$、$3L/8$、拱脚等控制截面布设
7	拱座变位	不宜少于 2 个测点，布设于拱座上、下游两侧
8	悬索桥索夹滑移	桥塔侧第一对吊杆索夹处各设 1 测点
9	索鞍与主塔相对变位	索鞍处各设 1 测点

(2)桥梁永久观测点的设置应牢固可靠。当测点与国家大地测量网联络有困难时,应建立相对独立的基准测量系统。永久观测点有变动时,应及时检测、校准及换算,保持数据的有效性和连续性。

(3)设置永久观测点后,应绘制永久观测点平面布置图,并在图中明确基准点位置。

(4)桥梁主体结构维修、加固改造前后,应进行控制检测,保持观测资料的连续性。

(5)应设而没有设立永久观测点的桥梁,应在定期检查时按规定补设。测点的布设和首次检测的时间及检测数据等,应按要求归档。

(6)特大桥、大桥、中桥的墩台旁,必要时可设置水尺或标志,以观测水位和冲刷情况。

3. 桥面系的检查

桥面系的检查包括下列内容:

(1)桥面铺装层纵(横)坡是否顺适,有无严重的龟裂、纵(横)裂缝,有无坑槽、拥包、拱起、剥落、错台、磨光、泛油、变形、脱皮、露骨、接缝料损坏、桥头跳车等病害。

(2)伸缩缝是否有异常变形、破损、脱落、漏水、失效,锚固区有无缺陷,是否存在明显的跳车。

(3)人行道有无缺失、破损等。

(4)栏杆、护栏有无缺失、破损等。

(5)防排水系统是否顺畅,泄水管、引水槽有无明显缺陷,桥头排水沟功能是否完好。

(6)桥上交通信号、标志、标线、照明设施是否损坏、失效。

4. 混凝土梁桥上部结构检查

混凝土梁桥上部结构检查包括下列内容:

(1)检查混凝土构件有无开裂及裂缝是否超限,有无渗水、蜂窝、麻面、剥落、掉角、空洞、孔洞、露筋及钢筋锈蚀。

(2)检查主梁跨中、支点及变截面处,悬臂端牛腿或中间铰部位,刚构的固结处和桁架的节点部位,混凝土是否开裂、缺损,钢筋有无锈蚀。

(3)检查预应力钢束锚固区段混凝土有无开裂,沿预应力筋的混凝土表面有无纵向裂缝。

(4)桥面线形及结构变位情况。

(5)混凝土碳化深度、钢筋锈蚀检测。

(6)检查主梁有无积水、渗水,箱梁通风是否良好。

(7)检查组合梁的桥面板与梁的结合部位及预制桥面板之间的接头处混凝土有无开裂、渗水。

(8)检查装配式梁桥的横向连接构件是否开裂,连接钢板的焊缝有无锈蚀、断裂。

混凝土梁桥上部结构检测内容是结合桥梁技术状况评定指标确定的。在桥梁外观没有明显腐蚀、锈蚀、损伤或经历改造的情况下,钢筋保护层厚度、混凝土强度不会发生能影响结构评定的变化,评定时对这两项参数一般沿用初始检查的检测数据即可。

混凝土梁式桥的检查要点是检查混凝土是否开裂,裂缝发生位置、裂缝的形态、裂缝的长度及宽度、钢筋锈蚀、预应力(锚头、齿板、钢绞线)状况、跨中挠度、横向联系状况等。服役时间长的混凝土的碳化深度检测,在定期检查中也需重视。

桥面线形及结构变位情况检测,对单孔跨径不小于60m的桥梁需要在定期检查时对桥面高程(用以判断跨中挠度)和结构变位进行控制检测;对单孔跨径小于60m的桥梁,检测中若发现结构存在异常变形,需要进行相应的控制检测。

5. 钢桥上部结构检查

钢桥上部结构检查应包括下列内容:

(1)构件涂层劣化情况。

(2)构件是否锈蚀、裂缝、变形、局部损伤。

(3)焊缝是否开裂或脱开。

(4)铆钉和螺栓是否松动、脱落或断裂。

(5)结构的跨中挠度、结构变位情况。

(6)钢箱梁内部湿度是否符合要求,除湿设施是否工作正常。

(7)钢-混凝土组合梁桥和混合梁桥的检测,还应包括下列内容:

①桥面板与梁的结合部位有无纵向滑移、开裂。

②预制桥面板之间的接头处混凝土有无开裂、压溃、渗水、错位。

③混凝土梁段与钢梁段结合处构造功能是否正常,接合面有无脱开、渗漏、错位、承压钢板变形等。

6. 拱桥上部结构检查

拱桥上部结构检查应符合下列规定:

(1)主拱圈是否变形、开裂、渗水,拱脚是否发生位移。

(2)圬工拱桥拱圈的灰缝有无松散、剥离或脱落,砌块有无风化、断裂、压碎、局部掉块、脱落等。

(3)行车道板、横梁、纵梁及拱上立柱(墙)、盖梁、垫梁的混凝土有无开裂、剥落、露筋和锈蚀。空腹拱的腹拱圈有无较大的变形、开裂、错位,立墙或立柱有无倾斜、开裂。

(4)拱的侧墙与主拱圈间有无脱落,侧墙有无鼓凸变形、开裂,实腹拱拱上填料有无沉陷,排水是否正常。

(5)拱桥的横向联结有无变位、开裂、松动、脱落、断裂、钢筋外露、锈蚀等,连接部钢板有无锈蚀、断裂。

(6)双曲拱桥拱波与拱肋结合处是否开裂、脱开,拱波之间砂浆有无松散、脱落,拱波是否开裂、渗水等。

(7)劲性骨架的拱桥,混凝土是否沿骨架出现纵向裂缝或横向裂缝。

(8)吊杆索力有无异常变化。吊杆防护套有无开裂、鼓包、破损,必要时可打开防护套,检查吊杆钢丝涂膜有无劣化,钢丝有无锈蚀、断丝。钢套管有无锈蚀、损坏,内部有无积水;吊杆导管端密封减振设施和其他减振装置有无病害及异常等。

(9)逐个检查吊杆锚头及周围锚固区的情况,锚具是否渗水、锈蚀,是否有锈水流出的痕迹,锚固区是否开裂。必要时,可打开锚具后盖,抽查锚杯内是否积水、潮湿,防锈油是否结块、乳化失效,锚杯是否锈蚀;锚头是否锈蚀,镦头或夹片是否异常,锚头螺母位置有无异常。

(10)拱桥系杆外部涂层是否劣化,系杆有无松动,锚头、防护罩、钢箱有无锈蚀、损坏。

(11) 钢管混凝土拱桥钢管内混凝土密实度检测,检查频率宜为 3～6 年 1 次。

7. 斜拉桥上部结构及索塔的检查

斜拉桥上部结构及索塔的检查应包括下列内容:

(1) 桥塔有无异常变位,锚固区有无开裂、水渍、渗水现象。混凝土结构有无缺损、裂缝、剥落、露筋、钢筋锈蚀。钢结构涂装是否粉化、脱落、起泡、开裂,钢结构是否锈蚀、变形、裂缝;螺栓是否缺失、损坏、松动;钢与混凝土连接是否完好。

(2) 拉索索力有无异常变化,观测斜拉索线形有无异常。

(3) 斜拉索防护套有无开裂、鼓包、破损、老化变质,必要时可以打开防护套,检查斜拉索的钢丝涂层劣化、破损、锈蚀及断丝情况。

(4) 逐个检查锚具及周围锚固区的情况,锚具是否渗水、锈蚀,是否有锈水流出的痕迹,锚固区是否开裂。必要时可打开锚具后盖,抽查锚杯内是否积水、潮湿,防锈油是否结块、乳化失效,锚杯是否锈蚀;锚头是否锈蚀、开裂,镦头或夹片是否异常,锚头螺母位置有无异常。

(5) 主梁的检测,还应检查梁体拉索锚固区域的混凝土结构是否开裂、渗水,钢结构有无裂纹、锈蚀、渗水。

(6) 钢护筒是否脱漆、锈蚀,钢护筒内有无积水,钢护筒与斜拉索密封是否可靠,橡胶圈是否老化或严重磨损,橡胶圈固定装置有无损坏,阻尼器有无异常变形、松动、漏油、螺栓缺失、结构脱漆、锈蚀、裂缝。

(7) 桥梁构件气动外形是否发生改变,气动措施和风障是否完好,钢主梁检修车轨道、桥面风障、护栏、栏杆的形状及位置是否发生改变。

斜拉索是斜拉桥主要受力构件之一,直接决定斜拉桥的工作状态。索力测试的目的在于将历年检查的实测值进行比较与分析,了解斜拉索索力变化状况、损伤状况及松弛情况。索力测试一般采取抽检方式,选取长、短、中三种类型斜拉索进行测试,并在 3 年内覆盖全部拉索;检查中发现斜拉索存在防护破损严重、钢丝锈蚀或断丝、锚头锈蚀等缺陷时,需要对有缺陷斜拉索进行索力测试。

桥梁根据桥位风环境、桥型、跨径等因素确定合适的结构体系及构件气动外形,必要时会增设气动设施、附加阻尼措施,以改善或提高结构抗风性能。构件气动外形是为满足抗风性能的设计构件外形;气动设施包括附加导流板、抑流板、中央稳定板、风嘴、分流板、气动翼板、气动格栅、风鳍板等;风障是安装在主梁上降低桥面侧向风速影响以提高桥面行车安全性和舒适性的结构。

检查时,应注意主梁、主塔、斜拉索的外形是否与设计一致,外形上有无改变;设置有气动设施及风障的,气动设施和风障是否完好。钢主梁的检修车轨道、桥面风障、护栏、栏杆等附属设施的形状和位置也是根据抗风性能要求而设定,对主梁气动性能有较大影响,不能随意改变。考虑风对行车安全的影响,抗风设计会选择合适的护栏形式来保障风致行车安全。因此,检查时需注意桥梁护栏形式有无改变,护栏周边有无临时设施阻挡等。

8. 悬索桥主要构件的检查

悬索桥主要构件的检查应包括下列内容:

(1) 桥塔有无异常变位,混凝土结构有无缺损、裂缝、剥落、露筋、钢筋锈蚀;钢结构涂装是否粉化、脱落、起泡、开裂,钢结构是否锈蚀、变形、裂缝;螺栓是否缺失、损坏、松动;钢与混凝土连接是否完好。

(2)主缆线形有无变化。主缆防护有无老化、开裂、脱落、刮伤、磨损;主缆是否渗水,缠丝有无损伤、锈蚀,必要时可以打开涂层和缠丝,检查索股钢丝涂膜有无劣化,钢丝有无锈蚀、断丝。锚头防锈漆是否粉化、脱落、开裂,抽查锚头防锈油是否干硬、失效,锚头是否锈蚀、开裂,镦头或夹片是否异常,锚头螺母位置有无异常。

(3)吊索索力有无异常变化;吊索防护套有无裂缝、鼓包、破损,必要时可以打开防护套,检查吊索钢丝涂膜有无劣化,钢丝有无锈蚀、断丝。钢套管有无锈蚀、损坏,内部有无积水;吊索导管端密封减振设施和其他减振装置有无病害及异常等。

(4)逐个检查吊索锚头及周围锚固区的情况,锚具是否渗水、锈蚀,有无锈水流出的痕迹,锚固区是否开裂。必要时可打开锚具后盖,抽查锚杯内是否积水、潮湿,防锈油是否结块、乳化失效,锚杯是否锈蚀;锚头是否锈蚀、开裂,镦头或夹片是否异常,锚头螺母位置有无异常。

(5)检查索夹螺栓有无缺失、损伤、松动,索夹有无错位、滑移,索夹面漆有无起皮脱落,密封填料有无老化、开裂,索夹外观有无裂缝及锈蚀,测试索夹螺栓紧固力。

(6)主索鞍、散索鞍上座板与下座板有无相对位移、卡死、辊轴歪斜,鞍座螺杆、锚栓有无松动现象。鞍座内密封状况是否良好。索鞍有无锈蚀、裂缝,索鞍涂装有无粉化、裂缝、起泡、脱落,主缆和索鞍有无相对滑移。

(7)锚碇外观有无明显病害,如裂缝、空洞等;锚碇有无沉降、扭转及水平位移。锚室顶板、侧墙表面状况是否完好。锚室内有无渗漏水,是否积水;温湿度是否符合要求;除湿设备运行是否正常。

(8)索股锚杆涂层是否完好,有无锈蚀、裂纹病害。

(9)桥梁构件气动外形是否发生改变;气动设施和风障是否完好;钢主梁检修车轨道、桥面风障、护栏、栏杆的形状及位置是否发生改变。

9.支座的检查

支座是容易损坏的构件,在日常检查中很难对其进行目测检查,因此,支座在定期检查中是要重点检测的构件。支座采用的材料类型较多,有橡胶、四氟乙烯、钢筋混凝土、钢等。其中,橡胶等高分子材料寿命较短,定期检查时要注意其老化问题。支座的工作状态是否正常(如活动支座是否灵活、位移量是否正常等)是定期检查的内容。悬索桥、斜拉桥设置的限位功能的纵向和横向支座,检测时不能遗漏。支座的检查应包括下列内容:

(1)支座是否缺失。组件是否完整、清洁,有无断裂、错位、脱空。

(2)活动支座实际位移量、转角量是否正常,固定支座的锚销是否完好。

(3)橡胶支座是否老化、开裂,有无位置串动、脱空,有无过大的剪切变形或压缩变形,各夹层钢板之间的橡胶层外凸是否均匀。

(4)四氟滑板支座是否脏污、老化;聚四氟乙烯板是否磨损,是否与支座脱离,是否倒置。

(5)盆式橡胶支座的固定螺栓是否剪断,螺母是否松动,钢盆外露部分是否锈蚀,防尘罩是否完好,抗震装置是否完好。

(6)组合式钢支座是否干涩、锈蚀,固定支座的锚栓是否紧固,销板或销钉是否完好。钢支座部件是否出现磨损、开裂。

（7）摆柱支座各组件相对位置是否准确。混凝土摆柱的柱体有无破损、开裂、露筋。钢筋及钢板有无锈蚀。活动支座滑动面是否平整。

（8）辊轴支座的辊轴是否出现爬动、歪斜，摇轴支座是否倾斜，轴承是否有裂纹、切口或偏移。

（9）球型支座地脚螺栓有无剪断，螺纹有无锈死，支座防尘密封裙有无破损，支座相对位移是否均匀，支座钢组件有无锈蚀。

（10）支承垫石是否开裂、破损。

（11）简易支座的油毡是否老化、破裂或失效。

（12）支座螺纹、螺帽是否松动，锚螺杆有无剪切变形，上下座板（盆）是否锈蚀。

（13）支座封闭材料是否老化、开裂、脱落。

10. 桥梁墩台及基础的检查

桥梁墩台及基础的检查应包括下列内容：

(1) 墩身、台身及基础变位情况。

(2) 混凝土墩身、台身、盖梁、台帽及系梁有无开裂、蜂窝、麻面、剥落、露筋、空洞、孔洞、钢筋锈蚀等。

(3) 墩台顶面是否清洁，有无杂物堆积；伸缩缝处是否漏水。

(4) 圬工砌体墩身、台身有无砌块破损、剥落、松动、变形、灰缝脱落，砌体泄水孔是否堵塞。

(5) 桥台翼墙、侧墙、耳墙有无破损、裂缝、位移、鼓肚、砌体松动。台背填土有无沉降或挤压隆起，排水是否畅通。

(6) 基础是否发生冲刷或淘空现象，地基有无侵蚀。水位涨落、干湿交替变化处基础有无冲刷磨损、颈缩、露筋，有无开裂，是否受到腐蚀。

(7) 锥坡、护坡有无缺陷、冲刷。

11. 附属设施检查

(1) 养护检修设施是否完好。

(2) 减振、阻尼装置是否完好。

(3) 墩台防撞设施是否完备。

(4) 桥上避雷装置是否完好。

(5) 桥上航空灯、航道灯是否完好，能否保证正常照明。桥面照明及结构物内供养护检修的照明系统是否完好。

(6) 防抛网、声屏障是否完好。

(7) 结构监测系统仪器设备工作是否正常。

(8) 除湿设备工作是否正常。

12. 桥梁定期检查后检查报告的内容

桥梁定期检查后提交的检查报告应包括下列内容：

(1) 桥梁基本状况卡片、桥梁定期检查记录表、桥梁技术状况评定表。

(2) 典型缺损和病害的照片、文字说明及缺损分布图；缺损状况的描述应采用专业标准术语,说明缺损的部位、类型、性质、范围、数量和程度等。

(3)3张总体照片,包括桥面正面照片1张,桥梁两侧立面照片各1张。图5-19为桥面正面照片,图5-20为桥梁侧立面照片。

图5-19　桥面正面照

图5-20　桥梁侧立面照

(4)判断病害原因及影响范围,并与历次检查报告进行对比分析,说明病害发展情况。

(5)桥梁的技术状况评定等级。

(6)提出养护建议及下次检查时间。

定期检查后,根据桥梁技术状况提出养护工作建议,如提出特殊检查建议,说明检查的项目及理由;进行大中修、加固或改建的计划,说明维修目的、拟采用的维修方案、预估费用和建议实施时间等。

六、特殊检查

1. 概述

桥梁特殊检查是根据桥梁破损状况和性质,采用适当的仪器设备,以及现场勘探、试验等特殊手段和科学分析方法,查明桥梁病害原因、破损程度和承载能力,确定桥梁的技术状态,以便采取相应的加固、改善措施。下列情况应做特殊检查:

(1)定期检查中难以判明构件损伤原因及程度的桥梁。

(2)拟通过加固手段提高荷载等级的桥梁。

(3)需要判明水中基础技术状况的桥梁。

(4)遭受洪水、流冰、滑坡、地震、风灾、火灾、撞击,因超重车辆通过或其他异常情况影响造成损伤的桥梁。

2. 特殊检查的内容

特殊检查应根据检测目的、病害情况和性质,采用仪器设备进行现场测试和其他辅助试验,针对桥梁现状进行检算分析,形成评定结论,提出建议措施。

实施特殊检查前,应充分收集桥梁设计资料、竣工资料、材料试验报告、施工资料、历次检测报告及维修资料等,并现场复核。

特殊检查应包括下列一项或多项内容:

(1)材料的物理、化学性能及其退化程度的测试鉴定;结构或构件开裂状态的检测及评定。

(2)结构的强度、刚度和稳定性的检算、试验和鉴定。桥梁承载能力评定宜按现行《公路桥梁承载能力检测评定规程》(JTG/T J21)的相关规定执行。

(3)桥梁抵抗洪水、流冰、风、地震及其他灾害能力的检测鉴定。

(4)桥梁遭受洪水、流冰、滑坡、地震、风灾、火灾、撞击,因超重车辆通过或其他因素造成损伤的检测鉴定。

(5)水中墩台(身)、基础的缺损情况的检测评定。

(6)定期检查中发现的较严重的开裂、变形等病害,应进行跟踪观测,预测其发展趋势。

3.特殊检查报告

特殊检查后应提交检查报告。检查报告应包括下列内容:

(1)桥梁基本状况信息。

(2)特殊检查的总体情况概述。它主要包括桥梁的基本情况、检测的组织、时间、背景、目的和工作过程等。

(3)现场调查、检测与试验项目及方法的说明。

(4)详细描述检测部位的损坏程度并分析原因。

(5)桥梁结构特殊检查评定结果。

(6)填写"桥梁特殊检查记录表"(表5-5)。

(7)提出结构部件和总体的维修、加固或改建的建议。

桥梁特殊检查记录表 表5-5

公路管理机构名称:					
1.路线编号		2.路线名称		3.桥位桩号	
4.桥梁编号		5.桥梁名称		6.被跨越道路(通道)名称	
7.桥梁全长(m)		8.上部结构形式		9.最大跨径(m)	
10.管养单位		11.建成时间		12.上次检测时间	
13.上次特殊检查项目					
14.本次特殊检查时间 (年 月 日)			15.检查时的气候及环境温度		
16.本次特殊检查类型	(承载力检测、水下检测、抗灾能力检测、灾后检测、耐久性检测等)				
检测项目	检测结果				
评定结论					
记录人			负责人		
特殊检查完成机构					

课题 5-2　桥梁技术状况评定

桥梁技术状况评定的目的是通过全面描述桥梁各部件的缺陷,评价桥梁技术状况,记录桥梁基本特征,建立健全桥梁技术档案,提供进行桥梁养护、维修和加固的决策支持,使桥梁长期处于良好的工作状态,最终体现为对营运的桥梁进行有效管理和状况监控。依据桥梁初始检查、定期检查的资料,通过对桥梁各部件技术状况的综合评定,确定桥梁的技术状况等级,提出相应养护措施。

一、桥梁技术状况评定方法

每类桥梁均包括桥面系、上部结构和下部结构三部分。公路桥梁技术状况评定包括桥梁构件、部件、桥面系、上部结构、下部结构和全桥评定。

公路桥梁技术状况评定应采用分层综合评定与 5 类桥梁单项控制指标相结合的方法。首先,需要依据现行《公路桥梁技术状况评定标准》(JTG/T H21)各章节中各检测指标的技术状况评定表对桥梁各构件指标进行评定,确定各构件指标的类别(1~5类);其次,对桥梁各部件进行评定;再次,对桥面系、上部结构和下部结构分别进行评定;最后,进行桥梁总体技术状况的评定。桥梁技术状况评定指标如图 5-21 所示。

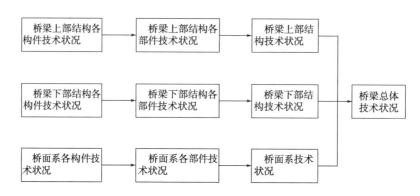

图 5-21　桥梁技术状况评定指标

【例 5-1】　湖南长永高速公路浏阳河大桥,是跨越浏阳河的一座大型桥梁,全桥总长 760m,桥跨布置为(15×16)m(箱梁)+(9×20)m(箱梁)+(2×50)m(斜拉桥)+(4×20)m(箱梁)+(9×16)m(箱梁)。浏阳河大桥由两种结构形式组成,第 25 跨与第 26 跨为斜拉桥,其他部分为预应力混凝土箱型梁,将其分别划分为主桥与引桥两个单元进行评定。

主桥斜拉桥部分按照标准要求,采用分层综合评定法进行评定,最终评定为 4 类,引桥评定为 3 类。全桥技术状况等级评定结果以最差的一个评定单元作为全桥的评定结果,即按照主桥评定结果,全桥技术状况最终评定为 4 类。

二、桥梁技术状况等级分类

桥梁技术状况评定等级应分为 1 类、2 类、3 类、4 类、5 类。桥梁技术状况评定等级及状态描述见表 5-6。

桥梁技术状况评定等级及状态描述　　　　　表 5-6

技术状况等级	状态	技术状况描述
1 类	完好、良好	(1) 主要部件功能与材料均良好； (2) 次要部件功能良好，材料有少量(3% 以内)轻度缺损； (3) 承载能力和桥面行车条件符合设计标准
2 类	较好	(1) 主要部件功能良好，材料有少量(3% 以内)轻度缺损，结构受力裂缝宽度小于设计限值； (2) 次要部件有较多(10% 以内)中等缺损； (3) 承载能力和桥面行车条件达到设计指标
3 类	较差	(1) 主要部件材料有较多(10% 以内)中等缺损，结构受力裂缝宽度超过设计限值，或出现轻度功能性病害，发展缓慢，尚能维持正常使用功能； (2) 次要部件有大量(10%~20%)严重缺损，功能降低，进一步恶化将不利于主要部件和影响正常交通； (3) 承载能力比设计降低 10% 以内，桥面行车不舒适
4 类	差	(1) 主要部件材料有大量(10%~20%)严重缺损，结构受力裂缝宽度超过设计限值，锈蚀严重，或出现轻度功能性病害，且发展较快。结构变形小于或等于设计限值，功能明显降低； (2) 次要部件有 20% 以上的严重缺损，失去应有功能，严重影响正常交通； (3) 承载能力比设计降低 10%~25%
5 类	危险	(1) 主要部件出现严重的功能性病害，且有继续扩张现象，关键部位的部分材料强度达到极限，出现部分钢丝或钢筋断裂、混凝土压碎或杆件失稳变形、破损现象，变形大于设计限值，结构的强度、刚度、稳定性和动力响应不能达到交通安全通行的要求； (2) 承载能力比设计降低 25% 以上

根据桥梁技术状况评定结果，对各类桥梁按表 5-7 采取相应的养护对策。

桥梁技术状况等级与养护对策　　　　　表 5-7

技术状况等级	养护对策
1 类	正常保养或预防养护
2 类	修复养护、预防养护
3 类	修复养护、加固或更换较大缺陷构件；必要时可进行交通管制
4 类	修复养护、加固或改造；及时进行交通管制，必要时封闭交通
5 类	及时封闭交通，改建或重建

由于不同的桥梁构件对桥梁技术状况影响程度不同，将桥梁结构分为主要部件和次要部件两大部分。各结构类型桥梁主要部件见表 5-8，其他部件则为次要部件。

各结构类型桥梁主要部件　　　　　　　　　　　　　　表 5-8

序号	结构类型	主要部件
1	梁式桥	上部承重构件、桥墩、桥台、基础、支座
2	板拱桥(圬工、混凝土)、肋拱桥、箱型拱桥、双曲拱桥	主拱圈、拱上建筑、桥面板、桥墩、桥台、基础
3	钢架拱桥、桁架拱桥	刚架(桁架)拱片、横向联结系、桥面板、桥墩、桥台、基础
4	钢-混凝土组合拱桥	拱肋、横向联结、立柱、吊杆、系杆、行车道板(梁)、支座
5	悬索桥	主缆、吊索、加劲梁、索塔、锚碇、桥墩、桥台、基础、支座
6	斜拉桥	斜拉索(包括锚具)、主梁、索塔、桥墩、桥台、基础、支座

桥梁总体技术状况评定等级分为 1 类、2 类、3 类、4 类、5 类,见表 5-9。

桥梁总体技术状况评定等级　　　　　　　　　　　　　　表 5-9

技术状况评定等级	桥梁技术状况描述
1 类	全新状态,功能完好
2 类	有轻微缺损,对桥梁使用功能无影响
3 类	有中等缺损,尚能维持正常使用功能
4 类	主要构件有较大缺损,严重影响桥梁使用功能,或影响承载能力,不能保证正常使用
5 类	主要构件存在严重缺损,不能正常使用,危机桥梁安全,桥梁处于危险状态

桥梁主要部件技术状况评定标度分为 1 类、2 类、3 类、4 类、5 类,见表 5-10。

桥梁主要部件技术状况评定标度　　　　　　　　　　　　　　表 5-10

技术评定标度	桥梁技术状况描述
1 类	全新状态,功能完好
2 类	功能良好,材料局部有轻度缺损或污染
3 类	材料有中等缺损;或出现轻度功能性病害,但发展缓慢,尚能维持正常使用功能
4 类	材料有严重缺损,或出现中等功能性病害,且发展较快;结构变形小于或等于规定值,功能明显降低
5 类	材料严重缺损,出现严重的功能性病害,且有继续扩展迹象;关键部位的部分材料强度达到极限,变形大于规定值,结构的强度,刚度稳定性不能达到安全通行的要求

桥梁次要部件技术状况评定标度分为 1 类、2 类、3 类、4 类,见表 5-11。

桥梁次要部件技术状况评定标度　　　　　　　　　　　　　　表 5-11

技术评定标度	桥梁技术状况描述
1 类	全新状态,功能完好;或功能良好,材料有轻度缺损、污染等
2 类	有中度缺损或污染
3 类	材料有严重缺损,出现功能降低,进一步恶化,将不利于主要部件,影响正常交通
4 类	材料有严重缺损,失去应有功能,严重影响正常交通;或原无设置,而调查需要补设

三、桥梁技术状况评定工作流程

桥梁技术状况评定工作流程如图 5-22 所示。

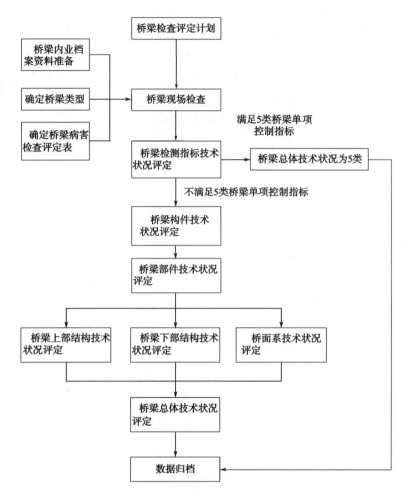

图 5-22 桥梁技术状况评定工作流程

四、桥梁技术状况评定计算

(1)桥梁构件的技术状况评分,按式(5-1)计算:

$$\text{PMCI}_l(\text{BMCI}_l \text{ 或 } \text{DMCI}_l) = 100 - \sum_{x=1}^{k} U_x \tag{5-1}$$

①当 $x = 1$ 时,$U_1 = DP_{i1}$

②当 $x \geq 2$ 时,$U_x = \dfrac{DP_{ij}}{100 \times \sqrt{x}} \times (100 - \sum_{y=1}^{x-1} U_y)$(其中,$j = x$)

③当 $DP_{ij} = 100$ 时,$\text{PMCI}_l(\text{BMCI}_l \text{ 或 } \text{DMCI}_l) = 0$

式中:PMCI_l——上部结构第 i 类部件 l 构件的得分,值域为 0~100 分;

BMCI_l——下部结构第 i 类部件 l 构件的得分,值域为 0~100 分;

DMCI_l——桥面系第 i 类部件 l 构件的得分,值域为 0~100 分;

k——第 i 类部件 l 构件出现扣分的指标的种类数;

U、x、y——引入的变量;

i——部件类别,如 i 表示上部承重构件、支座、桥墩等;

j——第 i 类部件 l 构件的第 j 类检测指标;

DP_{ij}——第 i 类部件 l 构件的第 j 类检测指标的扣分值;根据构件各种检测指标和分值进行计算,扣分值按表 5-12 规定取值。

构件各检测指标扣分值 表 5-12

检测指标所能达到的最高等级类别	指标类别				
	1 类	2 类	3 类	4 类	5 类
3 类	0	20	35	—	—
4 类	0	25	40	50	—
5 类	0	35	45	60	100

【例 5-2】 某桥护栏破损,构件出现混凝土剥落、露筋现象,通过查标准中表 10.4.1-2,根据实际损坏情况判断该评定指标标度为"3",病害最严重等级标度为"4"。根据以上信息,对应表 5-7,该指标扣分值 $DP_{ij}=40$ 分。

(2) 桥梁部件的技术状况评分,按式(5-2)计算:

$$PCCI_i = \overline{PMCI} - \frac{100 - PMCI_{min}}{t} \tag{5-2}$$

或

$$BCCI_i = \overline{BMCI} - \frac{100 - BMCI_{min}}{t}$$

或

$$DCCI_i = \overline{DMCI} - \frac{100 - DMCI_{min}}{t}$$

式中:$PCCI_i$——上部结构第 i 类部件的得分,值域为 0~100 分;当上部结构中的主要部件某一构件评分值 $PMCI_l$ 在[0,40)区间时,其相应的部件评分值 $PCCI_i = PMCI_l$;

$\overline{PMCI}$——上部结构第 i 类部件各构件的得分平均值,值域为 0~100 分;

$BCCI_i$——下部结构第 i 类部件的得分,值域为 0~100 分;当下部结构中的主要部件某一构件评分值 $BCCI_l$ 在[0,40)区间时,其相应的部件评分值 $BCCI_i = BMCI_l$;

$\overline{BMCI}$——下部结构第 i 类部件各构件的得分平均值,值域为 0~100 分;

$DCCI_i$——桥面系第 i 类部件的得分,值域为 0~100 分;

$\overline{DMCI}$——桥面系第 i 类部件各构件的得分平均值,值域为 0~100 分;

$PMCI_{min}$——上部结构第 i 类部件中分值最低的构件得分值;

$BMCI_{min}$——下部结构第 i 类部件中分值最低的构件得分值;

$DMCI_{min}$——桥面系第 i 类部件分值最低的构件得分值;

t——随构件的数量而变的系数,见表 5-13。

t 值 表5-13

n(构件数)	t	n(构件数)	t
1	∞	20	6.6
2	10	21	6.43
3	9.7	22	6.35
4	9.5	23	6.24
5	9.2	24	6.12
6	8.9	25	6.00
7	8.7	26	5.88
8	8.5	27	5.75
9	8.3	28	5.64
10	8.1	29	5.52
11	7.9	30	5.4
12	7.7	40	4.9
13	7.5	50	4.4
14	7.3	60	4.0
15	7.2	70	3.6
16	7.08	80	3.2
17	6.96	90	2.8
18	6.84	100	2.5
19	6.72	>200	2.2

注:1. n 为第 i 类部件的构件总数。
2. 表中未列出的 t 值采用内插法计算。

(3)桥梁上部结构、下部结构、桥面系的技术状况评分,按式(5-3)计算:

$$\text{SPCI}(\text{SBCI 或 BDCI}) = \sum_{i=1}^{m} \text{PCCI}_i(\text{BCCI}_i \text{ 或 DCCI}_i) \times \omega_i \quad (5\text{-}3)$$

式中:SPCI——桥梁上部结构技术状况评分,值域为 0～100 分;
　　SBCI——桥梁下部结构技术状况评分,值域为 0～100 分;
　　BDCI——桥面系技术状况评分,值域为 0～100 分;
　　m——上部结构(下部结构或桥面系)的部件种类数;
　　ω_i——第 i 类部件的权重,按表5-14～表5-19 取值;对于桥梁中未设置的部件,应根据此部件的隶属关系,将其权重值分配给各既有部件,分配原则按照各既有部件权重在全部既有部件权重中所占比例进行分配。

①梁式桥各部件权重值宜按表5-14 的规定取值。

梁式桥各部件权重值　　　　　　　　　　　　　　　　　　　表 5-14

部位	类别 i	评价部件	权重
上部结构	1	上部承重构件(主梁、挂梁)	0.70
上部结构	2	上部一般构件(湿接缝、横隔板等)	0.18
上部结构	3	支座	0.12
下部结构	4	翼墙、耳墙	0.02
下部结构	5	锥坡、护坡	0.01
下部结构	6	桥墩	0.30
下部结构	7	桥台	0.30
下部结构	8	墩台基础	0.28
下部结构	9	河床	0.07
下部结构	10	调治构造物	0.02
桥面系	11	桥面铺装	0.40
桥面系	12	伸缩缝装置	0.25
桥面系	13	人行道	0.10
桥面系	14	栏杆、护栏	0.10
桥面系	15	排水系统	0.10
桥面系	16	照明、标志	0.05

②拱式桥等各部件权重值宜按表 5-15 ~ 表 5-17 的规定取值。

板拱桥、肋拱桥、箱形拱桥、双曲拱桥各部件权重值　　　　　表 5-15

部位	类别 i	评价部件	权重
上部结构	1	主拱圈	0.70
上部结构	2	拱上结构	0.20
上部结构	3	桥面板	0.10
下部结构	4	翼墙、耳墙	0.02
下部结构	5	锥坡、护坡	0.01
下部结构	6	桥墩	0.30
下部结构	7	桥台	0.30
下部结构	8	墩台基础	0.28
下部结构	9	河床	0.07
下部结构	10	调治构造物	0.02
桥面系	11	桥面铺装	0.40
桥面系	12	伸缩缝装置	0.25
桥面系	13	人行道	0.10
桥面系	14	栏杆、护栏	0.10
桥面系	15	排水系统	0.10
桥面系	16	照明、标志	0.05

刚架拱桥、桁架拱桥各部件权重值　　　　　　　　　　　　表 5-16

部位	类别 i	评价部件	权重
上部结构	1	刚架拱片（桁架拱片）	0.50
	2	横向联结系	0.25
	3	桥面板	0.25
下部结构	4	翼墙、耳墙	0.02
	5	锥坡、护坡	0.01
	6	桥墩	0.30
	7	桥台	0.30
	8	墩台基础	0.28
	9	河床	0.07
	10	调治构造物	0.02
桥面系	11	桥面铺装	0.40
	12	伸缩缝装置	0.25
	13	人行道	0.10
	14	栏杆、护栏	0.10
	15	排水系统	0.10
	16	照明、标志	0.05

钢-混凝土组合拱桥各部件权重值　　　　　　　　　　　　表 5-17

部位	类别 i	评价部件	权重
上部结构	1	拱肋	0.28
	2	横向联结系	0.05
	3	立柱	0.13
	4	吊杆	0.13
	5	系杆（含锚具）	0.28
	6	桥面板（梁）	0.08
	7	支座	0.05
下部结构	8	翼墙、耳墙	0.02
	9	锥坡、护坡	0.01
	10	桥墩	0.30
	11	桥台	0.30
	12	墩台基础	0.28
	13	河床	0.07
	14	调治构造物	0.02
桥面系	15	桥面铺装	0.40
	16	伸缩缝装置	0.25
	17	人行道	0.10

续上表

部位	类别 i	评价部件	权重
桥面系	18	栏杆、护栏	0.10
	19	排水系统	0.10
	20	照明、标志	0.05

③悬索桥各部件权重值宜按表 5-18 的规定取值。

悬索桥各部件权重值 表 5-18

部位	类别 i	评价部件	权重
上部结构	1	加劲梁	0.15
	2	索塔	0.20
	3	支座	0.05
	4	主鞍	0.04
	5	主缆	0.25
	6	索夹	0.04
	7	吊索及钢护筒	0.17
	8	锚杆	0.10
下部结构	9	锚碇	0.40
	10	索塔基础	0.30
	11	散索鞍	0.15
	12	河床	0.10
	13	调治构造物	0.05
桥面系	14	桥面铺装	0.40
	15	伸缩缝装置	0.25
	16	人行道	0.10
	17	栏杆、护栏	0.10
	18	排水系统	0.10
	19	照明、标志	0.05

④斜拉桥各部件权重值宜按表 5-19 的规定取值。

斜拉桥各部件权重值 表 5-19

部位	类别 i	评价部件	权重
上部结构	1	斜拉索系统(斜拉索、锚具、拉索护套、减震装置等)	0.40
	2	主梁	0.25
	3	索塔	0.25
	4	支座	0.10
下部结构	5	翼墙、耳墙	0.02
	6	锥坡、护坡	0.01

续上表

部位	类别 i	评价部件	权重
下部结构	7	桥墩	0.30
	8	桥台	0.30
	9	墩台基础	0.28
	10	河床	0.07
	11	调治构造物	0.02
桥面系	12	桥面铺装	0.40
	13	伸缩缝装置	0.25
	14	人行道	0.10
	15	栏杆、护栏	0.10
	16	排水系统	0.10
	17	照明、标志	0.05

⑤桥梁结构组成权重值按表5-20的规定取值。

桥梁结构组成权重值 表5-20

桥梁部位	权重	桥梁部位	权重
上部结构	0.40	桥面系	0.20
下部结构	0.40		

(4)桥梁总体的技术状况评分,按式(5-4)计算:

$$D_r = BDCI \times \omega_D + SPCI \times \omega_{SP} + SBCI \times \omega_{SB} \qquad (5-4)$$

式中:D_r——桥梁总体技术状况评分,值域为0~100分,桥梁技术状况分类界限表见表5-21。

ω_D——桥面系在全桥中的权重,按表5-20规定取值;

ω_{SP}——上部结构在全桥中的权重,按表5-20规定取值;

ω_{SB}——下部结构在全桥中的权重,按表5-20规定取值。

桥梁技术状况分类界限表 表5-21

技术状况评分	技术状况等级 D_r				
	一类	二类	三类	四类	五类
D_r(SPCI、SBCI、BDCI)	[95,100]	[80,95]	[60,80]	[40,60]	[0,40]

(5)当上部结构和下部结构技术状况等级为3类、桥面系技术状况等级为4类,且桥梁总体技术状况评分为$40 \leq D_r < 60$时,桥梁总体技术状况等级应评定为3类。

(6)全桥总体技术状况等级评定时,当主要部件评分达到4类或5类且影响桥梁安全时,可按照桥梁主要部件最差的缺损状况评定。

五、桥梁技术状况单项控制指标

实践证明,桥梁某些关键部位出现严重病害就足以危及桥梁安全,即使其他部位状况再好,也不能改善其总体安全状态。在桥梁技术状况评价中,只要在桥梁检查中发现符合下列情况之一时,将整座桥技术状况评定为 5 类:

(1)上部结构有落梁,或有梁、板断裂现象。

(2)梁式桥上部承重构件控制截面出现全截面开裂;组合结构上部承重构件结合面开裂贯通,造成截面组合作用严重降低。

(3)梁式桥上部承重构件有严重的异常位移,存在失稳现象。

(4)结构出现明显的永久变形,变形大于规范值。

(5)关键部位混凝土出现压碎或杆件失稳倾向;桥面板出现严重塌陷。

(6)拱式桥拱脚严重错台、位移,造成拱顶挠度大于限值,或拱圈严重变形。

(7)圬工拱桥拱圈大范围砌体断裂,脱落现象严重。

(8)腹拱、侧墙、立墙或立柱产生破坏造成桥面板严重塌落。

(9)系杆或吊杆出现严重锈蚀或断裂现象。

(10)悬索桥主缆或多根吊索出现严重锈蚀、断丝。

(11)斜拉桥拉索钢丝出现严重锈蚀、断丝,主梁出现严重变形。

(12)扩大基础冲刷深度大于设计值,冲空面积达 20% 以上。

(13)桥墩(桥台或基础)不稳定,出现严重滑动、下沉、位移、倾斜等现象。

(14)悬索桥、斜拉桥索塔基础出现严重沉降或位移;悬索桥锚碇有水平位移或沉降。

课题 5-3　桥面系的养护与维修

桥面系是指桥梁上部结构中,直接承受车辆、人群等荷载并将其传递至主要承重构件的桥面构造系统,包括桥面铺装、伸缩装置、防排水系统、行车道和人行道、栏杆及灯柱等附属设施。

一、桥面铺装及防水层的养护

桥面铺装的类型一般根据所采用的材料类型可分为沥青表面处治桥面铺装、沥青混凝土桥面铺装、水泥混凝土桥面铺装等。沥青表面处治桥面铺装耐久性差,仅在中级或低级公路桥梁上使用。沥青混凝土桥面铺装和水泥混凝土桥面铺装可以满足各项要求,水泥混凝土桥面铺装的耐磨性能好,适合重载交通,养护期长,但以后修补较麻烦的情况;沥青混凝土桥面铺装维修养护方便,但易老化、变形。

1. 病害特征

在公路桥梁工程中,桥面铺装常出现不规则的网状裂缝,较规则的纵向裂缝、横向裂缝及较严重的碎裂等病害(图 5-23、图 5-24)。产生病害的原因是多方面的,主要是设计阶段对桥面铺装参与结构受力考虑偏低(没有按主受力截面要求做配筋设计),而超载车辆又频繁作用。另外,配筋材料的选择和施工质量,也是影响桥面铺装质量的重要因素。

图 5-23 桥面铺装开裂破碎

图 5-24 桥面裂缝、坑槽、露筋

2. 养护措施

（1）桥面应经常清扫，排除积水，清除泥土、杂物、积雪和冰凌等，保持桥面平整、清洁。

（2）沥青混凝土桥面出现泛油、拥包、裂缝、波浪、坑槽、车辙等病害时，应及时处治。根据损坏程度，局部修补或整跨铣刨，重新铺设铺装层，并应满足现行《公路沥青路面养护技术规范》（JTG 5142）的相关技术要求。

（3）水泥混凝土桥面出现断缝、拱胀、错台、起皮、露骨等病害时，应及时处治。根据损坏程度，将原铺装整块或整跨凿除，重铺新的铺装层，并应满足现行《公路水泥混凝土路面养护技术规范》（JTJ 073.1）的相关技术要求。局部修补时严禁使用普通配比混凝土替代防水混凝土。

（4）桥面铺装养护维修及改造，拟改造的桥面铺装厚度大于原桥铺装层厚度时，应经过技术论证或检算。沥青混凝土微表处或罩面养护时，不得覆盖伸缩装置。

（5）桥面防水层损坏，应及时修复。

二、桥面排水系统的养护

1. 病害特征

桥面排水设施出现缺陷，如泄水孔堵塞（图 5-25）会导致桥面积水，给行车带来不利影响；降雨时引起车辆滑移，容易引发交通事故，严重的还会损坏桥梁结构本身的安全。当雨水由伸缩缝直接进入支座时，将会使支座锈蚀，造成支座的功能恶化。

a)

b)

图 5-25 桥面泄水孔堵塞

2.养护措施

排水系统应满足排水需要,保持完好和畅通,有损坏时应及时维修或更换,有堵塞时应及时疏通。

三、桥梁栏杆的养护

1.病害特征

桥梁栏杆存在缺陷或已损坏(图5-26、图5-27),虽不妨碍交通,但却影响桥容,使行车缺少安全感,降低交通安全的适应水平。因此,对损坏的栏杆要及时修理,并加强平时的养护工作。

图5-26　桥梁栏杆缺损　　　　　　　图5-27　栏杆混凝土剥落、钢筋锈蚀

2.养护措施

对桥梁栏杆应进行经常养护,保持其完好状态。栏杆柱要竖立、正直,水平构件能自由伸缩;及时安装撞坏的栏杆,如有缺损,要及时补齐;钢筋混凝土栏杆,如有裂缝或剥落,轻者可用环氧树脂黏结材料灌缝修补,严重者需要凿除损坏部分,重新修补完整。钢质栏杆要进行一年一次的定期油漆,如发现油漆有麻点、起皮,应用钢刷处理后重新进行油漆。桥梁两端的栏杆柱或防撞墙端面,涂有立面标记或警示标志的,应保持标记、标志鲜明。

四、桥梁伸缩装置的养护

伸缩装置应能满足梁体的自由伸缩,并要求具有较好的耐久性、行驶的舒适性、良好的防水性及施工的方便性,且维修简便、价格合理。在桥梁结构中,伸缩装置要能适应温度的变化、混凝土的徐变及收缩、梁端的旋转、梁的挠度等因素引起的伸缩变化。**(资源5-1)**

5-1　桥梁伸缩缝维修

1.病害特征

伸缩缝破坏特征为由于设计不当,材料老化和施工的因素造成接缝处不平、跳车、渗漏的现象。产生伸缩缝破损的主要原因包括如下:

(1)设计不周。

(2)施工质量问题。

(3)养护不当。

(4)交通流量大、重车多。

(5)伸缩缝本身的品质有问题。

(6)伸缩缝锚固系统不合理,锚固混凝土太薄,强度难以达到设计要求,极易损坏。

2. 养护措施

伸缩装置的养护,应满足下列规定:

(1)伸缩装置应平整、直顺、无漏水,处于良好的工作状态。

(2)应经常清除伸缩装置的缝内积土、垃圾等杂物,使其正常发挥作用。

(3)伸缩装置的密封橡胶带(止水带)损坏后,应及时更换。密封橡胶带(止水带)的选择,应满足其规格和性能要求。

(4)钢板(梳齿型)伸缩装置的钢板开焊时,应及时补焊;螺栓松动、脱落时,应及时维修。

伸缩装置出现下列病害时,应及时进行更换:

(1)U形锌铁皮伸缩装置的锌铁皮出现老化、开裂、断裂。

(2)钢板伸缩装置的钢板出现变形、翘曲、脱落。

(3)橡胶条伸缩装置的橡胶条出现老化、脱落,固定角钢出现变形、松动。

(4)板式橡胶伸缩装置的橡胶板出现老化、开裂,预埋螺栓松脱,伸缩失效。

(5)伸缩装置的弹性元件或其他连接构件疲劳或失效,影响伸缩装置正常使用。

更换伸缩装置时宜选择技术先进、合理的伸缩装置,伸缩量应满足桥跨结构变形需要,安装应牢固、平整、不漏水。伸缩装置锚固区混凝土应完好,有开裂、松散时应及时修复。维修或更换伸缩装置时,应实施交通管制。在锚固区混凝土强度未达到设计要求时,不得开放交通。

3. 伸缩装置更换施工流程

伸缩装置的损坏是难免的,要从设计、施工、养护等环节高度重视,并加强日常维修养护,清除缝内沉积物,如有损坏应及时修理或更换,保证其处于正常的工作状态,确保桥梁安全。图5-28~图5-31为伸缩装置更换的图片。

图5-28 拆除原有伸缩装置

图5-29 清理槽口

图 5-30　安装新的伸缩装置

图 5-31　更换伸缩装置完成

伸缩装置既是桥梁路面中最薄弱的环节,也是最容易损坏的组成部分,在一些交通繁忙的道路(如机场高速公路)上,一般不能中断交通,即使占道施工也具有一定的时间限制。通常,进行伸缩装置的更换施工中,由于混凝土的凝固时间较长,施工占道时间较长,不能满足繁忙交通的要求,因此,伸缩装置的快速修补显得尤为重要。伸缩装置的更换施工作业流程图可按图 5-32 实施。

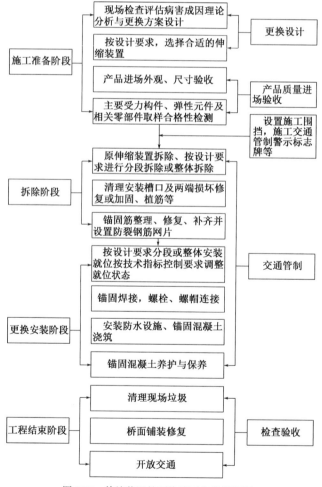

图 5-32　伸缩装置的更换施工作业流程图

施工单位应根据更换设计文件,编制施工组织设计。其中,施工方案部分应包括原伸缩装置拆除、安装槽口修复加固和锚固筋整理修复方案、缺损成因的改进方案和伸缩装置更换安装方法以及施工监控和交通管制等。

对异型钢单缝伸缩装置和模数式伸缩装置的主要受力构件应进行进场验收,按产品标准规定对异型钢的截面尺寸钢材品种进行验收检测,并应在工厂取样,委托第三方检测机构加工成拉伸试验标准试样,进行检测,确认所用钢材型号应符合产品标准规定。模数式伸缩装置的弹性元件和梳齿板伸缩装置的锚固螺栓、螺母等应有出厂检验合格证书,并应从同批产品中抽取产品样本,测试产品的主要性能和质量的均匀性,确认质量合格后方可使用。

4. 原伸缩装置拆除及拆除后的修复加固

(1) 原伸缩装置的拆除应按拆除方案要求,并应符合下列规定:

① 对模数式带有位移箱的埋置深度较大的伸缩装置,拆除顺序应先拆除锚固混凝土,露出锚固筋和位移箱,然后切断与伸缩装置伸缩体的锚固连接,应保留原有纵向及竖向预埋锚固筋,分段移走伸缩体结构。拆除时不应损坏槽口和梁端。

② 对单元支承式梳齿板伸缩装置,应按损坏单元拆除。对采用大位移整体式的和多车道的伸缩装置应分段拆除。

③ 对梳齿板式等浅埋式伸缩装置,在拆除伸缩装置结构后,应将表层混凝土清至梁板上层钢筋露出为止,保留原有预埋钢筋。若有损坏应及时修复。

(2) 伸缩装置拆除后对安装槽口、梁端损伤和锚固筋的修复应符合下列规定:

① 伸缩装置拆除后,应按施工方案,清除废弃混凝土,清理安装槽口,对局部损伤的槽口进行修复加固,对缺损的锚固筋和锚固螺栓进行整理、补筋或植筋。植筋的大小、数量和植筋长度等技术要求,应符合现行《公路桥梁加固设计规范》(JTG/T J22)、《公路桥梁加固施工技术规范》(JTG/T J23)及《混凝土结构后锚固技术规程》(JGJ 145)等相关规范标准规定,同时应增设防裂钢筋网。

② 发现安装槽口宽度不符合设计宽度时,应按更换设计文件要求所复核的原结构伸缩量,变更符合伸缩量要求的伸缩装置。

③ 拆除后应对梁端损伤的部位进行修复加固。

5. 更换安装

(1) 伸缩装置安装槽口修复加固和锚固筋整理修复符合安装条件后,应按施工方案要求实施更换。

(2) 异型钢单缝伸缩装置更换安装应符合下列规定:

① 架设新更换的伸缩装置于槽口和构造缝位置,并按预留缝宽度调整伸缩装置的边梁安装位置和平整度,将边梁的锚固筋与预埋筋点焊连接并定位,定位后由中间往两边焊接,防止焊接变形。

② 安装缝宽应符合相关规范更换设计或产品标准规定要求。

(3) 模数式伸缩装置更换安装应符合下列规定:

① 模数式伸缩装置安装就位后,其中心位置应与槽口中心线重合,应调整支承横梁和原位移箱位置的高差,保持同一水平线上,左右方向偏差不应超过1mm,以确保主桥纵向自由伸缩

位移。

②伸缩装置整体调平,控制边梁高程应略低于路面 1~2mm。分段更换时的边梁、中梁对接错缝位置和尺寸,应符合更换设计错位连接尺寸设计施工图要求。

③模数式伸缩装置的安装缝宽应按更换设计文件执行。

④更换安装时间应按现行《公路桥涵施工技术规范》(JTG/T 3650)的规定,选择在昼夜温差变化相对较小的时段

(4)梳齿板伸缩装置更换安装应符合下列规定:

①整体式梳齿板伸缩装置更换,应根据路面高程调整锚固螺栓顶面与槽口两侧路面齐平。螺栓的垂直度和间距应与梳齿板的安装孔距一致,梳齿板安装横向间隙应不小于2mm,齿板纵向间隙应不小于30mm,安装平整度高差不大于1mm,严禁敲打,螺母应一次性拧紧。

②单元支承式梳齿板伸缩装置更换安装,应按损坏单元更换。安装固定梳齿板,通过固定螺栓将梳齿板与螺栓组连接成整体,固定螺母应一次性拧紧。安装转动控制座,其定位应保持与相邻单元转动控制座在同一直线上,然后在转动控制座安装带有多向变位铰的活动跨缝梳齿板。通过定位螺栓与槽口区转轴连接的预埋钢筋焊接,然后将螺栓固定螺母逐个一次性拧紧。

③梳齿板伸缩装置更换安装,应防止活动梳齿板翘曲不平和卡齿,应严格控制梳齿板平整度和齿板间隙偏差,要求在最高气温时,齿板的横向间距应不小于2mm,齿板的纵向间隙应不小于15mm。同一断面处两边齿板的平整度高差应不大于1mm。当伸缩量为160mm以上,应不大于2mm。

6. 锚固混凝土浇筑与养生

(1)伸缩装置更换就位检查合格后,应立即浇筑锚固混凝土。

(2)伸缩装置锚固混凝土强度等级指标应符合更换设计要求。

(3)伸缩装置锚固区浇筑混凝土时应防止混凝土撒落在密封橡胶带(止水带)缝隙内或伸缩装置表面,若出现应及时清除。浇筑结束后应采用土工布铺设在混凝土上面,定时养护。混凝土达到设计强度80%后方可开放交通。

课题 5-4 桥梁上部结构的养护与维修

桥梁上部结构是在线路中断时跨越障碍的主要承重结构,是桥梁支座以上(无铰拱起拱线或刚架主梁底线以上)跨越桥孔的总称。当跨越幅度越大时,上部结构的构造也就越复杂,施工难度也相应增加。

一、梁桥上部结构的养护与维修

1. 一般规定

(1)钢筋混凝土梁桥上部结构养护与维修应符合下列规定:

①应保持结构完好、无缺损。
②梁(板)开裂时,应视裂缝性质和影响程度,及时采取相应处治措施。
③梁(板)存在表观缺陷时,应予以维修。
④箱梁或空心板内应保持干燥、无积水。
⑤箱梁内应保持通风良好。
⑥梁体受水侵蚀时,应采取必要的截水措施。
⑦装配式组合梁(板)桥,纵(横)向联系出现开裂、开焊、破损等病害时,应及时修复。
⑧主梁持续下挠或挠度超过设计规定的允许值时,应进行特殊检查评估并及时加固处治。
⑨混凝土梁发生纵(横)向异常变位,支点位置发生异常角变位或过大沉降时,应及时处治。
⑩混凝土梁受到车辆或船舶等撞击后,应根据检测评估结果及时处治。
(2)预应力混凝土梁桥养护与维修除应满足上述要求外,还应符合下列规定:
①预应力体系各组成部分应保持完好、有效。
②全预应力及部分预应力 A 类构件出现结构性裂缝时,应及时维修加固。
③预应力混凝土锚固区存在破损、开裂、剥落、封锚不严、锚具暴露等缺陷时,应及时维修加固。
④发现预应力钢束存在严重锈蚀等缺陷时,应及时处治。
⑤体外预应力钢束存在表面防护严重破损、锈蚀、断丝、夹片破损、失效时,应及时维修或更换;锚固块、转向块与梁体结合区域出现超限的结构裂缝时,应及时加固处治。
⑥预制节段拼装的预应力混凝土梁桥,拼接缝部位出现接触不紧密、拼接材料老化等病害时,应及时维修加固。

2. 常见病害及处理措施

(1)梁体混凝土表观缺陷

钢筋混凝土梁桥常见的表观缺陷包括蜂窝、麻面、空洞、露筋、剥落、风化及防腐涂层起皮、剥落等。此类病害对结构的美观及耐久性存在一定影响,要视其影响程度和范围适时进行维修处治。

图 5-33、图 5-34 所示的混凝土蜂窝、空洞病害,应先将松散部分清除,再用高强度等级混凝土、水泥砂浆或其他材料进行修补。新补的混凝土要密实,与原结构结合牢固、表面平整,并对其进行养生。

图 5-33 混凝土蜂窝空洞

图 5-34 混凝土空洞

图 5-35 为混凝土构件水蚀剥落露筋,图 5-36 为梁底主筋外露及锈蚀。钢筋混凝土梁桥露筋、剥落,应先将松动的保护层凿去,并清除钢筋的锈迹,然后修复保护层。如损坏面积不大,可用环氧砂浆修补;如损坏面积过大,则可喷射高强度等级水泥砂浆。

图 5-35　混凝土构件水蚀剥落露筋

图 5-36　梁底主筋外露及锈蚀

(2)钢筋混凝土梁桥的裂缝处理

裂缝是钢筋混凝土桥梁中最普遍、最常见的病害(图 5-37、图 5-38)。钢筋混凝土结构的裂缝一般分为结构裂缝和非结构裂缝。结构裂缝通常包括弯拉裂缝、主拉应力裂缝、剪切裂缝、压屈裂缝等。钢筋混凝土结构的结构裂缝是结构本身受力情况的直接反映,正常情况下,钢筋混凝土梁是允许带裂缝工作的,但当裂缝宽度或分布范围超过一定限值时,会使结构的承载能力及刚度降低,直接影响结构安全,同时对结构的耐久性等造成不利影响,需要及时处治。裂缝宽度限值见表 5-22[参考现行《公路养护技术标准》(JTG 5110)]。对于非结构裂缝,由于其对结构耐久性存在不利影响,当其裂缝宽度超过一定限值时,也需要及时处治。

图 5-37　桥梁底板横向裂缝

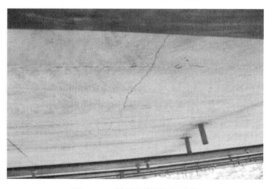
图 5-38　桥梁腹板纵向裂缝

裂缝宽度限值　　　　　　　　　　　　　　　　　　表 5-22

结构类型	裂缝种类	允许最大缝宽(mm)	其他要求
钢筋混凝土梁	主筋附近竖向裂缝	0.25	—
	腹板斜向裂缝	0.30	—
	组合梁结合面	0.50	不允许贯通结合面
	横隔板与梁体端部	0.30	—
	支座垫石	0.50	—

续上表

结构类型	裂缝种类			允许最大缝宽(mm)	其他要求
预应力混凝土梁	梁体竖向裂缝			不允许	—
	梁体纵向裂缝			0.20	—
砖、石、混凝土拱	拱圈横向			0.30	裂缝高度小于截面高度一半
	拱圈纵向			0.50	裂缝长度小于跨径的1/8
	拱波与拱肋结合处			0.20	—
墩台	墩台帽			0.30	不允许贯通墩身截面一半
	墩台身	经常受侵蚀性水影响	有筋	0.20	
			无筋	0.30	
		常年有水，但无侵蚀性水影响	有筋	0.25	
			无筋	0.35	
		干沟或季节性有水河流		0.40	
		有冻结作用部分		0.20	

注：1. 表中所列除特指外适用于一般条件。对于潮湿环境和空气中含有较强腐蚀性气体条件下的缝宽限制，应比表列更严格。

2. 预应力混凝土梁指全预应力或部分预应力 A 类构件。

①裂缝的种类。混凝土桥梁裂缝的种类，就其产生的原因，大致有如下几种：

a. 荷载引起的裂缝。

b. 温度变化引起的裂缝。

c. 收缩引起的裂缝。

d. 地基变形引起的裂缝。

e. 钢筋锈蚀引起的裂缝。

f. 冻胀引起的裂缝。

g. 施工材料质量问题引起的裂缝。

②钢筋混凝土裂缝的检查评定标准。

裂缝的检查主要观测其发生的部位、走向、宽度、长度、分布状况以及裂缝的变化发展情况。根据裂缝的不同形态和受力分类，裂缝分为网状裂缝、横向裂缝、竖向裂缝、纵向裂缝、斜裂缝和水平裂缝。表 5-23 和表 5-24 分别对简支梁(板)桥、刚架桥裂缝和连续梁桥、连续刚构桥、悬臂梁桥和 T 形刚构桥裂缝进行了分类描述，具体的评定标准及标度如下。

简支梁(板)桥、刚架桥裂缝　　表 5-23

标度	评定标准	
	定性描述	定量描述
1	完好	—
2	局部出现网状裂缝，或主梁控制截面出现少量轻微裂缝，缝宽未超限	网状裂缝累计面积≤构件面积的20%，单处面积≤1.0m²，或主梁裂缝缝长≤截面尺寸的1/3
3	出现大面积网状裂缝，或主梁控制截面出现较多横向裂缝(钢筋混凝土梁、板)，或顺主筋方向出现纵向裂缝，或出现斜裂缝、水平裂缝、竖向裂缝等，缝宽未超限	网状裂缝累计面积>构件面积的20%，单处面积>1.0m²，或主梁裂缝缝长>截面尺寸的1/3 且≤截面尺寸的2/3

续上表

标度	评定标准	
	定性描述	定量描述
4	主梁控制截面出现较多横向裂缝(钢筋混凝土梁、板),或顺主筋方向出现严重纵向裂缝并伴有钢筋锈蚀,或出现斜裂缝、水平裂缝、竖向裂缝等,裂缝缝宽超限	主梁裂缝缝长 > 截面尺寸的2/3,间距 < 20cm
5	主梁控制截面出现大量结构性裂缝,裂缝大多贯通,且缝宽超限,主梁出现变形	主梁裂缝缝宽 > 1.0mm,间距 ≤ 10cm

连续梁桥、连续刚构桥、悬臂梁桥和 T 形刚构桥裂缝　　　表 5-24

标度	评定标准	
	定性描述	定量描述
1	无裂缝	—
2	局部出现网状裂缝,或主梁控制截面出现少量轻微裂缝,缝宽未超限	网状裂缝累计面积 ≤ 构件面积的20%,单处面积 ≤ 1.0m²,或主梁裂缝缝长 ≤ 截面尺寸的1/3
3	出现大面积网状裂缝,或主梁控制截面出现较多横向裂缝(钢筋混凝土梁、板),或顺主筋方向出现纵向裂缝,或出现斜裂缝、水平裂缝、竖向裂缝等,缝宽未超限	网状裂缝累计面积 > 构件面积的20%,单处面积 > 1.0m²,或主梁裂缝缝长 > 截面尺寸的1/3 且 ≤ 截面尺寸的1/2
4	主梁控制截面出现较多横向裂缝(钢筋混凝土梁、板),或顺主筋方向出现严重纵向裂缝并伴有钢筋锈蚀,或出现斜裂缝、水平裂缝、竖向裂缝等,裂缝缝宽超限	主梁裂缝缝长 > 截面尺寸的1/2,间距 < 30cm
5	主梁控制截面出现大量结构性裂缝,裂缝大多贯通,且缝宽超限,主梁出现变形	主梁裂缝缝宽 > 1.0mm,间距 ≤ 20cm

③钢筋混凝土梁桥的裂缝修补方法。当结构有较严重的病害时,需要在加固前或在实施加固技术的过程中进行裂缝的修补。施工前应详细检查裂缝的走向、分布、缝宽及深度、数量,并进行分类、标记和记录。对于裂缝宽度在限值范围内的浅而细的表面裂缝,可用涂刷水玻璃或环氧树脂浆液进行表面封闭(图 5-39);当裂缝宽度大于限值规定时,应采用压力灌浆法灌注环氧树脂胶或其他灌缝材料;当裂缝宽度发展严重时,应加强观测,查明原因,采取加固或更换构件的办法。

图 5-39　表面封闭法(涂刷裂缝修补胶)

裂缝修补的主要技术包括如下：

a. 表面处理法。表面处理法是一种在微裂缝的表面涂抹填料及防水材料，以提高其防水性和耐久性为目的的方法，适用于处理宽度在最大限值范围内的裂缝（裂缝最大限值见表 5-22），这种方法的缺点是修补工作无法深入裂缝内部，以及对延伸性裂缝难于追踪其变化。因此，对于宽度发生变化的裂缝，要设法使用有伸缩性的材料。表面处理法所用材料视修补目的及其结构物所处环境不同而异，通常使用弹性涂膜防水材料（如玻璃布）、聚合物水泥膏及水泥填料等。当裂缝宽度大于限值规定时，应采用注浆法、充填法等其他方法。

b. 注浆法。注浆法是在裂缝中注入树脂或水泥类材料，以提高其防水性及耐久性。注浆法的主要注浆材料是环氧树脂，以往均采用手动或脚踏式输液泵注入浆液，但无法控制注入量。对于不贯通的裂缝难于将浆液注入内部，注入压力太大有可能出现使裂缝宽度扩大等问题。所以，现在多采用低压低速注入法。此方法具有易于控制注入量且可注入裂缝深部的优点。当灌浆材料采用环氧树脂时，需要注意，由于环氧树脂的黏度不同，有时浆液无法充分注入裂缝，但增加溶剂量又会降低黏性而达不到预期的目的；对于延伸性裂缝，环氧树脂的变形跟踪性较差（环氧树脂的变形量约为 2%）。因此，对这类裂缝，应该使用可挠性环氧树脂。另外，环氧树脂与钢抓钉并用可使得裂缝部位加固后更具有整体性，是一种防止裂缝继续发展的好办法。自动低压灌注法（壁可法）施工工艺流程及施工图（**资源 5-2**）如图 5-40 ~ 图 5-46 所示。

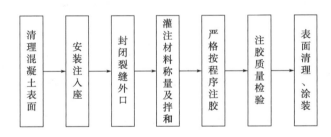

图 5-40　自动低压灌注法（壁可法）施工工艺流程

5-2　壁可法注浆

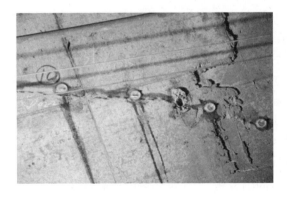

图 5-41　清理混凝土表面

图 5-42　安装注浆座

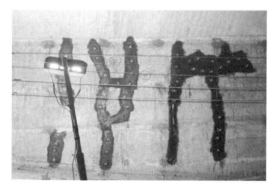

图 5-43 封闭裂缝外口

图 5-44 注浆

图 5-45 注浆质量检验

图 5-46 表面清理、涂装

c. 充填法。充填法是一种适合于修补较宽裂缝(0.5mm 以上)的方法,具体做法是沿裂缝凿一条深槽,然后在槽内嵌补各种黏结材料,如水泥砂浆、环氧砂浆、膨胀水泥砂浆、环氧树脂混凝土、沥青及各种化学补强剂等。就钢筋混凝土结构而言,充填法视钢筋是否锈蚀而异。当钢筋未锈蚀时,沿裂缝处以 10mm 左右的宽度将混凝土凿成 U 形或 V 形,在开槽处充填密封材料用以修补裂缝;当钢筋已经被锈蚀时,应将混凝土凿除到能够充分处置已经生锈的钢筋部分,先对钢筋除锈,然后在钢筋上涂抹防锈底涂料,再充填密封材料。

d. 表面喷涂法。喷浆修补是在经凿毛处理的裂缝表面,喷射一层密实而且黏度高的水泥砂浆保护层,用来封闭裂缝的一种修补方法。喷浆前,需要将结构表面的剥离部分除去,再用水冲洗清洁,并在开始喷浆之前把基层湿润,然后再开始喷浆。

e. 黏结钢板封闭法。当钢筋混凝土构件产生主拉应力裂缝时,可对裂缝先进行处理之后,用环氧树脂类黏结剂,在裂缝处黏结钢板,钢板黏结方向应和裂缝方向垂直,并用膨胀螺栓对钢板加压,将钢板(槽钢)黏结锚固在混凝土结构的受拉缘或薄弱部位,使其与结构形成整体,以钢板代替钢筋作用,提高梁的承载能力。

f. 结构加固增强技术。当裂缝发展严重时,应加强观测,查明原因,采取加固或更换构件的措施来解决。梁式桥上部加固可以采用各种不同的方式,主要视桥梁的实际情况、承载能力的减弱程度以及今后的使用要求而异。一般来说,主要采取扩大原结构构件截面,以提高结构的强度和刚度;以新的结构代替旧的抗力不足的结构;改变原结构的受力体系,使控制截面弯矩的峰值减小;对原结构施加预应力,改变原结构的受力图式,以达到提高桥梁刚度和强度的目的。梁式桥上部结构加固增强技术主要包括加大截面加固法、外部粘贴加固法、外部预应力加固法、改变结构体系加固法和增设纵梁加固法等。

3. 梁桥主梁加固的主要方法及特点

(1)加厚桥面板加固法。在桥面板上加铺一层钢筋混凝土面层,使其与原有主梁结合成整体,达到加厚主梁高度和增大梁的抗压截面,以提高桥梁荷载横向分布能力,从而达到提高桥梁承载能力的目的。桥铺钢筋网、混凝土的摊铺如图5-47、图5-48所示。

图5-47 桥铺钢筋网

图5-48 混凝土的摊铺

加厚桥面板加固法的特点如下:
① 施工简单、承载力提高不显著。
② 需设置连接钢筋和钢筋网。
③ 适宜于在抗压截面较小的场合使用。
④ 浇筑后混凝土需养护,故需对交通加以限制。

(2)增加梁截面和配筋加固法。在梁底面或侧面,加大混凝土截面(增强主筋),使梁抗弯截面加大,提高梁的承载能力(图5-49)。根据荷载大小和净空条件不同,可分为以加大截面面积为主和加配钢筋为主两种加固方案。增加梁截面和配筋加固法的特点如下:
① 凿除工作量大,常需搭设脚手架。
② 加固效果显著,适用于梁及拱肋的强度、刚度、稳定性和抗裂性能不足的桥梁加固。

(3)粘贴钢板(筋)加固法。用环氧树脂类黏结剂,将钢板(或槽钢)黏结锚固在混凝土结构的受拉缘或薄弱部位,使其与结构形成整体,以钢板代替钢筋作用,提高梁的承载能力(图5-50~图5-53)。

粘贴钢板(筋)加固法的特点如下。
① 不需要破坏被加固的原结构的尺寸。
② 施工工艺简单,工期短,适用于主梁承载力不足或纵向主筋出现严重侵蚀时的情况。

(4)粘贴碳纤维布加固法(**资源5-3**)。用浸渍树脂类胶将高强碳纤维布有序地缠绕粘贴于混凝土构件表面,实现对构件变形的约束并提高构件的极限强度和承载能力,如图5-53所示。

5-3 桥梁粘贴纤维布加固

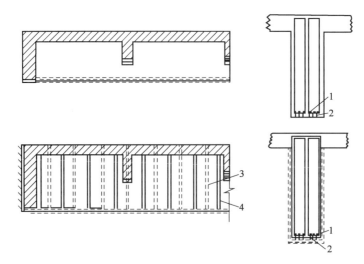

图 5-49 梁底增加钢筋加固
1-原有钢筋；2-加固钢筋；3-原有钢筋箍；4-加固钢筋箍

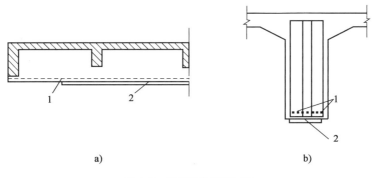

a)   b)

图 5-50 梁底粘贴钢板加固
1-原钢筋；2-粘贴钢板

图 5-51 涂胶、贴合钢板，加压锚固

图 5-52 箱梁底板粘贴钢板条

图 5-53　粘贴碳纤维布加固

粘贴碳纤维布加固法的特点如下：

①自重轻，不增加永久作用及断面尺寸。

②可适应不同构件形状。

③高强度、高弹性、耐腐蚀、施工方便，对原结构不产生新的损伤。

（5）体外预应力加固法。由于钢筋混凝土或预应力混凝土梁或板，采用对受拉区施以体外预应力加固，可以抵消部分自重应力，起到卸载的作用，从而能较大幅度地提高梁的承载能力。图 5-54 为 T 梁体外预应力杆加固示意图。

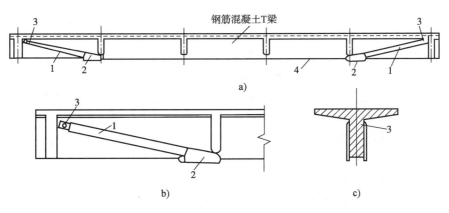

图 5-54　T 梁体外预应力杆加固示意图
a）主 T 梁立面；b）预应力拉杆装置；c）主梁横剖面
1-小槽钢；2-紧固件；3-固定点；4-预应力拉杆

体外预应力加固法的特点如下：

①在自重变化很小的情况下，能大幅度地改善和调整原结构的受力情况。

②对墩台及基础受力状况影响很小。

（6）增设横隔板加固法。增设横隔板加固可以明显改善 T 形梁桥铰缝开裂病害，防止病害扩展（图 5-55、图 5-56）。

增设横隔板加固法的特点如下：

①不影响桥下净空，对原桥景观基本无改变。

②适用于因横向联系较差而降低承载力的桥梁上部结构。

图 5-55 钻孔、植筋、绑扎主筋和箍筋

图 5-56 吊模、灌注混凝土及养生

③增设横隔板加固只是将相对集中的荷载进行了分散,对桥梁整体承载能力并无实质性的提高,需配合其他方法同时进行。

(7) 其他

除上述加固方法外,还可以采用其他加固方法,如改变梁体截面形式加固法、由简支变连续加固法、在梁底加八字撑等。

二、拱桥上部结构的养护维修

1. 养护要求

(1) 圬工拱桥养护与维修应符合下列规定:

①圬工结构应保持表面整洁、完整,无杂草。

②圬工结构出现空洞、孔洞或砌块断裂、压碎、松动、脱落等病害时,应及时维修或加固。

③砌筑砂浆脱落、不饱满导致主拱圈整体性差时,应及时修复。

④圬工结构发生异常变形或出现结构裂缝时,应进行特殊检查评估并及时处治。

(2) 混凝土拱桥养护与维修应符合下列规定:

①拱圈应保持结构完好、无缺损。当拱圈存在表观缺陷时,应及时维修。

②箱形拱拱圈应保持通气孔、排(进)水孔畅通。

③主拱圈开裂,应视裂缝性质和影响程度,及时采取相应处治措施。

④肋拱、双曲拱、桁架拱、刚架拱的肋间横向联系出现开裂、破损病害时,应及时修复。

⑤双曲拱桥拱波的纵向开裂、渗水等缺陷应及时修复。

⑥桁架拱、刚架拱、系杆拱因节点强度不足,引起节点及杆件端部开裂时,应及时加固处治。

⑦预制拼装拱桥的铰缝、横向接缝存在开裂、破损等缺陷时,应及时修复。

⑧主拱圈变形异常或拱顶下挠严重时,应进行特殊检查评估并及时加固处治。

⑨系杆拱桥的混凝土系杆出现裂缝时,应及时维修处治。系杆的锚固区存在破损、开裂、剥落、封锚不严、锚具暴露等病害时,应及时维修加固。

(3) 拱上建筑的养护与维修应符合下列规定:

①拱式腹拱的拱铰及变形缝应保持工作正常,有杂物时应及时清除。

②腹拱、侧墙出现开裂、破损、错位、倾斜或外移等病害时,应及时修复。
③拱上填料应密实、无沉陷,有沉陷时应及时处治;拱背防排水系统应保持畅通。
④双曲拱桥拱波、刚架拱桥微弯板等存在露筋、开裂及塌陷等病害时,应及时修复。

(4)钢管混凝土拱桥、钢-混凝土组合结构拱桥养护与维修除应满足上述相关要求外,还应符合下列规定:
①拱肋、吊杆和锚头应保持清洁,宜定期对拱肋表面涂装进行修复。
②应及时排出锚头防护罩内积水和拱座处积水,并保持清洁、干燥。
③吊杆应加强横向冲击防护,并注意防水、防锈,若发现油脂渗漏时,应补注防锈油脂,修复渗漏部位。
④钢管混凝土结构存在管内混凝土脱空时,应及时处治。
⑤拱脚外包混凝土出现开裂时,应及时维修加固。

2. 拱桥的日常养护与维修

拱桥的日常养护与维修应符合下列规定:
(1)经常清除表面污垢及圬工砌体因渗水而在表面附着的游离物。
(2)经常疏通泄水管孔,保持桥面及实腹拱拱腔排水畅通。若发现拱桥桥面漏水时,应及时修补;若发现空腹拱的主拱圈(肋)渗水,应对拱背进行清理,清除可能积水的残渣、堆积物等,并用砂浆等材料抹平或堵塞裂缝。若发现实腹拱主拱圈渗水,应检查拱腔排水系统,必要时可挖开拱上填料、修补防水层、修理排水管道。
(3)主拱及拱式腹拱的拱铰及变形缝应保持正常工作状态;清除弧面铰及变形缝内嵌入的杂物,应保持其能自由转动、变形;填缝材料(如油毛毡,浸渍沥青的木板等)如有损坏应及时更换。
(4)构件表面缺陷及局部损坏的修补,主要有以下几类:
①圬工砌体的边角压碎、砌块断裂,主砌石拱桥砌缝张口等,可用水泥砂浆修补;若个别块体压碎或脱落,应用新的块体填塞更换;更换时应保证嵌挤或填塞紧密。砌缝砂浆若发生脱离,应凿除后重新用干硬性砂浆或微膨胀砂浆填筑,表面重新勾缝。
②钢筋混凝土拱构件表面缺损与裂缝修补请参见前述钢筋混凝土梁桥部分。
③对于实腹拱的侧墙,若发生较大变形、开裂,应查明原因并作相应处理;若是填料不实或拱腔积水,应挖开拱上填料,修补防排水系统,拆除鼓凸部分侧端后重新砌筑,重新回填拱上填料及重做路面,也可酌情换用轻质填料或加入侧墙尺寸。
④若发现侧墙与拱圈之间脱开,或侧墙上有斜向(若是砌体通常沿砌缝成锯齿状)开裂,应检查墩台与主拱的变形。若开裂轻微且不再发展,可作一般修补裂缝处理;若开裂严重或裂缝在发展中,应考虑加固、改造方案。
(5)在冬季月平均气温低于 -20℃ 的地区,对淹没于结冰水位的拱圈,应在枯水期从结冰水位以上50cm处开始至拱脚涂抹一层防冻环氧砂浆,砂浆表面再涂刷沥青进行保护。

3. 拱桥的主要病害与加固方法

1)拱桥的主要病害
(1)主拱圈抗弯强度不够引起拱圈开裂。裂缝主要发生在拱顶区段的拱圈下缘与侧面,拱脚处的拱圈上缘与侧面。

(2)主拱圈抗剪强度不够引起拱圈开裂。裂缝主要发生在拱脚、空腹拱的立柱柱脚。

(3)拱圈材料抗压强度不够,引起开裂或压碎。

(4)两拱脚墩台不均匀沉降引起拱圈开裂,一般出现在拱顶区段,横桥向贯穿于拱圈,裂缝宽度上下变化不大,且两侧有错动;墩、台基础上下游不均匀沉降,引起拱圈及墩台出现顺桥向裂缝。

(5)肋间横向联结(如横系梁)斜撑强度不够引起开裂。

(6)桥面板开裂。引起开裂的原因主要有局部承受车辆荷载强度不够、参与主拱受力后强度不够、肋片发生较大位移、板与肋连接破坏或在施工中以开裂而未予彻底处理等。

(7)拱上排架、梁、柱开裂,短柱的两端开裂,侧墙斜、竖方向开裂,侧墙与拱圈连接处开裂。开裂的主要原因是构造不合理、强度不够、施工质量不好,以及由于拱圈变形、墩台变位对拱上结构造成不利影响所致。

(8)预制拼装拱桥或分环砌筑的圬工拱桥,沿连接部位或砌缝发生环向裂缝。双曲拱桥的拱肋与拱波连接处开裂,拱肋接头混凝土局部压碎。

(9)双曲拱桥的拱波顶纵向开裂。多为肋间横向连接偏弱,采用平板式填平层使拱横截面刚度分配不均匀,墩台横向不均匀沉降等引起。

典型病害图片如图 5-57～图 5-60 所示。

图 5-57 主拱圈开裂

图 5-58 拱肋混凝土开裂

图 5-59 拱圈开裂

图 5-60 侧墙与主拱圈间脱裂

2) 拱桥常用加固方法

对不同的原因引起的病害,应采取不同的方法对旧桥加固。常用的拱桥加固方法有以下几种:

(1) 增厚拱板加固法。

①适用范围。圬工拱桥拱圈顶部产生裂缝,或沿砌缝发生的环向裂缝,这种情况下,可以采取增厚拱板的加固方法。

加厚时先将拱上填料拆除,再沿全桥宽浇筑混凝土拱板,内设钢筋网。加厚拱板的截面形式如图 5-61 所示。如果是与旧混凝土结为整体,施工时需要将原混凝土表面凿毛冲洗后再浇筑新混凝土,其主要工序就是拆除旧拱背填料、重新浇筑钢筋混凝土的过程。浇筑的混凝土板应长于桥头 3~4m,并处理好桥头排水问题,禁止水流冲刷主拱圈。

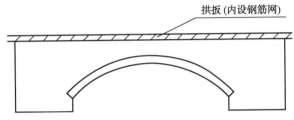

图 5-61 加厚拱板的截面形式

②施工工艺流程:

将原混凝土凿毛、清洗表面 → 绑扎钢筋网 → 现浇混凝土 → 设置桥头排水盲沟,与纵向排水相连接 → 按照公路桥涵施工规范要求养护。

(2) 锚喷混凝土加固法。

锚喷混凝土加固是将锚杆锚入拟补强部位结构内,挂设补强钢筋网,然后在喷射一定厚度混凝土,形成与原结构共同承受外荷载作用的组合结构。

①锚喷混凝土的特点:

a. 混凝土的运输、浇灌和捣固结合为一道工序,大大简化了施工工序。

b. 设备占地面积小,机动灵活。

c. 节省劳动力,具有广泛的适应性。

d. 具有施工快捷简便,不中断交通等特点。

e. 喷射混凝土能射入宽度 2mm 以上的裂缝,与被加固的结构紧密结合,形成一个整体。

f. 锚喷混凝土施工时可在混合料中加入外加剂或外掺料,大大改善喷射混凝土的性能。例如,加入速凝剂,则喷射混凝土具有凝结快、早期强度高等特点。

②施工工艺要点:

a. 凿毛并加固拱圈的表面。

b. 按设计要求在构件表面安设锚固钢筋。

c. 绑扎钢筋网与锚固钢筋焊接,钢筋周围应有足够的间隙,以便混凝土能完全包裹钢筋。

d. 按照试验配合比将混合料送进湿喷机。

e. 表面修整,喷射面应自然整平。

f. 混凝土养护,养护时间不小于 7d。

根据喷射混凝土的搅拌和运输方式,喷射混凝土一般有干式和湿式两种。目前我国广泛采用湿式喷射混凝土技术。

(3)勾缝注浆加固法。

①特点与运用范围。勾缝注浆加固法是将产生的裂缝用高强度等级砂浆勾缝,再打孔注浆的加固方法。

勾缝注浆加固法主要适用于拱圈裂缝较小的情况。该方法具有对旧桥原貌影响小,设备占地面积小、机动灵活,经济型合理,施工方便快捷,具有广泛适应性等特点。

②施工工艺要点:

a. 水泥砂浆勾缝后应注意养护,待砂浆到达强度后,方可进行下一道工序。

b. 如果有不同的砌石出现断裂或鼓凸,应注意只能处理一块,待强度形成后再处理下一块,禁止同时处理几块砌石。

c. 砌石接缝处打孔注浆。

(4)钢筋混凝土套箍封闭主拱圈法。

该方法适用于双曲拱桥,即沿主拱圈外环现浇增设一层钢筋混凝土套箍层。其施工工序如下:主拱圈表面凿毛→安设主拱圈砂浆锚杆→主拱圈纵横钢筋就位→现浇钢筋混凝土套箍层→混凝土养护。

(5)更换拱上建筑,减轻自重,更换实腹拱的拱上填料为轻质填料。

(6)用更换桥面板,增加桥面铺装的钢筋网,加厚桥面铺装,换用钢纤维混凝土等方法维修加固桥面。

(7)因墩、台变位引起拱圈开裂时,应先维修加固墩台,然后修补拱圈。

(8)加固拱桥时,应注意恒载变化对拱压力线的影响及引起的推力变化,对各施工工序应进行检算,并作出详细的施工组织设计,严格按照设计的工序施工。

4. 钢结构的养护与维修

钢结构的养护与维修应符合下列规定:

(1)钢结构外观应保持清洁,并保持泄水孔或排水槽通畅。

(2)钢结构应定期进行涂装防锈。油漆失效区域应及时除锈补漆。钢结构杆件在维修后,应及时涂漆防锈。

(3)构件连接螺栓有松动、缺失时,应及时拧紧、补充;对高强螺栓,必须施加设计的预加力。

(4)钢构件出现裂纹或异常变形时,应进行特殊检查评估并及时加固处治。

(5)应及时更换松动和损坏的铆钉。更换过的铆钉在检验之后,均应涂上与桥梁结构显著不同的颜色,并记录其数量和位置。

(6)对焊接连接的构件,若在焊缝处发现裂纹、气孔、未熔合、夹渣、未填满、弧坑等缺陷时,应进行返修焊;焊后的焊缝应打磨匀顺。

(7)钢板梁由于穿孔或破裂削弱断面时,可补贴钢板或用钢夹板夹紧处理。钢板受到较短和较深的创伤时,宜用电焊填补。

(8)钢桁梁可采用增补钢板、角钢或槽钢等方法进行维修。连接方式可采用拴接或焊接。

(9)连接杆件有损坏或强度不足时,应及时维修或更换。

对于钢构件屈曲、撞击造成损伤、开裂或退化以及验算证明不满足有关要求的构件,应进行更换。对于承载能力不足的构件可通过粘贴钢板或型钢予以加强。

5. 斜拉桥上部结构的养护与维修

(1)斜拉索的养护与维修应符合下列规定:

①应保持索体表面清洁,及时清除附着物。

②拉索锚具及护筒内应保持清洁、干燥。若发现锚头漏水、渗水时,应及时将水排出并予以修复。

③定期更换拉索两端锚具锚杯内的防护油。

④定期更换钢护筒与套管连接处的防水垫圈及阻尼垫圈。

⑤定期对拉索两端钢护筒进行涂漆、防锈处理。若发现钢护筒开裂、渗水、漏水时,应及时处治。

⑥锚固系统的钢构件出现锈蚀时,应及时除锈和做防腐处理。

⑦斜拉索护套出现大量表层裂缝或破损严重时,应及时修补。

⑧斜拉索钢丝锈蚀后,应进行特殊检查评估并及时维修或更换。

⑨锚具或其连接螺栓、锚拉板等构件存在开裂、变形时,应进行特殊检查评估并及时维修加固。

(2)斜拉索减振装置的维修应符合下列规定:

①阻尼装置各部位应完整、清洁,及时清除油污、杂物等,保持其正常工作状态。

②当检测发现斜拉索振幅过大,没有减振措施时,应增设减振设施;有减振措施时,应检查其有效性,分析原因,进行修复或更换。

③对外置阻尼器,应结合构造、类型进行维修。若发现阻尼器内的橡胶防护圈损坏或脱落时,应及时更换。

(3)主梁的养护与维修还应符合下列规定:

①混凝土主梁的拉索锚固区出现开裂、渗水时,应进行特殊检查评估并及时加固处治。

②钢结构主梁在拉索锚固区,钢构件出现裂纹、变形、锈蚀、渗水时,应进行特殊检查评估并及时加固处治。

(4)索塔的养护应符合下列规定:

①保持索塔表面清洁,及时清除表面杂物。

②空心索塔内应保持通风干燥。

③索塔的排水系统应处于正常工作状态,应保持索塔顶面、内部、横梁等位置无积水。

④塔顶变位异常时,应进行特殊检查评估并及时处治。

(5)斜拉索的调索与换索应符合下列规定:

①拉索索力存在异常时,应增加检测频率,出现下列情况时应进行调索:

a. 主梁、主塔线形有异常变化;

b. 索力偏差超过 10% 或超过设计规定容许值;

c. 上部结构恒载分布有改变。

②斜拉索出现下列情况时应及时进行换索:

a. 拉索钢丝严重锈蚀或出现断丝,经评估无法继续利用;

b. 拉索护套损伤严重且无法修复；

c. 锚具损坏且无法修复；

d. 由于荷载增加或其他因素导致拉索索力超出安全限值，且通过调索无法解决；

e. 拉索使用年限超过设计使用寿命；

f. 拉索存在其他严重损伤且无法修复。

③调索时张拉的顺序、级次和量值应符合设计规定。调索、换索后必须对全桥斜拉索的索力和主梁高程进行测定。

④仅更换部分斜拉索时，应考虑新旧索的匹配性。

⑤更换下来的拉索宜进行详细的锈蚀检验，测定有代表性索体的剩余承载力，为今后养护维修提供借鉴和依据。

（6）设有辅助墩的斜拉桥，应对主塔与辅助墩的不均匀沉降进行监测。主塔与辅助墩的不均匀沉降量超过设计要求时，应采取有效措施进行调整。

（7）塔身与梁体间的横向限位装置应保持工作正常。有异常时应及时维修或更换。

6. 悬索桥上部结构的养护与维修

（1）主缆的养护与维修应符合下列规定：

①保持主缆清洁，及时清除其表面的积冰、尘土和油污。

②主缆防护层有开裂、剥落时，应尽快修复。

③主缆内部应保持干燥状态，若存在积水、渗水时应及时将水排出，通过特殊检查后及时采取处治措施，必要时应检查主缆钢丝是否锈蚀，并及时处治。

④应注意防止主缆索股的锚头、锚杆、裸露索股、分索器、散索鞍等处发生锈蚀。若发现涂装剥落、锈蚀应及时处治，应及时清除表面尘垢、积水，定期涂刷防腐涂装、更换防腐油脂。

⑤主缆采用涂敷油脂防锈并用简易包裹做防护层时，应定期更换油脂及防护层，保持其完好状态。

⑥缠丝的漆膜有损坏（如开裂、碎片等）或分层剥落时，应重新涂装。

⑦缠丝断裂散开时，应先观察主缆是否锈蚀，待除锈后重新缠丝、油漆，保证主缆防护层完好。

⑧主缆存在锈蚀或断丝时，应对主缆进行特殊检查，根据腐蚀和断丝情况，研究确定采用局部重新缠丝或更换。

⑨对于裂纹扩展至50%直径以上，或腐坑已削弱截面50%以上的主缆钢丝，应考虑更换。

⑩主缆断丝较多时，应经过详细计算后采取降低荷载等级或加固、更换主缆等措施，保证结构的安全性。

⑪主缆线形应满足设计要求，各索股的受力应保持均匀。经检查个别索股受力出现明显偏差、松弛或过紧时，应进行调整。

⑫主缆存在线形变化时，应研究、分析原因，可考虑对主缆线形进行适当调整。

（2）吊索的养护与维修应符合下列规定：

①应保持保护层、止水密封圈、防雨罩等处于完好状态。

②经常清除十字撑（减振架）与吊索连接部位的尘垢、积水，保持防锈涂层完好。

③索夹及其螺杆的涂装有开裂、剥落，或索夹上缝隙间及索夹端部的填缝料有开裂、剥落

时,应及时修复。

④索夹的紧固螺栓应保持在合理的受力状态,不得松动。若发现其有松动时应及时紧固。

⑤定期对吊索系统各构件涂刷防锈漆,始终保持涂层完好。

⑥索夹腐蚀严重,或夹壁、耳板开裂,或根据检查评估结果认为索夹不能继续使用时,应更换索夹。

⑦索夹螺杆、螺母、垫圈经评估需要更换时,应逐个更换。

⑧索夹高强度拉杆应保持足够的张力,不宜超出设计值±10kN。超出限值时应予以调整。

⑨索夹发生滑移时,应予以恢复。

⑩具有下列情况之一时,应更换吊索:

a. 断丝数大于索体钢丝总数的5%;

b. 索体出现严重锈蚀,锈蚀程度大于钢丝全截面的5%;

c. 锚杯内螺纹削弱,导致承载力不能满足设计要求;

d. 吊索锚头发生裂纹或破损;

e. 使用年限超过设计使用寿命。

⑪吊杆上安装的制振十字撑断裂,必须及时更换。

⑫吊杆索力与开通运营时的索力(前次实测数据)相差较大(超过10%)时,应查明原因,并结合主缆线形、主梁线形的变化,研究确定是否需要调整吊杆索力。

(3)索鞍的养护与维修应符合下列规定:

①应及时清除主索鞍、散索鞍表面的尘土、杂物、积水(雪);若发现锈蚀时,应及时除锈并重新涂刷防锈漆。索鞍的辊轴或滑板应保持正常工作状态。

②主索鞍紧固鞍座的螺栓及鞍座上加紧主缆的螺杆、螺帽有松动时,应及时拧紧;有锈蚀时,应及时除锈并重新涂刷防锈漆。

③索鞍防护罩应保持完好。防护罩内有除湿设备的应保持除湿设备工作正常,出现故障应及时维修;防护罩内填充油脂应定期补充油脂。

④全铸、全焊、铸焊结合的鞍座局部出现裂纹时,可采取钻孔止裂、磨除(浅层椭圆裂纹)、补焊等措施进行处理。索鞍根部或散索鞍摇臂下部出现较严重裂纹且无法修补时,应更换鞍座。

(4)主塔的养护与维修应符合下列规定:

①应保持主塔表面清洁,及时清除表面杂物。

②塔顶变位异常时,应进行特殊检查评估并及时处治。

课题 5-5　桥梁下部结构的养护

桥梁的下部结构包括桥墩、桥台和基础。桥墩和桥台底部的奠基部分,称为基础。基础承担了从桥墩和桥台传来的全部荷载。

一、一般规定

1. 桥梁墩台

(1) 桥梁墩台的养护与维修应符合下列规定：

①应保持墩台表面清洁，及时清除墩台表面的青苔、杂草、灌木和污物。

②混凝土墩台表面存在侵蚀剥落、蜂窝、麻面、露筋及钢筋锈蚀等缺陷时，应及时修复。

③墩台开裂时，应根据裂缝性质和影响程度，及时采取相应处治措施。

④圬工砌体的砌缝脱落时，应重新勾缝；圬工砌体严重风化、鼓凸或损坏时，应及时维修或加固。

⑤墩台抗震设施损坏时，应及时修复或改造。

⑥桥梁墩台发生异常变位时，应进行特殊检查评估并及时加固处治。

(2) 锥(护)坡及翼(耳)墙的养护与维修应符合下列规定：

①锥坡应保持完好。当锥坡发生开裂、沉陷，受洪水冲空时，应及时维修或加固。

②翼(耳)墙出现下沉、开裂等损伤时，应及时维修或加固。

2. 基础、锚碇

(1) 桥梁基础的养护与维修应符合下列规定：

①桩基础存在颈缩、露筋、钢筋锈蚀等缺陷时，必须及时维修或加固。

②基础出现下列病害时，应及时维修或加固。

a. 基础产生结构性裂缝；

b. 出现超过允许值的沉降；

c. 基础病害致使墩台滑移、倾斜；

d. 基础出现大的缺损，使其承载力不足。

③基础冲刷过深或基底局部淘空时，应及时采取必要的防护措施。

④桥下河床铺砌出现局部损坏时，应及时维修。

⑤高寒地区的桩基础发生浅桩冻拔、深桩环状冻裂时，应及时采取处治措施。

(2) 锚碇的养护与维修应符合下列规定：

①保持锚碇内外清洁，及时清除锚碇表面的青苔、杂草、灌木和污物。

②锚室内的温度、湿度应符合设计要求；应保持锚室内通风、照明、除湿系统运转正常，若出现异常应及时检查维修。

③应保持锚碇的防排水系统正常工作，当锚室内有渗水、积水时，应查明原因，及时排出积水，并对锚碇的防排水系统进行维修或改造。

④锚碇混凝土出现剥落、蜂窝、麻面、裂缝、露筋等病害时，应及时维修处治。

⑤锚碇及散索鞍、锚固区附近出现裂缝时，应及时维修加固

二、墩台基础的维修与加固

1. 日常养护与维修

墩台基础的日常养护与维修应符合下列规定：

(1)应采取措施保持桥梁墩台基础附近河床的稳定。在桥梁上、下游各200m的范围内(当桥长的1.5倍超过200m时,范围应适当扩大)应做到以下几点:

①应适时地进行河床疏浚。每次洪水过后,应及时清理河床上的漂浮物,使水流顺利宣泄。

②在桥下树立警告标志牌,禁止任何人或单位在上述范围内挖砂、取土、采石、倾倒废弃物,禁止进行爆破作业及其他危及公路桥梁安全的活动。

③不得任意修建对桥梁有害的建筑物,因抢险、防汛需要修筑堤坝、压缩或拓宽河床时,应事先报经交通主管部门或公路管理机构同意,并采取有效的防护措施;若发现任何有可能破坏桥梁安全的行为,应及时予以制止。

(2)基础冲刷过深或基底局部掏空,应立即抛填块石、片石、铅丝石笼等进行维护。

(3)桥下河床铺砌出现局部损坏时应及时维修。若砌块损坏,可补砌或采用混凝土修补。

(4)对设置的防撞、导航、警示等附属设施应经常检查、维护,保持其良好状态。

(5)当重力式基础或桩基础的承载能力不足,出现超过允许值的沉降,以及基础局部被冲空、墩台周围河床被严重冲刷或因基础病害致使墩台滑移、倾斜时,应对基础进行加固。

2. 墩台基础的允许沉降

简支梁桥的墩台基础沉降和位移,超过下列允许限值通过观察继续发展时,应采取相应措施予以加固:

(1)墩台均匀总沉降值(不包括施工中的沉陷)为 $2.0\sqrt{L}(\text{cm})$。

(2)相邻墩台均匀总沉降差值(不包括施工中的沉陷)为 $1.0\sqrt{L}(\text{cm})$。

(3)墩台顶面水平位移值为 $0.5\sqrt{L}(\text{cm})$。

其中,L 为相邻墩台间最小跨径长度,以 m 计,跨径小于25m 的以25m 计算。

对于桩、柱式柔性墩台的沉降,以及基桩承台上的墩台顶面水平位移值,可视具体情况确定,以保证正常使用为原则。

3. 墩台基础的加固方法及适用范围

(1)重力式基础的加固

由地基承载力不足引起墩台基础沉降,可采取下列措施:

①在刚性实体式基础周围加石砌圬工或混凝土,以扩大基础的承压面,如图5-62所示。新旧基础要注意牢固结合。

②用钻孔桩或打入桩增补桩基,并扩大原承台,如图5-63所示。

a. 对单排架桩式桥墩采用加桩加固时,如原有桩距较大(4~5倍桩径),可在桩间插桩。如原有桩距较小,但通航净空有富余时,应在原排架两侧增加新桩,变为三排式墩桩。

b. 对钻孔灌注桩桩身损坏,出现露筋、缩颈等病害时,可采用灌(爪)浆或扩大桩径的方法进行维修加固。

③对墩台基础以下的地层,采用注浆法、旋喷注浆法、深层搅拌法等方法,将各种浆液及加同剂注入或搅拌于地层中,通过浆液凝固使原来松散的土固结,成为有足够强度和防渗性能的整体。所采用的材料应通过试验确定。加固地基土如图5-64所示。

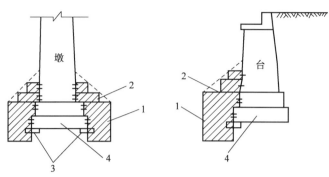

图 5-62 刚性基础加固
1-扩大基础;2-新旧基础结合;3-丁石;4-旧基础

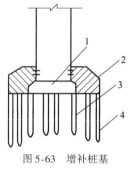

图 5-63 增补桩基
1-原承台;2-新承台;3-原桩基;4-新桩基

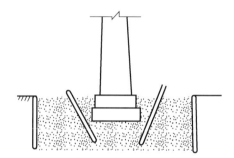

图 5-64 加固地基土

（2）墩台基础防护加固

当墩台基础局部被冲空时，可分情况采取下列加固措施：

①水深3m以下，可筑围堰将水抽干，以砌石或混凝土填补冲空部分。若桥台基础采用上述方法加固时，还应修整或加筑护坡。

②水深3m以上，可在基础四周打板桩或做其他围堰，并灌注水下混凝土；也可用编织袋装干硬性混凝土，并将袋装混凝土分层填塞冲空部分，其填塞范围应比基础边缘宽0.4m以上。

③当基础置于风化岩层上，基底外缘已被冲空时，应先清除岩层严重风化的部分，再用混凝土填补。对基础周围的风化岩层还应用水泥砂浆进行封闭。

④当河床不稳定、基础埋置较浅且冲刷范围较大时，可采用平面防护加固，即打梅花桩、片（块）石防护、铁丝笼防护或用水泥混凝土预制块等方法防护。

⑤墩台周围河床冲刷严重，危及基础的，除修补被冲空的基础外，还必须在洪水期过后采取必要的防护措施，或者对河床采取防冲刷处理，以防再次被冲坏。

⑥严寒地区，冬季冰层厚度变化，容易发生浅桩冻拔、深桩环状冻裂。对此可采取下列防护措施：

a. 冰冻开始时，在距墩台周围0.2~0.4m处凿冰沟（宽0.5~1.0m），沟内填充雪或干草、麦秆等材料保温材料。

b. 桩基周围冰层很厚。可打入套管或板桩，中间填以保温材料。

c. 将周围的土挖至冰冻线,将基础和桩的表面涂以沥青,填以重油拌和的粗砂和砾石,上面盖黏土,或用矿渣置换冰冻线以上的土,最后宜做水泥混凝土封层,以防渗水再次冻胀。

d. 小桥可用培草、培土、填平冲刷坑和临时抬高水位等措施。

(3)墩台基础沉降的加固

若桥梁墩台发生比较明显的沉降、位移,除按本节前述的方法加固外,还可采用下述方法使上部结构复位:

①当梁式桥上部结构状况基本完好,桥面没有损坏,下部地基较好时,可对上部结构整体或单孔顶升,然后增设垫块、调整支座。

②当梁式桥上部结构状况基本完好,但桥面损坏严重时,可凿除桥面和主梁之间的连接,将主梁逐一移位,加厚盖梁,重新安装生梁,并重新铺装桥面。

③当拱桥桥台发生位移,使拱轴线变形较大、承载能力不足时,应采用顶推方法调整拱轴线,恢复其承载能力。

三、墩台的维修与加固

1. 日常养护与维修

墩台的日常养护与维修应符合下列规定:

(1)保持墩台表面整洁,及时清除墩台表面的青苔、杂草、灌木和污垢。

(2)对发生灰缝脱落的圬工砌体,应清除缝内的杂物,并重新用水泥砂浆勾缝。

(3)对于圬工砌体墩台,如表面风化剥落,深度在3cm以内的,可用水泥砂浆抹面修补;如损坏面积较大,深度超过3cm的,须采用挂网喷浆或浇筑混凝土层予以裹覆。混凝土缺损修补如图5-65所示。

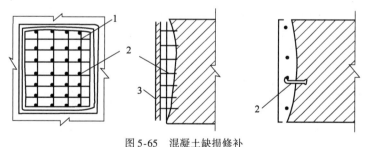

图5-65 混凝土缺损修补
1-钢筋网 $\phi 8 \sim 12mm$;2-牵钉间距≤50cm;3-模板

(4)圬工砌体镶面部分严重风化和损坏时,应用石料或混凝土预制块补砌、更换,其新老部分应结合牢固,色泽质地应与原砌体基本一致。

(5)墩台身圬工砌体的砌块如出现裂缝,应拆除后重新砌筑。

(6)当墩台表面发生侵蚀剥落、蜂窝、麻面、裂缝、露筋等病害时,应采用水泥砂浆、环氧树脂或其他聚合物混凝土进行修补。

2. 加固方法

(1)由于支座失效造成的墩台拉裂,应修复或更换支座,并修补裂缝。

(2)若墩台身纵向裂缝,可采用钢筋混凝土围带、粘贴钢板箍或加大墩台截面的方法进行加固,如图 5-66 所示。

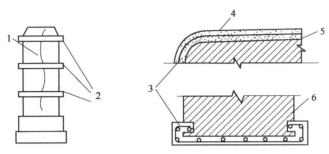

图 5-66　围带加固
1-桥墩裂缝;2-钢筋混凝土围带;3-钢筋;4-桥墩环形围带;5-牵钉;6-桥台 U 形围带

(3)因基础不均匀下沉引起墩台自下而上的裂缝时,应先加固基础,再采用灌缝或加箍的方法进行加固。

(4)U 形桥台的翼墙发生外倾时,可在横向钻孔加设钢拉杆进行加固。

(5)若墩台出现大面积开裂、破损、风化、剥落等病害时,可采用钢筋混凝土"箍套"加固。

(6)对于桩式墩台,若出现结构强度不足或桩柱有被碰撞折断等损坏时,在基桩承载力许可条件下,可采用下列方法修理加固:

①当桩柱式墩台结构的整体稳定性不足时,可采用加固整个桩柱式墩台的方法(图 5-67),即在桩或柱间用槽钢或角钢作横、斜撑联结,以增强整体性和稳定性。钢板箍和横夹板(用槽钢或角钢)应用螺栓拧紧,斜夹板可用电焊接合。如盖梁强度不足,也可在盖梁下加横向夹梁,用螺栓拧紧,予以加强。

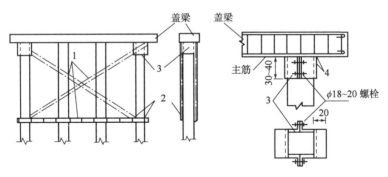

图 5-67　桩柱式墩加固(尺寸单位:cm;铁件:mm)
1-槽钢或角钢;2-螺栓;3-钢板箍厚 6~8cm;4-联结模板

②迎水侧桩。被船只或流冰等碰撞损伤,以致折断,可视情况采用下列修理方法:

a.将损伤或折断的桩柱,凿除松动部分混凝土、添加必要的钢筋,立模浇筑混凝土按原式修复。施工时可在伤柱两侧加设临时支撑。

b.在桩柱损伤处,将原混凝土凿毛,外面加设钢筋混凝土围带,使损伤部位得以加强。

(7)梁式桥台背土压力大,造成桥台向桥孔方向位移,可采取下列方法加固:

①挖除台背填土,改用轻质材料回填,减轻台后土压力,以使桥台稳定。

②挖去台背填土,加厚桥台胸墙(图5-68),更换内摩阻角大的填料,减小土压力。

③对于单跨的小跨径简支架桥,可在台间加设钢筋混凝土支撑梁或浆砌片石支撑板,支撑顶面应不高于河床,如图5-69所示。埋置式桥台可采用挡墙、支撑杆或挡块等进行加固。

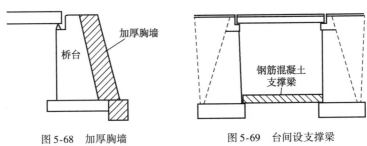

图5-68　加厚胸墙　　　　　　图5-69　台间设支撑梁

(8)拱桥桥台产生向台后方向位移,可根据不同情况下列加固方法:

①在U形桥台两侧加厚翼墙;翼墙与原桥台应牢固结合,增大桥台断面和自重,借以抵抗水平位移;若为"一"字形桥台,可增设翼墙变为U形桥台。

②当桥台的位移尚未稳定时,可在台后增设小跨引桥和摩擦板,以制止桥台继续位移。

③当桥下净空许可时,可在墩台之间设置拉杆以承受推力,限制水平位移。对于多孔拱桥,要注意各孔之间的推力平衡。

课题5-6　支座的养护与维修

桥梁支座是桥梁上、下部结构的结合点,一旦有损坏,将严重影响桥梁的承载能力和使用年限,必须注意经常养护,保证其处于正常的传递功能状态。常见的支座形式有油毛毡支座、板式橡胶支座和盆式橡胶支座。

一、支座养护与维修

1. 一般规定

(1)支座位于桥下,支座养护检查周期宜为3~6个月一次。

(2)当日常巡查或经常检查发现支座存在病害时,应及时养护和维修。

2. 支座清洁、保养

(1)支座清洁宜每年开展一次,可结合支座检查工作一并实施。

(2)支座的清洁与保养应包括下列内容:

①施工期间在支座表面残留的水泥浆等材料应及时清理干净,以保护支座橡胶和钢组件不受侵蚀。

②定期开展大位移量活动支座的滑板及不锈钢板灰尘清理、添加硅油等维保养护工作,以保证支座滑动面正常滑动。

③施工期间在支座垫石周围堆积的建筑垃圾和废弃混凝土应及时清理,以保证支座作用功能不受影响。

(3)支座保养除应符合现行《公路桥涵养护规范》(JTG 5120)的规定外,当出现下列情况之一时,应进行保养和防护:

①板式支座轻微老化,或表面出现轻微裂缝,且裂缝宽度小于或等于1mm,裂缝长度大于相应边长的10%。

②盆式支座和球型支座出现钢组件锈蚀现象。

(4)支座保养宜每2年开展一次,可结合支座检查工作一并实施。

(5)支座保养应确保支座各组件完整、有效,滑动顺畅、防尘罩完好,以保证支座正常工作。

(6)支座保养可按下列方法保养:

①当板式橡胶支座出现的外鼓环向裂纹和老化裂纹宽度小于或等于1mm时,应采用外防护剂新技术进行外防护和裂纹封堵。

②盆式支座、球型支座安装后,支座临时锁定装置应及时解除。

③盆式支座和球型支座的钢组件,应每2年进行一次除锈和涂刷防腐油漆。

④设有防尘罩的支座,应定期维护防尘罩。

⑤梁底调平楔形块功能作用及支座垫石周围的排水应保持良好状态。

3. 支座维修

(1)支座的维修项目应根据缺损成因和缺损程度检查提出针对性的维修方案。

(2)支座维护修复依据以及方法和要求应符合表5-25的规定。

支座维护修复依据以及修复方法和要求 表5-25

支座类别	维护修复依据	维护修复方法和要求
普通板式橡胶支座	局部偏压、脱空、移位:偏移量≤10mm、脱空面积≤30%、剪切变形≤35°	脱空和偏压部分添加钢板,脱空移位的将其正位后添加钢板;剪切变形应调整复位
滑板橡胶支座	不锈钢板原位脱落,或小移位脱落,脱落移位<50mm,滑板橡胶支座倒置安装	脱落不锈钢板应与梁底预埋钢板点焊固定,不宜采用普通焊条,应采用不锈钢焊条或焊丝,滑板橡胶支座正位安装
盆式支座	固定螺栓缺损,螺母松动或缺失	固定螺栓养护与维修,补全缺失螺母
球型支座	固定螺栓缺损,螺母松动或缺失	固定螺栓养护与维修,补全缺失螺母;上球形板转角过大,应调整复位
支座垫石	支座垫石开裂,裂缝宽度≤1mm	垫石竖向表示混凝土强度等级不足,应对垫石修复加固
支座调平楔形块	调平楔形块水平度超限值,破损、开裂等	重新维修支座调平楔形块

二、支座更换前的检查、检测与评定

1. 一般规定

(1)支座的检查、检测、评定应包括下列内容:

①支座工作状况、功能失效和适应性检查评定。

②支座缺损程度的定性定量检测与等级评定。

③支座更换桥梁主体结构的缺损检查评定。

(2)支座更换前,支座更换实施单位应以养护单位提供的定期检查报告或特殊检查报告为基础,对桥梁主体结构缺损部位和功能失效的支座进行补充调查,并评估支座更换的必要性及可行性。

2.更换前的检查与检测

(1)桥梁主体结构缺损检查部位与检测项目应包括下列内容:

①梁体结构的整体几何移位检查与检测,特别注意曲线桥梁端曲线内侧支座脱空移位以及斜桥锐角处支座脱空和扭转移位等偏移原设计位置的情况。

②混凝土结构桥梁主要受力部位的检查与检测主要包括梁体挠度变形和混凝土开裂等。

③钢结构桥梁主要受力部位的检查与检测主要包括锈蚀、焊缝开裂、螺栓螺母松动和缺失及疲劳损伤等。

④发生地震、交通事故等突发事件后对桥梁主体结构的特殊检查。

(2)支座工作状况检查与检测应符合下列规定:

①支座工作状况检查与检测项目、检查范围和要求,应满足表5-26的要求。

支座工作状况检查与检测项目、检查范围和要求 表5-26

支座类别	检查与检测项目	安装初始状态检查要求	运营后缺损情况定期检查范围与检查内容	检查与检测项目
板式橡胶支座	支座外观开裂状态	完好	橡胶老化不规则开裂、胶层外鼓开裂	裂缝宽度、裂纹范围、开裂面积、外鼓范围
	安装初始剪切变形	允许范围	剪切变形程度	剪切角
	转角变形	允许范围	倾斜变位,偏压变位	转角
板式橡胶支座	支座承压状态	平均受压	偏压脱空,全脱空移位,竖向压缩变形过大,压溃	偏移量、脱空面积、支座厚度
	滑板、不锈钢板	完好,允许范围	四氟滑板滑脱、倒置,不锈钢板脱落移位	滑板滑脱、倒置情况,脱落数量,脱落移位距离
盆式支座	钢盆状态	完好	定位桥有没拆除、钢盆开裂、倾斜、变形、锈蚀	开裂范围,长度,倾斜角度,钢盆变形角度,锈蚀面积
	固定螺栓、螺母	完好	固定螺栓弯曲、断裂,螺母松动,螺母缺失	螺栓弯曲、断裂数量、螺母松动、缺损数量
	盆式支座安装位置	支座布置正确,安装方向正常	支座布置位置错误 活动支座方向错误:纵向(ZX)、横向(HX)、双向(SX)与设计不符	支座布置位置,活动支座安装方向

续上表

支座类别	检查与检测项目	安装初始状态检查要求	运营后缺损情况定期检查范围与检查内容	检查与检测项目
球型支座	上支座板转动状态	转动在允许范围	上支座板转动有否超限	上座板转动角度
	下支座板状态	完好	下支座板变形、倾斜、锈蚀	开裂范围、长度,倾斜角度,下支座板变形开裂状态,锈蚀面积
	固定螺栓、螺母	完好	固定螺栓弯曲、断裂,螺母松动、螺母缺失	螺栓弯曲、断裂数量 螺母松动、缺损数量
	球型支座安装位置	支座布置正确,安装方向正常	支座布置位置错误,活动支座方向错误:单向(DX)、双向(SX)与设计不符	支座布置位置,活动支座安装方向
支座相关设施及周围环境	垫石承压状态	平整度在允许范围	垫石开裂,破损,垫石不平整度,尺寸不符,或缺失配筋	不平整度、竖向裂纹个数、裂缝宽度
	梁底楔形块	平整度及水平度满足要求	梁底楔形块是否平整、水平度是否满足要求	不平整度、水平度检测
	周围环境	清洁	垃圾堆积,未清除	清洁度

②支座工作状况检查应以安装初始检查状况记录为原始依据,检查对比,评估运营后因支座功能状况改变而引起的缺损。

③支座工作状况检查与检测方法:缺损程度应以目测和检测仪器相结合的方法进行定性检查与定量检测。

④支座工作状况检查记录应按规定的检查方式记录并签字存档,或纳入养护记录卡片和数据库。支座的工作状况检查、检测可为对支座缺损进行养护与维修和功能失效后的更换决策提供评定依据。

(3)支座的功能失效状况检查与检测应包括下列内容:
①运营后支座出现脱空、移位。
②曲线桥和斜桥扭矩过大引起支座偏压、脱空、移位。
③不锈钢板脱落移位,转动、滑动功能受阻。
④承压变形和剪切变形超限。
⑤支座垫石不平整、偏压受力、开裂、破损、丧失承载力。

(4)支座的适应性检查与检测应包括下列内容:
①支座规格型号选用不当。
②支座安装布置不符合设计要求,支座布置有误。
③滑板橡胶支座不锈钢板漏放或滑板倒置。

(5)支座选型不当的主要体现为三个方面:

①规格型号选用错误,承载能力无法满足设计要求。

②T梁选用圆形支座,直径大于T梁腹板宽度,支座外露部分大于1/3直径,导致支座承压面积减小,承压力降低(图5-70)。

③未考虑使用工况,如剪切变形后的承压面积变小,导致支座过载。

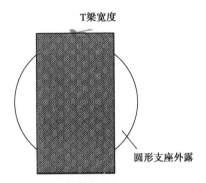

图5-70 T梁采用圆形支座导致外露面积过多,有效承压面积减小

(6)支座更换前的补充调查和检测应包括下列内容:

①支座缺损成因,包括功能失效和适应性有问题的支座与数量。

②未发现或漏检、误判的补充检测。

③桥梁主体结构的缺损,结合定期检查报告进行补充调查。支座更换前的补充调查是对定期检查报告的确认,是为支座更换前所做的技术准备。

④对影响支座更换的桥下地形和临时设施进行调查。

3. 更换前的评定

(1)支座更换前,桥梁主体结构安全评定应符合下列规定:

①应根据主体结构的定期检查评定报告,确认对结构有安全影响的缺损和加固修复部位。

②应根据桥梁的承载力和安全性检算评定,确认支座更换时梁体顶升的安全性。

③发生突发事件后,应检查与评估结构损伤部位、支座脱空移位、垫石破损等病害对主体结构的影响。

(2)支座更换工况下梁体结构承载力安全性检算评定应符合下列要求:

①梁体结构安全性检算应分别按承载力极限状态和正常使用极限状态进行。

②当结构存在不可修复的缺损时,其检算应按实际缺损情况修正计算模型。

③采用不同顶升方式施工的梁体结构,应考虑顶升高度变化产生的影响。

④曲线桥、斜桥、变截面箱梁桥等几何非线性明显的特殊结构桥梁,应建立空间有限元分析模型,进行检算评定。

⑤当桥梁遭受交通事故、台风、地震和泥石流等特殊作用后,应按现场检测结果进行专项检算评定。

(3)支座的评定应分为工作状况评定、功能失效评定和适应性评定。

(4)支座的工作状况应根据不同类型支座的定期检查缺损程度,按表5-27~表5-30规定进行分级评定。

板式橡胶支座工作状况定期检查缺损等级评定标准

表 5-27

评定等级	定性特征描述 缺损类别	定性特征描述 缺损特征	定量描述
1	橡胶老化、开裂	外观基本完好,无开裂现象	—
2	橡胶老化、开裂	轻度老化,表面出现少量肉眼能见的不规则裂纹	裂纹范围小于外表面30%,裂缝宽度≤1mm
3	橡胶老化、开裂	不规则裂纹较多,裂缝宽度较大	外表面30%≤裂纹范围<50%,0.5mm<裂纹宽度≤2mm
4	橡胶老化、开裂	外表面不规则严重开裂范围大,裂缝宽度较大	裂纹范围大于表面积50%,裂缝宽度≥2mm
1	胶层分层外鼓开裂	轻微外鼓,未开裂,基本完好	—
2	胶层分层外鼓开裂	分层不均匀外鼓,出现微细裂纹	不均匀外鼓范围<外表面积20%,裂纹宽度≤0.5mm
3	胶层分层外鼓开裂	分层外鼓凸出较大,环向裂缝较多较宽	20%<不均匀外鼓范围≤50%,0.5mm<裂纹宽度≤2mm
4	胶层分层外鼓开裂	分层压缩外鼓凸出较严重,压缩变形较严重,呈压溃状态	不均匀外鼓范围>50%,裂纹宽度≥2mm,压缩变形≥胶层总厚度15%或压溃
1	剪切变形	正常,无剪切变形	—
2	剪切变形	初始剪切变形,肉眼能看出	剪切角≤10°
3	剪切变形	出现明显剪切变形,倾斜角度较大	10°<剪切角≤35°
4	剪切变形	出现严重剪切变形,剪切角超过标准允许值	剪切角>35°
5	剪切变形	整体功能失效评定	
1	承压状态	安装位置正常,承压状态正常	—
2	承压状态	支座偏移设计位置,偏压、局部脱空在允许范围	偏移量≤10mm,局部脱空面积≤30%
3	承压状态	支座偏移设计位置明显,偏压、局部脱空较多	10mm<偏移量≤30mm,脱空面积>30%
4	承压状态	支座偏位过大,局部偏压、脱空,或完全脱空、移位滑出、竖向压缩变形超限,或压溃	偏移量>30mm,或完全脱空移位滑出,竖向压缩残余变形大于胶层总厚度的7%或压溃
1	滑板和不锈钢板状态	滑板、不锈钢板安装正常	—
2	滑板和不锈钢板状态	滑板正常,不锈钢板未固定,原位脱落	不锈钢板脱落,未移位
3	滑板和不锈钢板状态	滑板外露或磨损,不锈钢板脱落移位	0.5mm<滑板磨损≤1mm,20mm≤不锈钢板脱落移位<50mm
4	滑板和不锈钢板状态	滑板开裂、磨损、脱落、外露;不锈钢板脱落移位过多,支座滑板安装倒置,或漏放不锈钢板等,滑动受阻	滑板严重磨损厚度<0.5mm,不锈钢板脱落移位≥50mm,或漏放滑板面倒置安装

注:1. 表中缺损类别第一项为老化、开裂,当老化、开裂达到4级,将影响使用寿命。
2. 表中缺损类别第二项为胶层压缩环向外鼓开裂,表示裂缝性质的区别。当压缩变形大于胶层总厚度的15%时,将会丧失竖向承载能力。胶层外鼓开裂表示支座竖向刚度不足,但不影响使用。
3. 表中缺损类别第三项剪切变形的定量标准与现行《公路桥梁板式橡胶支座》(JT/T 4)规定一致,具体操作时可换算成剪切角的正切值,正切值0.7即剪切角35°是允许值。剪切角大于35°导致竖向承压面积过小,将丧失竖向承载能力。
4. 表中缺损类别第四项承压状态中支座脱空移位过多情况将会影响结构受力安全;板式橡胶支座竖向压缩变形大于胶层总厚度的15%或残余变形大于胶层总厚度7%时,可以确认支座已丧失竖向承载力。

盆式支座工作状况定期检查缺损等级评定标准　　　　　　　　　　表 5-28

评估等级	定性特征描述		定量描述
	缺损类别	缺损特征	
1	钢盆外观状态	基本完好	—
2	钢盆、固定螺栓等锈蚀	因排水不畅引起钢组件锈蚀（钢盆和固定螺栓等）	外表面锈蚀 2/3 以上或全部
	临时锁定装置未拆除	临时锁定装置安装后未及时拆除，影响支座作用功能	全部或部分未拆除
3	钢盆固定螺栓缺损	固定螺栓顶弯、剪断，固定螺母松动、脱落	数量 1~2 个
4	安装不平整、倾斜	存在纵横坡度的桥梁，安装支座构造措施未得到有效控制，导致支座倾斜度过大	上压板倾斜过大与钢盆接触，影响支座使用功能
	钢盆壁开裂	产品质量问题和支座垫石不平整而导致钢盆壁竖向开裂	出现 1~2 条竖向裂缝，1mm < 竖向裂缝 ≤ 2mm
	支座安装错误	规格、型号、支座布置位置、安装滑移方向错误：纵向（ZX）、横向（HX）、双向（SX）滑动，不符合设计和使用功能要求	安装错误，不符合设计要求
	滑板、不锈钢板状态	滑板开裂，不锈钢板脱落移位或漏放滑板倒置，滑动受阻	不锈钢板脱空移大于 50mm 或漏放，滑板倒置

球型支座工作状况定期检查缺损等级评定标准　　　　　　　　　　表 5-29

评估等级	定性特征描述		定量描述
	缺损类别	缺损特征	
1	支座外观状态	基本完好	—
2	钢组件锈蚀	钢盆和固定螺栓等锈蚀	20% ≤ 锈蚀面积 < 50%
	定位连接板未拆除	定位连接板安装后未及时拆除，影响支座作用功能	全部或部分未拆除
3	固定螺栓缺损	固定螺栓顶弯、剪断，固定螺母松动脱落	数量 1~2 个
4	安装不平整、倾斜	存在纵横坡度的桥梁，安装支座构造措施未得到有效控制，导致支座倾斜度过大	上支座板倾斜过大，影响支座使用功能
	下支座板开裂	产品质量问题或支座垫石不平整而导致下支座板变形开裂	出现 1~2 条竖向裂缝，1mm < 竖向裂缝 ≤ 2mm
	支座安装位置错误	规格、型号、支座布置位置、安装滑移方向错误单向（DX）、双向（SX）滑动，不符合设计和使用功能要求	安装错误，不符合设计要求
	支座转角过大	上支座板转动角度过大，超设计允许值，安装定位控制不到位所致	转动角度大于设计允许值
	滑板、不锈钢板缺损状态	滑板开裂，不锈钢板脱落移位或漏放	不锈钢板脱空移位大于 50mm 或漏放

支座垫石工作状况定期检查缺损等级评定标准　　　　　　　　　　　表 5-30

评估等级	定性特征描述		定量描述
	缺损类别	缺损特征	
1	外观尺寸和状态	基本完好	—
2	施工垃圾过多	模板未拆除建筑垃圾过多,废弃混凝土堆积过高,排水不畅	废弃物和废弃混凝土堆积支座周围,堆积高度影响支座使用功能
3	垫石上表面不平整	平整度施工控制不严,不平整	不平整度≥1mm,支座偏压
3	垫石开裂	支座垫石混凝土强度等级不足,或支座偏压引起开裂	竖向裂纹<2条,裂缝宽度≤1mm
4	支座垫石破损	垫石破损,丧失承载力	竖向裂纹≥2条,破损或裂缝宽度>1mm

支座垫石出现的问题较多,主要包括如下:
①垫石配筋缺失。
②垫石混凝土强度等级不足。
③垫石平面尺寸、高度和平整度等不符合设计要求。
④垫石施工模板未拆除。
⑤废弃混凝土和建筑垃圾未清除,影响支座受力。

(5)支座整体功能失效状况评定应符合以下规定:

可根据表 5-31 失效条件特征进行评定。当支座缺损等级按表 5-27～表 5-30 评定为 4 级的项目达到其中一项时,即可评定为支座整体功能失效。

支座整体功能失效条件特征　　　　　　　　　　　表 5-31

类别	功能	整体功能失效条件特征
板式支座	承压、转角、剪切、滑动	橡胶老化、开裂 4 级,胶层分层外鼓开裂 4 级,剪切变形 4 级,承压状态 4 级,滑板和不锈钢板状态 4 级
盆式支座	承压、转角、滑动	安装不平整、倾斜 4 级,钢盆壁开裂 4 级,支座安装错误 4 级、滑板和不锈钢板状态 4 级
球型支座	承压、转动、滑动	安装不平整、倾斜 4 级,下支座板开裂 4 级,支座安装错误 4 级,上支座板转角过大 4 级,滑板和不锈钢板状态 4 级
支座垫石	承压	垫石开裂或破损 4 级,丧失承载力

(6)当检查检测发现适应性有问题的支座,其适应性评定应按规范规定进行,并综合评定支座的设计、选型与安装存在的缺陷。适应性不匹配的支座应通过支座更换方案设计变更支座规格型号。

三、支座更换施工

1. 一般规定

(1)桥梁支座更换施工操作流程如图 5-71 所示。

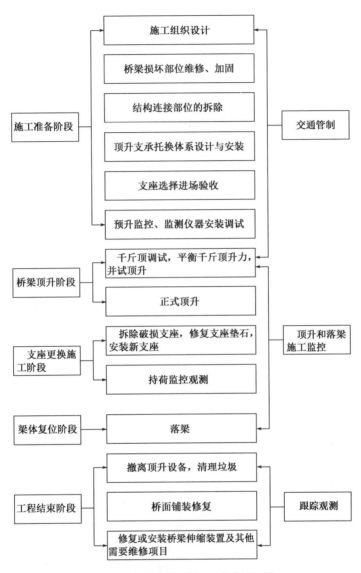

图 5-71 桥梁支座更换施工操作流程图

(2)桥梁支座更换施工应按支座更换设计文件编制施工组织设计,包括支座更换方案、交通管控方案和应急预案等。

(3)桥梁支座更换施工应按设计文件结合现场调查,核对更换支座的规格型号和数量;生产厂家应提供质保书和产品合格证书。安装前应有第三方的合格检测报告。

(4)桥梁支座更换宜选择封闭交通施工。当选择不中断交通施工时,应实施交通管制并设置警示标志牌和车辆限速标志。

(5)桥梁支座更换过程中产生的废弃支座与建筑垃圾应妥善处理,不得随意丢弃,污染环境。

2. 前期准备工作

(1)施工前应按施工组织设计文件要求,搭设支座更换所需的脚手架和操作平台,并与桥梁底面保持足够的空间,周围应设置护栏,以保证操作人员的安全。

(2)施工前应清理墩柱顶部支座周围垃圾和废弃混凝土,对支座垫石存在缺损的,应提前做好修复加固或重做垫石的相关准备工作。

(3)顶升支承所需配套钢抱箍、钢支架和钢牛腿等构件应提前做好制作和现场安装的相关准备工作。

(4)对支座反力转移所需的临时支承设备(钢垫板等)的安装位置,应平整,无凹凸不平。不符合要求的,应在安装前按平整度要求做好找平处理。

支座反力转移所需的特制不同厚度钢垫板和可调节高度承载设备的现场安装位置需确保平整,能保障均匀和安全受力;尤其对大吨位支座反力转移承载器的安装更要特别重视。

(5)顶升设备的选用、配备和计量校验等应符合下列规定:

①千斤顶的平面尺寸及高度应符合桥梁顶升空间尺寸要求。

②千斤顶顶升力不应小于桥梁计算顶升力。

③千斤顶活塞的最大行程不应小于1.25倍桥梁顶升设计高度。

④与千斤顶配套的顶升控制系统应具有计算机同步顶升的控制功能,油压源的供油储量应满足顶升供油需要。与千斤顶配套连接的油管和分配阀不应有漏油现象。

⑤千斤顶应配备自锁装置,防止发生意外。

3.更换作业

(1)顶升设备安装与调试应符合下列规定:

①顶升千斤顶及临时支撑安装时的上下接触面,应按设计文件中的安装位置进行调平处理。

②采用水平尺控制平整度,并按照局部承压验算结果配置钢垫板尺寸及厚度。

③安装连接输油管与油压源,并通过顶升力控制系统进行调试,不得漏油。

(2)支座反力转移时,支承设备选用和安装位置应满足着力安全要求。

(3)桥梁顶升作业程序应符合下列规定:

①预顶升。以顶升力分级控制为主,加至设计顶升力的20%左右,检验顶升加载系统和施工监控仪表是否进入工作状态,发现不正常应进行整改。

②正式顶升。以顶升位移分级控制为主,缓慢施加顶升力直至梁体脱开支座,但最高高度不超过设计限值,将支座反力转移至临时支承设备上。

(4)新支座更换作业应符合下列规定:

①取出原支座,完成对梁底调平楔形块及支座垫石的修复、加固或重做,然后更换安装新支座。

②对于板式支座:按设计图区分板式橡胶支座和滑板橡胶支座位置后,直接安放在支座垫石顶面,并应设置上下钢垫板。滑板橡胶支座上方应配套规范要求的镜面不锈钢板;对于盆式支座及球型支座:按照设计图纸要求,将固定支座、单向和双向滑动支座对号入座。

③滑板橡胶支座的不锈钢板应与桥梁底面预埋钢板焊接固定或粘接固定,以防脱落移位。焊接使用的焊条应采用不锈钢焊条或焊丝,不得采用普通焊条。

④盆式支座及球型支座安装时临时锁定装置不得解除,安装结束后待修复材料达到设计强度且梁体复位后方可解除。

⑤盆式支座和球型支座应选用Ⅱ型(公母型)配套锚固螺栓。

⑥新支座安装应控制横向偏移理论支撑轴线不大于5mm。

⑦支座安装时,应根据现场实际环境温度进行支座预偏量设置。

(5)梁体复位应符合下列规定:

①梁体复位前应检查调平楔形块底面高程、支座垫石顶面高程、平整度、水平度、支座中心位置等指标。

②同步顶升主梁,逐步拆除临时支承,千斤顶分级回油缓慢回落,并应控制梁体复位的同步性和支座整体高程偏差,将梁体落在新更换的支座上,使支座完全受力,千斤顶保持原位。

③梁体复位后应观察支座受力、梁底楔形块及支座垫石工作状态不少于24h时,确认无异常后,撤离千斤顶和临时支撑,清理施工垃圾。

梁体复位与梁体顶升同样重要。在梁体复位施工阶段,主要控制梁体复位的同步性和更换前后的支座高程偏差,确保所有支座受力均匀正常。确认支座全部受力后,千斤顶保持原位,观察不少于24小时。主要观察支座受力、调平楔形块和垫石的工作状态是否正常,确认正常后撤离千斤顶和临时支撑。

在支座旁边的梁底或端横隔处设置千斤顶,将梁(板)适当顶起,使支座脱空不受力,然后进行调整或更换;调整完毕或新支座就位正确后,落梁(板)到使用位置(**资源5-4**)。具体施工图片如图5-72~图5-77所示。

5-4 顶升法桥梁支座更换

图5-72 钢管柱支撑平台

图5-73 墩柱外包钢构件支撑平台

图5-74 安装千斤顶、油泵油路、电路

图5-75 试顶,检查设备运行情况

图 5-76 起梁、更换支座

图 5-77 卸载落梁、完成支座更换施工

4. 施工监控

(1) 应按设计文件提供的监控测点布置图来布置监控仪表并进行监控。

(2) 监控项目与测点布置应符合下列规定：

①监控项目应包括顶升力、顶升高度、梁体控制截面应力(应变)和裂缝,梁体复位后的控制高程与原高程的偏差等。

②重要监控部位应设置数据校验测点和监控仪表,通过监测数据对比分析,以校验监控数据的可靠性。

(3) 监控仪表的选择与技术条件应符合下列规定：

①支座反力和顶升力监控用的传感器,其示值相对误差不大于2%,分辨率不低于0.1kN,满量程应不小于20%设计顶升力。

②监控位移传感器,其示值相对误差不大于1%,分辨率不低于0.01mm。

③监控应力(应变)和裂缝的应变传感器,其标距不小于200mm,示值分辨率不低于1μe。

④多通道数据巡测设备应优先选用电子传感器,以满足数字化、智能化监控设备配备要求。编制配套平台软件,对数据进行智能采集、瞬时存储、实时显示和溯源回放。

⑤所有传感器和仪表安装前应全数计量标定。

(4) 监控传感器和仪表应独立安装固定应不受施工作业干扰影响。轻微干扰仪表或传感器的示值波动应不大于示值的1%。

(5) 施工监控操作时应符合下列规定：

①应准确获取监控数据初始值。所有监控测点的监控仪表安装后应通过调试,正式确认顶升开始前的初始值并存储,可作为监控的基准值。

②支座反力转移监控。应主要监控支座反力转移后临时支承装置的变形、移位和梁体的着力安全。

③梁体顶升过程监控。桥梁顶升过程中所有监控项目和监控参数,通过监测仪表和数据采集设备,由计算机实时跟踪监控,直接显示测点位置和监控数据瞬时变化。控制顶升过程应处于安全状态。

④梁体复位实时监控。应主要监控梁体复位的同步性和支座完全受力后的整体高程与原

高程偏差。

(6)施工监控过程中的异常情况处置应按下列规定进行:

①根据支座更换设计方案中针对异常情况应急处置要求进行处理。

②在桥梁顶升过程中,若发现监控数据突变或危及桥梁安全等异常情况时,应立即暂停顶升作业将梁体返回原位,待检查和排除异常情况后,继续作业。

③当梁体复位有较大偏差时,应立即停止复位,并重新将梁体顶起,检查纠正无误后,继续复位作业。

5.更换后的质量评定

(1)应按现行《公路养护工程质量检验评定标准 第一册 土建工程》(JTG 5220)的相关规定进行支座更换工程质量检验评定,并按缺陷责任期规定进行管理。质量评定依据应包括下列内容:

①相关设计、施工规范和产品标准。

②支座更换安装初始检查记录、交竣工验收报告和支座使用状况定期检测评定报告。

③支座更换设计文件,以及设计变更文件。

④历年支座维护与支座更换施工相关资料以及监控资料等。

⑤新更换支座进场质量验收报告和委托第三方检测报告、出厂产品质保书和产品质量合格证等。

(2)支座更换后的质量评定项目应符合下列规定:

①更换质量评定文件资料应齐全完整。

②新更换支座安装位置、与理论支撑线及支座垫石中心线偏差应符合更换设计要求。

③板式橡胶支座、滑板支座、盆式支座、球型支座与支座垫石等的质量评定应符合表5-32规定技术要求。

各类支座更换后的质量评定要求　　　　　　　　　　　　　表5-32

支座类别	质量评定要求	
板式橡胶支座	不应有偏压、脱空、初始剪切变形和外鼓裂纹等现象存在	
板式橡胶支座	不锈钢板安装固定应符合现行《公路桥梁板式橡胶支座》(JT/T 4)和《公路桥涵施工技术规范》(JTG/T 3650)规定的要求,不应有脱落移位现象	
盆式支座	固定支座(GD)、纵向(ZX)、横向(HX)和双向(SX)活动支座的更换安装位置与滑动方向应符合设计图纸和更换设计要求,不应有安装差错。安装后定位连接板应全部拆除	盆式支座和球型支座的底板与支座垫石的固定螺栓位置应正确;不应有弯曲和歪斜现象,安装应牢固、螺母应一次拧紧
球型支座	固定支座(GD)、单向(DX)和双向(SX)活动支座的更换安装位置与滑动方向应符合设计图纸和更换设计要求,不应有安装差错。安装后定位连接板应全部拆除上座板应平整,不应有转角超标现象	盆式支座和球型支座的底板与支座垫石的固定螺栓位置应正确;不应有弯曲和歪斜现象,安装应牢固、螺母应一次拧紧
支座垫石	支座垫石修复加固后,不应有裂缝等缺陷,其修复加固尺寸、混凝土强度和安装平整度偏差应符合更换设计文件及相关规范要求	
调平楔形块	支座上方梁底调平楔形块平均厚度、表面平整度及水平度满足设计文件及相关规范要求	

④支座更换结束后,墩台垃圾和废弃混凝土、施工废料应清除干净,注意保护环境。

(3)更换质量检查评定方式和评定方法应符合下列规定:

①支座更换质量评定,应全数检查评定。

②质量评定应由管养单位牵头,以评定专家为主,更换施工单位参加,检测设计人员配合,配备专门记录人员。

③质量评定记录与存档,应按规范要求记录,支座更换施工项目负责人、管养单位负责人和评定专家等签字后,存入养护档案。

课题 5-7　调治构造物的养护与维修

引导水流、预防河道变迁,减缓水流冲刷,保证桥梁、引道和河岸的安全与稳定,既是调治构造物的主要功能,也是调治构造物维护工作的重点。

一、日常养护

(1)导流堤、丁坝、顺坝、格坝和透水坝等调治构造物,应保持良好的技术状况,引导水流均匀、顺畅地通过桥孔,防止和减少桥位附近河床和河岸的变迁,保证桥梁、桥头引道和河岸的安全与稳定。

(2)洪水前后,应加强巡察,及时清除调治构造物上的漂流物。

(3)当导流堤、梨形堤、丁坝或顺坝的边坡受到洪水冲刷和波浪冲击,坡脚发生局部破坏时,应及时抛填块石或铁丝石笼等进行防护。

(4)对河道改变而增设的护岸工程,应注意坡面有无变化,基础是否牢固,如发现缺损应及时处理。

(5)在河滩、河岸的路堤边坡外侧,可种植生长迅速、根系发达、枝叶茂密的乔木或耐水的灌木作为防护;其布置以乔、灌间种的多行带状或梅花式为宜。

二、维修与加固

(1)将竹木、铁丝石笼等临时性的调治构造物有计划地改为浆砌块(片)石或混凝土的永久性结构。

(2)调治构造物由于洪水冲刷及漂浮物撞击,发生基础冲空、砌体开裂时,应及时维修。

(3)若调治构造物不足以抗御洪水冲击,则应进行加固,可采用植草皮、干砌或浆砌片石、铁丝石笼、抛石等,也可用梢捆、柴排、混凝土或钢筋混凝土板、土工织物等进行加固。加固时,应综合考虑水深、流速及波浪冲击等因素。加固的高度,对淹没式的调治构造物应加固至坝顶,对非淹没式的调治构造物应高于设计洪水位以上至少 50cm。

(4)河床冲刷严重,危及墩台基础时,可分别进行下列处治:

①对于水深较浅的,在枯水季节修整墩台基础冲空部分;对于中、小桥,可对桥下河床做单层或双层片石铺砌,必要时可铺设挑坎防护。

②对于水深较深、施工困难的,可采用沉柴排、沉石笼和抛石护基等方法进行加固。

③对于流速过大或河床纵坡过大、冲刷严重的不通航小河,可在下游适当地点修筑拦沙坝。拦沙坝的高度、间距应根据河床的高程和纵坡确定。下游坝顶高程一般应与上游桥址处河床的高程相等。

(5)通过观察,若发现调治构造物的位置不当,数量、长度不合理,不能发挥正常作用时,应在洪水退后进行改善。

(6)因河道变迁、流向不稳定或因桥梁上下游河道弯曲形成斜流、涡流危及桥梁墩台、基础、桥头引道时,应因地制宜地增设调治构造物。新增调治构造物的布设应进行多方案比选。

课题 5-8 桥梁灾害防治与抢修

一、一般规定

(1)应根据桥梁所处的水文地质条件、气象特征、运营条件,结合对桥梁的技术检查,综合分析评估桥梁的抗灾能力。

(2)在汛期、台风、暴雪、冰冻等自然灾害频发期,应加强安全隐患排查。必要时应实施交通管制,并及时发布公告信息。桥区附近有落石、滑坡等自然灾害隐患时,应及时上报主管部门,并采取相应处治措施。

(3)重要桥梁和易遭受灾害的桥梁,应制订应急预案,并配备必要的应急人员、抢修材料和机械设备。

(4)桥梁受灾后,应全面检查桥梁各构件的受损情况,对可能发生断裂、坍塌及失稳的桥梁,应采取必要的临时支护措施;同时,应安排车辆绕行,组织抢修便桥、便道,尽快恢复交通。

二、水毁防治与洪水期抢修

(1)根据桥梁所在河流的地理位置、孔径大小、桥孔位置、桥下净空、基础埋深、墩台基础冲刷、河流与河床的稳定等情况,将公路桥梁防洪能力划分为强、可、弱、差四个等级。现场检查与测量后,按公路桥梁原有的技术等级进行检算评定,评定标准见表5-33。

桥梁防洪能力评定标准　　　　　表5-33

等级	评定标准
强	(1)桥下实际过水面积满足设计要求,桥下净空符合规定; (2)桥孔位置合适,调治构造物设置合理、齐全; (3)河床稳定; (4)墩、台基础埋深足够,基底埋深安全值满足要求;浅基础已做防护,防护周边的冲刷深度小于设计冲刷深度; (5)墩台无明显冲蚀、剥落

续上表

等级	评定标准
可	（1）桥下实际过水面积基本满足设计要求，河道压缩小于10%，上部结构底面高程与梁底最低计算高程相同； （2）桥孔位置略有偏置，设置了调治构造物；调治构造物有局部缺损； （3）河床基本稳定； （4）墩、台基础埋深基本满足要求，浅基础防护基本完好； （5）墩、台有冲蚀、剥落，面积小于10%，深度小于20mm
弱	（1）桥下实际过水面积不满足设计要求，但不小于设计的80%，或河道压缩小于20%；上部结构底面高程基本与梁底最低计算高程相同； （2）桥孔有偏置，调治构造物不齐全或有较大损坏； （3）河床有冲刷； （4）墩、台基础埋深安全值较低，浅基础防护损坏明显； （5）墩、台有冲蚀、剥落、露筋，面积超过10%，钢筋锈蚀
差	（1）桥下实际过水面积小于设计的80%，或河道压缩超过20%；上部结构底面高程低于梁底最低计算高程； （2）桥孔偏置；应设而未设调治构造物，或调治构造物严重损坏； （3）河床不稳定，冲刷严重； （4）墩、台基础埋深不够，浅基础无防护或防护被冲空面积超过20%； （5）墩、台冲蚀、剥落严重，桩顶外露或有缩颈、露筋及钢筋锈蚀严重；砌体松动、脱落或变形

注：梁底最低计算高程是按现行《公路工程水文勘测设计规范》（JTG C30）计算出的桥面最低高程扣除桥梁上部结构建筑高度（包括桥面铺装厚度）后的高程。

（2）应在汛期进行必要的水文观测，掌握洪水动态，并与当地气象、水文部门取得密切联系，及时收集洪水、雨水预报资料，或向沿河居民进行调查，了解洪水的发生、到达时间等，以判断对桥梁的危害程度。

（3）每年汛期前应对公路桥梁做预防水毁的检查，检查应包括下列内容：

①桥梁墩台、调治构造物、引道、护坡、挡墙结构是否完好，基础是否冲空或损坏。

②桥下有无杂草、树枝、石块等杂物淤塞河道；桥位上、下游有无堆积物、漂浮物。

③桥梁所处河道是否稳定，水流有无变化，桥梁下游是否发生冲刷。

④挖砂、采石对桥位上、下游河道可能造成的破坏情况。

⑤桥梁上游附近有无水库及其设计标准，是否存在安全隐患。

（4）在汛期前应开展预防水毁的养护工作，并应符合下列规定：

①防洪能力评定为弱或差的桥梁，应根据情况于每年汛期前及时维修加固。

②做好河道清淤。

③维修、加固、改善或增设各类调治构造物及基础防护构造物。

④采取适当措施，防止漂浮物大量进入桥孔。在漂浮物较多的河流，可在桥墩前一定距离设置防撞设施。

⑤做好抢险物资和设备的准备。

（5）在汛期应加强对桥梁的巡查。对于小的水毁应及时进行处理排除；若发生严重毁坏，危及行车安全时，桥梁两端应及时设立警告标志或禁止通行标志，组织抢修并及时向上级报告。

(6)洪水期的抢修与维修应符合下列规定:
①监视漂浮物在桥下的通过情况,必要时应用钩杆等引导其顺利通过桥孔。对堵塞在桥下的漂浮物应及时移开或捞起。
②遇洪水时,若桥梁墩台、引道、护坡、锥坡发生冲刷,危及构造物安全时,应采取抛石、沉沙袋或柴排等紧急措施进行抢护。但不宜向上游河中直接抛填,以免减少泄水面积而增大冲刷。抛填块石时,可设置临时木溜槽,以控制抛填位置。
③遇特大洪水,对采取抢险措施仍不能保障安全的重要桥梁,在紧急情况下,经上级主管部门批准,可采用炸药炸开桥头引道宣泄洪水,以保护主桥安全度汛。
(7)道、便桥的设置应符合下列规定:
①便桥、便道选址应充分考虑周边交通情况,减少工程量,满足防洪要求,且不影响恢复原桥或新建桥梁的施工等因素。
②便道、便桥设置应因地制宜、施工方便,利于快速建成。
③在宽滩性河流上修筑便道、便桥时,可采用漫水式,必要时应对便道上、下游边坡做防冲处理。
④便桥宜采用结构简易的小跨径桥型,必须满足承载能力和泄洪能力的要求。
⑤便道、便桥宽度可根据通行要求确定,不宜小于4.5m。
⑥漫水便道、便桥应设置鲜明的警示水位标志、限速标志、限载标志、行车道宽度标志。
⑦应加强对便道、便桥的日常使用维护,及时修复损毁,保证交通。
(8)洪水过后,应及时清理河床上的漂浮物和沉积物,使水流顺畅。

三、冰害防治

(1)应提前做好桥面积冰、积雪预防措施和抢修方案,并应符合下列规定:
①宜采用人工、机械及时清除桥面积冰、积雪;不宜使用氯盐类融雪剂,若在应急抢险中短时使用,应及时清洗桥面;有条件时,可采用环保型融雪剂等化学除雪方法。
②清除的冰雪不宜堆放在桥面两侧,对于暂时堆放的应及时移除。
③不能及时清除桥面积冰、积雪的桥梁,应撒铺防滑材料(如粗砂或灰渣),增强桥面抗滑能力。
④处于弯道、陡坡路段的桥梁宜设置积冰、积雪警示标志,或预告标志,减低车速、保障安全。
(2)对桥下河床积冰或流冰,可采取下列截流或防冻疏流等工程措施进行分类治理:
①容易造成冰拥阻塞的山区小桥涵,可加强结冰期排水工作,及时进行河道疏导,保障畅通。
②对于河流水源不大,入冬后河面结冰,且冰面上升造成桥孔被堵塞或在路上形成冰坝的桥梁,桥梁上游有大片低洼地时,可用土坝截流。
③河床纵坡不大的河流,入冬初时可在桥位下游修筑土坝,使桥梁上、下游约50m范围形成聚水池。水面结冰坚实后,在聚水池上游开挖人字形冰沟,同时在下游河床最深处挖开土坝,排干池内存水,保持上下游进、出水口不被堵塞,使水从冰层下流走。
④可在桥位上、下游各30~50m的水道中部顺流开挖冰沟,用树枝、柴草等覆盖保温,并

经常进行检查维护,使冰沟不被冻塞,解冻开始时将其拆除。

(3)春季解冻时,对桥下河流易形成冰凌的桥梁,应加强流冰期检查、观测和养护,可采用下列方法对冰凌进行处治:

①解冻前,对桥梁上游河道中的冰层及其厚度进行调查、探测,应备足抢护材料、工具和照明设备。

②解冻临近时,可做下列准备工作:

a. 在桥位下游用人工或爆破方法开挖冰池,开挖长度为河面宽的 1~2 倍,宽度为河面宽的 1/3~1/4,并不小于最大桥跨。

b. 在冰池下游一定范围内开挖不小于 0.5m 宽的纵、横向冰沟,冰块很厚可能有强流冰发生时,可在桥墩四周开挖出宽 0.5m 的冰槽。

c. 对冰池、冰沟应经常检查,有冻结时应反复捣开。

③流冰临近时,应及时破碎上游冰层,对较大的流冰体,可在上游用炸药破碎。

④气温突变时,河流解冻产生大量流冰,可能对桥梁墩、桩柱、台和导流坝产生冲击,或大量冰排聚集在桥梁附近可能阻塞河道时,应及时进行冰凌爆破,送走冰排。

⑤积冰严重时,应在下游及时疏导冰块。

(4)春季流冰持续时间长,冰凌体积大且流速快的桥梁,可考虑对其墩台进行加固处理,增强其抗撞击能力;未设破冰棱体的宜增设。

(5)易形成涎流冰的沟谷桥涵,宜增设保温盲沟或在桥涵进口处设置聚冰坑,防止涎流冰堵塞桥涵或拥上桥面,桥涵上游沟谷可根据条件设置挡冰栅栏。

四、冻害防治

(1)位于寒冷地区的桥梁,墩台及调治构造物基础因埋置深度不足出现的基础冻胀、融沉、桩基冻拔、翼墙开裂等病害,应通过维修加固或改建使满足其需求。

(2)混凝土或圬工结构因冻融循环作用引起的损伤,宜采取下列防治措施:

①冬季来临前,保持桥面铺装完好,桥面及梁体排水通畅、无积水。

②可采取包裹沥青毡、镶面或表层涂层等措施,提高混凝土防撞墙、护栏底座、护轮带等桥面系混凝土的抗盐蚀性及抗冻性。

③可采取外包高抗冻性混凝土或钢板、表层涂层等措施,提高水位变动区墩台抗冰冻能力。

④及时修补水位变动区的混凝土结构裂缝、圬工结构脱落的砂浆勾缝,或将圬工结构改造为抗冻耐久性更好的混凝土结构。

(3)防治融沉宜采用保温覆盖法,对已发生轻微融沉的桥梁,应在融化前采取隔热保冻措施。

(4)冻胀病害防治可采取下列措施:

①可采取基侧换填抗冻胀性能较好的砂砾等材料,或改善基础侧面光滑程度等措施,减小扩大基础的侧面冻结力。

②可采用将冻土层内的桩壁加分离式套管的方法防治桩基础冻胀。

③受冲刷影响底面部分或全部处于河床冻胀土层内的桩基承台,可采取加固或减小冻胀

力等措施,避免不均匀冻胀对承台造成的剪切破坏。

(5)桥台水平冻害防治可采取下列措施:

①可利用增设锚杆、锚定板来平衡水平冻胀力,或将八字墙与前墙连成整体,采取增加台身配筋等技术措施,增强桥台抵抗冻胀能力。

②可采取台背换填、加强排水和保温等措施减小台后水平冻胀力。在台背换填非冻胀的砂砾时,在台背增设排水盲沟并在台背和路面下层铺设保温材料。

五、泥石流防治

(1)在汛期前,应根据桥涵所在泥石流区的地质状况及强降雨天气预报,评估泥石流可能对桥涵产生的影响,并采取必要的应对措施。

(2)泥石流灾害处治措施,应根据泥石流沟的地形、地质状况、沟槽宽度及坡度、泥石流性质、流势,以及泥石流对桥涵危害程度等因素综合考虑,可采取下列措施:

①位于频繁发生较大的黏性泥石流区及规模较大的稀性泥石流区的桥梁,可改线绕避。

②跨越稀性泥石流或水流中含砂石较多河沟的涵洞,可增加涵洞跨径或改涵为桥。

③在泥石流形成区,可通过采取截水、排水并结合支挡等工程措施控制水土流失和防止滑坍发生。

④在泥石流经过区,可在过流沟道内采取护底及护坡措施;在储淤条件较好处,可修建拦挡坝或停淤场。

(3)在强降雨期间,应加强对可能受泥石流影响的特大、大桥的监测。

(4)泥石流发生时,应对受影响的桥涵及时封闭交通。

(5)泥石流发生后,应及时对桥涵进行检查。发现桥涵存在冲毁、淤积等破坏情况时,应及时处治。

六、震害防治

(1)处于抗震设防烈度为Ⅶ度及Ⅶ度以上地区未经过抗震设计的既有桥梁或因使用环境发生变化影响抗震性能的桥梁,应进行桥梁抗震性能评价。

(2)桥梁的抗震性能评价工作应包括以下内容:

①收集桥梁的基础资料、运营管理资料、检查资料、养护维修资料、特殊情况资料等。

②现场核查前期收集资料是否符合桥梁实际情况,重点关注相关结构构件的技术状况,必要时进行现场检测,补充实测数据。

③根据抗震设防类别、抗震设防烈度和桥梁相关结构、构件技术状况及构造措施,对桥梁构造细节和抗震措施进行评价。

④结合工程地质、水文地质资料,对桥位场地进行评价。

⑤根据抗震设防类别、抗震设防烈度、抗震设防水准和设防目标进行抗震分析和抗震验算,对结构、构件承载力和变形能力进行评价。

⑥对桥梁结构整体抗震性能作出评价并提出处治意见。

⑦编制桥梁抗震性能评价报告。

(3)根据抗震性能评价结果,对未设置抗震设施的桥梁结构,应增设抗震设施;对需进行抗震加固的桥梁,加固措施应符合国家和行业现行有关标准的规定。

(4)桥梁抗震设施的养护与维修应符合下列规定:

①桥梁抗震设施应保持清洁、完好。震后应及时检查抗震设施的性能状态。

②混凝土抗震设施出现裂缝、混凝土剥落及混凝土破碎等病害时,应及时进行修补或更换。

③抗震缓冲材料出现变形、损坏、腐蚀、老化等病害时,应及时更换。

④抗震紧固件、连接件松动和残缺时,应及时紧固或补齐,并涂刷防锈涂层。

⑤桥梁横、纵向联结和限位的拉索,应完好、有效;发现松动时,应及时紧固。

(5)震后应及时对桥涵进行安全隐患排查,评估桥梁是否满足车辆通行要求;对存在安全隐患的桥梁应进行维修整治,必要时可采取应急加固措施。

七、火灾防治

(1)火灾预防应符合下列规定:

①应及时清理桥梁及附近的可燃物。

②产权单位应定期检查维修依附于桥梁上的管线设施,避免因设施故障引发火灾。

③易燃易爆危险品运输车辆通过桥梁时,应遵照有关规定进行管理。

(2)火灾处治应符合下列规定:

①发生火灾时,应立即启动应急预案,实施交通管制,组织灭火并及时报告。灭火方式应结合火源、火势与结构物的特点合理选择。

②桥梁发生火灾后,应及时进行特殊检查与损伤评估,并采取相应的处治措施。

八、车辆、船舶、漂浮物撞击及山体落石的防治

(1)车辆撞击预防应符合下列规定:

①桥下净空不满足使用要求时,应采取措施防止车辆撞击桥梁。

②跨线桥可设置主梁及墩台的防撞保护设施,防撞设施不得压缩行车道空间。

③跨线桥的墩柱及侧墙端面应定期涂刷立面标记,并保持颜色鲜明。

④被交路设置的限高门架,应设置明显的限高标志牌。

(2)船舶、漂浮物撞击预防应符合下列规定:

①对跨越航道的桥梁,宜设置相应的助航及防撞设施;防撞设施不应压缩通航净空。

②下净空不满足通航要求时,宜采取措施防止船舶撞击桥梁。

③为防止桥梁墩台被漂浮物撞击,可在桥墩上游设置必要的防撞设施。

④防撞设施可采用钢管桩、钢浮围、缆索等,并设置醒目的警示标志。

(3)落石防治应符合下列规定:

①经常检查时,应对桥位附近有落石隐患的边坡进行排查。

②桥位处于落石频发区域时,宜采取必要的防护、监测及警示措施。

③桥址区域边坡防护应因地制宜,采取主动防护、被动防护或二者结合的防护措施。

(4)撞击后,在移除车、船、落石过程中,应避免对桥梁的二次损伤。
(5)车辆、船舶、漂浮物撞击及山体落石损伤桥梁后,应及时进行特殊检查与损伤评估,并采取相应的处治措施。

课题 5-9　超重车辆过桥措施

一、一般规定

超重车辆是指大于桥梁设计荷载标准及公路管理部门公布的限载量,必须采取技术措施方可通过桥梁,经过公路管理机构审批同意在指定公路上行驶的特殊车辆。

超重车辆安全通过桥梁的技术措施包括如下:
(1)应依据现场调查结果和桥梁技术资料,按超重车辆的实际荷载,对桥梁结构进行强度、刚度、稳定性的验算。
(2)必要时进行荷载试验,以判定桥梁的承载能力。
(3)对不能满足通行条件的桥梁进行加固处理。
(4)当有多条线路可通行时,应选取桥梁技术状况好、加固工程费用较低的路线通过。

二、超重车辆过桥的结构验算及荷载试验

(1)搜集结构检算所需的技术资料,应包括下列内容:
①超重车辆技术参数。
②桥梁设计、竣工文件及养护、维修、改建资料。
③其他试验检测资料。
④现场核对记录。
⑤对无竣工资料或出现缺损的桥梁,应以能反映桥梁实际状况的检测结果为计算依据。
(2)结构检算应针对可能受到超重车辆荷载影响的桥梁构件或部件,包括上、下部结构承重构件及基础进行检算。检算时应选取符合实际的计算图式,采用安全、可靠的计算参数和计算方法。
(3)当结构检算和检查结果不足以对超重车辆过桥安全性做出判定时,可进行荷载试验。试验荷载应与超重车辆通过的状况相近,必须分级加载。
(4)应对结构检算结果或荷载试验结论进行综合分析,以判断桥梁承载能力能否满足超重车辆过桥需要。

三、超重车辆过桥的技术措施

(1)桥梁承载力不能满足超重车辆通行需要时,应对其不足的部分如上部结构、下部结构、地基以至全桥采取安全适用、技术可靠、经济合理的加固措施。特大桥或特殊结构桥梁的

加固宜提出两个以上加固方案进行经济技术比较。

(2)采取临时加固措施时,根据计算结果和评估结论,应优先采取易于实施及拆除、构件可回收利用的临时措施。

(3)采取永久加固措施时,可与桥梁的技术改造及提高荷载等级一并论证实施。加固措施、施工方法、工艺、流程应充分考虑结构倾覆、失稳、沉陷、滑动或坍塌的可能性,确保安全。

四、超重车辆过桥的技术管理

(1)超重车辆过桥前,应根据承载能力评定的结果,制订过桥方案。过桥方案应包括下列内容:

①过桥前的巡视检查。
②过桥时间的制定。
③指定超重车辆行驶位置和行驶线路。
④确认牵引车和平板挂车轮距及轴重。
⑤人员配备。
⑥交通管制措施。
⑦现场监控方案。
⑧应急预案。

(2)超重车辆过桥时,应符合下列规定:
①超重车辆应沿桥梁结构的中心线行驶。
②车辆以不大于5km/h的速度匀速行驶。
③严禁在桥上制动、变速、停留。
④不得有其他车辆同时过桥。

(3)不宜在洪水、暴雨、大风等时段组织超重车辆过桥。

(4)超重车辆过桥时,应现场观测记录桥梁位移、变形、裂缝变化。必要时,还应观测应变、反力、索力等力学参数。

(5)超重车辆过桥后,应及时检查桥梁主要受力构件的技术状况,若发现病害应及时处治。

课题5-10 涵洞养护

涵洞养护工作内容包括经常检查、定期检查、日常养护、维修、加固与改建。

涵洞的主要功能是排水,部分具有人行、车辆通行功能的涵洞(习惯上称为通道),需设置限高标志和照明等附属设施,以保证人、车通行安全。因此,涵洞养护除保证主体结构完好外,还要保持附属设施的完好。涵洞的排水要求顺畅并排放到适当的地方,避免冲毁农田及水利设施。涵洞养护应做好防水、排水,使表面清洁、不漏水,保证涵洞的正常使用。

一、涵洞检查的内容和方法

涵洞的检查方法有经常检查和定期检查。

1. 经常检查

涵洞的经常检查应符合下列规定：

(1) 经常检查每季度不少于 1 次，在汛期及冰雪前后应加大检查频率。

(2) 经常检查采用目测方法，也可配以简单工具进行测量，现场填写"涵洞经常检查记录表"（表5-34），记录所检查项目的缺损类型，估计缺损范围及养护工作量，提出相应的小修保养措施，为编制辖区内涵洞养护工作计划提供依据。

涵洞经常检查记录表　　　　表 5-34

1. 路线编号		2. 路线名称		3. 行政区划	
4. 中心桩号		5. 涵洞类型		6. 养护单位	
7. 部件编号	缺损类型	缺损范围		保养措施意见	
8. 盖板					
9. 涵台					
10. 圆管涵涵身					
11. 箱涵涵身					
12. 八字墙					
13. 一字墙					
14. 截水墙					
15. 边沟					
16. 涵底铺砌					
17. 涵附近填土					
18. 标志、照明					
19. 其他					

备注：

负责人		记录人		检查日期	

(3) 经常检查内容包括：

①进、出水口铺砌、翼墙、护坡、挡水墙、沉沙井、跌水、急流槽等是否完整。

②进、出水口是否堵塞，沉沙井有无淤积，洞内有无淤塞及排水不畅。

③洞口周围是否有杂物堆积，涵洞是否清洁，有无渗漏水。

④高填土涵洞的路基填土是否稳定，有无沉降。

⑤涵洞结构各构件有无损坏。

⑥交通标志及涵洞其他附属构造是否完好。

⑦其他明显的损坏或病害。

(4) 经常检查中发现有排水不畅或有构件明显损坏需要进行维修时，应做好记录并及时报告。

2. 定期检查

涵洞的定期检查周期不得超过 3 年,特殊结构及特别重要的涵洞每年检查不少于 1 次。新建、改建涵洞交付使用 2 年内,应进行第一次全面检查。经常检查发现存在较大损坏时,应立即安排定期检查。

定期检查以目测观察结合仪器观测进行,应接近各部件仔细检查其缺损情况。

涵洞定期检查的主要工作包括:

(1)现场校核涵洞基本数据,填写或补充完善涵洞基本状况卡片。

(2)现场填写涵洞定期检查记录表,记录各部件缺损状况。

(3)判断病害原因,确定维修范围及方式。

(4)进行涵洞技术状况评定,提出下次检查时间建议。

(5)对损坏严重、危及安全运营的涵洞,提出限制交通、维修加固或改建的建议,并及时处治。

涵洞定期检查应包括下列内容:

(1)检查涵洞的过水能力,包括:涵洞的位置是否适当,孔径是否足够,涵底纵坡是否合适。

(2)进、出水口铺砌、翼墙、护坡、挡水墙、沉沙井、跌水、急流槽等是否完整,洞口连接是否平整顺适,排水是否顺畅。

(3)涵体侧墙或台身是否渗漏水、开裂、变形或倾斜,墙身砌缝砂浆是否脱落,砌块是否松动,基础是否冲刷淘空。

(4)涵身顶部的盖板、顶板或拱顶是否开裂、漏水、变形下挠,砌缝砂浆是否脱落,砌块是否松动、脱落。

(5)涵底是否淤塞阻水,涵底铺砌是否开裂、沉降、隆起或缺损。

(6)洞口附近填土是否有渗水、冲刷、空洞,填土是否稳定。

(7)涵洞顶路面是否开裂、沉陷、存在跳车现象。

(8)交通标志及涵洞其他附属设施是否损坏、失效。

涵洞定期检查评定标准可按表 5-35,并结合检查人员经验,对涵洞的技术状况综合做出"好、较好、较差、差、危险"五个级别的技术状况评定,提出日常养护、维修、加固、改建等建议。

涵洞技术状况评定标准　　　　表 5-35

技术状况评定等级	涵洞的技术状况描述
好	各构件及附属结构完好,使用正常
较好	主要构件有轻微缺损,对使用功能无影响
较差	主要构件有中等缺损,病害发展缓慢,尚能维持正常使用功能
差	主要构件有大的缺损,严重影响涵洞使用功能;或影响承载能力,不能保证正常使用
危险	主要构件存在严重缺损,不能正常使用,危及涵洞结构安全

涵洞定期检查后应提交下列文件:

(1)本次检查涵洞清单。

(2)涵洞基本状况卡片、涵洞定期检查记录表、涵洞技术状况评定表。

(3)典型缺损和病害的照片及说明。缺损状况的描述应采用专业标准术语,说明缺损的部位、类型、性质、范围、数量和程度等。

(4)两张总体照片。一张上游侧立面照片,一张下游侧立面照片。

(5)定期检查报告应包括下列内容:

①辖区内所有被检查涵洞的技术状况评定等级及日常养护情况,可按路线编号进行统计或按涵洞结构类型进行统计。

②需要维修加固或改建的涵洞,说明维修的项目、拟采用的维修方案、预估费用和建议实施时间。

③需进行交通管制的涵洞的建议报告。

二、涵洞日常养护

涵洞日常养护应符合下列规定:

(1)保持洞口清洁无杂物,洞内排水畅通,若发现淤塞或积雪、积冰,应及时疏通和清除。涵洞的日常养护工作大体分为保洁、清淤、堵漏、结构损伤的维修等四部分。涵洞底部铺砌冲刷损坏、进出水口被冲刷淘空,侧墙、基础或管涵基础被冲刷淘空频率较高,这是日常养护的主要工作,需要重视。经常积雪或积雪较深的涵洞,入冬前在洞口外加设栅栏;易发生积冰的涵洞,一般用栅栏封住洞口,融雪时及时拆除。

(2)涵底铺砌、洞口上下游路基护坡、引水沟、汇水槽、沉沙井等发生变形或出现破损时,应及时修理或封塞填平。

(3)对在进水口设置沉沙井和出水口为跌水构造的涵洞,应适时检查其是否损坏、与洞口是否结合成整体。若有损坏或发现裂隙甚至脱离时,应及时修复,使水流畅通。进出水口如有裂隙,应及时填塞;若有冲刷、淘空并引起结构变形开裂,应重新填实或压注水泥浆或化学浆液;也可以依据材料类型及损伤情况,参照相同材料的桥梁结构进行维修。

(4)沉降缝或连续缝止水带应保持完好,有破损时应及时更换。钢筋混凝土箱涵是涵洞常用的一种结构,其止水带一般用橡胶制品或塑料制品,需要具有高弹性、耐磨性、抗撕裂性及耐老化等性质,且与混凝土能可靠黏结。遇水膨胀的止水带具有遇水后体积膨胀的功能,能进一步密封、填充变形造成的缝隙。一旦发现止水带破损,应及时更换。

(5)洞内排水明沟每周应清扫一次,排水暗沟每季度应疏通一次。

(6)对采用机械排水的涵洞,应保持排水泵、阀、排水管道及其他设备功能完好、运转正常,并作定期检修。部分涵洞路面低于两侧路面,需敷设下埋式排水管将路面积水排除或采用机械抽排水。采用机械设备排水的,要做好设备维修工作。这是养护的薄弱环节,养护工人中缺少会维修机械的技术工人是设备失养、失效的重要原因,还需解决维修人员的配置或培训问题。

(7)设有照明设施的涵洞,应保持照明设备处于完好状态。若发现照明灯具和输电线路有损坏时,应及时更换、维修。

(8)通行车辆的涵洞应设置醒目的限高标志并保持完好。涵洞端面应涂设立面标记,并保持颜色鲜明,定期涂刷。

(9)为防止车辆剐蹭涵顶,通行车辆的涵洞需要设置醒目的限高标志。当净空小于公路技术等级要求,不符合交通需要时,在标出限高值的同时,还要设置绕行通过的指路标志。

(10)波纹管防护涂层剥落、波纹管锈蚀应及时维修。波纹管涵洞是近几年快速发展的一种涵洞形式,涵洞过水时夹杂石块、砂砾等,易对波纹管表面防护涂层造成磨损,导致涂层脱落,波纹管锈蚀,发现后要及时维修。

三、涵洞的维修

涵洞的维修应符合下列规定:

(1)当涵洞圬工砌体表面出现局部风化、开裂、灰缝剥落,局部砌块松动、脱落,砌体出现渗漏水时,一般采用下列方法进行维修:

①用水泥砂浆重新勾缝,或局部拆除后重建。

②表面抹浆或喷浆,病害有发展趋势且病害面积较大时,一般采用挂网抹面。

③在砌体背后压注水泥砂浆或化学浆液。

④加设涵内衬砌。

(2)当水泥混凝土管涵的接头处或有铰缝处发生填缝料脱落,引起路基渗水时,可用干燥麻絮浸透沥青填实,或用其他弹性材料封堵,不宜用灰浆抹缝,以免再次脱落。

(3)如涵洞进出水口处严重冲刷可采用下列维修方法:

①位于陡坡上的涵洞或直接受水流冲刷的涵洞,其入水口处应采取适当的防护措施。

②用浆砌块石铺底,并用水泥砂浆勾缝,铺砌长度视土质和流速而定,铺砌的末端一般设置混凝土或浆砌块石截水墙。

③对流速特别大的涵洞,在出水口加设缓流设施,如消力槛、消力池等。消力槛的末端设置混凝土或浆砌块石截水墙,或设置三级挑槛。

(4)涵洞渗漏水严重时应及时处治,一般采用注浆法堵漏。

(5)涵洞经常发生泥沙淤积时,宜在进水口设沉沙井。

(6)管涵的管节因基础沉陷而发生严重错裂时应及时处治。

(7)局部损坏或承载能力不足的涵洞应及时维修加固,保障通行安全。涵洞地基加固包括严重冲刷的加固及地基沉降变形的处理。冲刷严重时,需要增设防冲、减冲结构,也可以与沟、渠的疏导整治结合进行。地基的加固方法多采用换填夯实等费用较少的方法。采用较昂贵的处理方法时,需要与拆除重建进行技术经济比较。

局部损坏或承载能力不足的涵洞一般采用下列方法进行加固或改造:

①挖开填土,用混凝土或钢筋混凝土加大原涵洞断面。

②涵内用混凝土或钢筋混凝土衬砌进行加固。

③挖开填土,用新构件分段进行更换改建。

(8)在涵内加大结构截面时,需注意减少过水断面造成的影响,不致引起过大壅水或造成其他病害。更换新结构或改设、增设涵洞,一般均采用分段施工的方法维持交通,并注意施工、行车安全,设置相应的标志、护栏等,必要时安排值守人员指挥交通,维护安全。

1. 桥涵养护的基本要求包括哪些方面?
2. 试述桥梁经常检查的检查方法和内容。
3. 桥梁定期检查后应提交哪些文件?
4. 在哪些情况下应对桥梁做特殊检查?
5. 试述桥梁总体技术状况评定等级的划分方法。
6. 简述桥梁技术状况评定工作流程。
7. 试述钢筋混凝土梁裂缝产生的原因。
8. 简述钢筋混凝土梁裂缝的维修技术。
9. 简述钢筋混凝土桥主梁加固的方法。
10. 墩台基础养护的主要工作内容有哪些?
11. 拱桥桥台产生位移和转动时可选择哪些加固方案?
12. 桥梁基础局部冲空可采用哪些加固措施?
13. 采取哪些措施能处治地基承载力不足引起的墩台基础沉降?
14. 试述更换一般常用橡胶板伸缩缝的程序。
15. 桥梁支座的主要养护工作有哪些?
16. 试述涵洞日常养护的要求。
17. 涵洞定期检查的主要内容有哪些?
18. 超重车辆过桥时应遵循哪些规定?
19. 防止横向落梁的抗震加固措施有哪些?
20. 当河床冲刷严重,危及墩台基础时,可采用哪些方法进行处治?

单元6 UNIT SIX
隧道养护

 知识目标

1. 熟悉隧道养护范围、养护内容及养护要求；
2. 了解隧道技术状况评定；
3. 熟悉隧道土建结构的检查与评定；
4. 熟悉隧道病害处治的常用方法及适用条件；
5. 掌握隧道养护作业的安全管理。

 能力目标

1. 能进行隧道土建结构的检查并填写检查表格；
2. 能进行隧道土建结构的养护维修与病害处治；
3. 能结合病害调查检测结果，进行隧道技术状况评定。
4. 能进行隧道机电设施的养护维修。

课题 6-1　概述

一、公路隧道分类

根据《公路工程技术标准》(JTG B01—2014)规定，公路隧道按其长度分为四类，见表6-1。

隧道分类　　　　　　　　　　　　　　　　　表6-1

隧道分类	特长隧道	长隧道	中隧道	短隧道
隧道长度 L(m)	$L>3000$	$3000 \geqslant L>1000$	$1000 \geqslant L>500$	$\leqslant 500$

二、隧道养护范围

隧道养护范围应包括土建结构、机电设施及其他工程设施。

(1)土建结构主要是指隧道的各类土建工程结构物,包括洞门、衬砌、路面、防排水设施、斜(竖)井、检修道及风道等结构物,以及与隧道安全关系紧密的围岩、洞口边仰坡等。

(2)机电设施主要是指为隧道运行服务的相关设施,包括供配电设施、照明设施、通风设施、消防设施、监控与通信设施等。

(3)其他工程设施包括电缆沟、设备洞室、洞外联络通道、洞口限高门架、消声设施、减光设施和附属房屋等。

三、隧道养护要求

(1)隧道养护应经常保持土建结构及附属设施技术状况良好,外观整洁,排水系统排水通畅,路面无明显病害,衬砌和洞口结构无损坏、无异常变形;机电设施齐全完好、运行正常、工作可靠。

(2)隧道养护应加强日常养护、预防养护及机电设施的维护工作。当土建结构技术状况等级为3类及以下时,应根据病害情况和对结构安全影响程度等,及时组织专项检查和评定,及时实施修复、加固或改建等养护措施。

(3)隧道结构加固时,应符合下列规定:

①隧道结构加固时,主体结构可维持原技术标准,交通工程及附属设施应采用现行技术标准。

②隧道结构加固应根据加固后结构实际应力情况和边界条件等进行承载力验算。

③有抗震要求的隧道结构加固,应进行抗震能力验算。

④隧道加固应保证新增结构与原结构连接可靠,并应避免对未加固部分及相关结构产生不利影响。

⑤隧道加固应充分考虑排水要求,防止堵塞排水系统。

⑥对高温、冻融、腐蚀等引起的结构损坏,应采取有效的防治对策。

⑦加固工程中可能发生失稳、坍塌、掉块、落石时,应采取预防性措施。

⑧对隧道洞口仰坡、路基边坡及结构物加固,应保持坡面与坡体稳定,支护结构满足承载能力、结构安全和抗灾能力的要求。当路基边坡出现冲刷、风化剥落或碎落坍塌等浅表病害时,应及时清理和整理坡面,可采取生态防护、工程防护或冲刷防护等坡面防护措施;当路基边坡出现明显病害时,应根据检测和专项评定结果等,进行修复或加固。

课题6-2 隧道养护等级与技术状况评定

一、隧道养护等级

公路隧道养护应划分隧道养护等级,并按照等级实施养护。根据公路等级、隧道长度和交通量大小,公路隧道养护可分为三个等级,分级标准见表6-2、表6-3。

高速公路、一级公路隧道养护等级分级表　　　　表 6-2

单车道年平均日交通量 [pcu/(d·ln)]	隧道长度(m)			
	$L>3000$	$3000 \geqslant L>1000$	$1000 \geqslant L>500$	$L \leqslant 500$
≥10001	一级	一级	一级	二级
5001~10000	一级	一级	二级	二级
≤5000	一级	二级	二级	三级

二级及二级以下公路隧道养护等级分级表　　　　表 6-3

年平均日交通量 (pcu/d)	隧道长度(m)			
	$L>3000$	$3000 \geqslant L>1000$	$1000 \geqslant L>500$	$L \leqslant 500$
≥10001	一级	二级	二级	三级
5001~10000	二级	二级	三级	三级
≤5000	二级	三级	三级	三级

二、技术状况评定

公路隧道技术状况评定包括隧道土建结构、机电设施、其他工程设施技术状况评定和总体技术状况评定,如图 6-1 所示。公路隧道技术状况评定应采用分层综合评定与隧道单项控制指标相结合的方法,先对隧道各检测项目进行评定,然后对隧道土建结构、机电设施和其他工程设施分别进行评定,最后进行隧道总体技术状况评定。

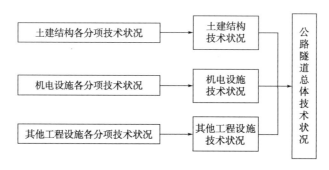

图 6-1　公路隧道技术状况评定

采用先分部再综合的方法对隧道进行技术状况评定。首先,需要根据隧道土建结构、机电设施、其他工程设施的技术状况评定方法分别对各分项进行评定,确定各分项的状况值,这是整个技术状况评定工作的关键和基础;然后,依次计算隧道土建结构、机电设施、其他工程设施的技术状况;最后,确定全隧道总体技术状况。

公路隧道技术状况评定工作流程如图 6-2 所示。

公路隧道总体技术状况评定应分为 1 类、2 类、3 类、4 类和 5 类,评定类别描述及养护对策见表 6-4。隧道总体技术状况评定等级应采用土建结构和机电设施两者中较差的技术状况类别作为总体技术状况的类别。

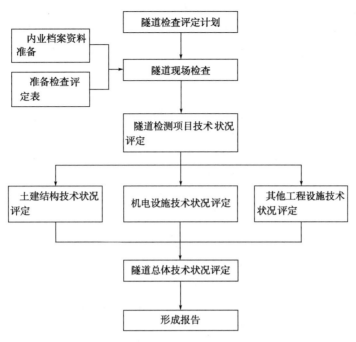

图 6-2 公路隧道技术状况评定工作流程图

公路隧道总体技术状况评定类别 表 6-4

技术状况评定类别	评定类别描述		养护对策
	土建结构	机电设施	
1 类	完好状态。无异常情况,或异常情况轻微,对交通安全无影响	机电设施完好率高,运行正常	正常养护
2 类	轻微破损。存在轻微破损,现阶段趋于稳定,对安全不会有影响	机电设施完好率较高,运行基本正常,部分易耗部件或损坏部件需要更换	应对结构破损部位进行监测或检查,必要时实施保养维修;对机电设施进行正常养护,并对关键设备及时修复
3 类	中等破损。存在破坏,发展缓慢,可能会影响行人、行车安全	机电设施尚能运行,部分设备、部件和软件需要更换或改造	应对结构破损部位进行重点监测,并对局部实施保养维修;机电设施需进行专项工程
4 类	严重破损。存在较严重破坏,发展较快,已影响行人、行车安全	机电设备完好率较低,相关设施需要全面改造	应尽快实施结构病害处治措施,对机电设施应进行专项工程,并应及时实施交通管制
5 类	危险状态。存在严重破坏,发展迅速,已危及行人、行车安全	—	应及时关闭隧道,实施病害处治,特殊情况需进行局部重建或改建

隧道总体技术状况评分值按式(6-1)计算。

$$CI = \frac{JGCI \times W_{JG} + JDCI \times W_{JD} + QTCI \times W_{QT}}{\sum W} \tag{6-1}$$

式中:CI——总体技术状况评分,值域为 0~100 分;
   JGCI——土建结构技术状况评分,值域为 0~100 分;
   JDCI——机电设施技术状况评分,值域为 0~100 分;
   QTCI——其他工程设施技术状况评分,值域为 0~100 分;
   W_{JG}——土建结构在总体中的权重,按表 6-5 取值;
   W_{JD}——机电设施在总体中的权重,按表 6-5 取值;
   W_{QT}——其他工程设施在总体中的权重,按表 6-5 取值;
   $\sum W$——总体技术状况评定时各项权重之和。

隧道总体技术状况评分权重值 表 6-5

项目	权重	
	高速公路、一级公路	二级及二级以下公路
土建结构	60	70
机电设施	35	25
其他工程设施	5	5

隧道总体技术状况评定分类界限值见表 6-6。

隧道总体技术状况评定分类界限值 表 6-6

总体技术状况	隧道总体技术状况评定分类及对应评分值				
	1 类	2 类	3 类	4 类	5 类
CI	≥90	≥80,<90	≥70,<80	≥60,<70	<60

课题 6-3　隧道土建结构的检查与技术状况评定

土建结构的养护工作应包括日常巡查、清洁、结构检查与技术状况评定、保养维修和病害处治等内容。

一、日常巡查

(1)日常巡查是指对隧道洞口、衬砌、路面是否处在正常工作状态、是否妨碍交通安全等进行检查,包括下列内容:
①隧道洞口边仰坡是否存在边坡开裂滑动、落石等现象。
②隧道洞门结构是否存在大范围开裂、砌体断裂、脱落等现象。
③隧道衬砌是否存在大范围开裂、明显变形、衬砌掉块等现象。
④是否存在地下水大规模涌流、喷射,路面出现涌泥沙或大面积严重积水等威胁交通安全的现象。

⑤隧道路面是否存在散落、严重隆起、错台、断裂等现象。

⑥隧道洞顶预埋件和悬吊件是否存在断裂、变形或脱落等现象。

隧道土建结构的典型病害图片如图6-3～图6-6所示。

图6-3　隧道内渗漏水

图6-4　隧道内路面严重损坏

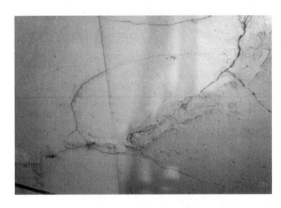

图6-5　隧道衬砌开裂

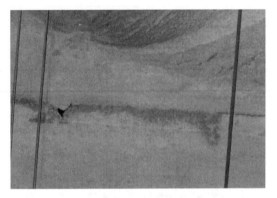

图6-6　隧道衬砌出现掉块、空洞开裂

（2）日常巡查频率宜不少于1次/d，雨季、冰冻季节和极端天气，应增加日常巡查的频率。隧道日常巡查可与路段日常巡查一起进行。

（3）日常巡查可采用人工与信息化手段相结合的方式。

（4）日常巡查中，发现路面有妨碍通行的障碍物或其他异常情况时，应视情况予以清除或报告，并做好记录。记录方式可以文字记录为主，并配合拍照或摄影手段辅助。

二、清洁

对隧道结构物的清洁通常选择在交通量较小（如节假日、夜晚等）的时候进行，以尽量减少交通干扰，降低事故风险。

1. 清洁频率

隧道清洁应综合考虑隧道养护等级、交通组成、结构物脏污程度、清洁方式及效率和环境条件等因素，确定清洁方案和频率。按照隧道养护等级，隧道清洁维护频率宜不低于表6-7、表6-8规定的频率。

高速公路、一级公路隧道清洁频率　　　　　　　　　　　　　　　　　表 6-7

清洁项目	养护等级		
	一级	二级	三级
路面	1 次/d	2 次/周	1 次/旬
内装饰、检修道、横通道、标志、标线、轮廓标	1 次/月	1 次/2 月	1 次/季度
排水设施	1 次/季度	1 次/半年	1 次/半年
顶板	1 次/半年	1 次/年	1 次/2 年
斜井	1 次/半年	1 次/年	1 次/2 年
侧墙、洞门	1 次/2 月	1 次/季度	1 次/半年

二级及二级以下公路隧道清洁频率　　　　　　　　　　　　　　　　表 6-8

清洁项目	养护等级		
	一级	二级	三级
路面	1 次/周	1 次/半月	1 次/月
内装饰、侧墙、洞门、检修道、横通道、标志、标线、轮廓标	1 次/季度	1 次/半年	1 次/年
排水设施	1 次/半年	1 次/年	1 次/年
顶板	1 次/年	1 次/2 年	1 次/3 年
斜井	1 次/年	1 次/2 年	1 次/3 年

2. 清洁要求

(1) 隧道内路面清洁应满足下列要求：

①应保持路面干净、整洁，两侧边沟不应有残留垃圾等物品。

②高速公路和一级公路宜以机械清扫为主，清扫时应防止产生扬尘。

③当路面被油类物质或其他化学品污染时，应采取措施清除。

(2) 隧道的顶板、内装饰、侧墙和洞门清洁应满足下列要求：

①应保持顶板、内装饰、侧墙和洞门干净、整洁，无污垢、无污染、无油污和痕迹。

②顶板、内装饰和侧墙的清洁，宜以机械作业为主，以人工作业为辅。

③采用湿法清洁时，应防止路面积水和结冰，并应注意保护隧道内机电设施的安全，防止水渗入设施内。清洗用的清洁剂，可根据实际效果选择确定，宜选用中性清洁剂。清洁时，应将清洁剂冲洗干净。

④采用干法清洁时，应避免损伤顶板、内装饰和侧墙，以及隧道内机电设施。清洁时应采取必要的降尘措施。对不能去除的污垢，可用清洁剂进行局部特别处理。

⑤隧道内没有顶板和内装饰时，应根据需要对洞壁混凝土进行清洁。

⑥洞门的清洁应按照侧墙要求执行。

(3) 隧道排水设施按下列规定进行清理和疏通：

①应保持排水设施无淤积、排水通畅。

②在汛前、汛中和汛后以及极端降水天气后，应对排水设施进行检查和清理疏通。在冰冻季节，应增加排水沟的清理频率。

③对于纵坡较小的隧道或隧道的洞口区段，应增加清理和疏通的频率；对于窨井和沉沙

池,应将其底部沉积物清除干净。

(4) 隧道的标志、标线和轮廓标清洁应满足下列要求：

① 应保持标志、标线和轮廓标完整、清晰、醒目。

② 当标志、标线和轮廓标表面有污物,影响其辨认性能时,应及时进行清洗。清洗标志、标线和轮廓标时,应避免损伤其表面覆膜或涂层等。

(5) 应定期清除隧道横通道中的杂物和积水;对斜井、检修道及风道等辅助通道,应定期清除可能损伤通风设施或影响通风效果的异物。

三、结构检查

土建结构检查应包括经常检查、定期检查、应急检查和专项检查。经常检查应对土建结构的外观状况进行一般性定性检查。定期检查应按规定频率对土建结构的技术状况进行全面检查。应急检查应在隧道遭遇自然灾害、发生交通事故或出现其他异常事件后对遭受影响的结构进行详细检查。专项检查应根据经常检查、定期检查和应急检查的结果,对于需要进一步查明缺损或病害的详细情况的隧道,进行更深入的专门检测、分析等工作。如图6-7、图6-8所示,工作人员正在进行隧道土建结构检查。

图6-7 隧道检查

图6-8 隧道衬砌地质雷达检测

1. 经常检查

按照公路隧道养护等级,土建结构经常检查频率应不低于表6-9规定的频率,且在雨季、冰冻季节或极端天气情况下,或当发现严重异常情况时,应提高经常检查频率。

公路隧道结构经常检查频率表　　　　表6-9

检查分类	养护等级		
	一级	二级	三级
经常检查	1次/月	1次/2月	1次/季度

通过经常检查,及时发现早期缺损、显著病害或其他异常情况,确定对策措施,并应符合下列规定：

(1) 经常检查宜采用人工与信息化手段相结合的方式,配以简单的检查工具(如横皮尺、钢卷尺、铁锤、手电和粉笔等常用的、易于携带的工具)进行,应当场填写"公路隧道经常检查记录表"[见《公路隧道养护技术规范》(JTG H12—2015)附录 A 表 A.0.1],翔实地记录检查项目的缺损类型,估计缺损范围和程度以及养护工作量,对异常情况做出缺损状况判定分类,并提出相应的养护措施。

(2)经常检查以定性判断为主,检查内容和判定标准见表 6-10。经常检查破损状况的判定可分情况正常、一般异常、严重异常三种情况。

经常检查内容和判定标准   表6-10

项目名称	检查内容	判定描述	
		一般异常	严重异常
洞口	边(仰)坡无危石、积水、积雪;洞口有无挂冰;边沟有无淤塞;构造物有无开裂、倾斜、沉陷等	存在落石、积水、积雪隐患;洞口局部挂冰;构造物局部开裂、倾斜、沉陷等,有妨碍交通的可能	坡顶落石、积水漫流或积雪崩塌;洞口挂冰掉落路面;构造物因开裂、倾斜、沉陷而致剥落或失稳;边沟淤塞,已妨碍交通
洞门	结构开裂、倾斜、沉陷、错台、起层、剥落;渗漏水(挂冰)	侧墙出现起层、剥落;存在渗漏水或结冰,尚未妨碍交通	拱部及其附近部位出现剥落;存在喷水或挂冰等,已妨碍交通
衬砌	结构裂缝、错台、起层、剥落	衬砌起层,且侧壁出现剥落状况,尚未妨碍交通,将来可能构成危险	衬砌起层,且拱部出现剥落状况,已妨碍交通
	渗漏水	存在渗漏水,尚未妨碍交通	大面积渗漏水,已妨碍交通
	挂冰、冰柱	存在结冰现象,尚未妨碍交通	拱部挂冰,形成冰柱,已妨碍交通
路面	落物、油污;滞水或结冰;路面拱起、坑槽、开裂、错台等	存在落物、滞水、结冰或裂缝等,尚未妨碍交通	拱部落物,存在大面积路面滞水、结冰或裂缝,已妨碍交通
检修道	结构破损;盖板缺损;栏杆变形、损坏	栏杆变形、损坏;盖板缺损;结构破损,尚未妨碍交通	栏杆局部毁坏或侵入建筑限界;道路结构破损,已妨碍交通
排水设施	缺损、堵塞、积水、结冰	存在缺损、积水或结冰,尚未妨碍交通	沟管堵塞,积水漫流,结冰,设施缺损严重,已妨碍交通
吊顶及各种预埋件	变形、缺损、漏水(挂冰)	存在缺损、漏水,尚未妨碍交通	缺损严重,或吊顶板漏水严重,已妨碍交通
内装饰	脏污、变形、缺损	存在缺损,尚未妨碍交通	缺损严重,已妨碍交通
标志、标线、轮廓标	是否完好	存在脏污、部分缺失,可能会影响交通安全	基本缺失或严重缺失,影响行车安全

(3)当经常检查中发现隧道存在一般异常情况时,应进行监测或做进一步检查;当经常检查中发现隧道存在严重异常情况时,应采取措施进行处治;当对其产生原因及详细情况不明时,尚应做定期检查或专项检查。

2.定期检查

定期检查的周期应根据隧道技术状况确定,宜 1 年 1 次,最少不得低于 3 年 1 次。当经常检查中发现重要结构分项技术状况评定状况值为 3 或 4 时,应立即开展一次定期检查。定期检查宜安排在春季或秋季进行。新建隧道应在交付使用1年后进行首次定期检查。

通过定期检查,可系统地掌握结构技术状况和功能状况,开展土建结构技术状况评定,为制订养护工作计划提供依据。

定期检查需要配备必要的检查工具或设备,进行目测或量测检查。检查时,应尽量靠近结构,依次检查各结构部位,发现异常情况和原有异常情况的发展变化;对有异常情况的结构应在其适当位置做标记;此外,检查结果记录宜量化。定期检查内容见表6-11。

定期检查内容表 表6-11

项目名称	检查内容
洞口	山体滑坡、岩石崩塌的征兆及其发展趋势;边坡、碎落台、护坡道的缺口、冲沟、潜流涌水、沉陷、塌落等及其发展趋势
	护坡、挡土墙的裂缝、断缝、倾斜、鼓肚、滑动、下沉的位置、范围及其程度,有无表面风化、泄水孔堵塞、墙后积水、地基错台、空隙等现象及其程度
洞门	墙身裂缝的位置、宽度、长度、范围或程度
	结构倾斜、沉陷、断裂范围、变位量、发展趋势
	洞门与洞身连接处环向裂缝开展情况、外倾趋势
	混凝土起层、剥落的范围和深度,钢筋有无外露、受到锈蚀
	墙背填料流失范围和程度
衬砌	衬砌裂缝的位置、宽度、长度、范围或程度,墙身施工缝开裂宽度、错位量
	衬砌表层起层、剥落的范围和深度
	衬砌渗漏水的位置、水量、浑浊、冻结状况
路面	路面拱起、沉陷、错台、开裂、溜滑的范围和程度;路面积水、结冰等范围和程度
检修道	检修道毁坏、盖板缺损的位置和状况;栏杆变形、锈蚀、缺损等的位置和状况
排水设施	结构缺损程度,中央窨井盖、边沟盖板等完好程度,沟管开裂漏水状况;排水沟(管)、积水井等淤积堵塞、沉沙、滞水、结冰等状况
吊顶及各种预埋件	吊顶板变形、缺损的位置和程度;吊杆等预埋件是否完好,有无锈蚀、脱落等危及安全的现象及其程度;漏水(挂冰)范围及程度
内装饰	表面脏污、缺损的范围和程度;装饰板变形、缺损的范围和程度等
标志、标线、轮廓标	外观缺损、表面脏污状况,连接件牢固状况、光度是否满足要求等

检查结果当场填入"定期检查记录表"[见《公路隧道养护技术规范》(JTG H12—2015)附录A.0.2],将检查数据及病害绘入"隧道展示图"[见《公路隧道养护技术规范》(JTG H12—2015)附录A.0.3],发现评定状况值为2以上的情况应做影像记录,并详细、准确地记录缺损或病害状况,分析成因,对结构物的技术状况进行评定。当定期检查中出现状况值为3或4的项目,且其产生原因及详细情况不明时,应做专项检查。

定期检查完成后,编制土建结构定期检查报告,内容包括:

(1)定期检查记录表、隧道展示图及相关调查资料等。
(2)对土建结构的技术状况评定。
(3)对土建结构的养护维修状况的评价及建议。
(4)需要实施专项检查的建议。

(5)需要采取处治措施的建议。

3. 应急检查

应急检查的目的是了解异常事件对结构的影响,掌握土建结构受损情况,确保人员、车辆、结构和设施的安全,是特别情况下的检查,需尽快实施。通过应急检查,可以及时地掌握结构受损情况,为采取对策措施提供依据。应急检查应根据受异常事件影响的结构特点,决定采取的检查方法并携带必要的仪器和设备;应急检查的内容和方法原则上应与定期检查相同,但应针对发生异常情况或者受异常事件影响的结构或结构部位做重点检查,以掌握其受损情况。其检查内容比定期检查有所侧重,主要围绕异常事件的影响而展开。检查的评定标准,应与定期检查相同。当难以判明缺损的原因、程度等情况时,应做专项检查。检查结果的记录,应与定期检查相同。检查完成后,应编制应急检查报告,总结检查内容和结果,评估异常事件的影响,确定合理的对策措施。检查结果异常时,应进行专项检查。

4. 专项检查

1)专项检查项目

通过专项检查,可以完整掌握缺损或病害的详细资料,为其是否实施处治以及采取何种处治措施等提供技术依据。检查的项目、内容及其要求,应根据经常检查、定期检查或应急检查的结果有针对性地确定。专项检查项目见表6-12。

专项检查项目表 表6-12

检查项目		检查内容
结构变形检查	公路线形、高程检查	公路中线位置、路面高度、缘石高度以及纵、横坡度等测量
	隧道横断面检查	隧道横断面测量、周壁位移测量(与相邻或完好断面比较)
	净空变化检查	隧道内壁间距测量(自身变化比较)
裂缝检查	裂缝调查	裂缝的位置、宽度、长度、开展范围或程度等
	裂缝检测	裂缝的发展变化趋势及其速度;裂缝的方向及深度等
漏水检查	漏水调查	漏水的位置、水量、浑浊、冻结及原有防排水系统的状态等
	漏水检测	水温、pH值检查、电导度检测、水质化学分析
	防排水系统	拥堵、破坏情况
材质检查	衬砌强度检查	强度简易测定,钻孔取芯,各种强度试验等
	衬砌表面病害	起层、剥落、蜂窝、麻面、孔洞、露筋等
	混凝土碳化深度检测	采用酚酞液检测混凝土的碳化深度
	钢筋锈蚀检测	剔凿检测法、电化学测定法、综合分析判定法
衬砌及围岩状况检查	无损检测	无损检测衬砌厚度、空洞、裂缝和渗漏水等,以及钢筋、钢拱架、衬砌配筋位置及保护层厚度、围岩状况、仰拱充填层密实程度及其下岩溶发育情况
	钻孔检测	钻孔测定衬砌厚度等,内窥镜观测衬砌及围岩内部状况
荷载状况检测	衬砌应力及拱背压力检测	衬砌不同部位的应力及其变化、拱背压力的分布及其变化
	水压力检测	对于地下水丰富的隧道,检测衬砌背后水压力大小、分布及变化规律

对严重不良地质地段、重大结构病害或隐患处,宜开展运营期长期监测,对其结构变形、受力和地下水状态等进行长期观测。监测频率宜取经常检查的频率,当发现监测参数在快速发展变化时,应提高观测频率。

2)专项检查报告内容

检查完成后,应编制专项检查报告,报告内容应包括:

(1)检查的主要经过,包括检查的组织实施、时间和主要工作过程等。

(2)所检查结构的技术状况,包括检查方法、试验与检测项目及内容、检测数据与结果分析以及缺损状态评价等。

(3)对缺损或病害的成因、范围、程度等情况的分析,及其维修处治对策、技术以及所需工程量和费用等建议。

3)资料调查和隧道周围地质及地表环境调查

由于某些检测需要专业的检测手段和设备,一般情况下需要委托专业的检测机构实施检查。此外,当一次检查不足以提供详细资料时,还需进行连续的或长期的检查。

检查人员应对有关的技术资料、档案进行调查,并对隧道周围的地质及地表环境等展开实地调查,这是专项检查的重要内容。通过资料调查和隧道周围地质及地表环境调查,检测人员可以充分掌握相关的技术信息,寻找土建结构发展变化的原因,探索其规律,确保专项检查结果的准确性。

资料调查一般要收集以下资料:

(1)设计文件(包括隧道长度、洞门形式、断面形状、衬砌厚度、材料、埋置深度支护、衬砌等)和地质调查报告。

(2)施工方法(包括主要开挖方法、特殊施工方法、围岩变化记录、各种试验报告、测量报告等)及相关施工记录。

(3)交竣工验收资料、施工过程中质量检测资料。

(4)检查记录(包括断面净空检查报告等)。

(5)衬砌修复加固记录、漏水处治施工记录、路面变形记录(含维修记录)、气温及降雨量记录、洞口明挖段遭受自然灾害记录等。

(6)裂缝、剥落、错位、漏水等破损或病害的现场检查记录。

隧道周围地质及地表环境调查包括:

(1)地表环境调查:主要针对地表隧道附近山体、岩石、植被状况展开调查。

①隧道附近山体可能出现坡面排水不畅、坑凼积水、山体裂缝、溶洞发展、山体失稳滑动等,其原因可能是隧道处在滑坡区内或滑坡区边缘。

②隧道是否处在断裂岩层或其附近。

③岩石是否节理发育,支离破碎。

④山体植被是否破坏,水土流失以及溶洞发展状况等。

通过了解隧道外地表状况,有助于分析隧道内发生的异常情况。检查时,可对隧道周围的地形、地貌、地表开裂、塌陷、林木状况等加以注意,如图6-9所示。

(2)围岩异常调查:主要针对围岩内部变化进行检测,其目的在于监视围岩变形,发现土建结构变化的原因,监视临近工程的影响或对策处治时围岩或衬砌的变化。通常在围岩内设置位移计或倾斜计,测定轴向变形或垂直轴向的变形。地表的变形则可通过地面位移计测量。

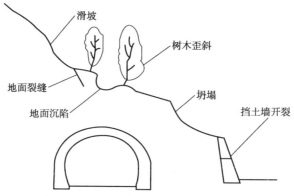

图 6-9 隧道外地表环境的异常情况示意图

四、土建结构技术状况评定

土建结构技术状况评定应根据定期检查资料,综合考虑洞门、结构、路面和附属设施等方面的影响,确定隧道的技术状况等级。土建结构技术状况评定应分为1类、2类、3类、4类和5类。评定应先逐洞、逐段对隧道土建结构各分项技术状况进行状况值评定,在此基础上确定各分项技术状况,最后进行土建结构技术状况评定。评定结果应填入"土建结构技术状况评定表"见[《公路隧道养护技术规范》(JTG H12—2015)附录 B 表 B-11]。

隧道洞口、洞门、衬砌结构、衬砌渗漏水、路面、检修道、排水设施、吊顶内装饰、交通标志、标线等各分项技术状况评定标准应按《公路隧道养护技术规范》(JTG H12—2015)附录 B 表 B-1~表 B-10 执行。

土建结构技术状况评分按式(6-2)计算。

$$JGCI = 100 \times \left[1 - \frac{1}{4} \sum_{i=1}^{n} \left(JGCI_i \times \frac{\omega_i}{\sum_{i=1}^{n} \omega_i} \right) \right] \quad (6\text{-}2)$$

式中:ω_i——土建结构各分项权重,按表 6-13 取值;
$JGCI_i$——土建结构各分项状况值,值域 0~4,按式(6-3)计算;
i——土建结构分项类型;
n——土建结构分项类型总数。

$$JGCI_i = \max(JGCI_{ij}) \quad (6\text{-}3)$$

式中:$JGCI_{ij}$——各分项检查段落状况值;
j——检查段落号,按实际分段数量取值。

土建结构各分项权重表　　　　表 6-13

分项		分项权重 ω_i	分项	分项权重 ω_i
洞口		15	检修道	2
洞门		5	排水设施	6
衬砌	结构破损	40	吊顶及预埋件	10
	渗漏水		内装饰	2
路面		15	交通标志、标线	5

土建结构技术状况评定分类界限值宜按表 6-14 执行。

土建结构技术状况评定分类界限值　　表 6-14

技术状况评分	土建结构技术状况评定分类				
	1 类	2 类	3 类	4 类	5 类
JGCI	≥85	≥70，<85	≥55，<70	≥40，<55	<40

土建结构技术状况评定时，当洞口、洞门、衬砌、路面和吊顶及预埋件项目的评定状况值达到 3 类或 4 类时，对应土建结构技术状况应直接评为 4 类或 5 类。

在公路隧道技术状况评定中，有下列情况之一时，隧道土建结构技术状况评定应评为 5 类：

（1）隧道洞口边仰坡不稳定，出现严重的边坡滑动、落石等现象。
（2）隧道洞门结构大范围开裂、砌体断裂、脱落现象严重，可能危及行车道内的通行安全。
（3）隧道拱部衬砌出现大范围开裂、结构性裂缝深度贯穿衬砌混凝土。
（4）隧道衬砌结构发生明显的永久变形，且有危及结构安全和行车安全的趋势。
（5）地下水大规模涌流、喷射，路面出现涌泥沙或大面积严重积水等威胁交通安全的现象。
（6）隧道路面发生严重隆起，路面板严重错台、断裂，严重影响行车安全。
（7）隧道洞顶各种预埋件和悬吊件严重锈蚀或断裂，各种桥架和挂件出现严重变形或脱落。

对评定划定的各类隧道土建结构，应分别采取不同的养护措施：

（1）1 类隧道应进行正常养护。
（2）2 类隧道或存在评定状况值为 1 的分项时，应按需进行保养维修。
（3）3 类隧道或存在评定状况值为 2 的分项时，应对局部实施病害处治。
（4）4 类隧道应进行交通管制，尽快实施病害处治。
（5）5 类隧道应及时关闭，然后实施病害处治。
（6）重要分项以外的其他分项评定状况值为 3 或 4 时，应尽快实施病害处治。

课题 6-4　隧道土建结构的保养维修与病害处治

一、保养维修

土建结构的保养维修应包括经常性或预防性的保养和轻微缺损部分的维修等内容，以恢复和保持结构的正常使用状况。对土建结构经常检查和定期检查发现的一般性异常和技术状况值为 2 以下的状况，应进行保养维修。

1. 洞口

（1）及时清除洞口边（仰）坡上的危石、浮土，保持洞口边沟和边（仰）坡上截（排）水沟的完好、畅通,修复存在轻微损坏的洞口挡土墙、洞门墙、护坡、排水设施和减光设施等结构物的开裂、变形,维护洞口花草树木。冬季应清除边(仰)坡上的积雪和挂冰。

(2)当明洞上边坡出现危石或有崩塌可能时,应及时清除,或者采取保护性开挖等措施。明洞顶的填土厚度和地表线,应保持原设计状态;当遇边坡塌方形成局部堆积或遇暴雨、洪水原填土大量流失时,应及时采取措施调整到原有状态,避免产生严重偏压导致明洞结构变形、损坏;当明洞的防水层失效或损坏时,应及时修复。隧道明洞如图6-10所示。

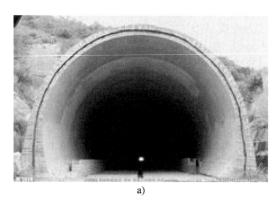
a)

b)

图6-10　隧道明洞

(3)应及时清除半山洞内的雨雪、杂物以及洞顶坠落的石块,并保持边沟畅通。应及时修复、添补缺损的护栏、护墙。

2.洞身

(1)对无衬砌隧道出现的碎裂、松动岩石和危石,应本着"少清除、多稳固"的原则进行处理;对围岩的渗漏水,应开设泄水孔接引水管,将水导入边沟排出;冬季应及时清除洞顶挂冰。

(2)有衬砌隧道出现衬砌起层或剥离时,应及时加以清除;应及时修补衬砌裂缝,并设立观测标记进行跟踪观测;对衬砌的渗漏水应接引水管,将水导入边沟;冬季应及时清除洞顶挂冰等。

3.路面

(1)及时清除隧道内外路面上的塌(散)落物和堆积物。
(2)及时修复、更换损坏的窨井盖或其他设施盖板。
(3)当路面出现渗漏水时,应及时处理,将水引入边沟排出,防止路面积水或结冰。

4.人行和车行横洞

横通道内严禁存放任何非救援用物品,及时清除散落杂物,修复轻微破损结构,定期保养横洞门,确保横通道清洁、畅通。

5.斜(竖)井

(1)及时清除井内可能损伤通风设施或影响通风效果的异物。
(2)保持井内排水设施的完好,水沟(管)的畅通。
(3)对井内的检查通道或设施进行保养,防止其锈蚀或损坏。

6. 风道

(1) 清理送(排)风口的网罩,清除堵塞网眼的杂物。

(2) 定期保养风道板吊杆,防止其锈蚀或损坏。

(3) 及时修复风口或风道的破损,更换损坏的风道板。

7. 排水设施

(1) 维护隧道内外排水设施的完好,发现破损及时修复;排水管堵塞时,可用高压水或压缩空气疏通。

(2) 及时清理排水边沟、中心排水沟、沉沙池等排水设施中的堆积物,不定期检查排水沟盖板和沟墙,及时修复破损、翘曲的盖板。寒冷地区应及时清除排水沟内结冰防止堵塞。

(3) 对排水的金属管道,应定期做好防腐处理。

8. 吊顶和内装饰

(1) 保持完好和整洁美观,如有破损、缺失应及时修补恢复,不能修复的应及时更新。

(2) 各种预埋件和桥架应保持完好、坚固、无锈蚀,当有缺损时,应及时更换或加固。

9. 人行道或检修道

(1) 保持人行道或检修道平整、完好和畅通,人行道或检修道不得积水,当道板有破损、翘曲或缺失时,应及时进行修复和补充。

(2) 应定期保养人行道或检修道护栏,护栏应保持完好、清洁、坚固、无锈蚀,立柱正直无摇动现象,横杆连接牢固,当有缺损时,应及时恢复。

10. 防冻保温

(1) 寒冷地区隧道的防冻保温设施应做好保养维护,如有损坏及时维修,确保其正常使用功能。

(2) 洞口设有防雪设施的隧道,应做好防雪设施的保养维护,并在大雪降临前完成。

11. 标志、标线、轮廓标等

(1) 隧道的交通标志应保持外观完整、清晰、醒目,保持位置、高度和角度适当,确保交通信息传递无误。标志牌面的脏污应及时清洗,清除遮挡标志的障碍。及时修补变形、破损的标牌,修复弯曲、倾斜的支柱,紧固松动的连接构件。对锈蚀损坏、老化失效的标志,应及时更换,缺失的应及时补充。对损坏的限高及限速设施应及时维修。

(2) 隧道的交通标线应保持完整、清洁和醒目,对破损严重和脱落的标线应及时补画;及时紧固松动的路标,发现损坏或丢失的,及时修复或补换。

(3) 隧道轮廓标应保持完整、清洁和醒目,当有损坏时,及时修复或更换。

二、病害处治方法及要求

1. 处治要求

病害处治包括修复破损结构、消除结构病害、恢复结构物设计标准、维持良好的技术功能状态,并应符合下列规定:

(1)确定病害处治方案前,应对病害隧道进行检测,对破损或病害的成因、范围、程度及其发展趋势等情况进行分析评定。

(2)处治设计应综合考虑隧道病害状况、地形、地质、生态环境及运营和施工条件,合理确定处治方案。处治方案可由一种或多种处治方法组成。

(3)在处治设计与施工中,应根据病害程度、地质条件、处治方案,进行工程风险评估,制订相应的应急预案。

(4)隧道处治施工应编制实施性施工组织设计方案。

(5)病害处治工程施工完毕后,被处治段落各分项状况值应达到0或1。

2. 制订处治方案要求

(1)原则上应不降低隧道原有技术标准。

(2)应按照"安全、经济、快速、合理"的原则,通过多方案技术、经济比选确定。

(3)处治设计应体现信息化设计和动态施工的思想,制订监控量测方案。

(4)应尽量减少施工对隧道正常运营的影响,不能中断交通时应制订保通方案。

(5)应采取相应措施减小处治施工对既有结构、排水设施、机电设施及附属设施的不良影响。

3. 处治方法选择

检查评定工作的重点是对结构各分项分段检查、分析病害产生原因,为处治设计提供依据。选定病害处治方法,重要的是要正确把握病害产生的原因。为了找出病害的原因,有必要将有关隧道设计和施工技术资料、地质资料和病害发生至今的过程作综合分析和研究。

隧道病害的原因大体分类如下:

(1)松弛土压(突发性崩溃)。

(2)偏压。

(3)地层滑坡。

(4)膨胀性土压。

(5)承载力不足。

(6)静水压。

(7)冻胀力。

(8)材质劣化。

(9)渗漏水。

(10)衬砌背面空隙。

(11)衬砌厚度不足。

(12)无仰拱。

上述病害原因很少单独出现,大部分为几种原因重复出现。设计的欠缺、使用的材料性质不当和施工不当,常常会引起病害。在选定病害处治方法时,对表6-15中各项处治方法要进行综合研究,充分考虑单项和组合的处治方法,并且应考虑施工时的交通管理、安全和工期。

病害隧道往往存在结构失稳风险,对施工人员和行人、行车安全均有威胁,有必要将风险管理引入病害处治工程中,并制订专门的应急预案。

处治方法选择表

表 6-15

处治方法	病害原因												病害现象特征	预期效果
	外力引起的变化							材料劣化	渗漏水	其他				
	松弛压力	偏压	地层滑坡	膨胀性土压	承载力不足	静水压	冻胀力			衬砌背面空隙	衬砌厚度不足	无仰拱		
衬砌背后注浆	★	★	★	★	★	★	★		○	★			①衬砌裂纹、剥离、剥落;②支护结构有脱空	初期支护与岩体、二次衬砌与初期支护紧密结合,荷载作用均匀,衬砌和围岩稳定
防护网								★					①衬砌裂纹、剥离、剥落;②衬砌材料劣化	防止衬砌局部劣化
喷射混凝土		☆			☆	○	○	☆	○		☆		①衬砌裂纹、剥离、剥落;②衬砌材料劣化	防止衬砌局部劣化
施作钢带		☆		☆	☆	○		○			☆		①衬砌裂纹、剥离、剥落;②衬砌材料劣化	防止衬砌局部劣化
锚杆加固	☆	★	☆	★	★	○	☆	○			☆	★	①拱部混凝土和侧壁混凝土裂纹,侧壁混凝土挤出;②路面裂缝,路基膨胀	①岩体改善后,稳定性提高,提高承受膨胀性土压和偏压的强度;②通过施加预应力,扩大
排水止水	○	○	○	○	○	★	★	○	★				①衬砌劣化,保持美观;②随衬砌内漏水流出大量砂土	①防止衬砌劣化,保持美观;②恢复排水系统功能,降低水压
凿槽嵌补或直接增设钢拱	★	★	★	★	★	★	★	○					①衬砌裂纹、剥落;②衬砌材料劣化	增加衬砌刚度,衬砌抗剪、抗压强度得到提高
套拱	○	☆	☆	☆	☆	○	○	☆			★		①衬砌裂纹、剥离、剥落;②衬砌材质劣化	由于衬砌厚度增加,衬砌抗剪强度得到提高

续上表

处治方法	病害原因												病害现象特征	预期效果
	外力引起的变化							材料劣化	渗漏水	其他				
	松弛压力	偏压	地层滑坡	膨胀性土压	承载力不足	静水压	冻胀力			衬砌背面空隙	衬砌厚度不足	无仰拱		
隔热保温							★						①拱部混凝土和侧壁混凝土裂缝,侧壁混凝土挤出;②随季节变化而变动	①由于解冻,防止衬砌劣化;②防止冻胀压力的产生
滑坡整治		☆	★										①衬砌裂缝,净空宽度缩小;②路面裂缝,路基膨胀	防止岩层滑坡
周岩压浆	○	○				○	○			☆		☆	①拱部混凝土和侧壁混凝土裂缝,侧壁混凝土挤出;②路面裂缝,路基膨胀	周边岩体改善,提高了岩体的抗剪强度和黏结力
灌浆锚固	☆	★	★	★	★		○			☆		★	①拱部混凝土和侧壁混凝土裂缝,侧壁混凝土挤出;②路面裂缝,路基膨胀	由于施加预应力,提高膨胀性岩层、偏压岩层的强度
隧底加固		★	☆	★	★	○	☆				○	★	①拱部混凝土和侧壁混凝土裂缝,侧壁混凝土挤出;②路面裂缝,路基膨胀	提高对膨胀围岩压力和偏压围岩压力的抵抗力
更换衬砌	☆	☆	☆	☆	☆	○	○	★	☆	☆	★	★	①拱部混凝土和侧壁混凝土裂缝,侧壁混凝土挤出;②路面裂缝,路基膨胀	更换衬砌,提高耐久性

注:1. 符号说明:★-对病害处治非常有效的方法;☆-对病害处治较有效的方法;○-对病害处治有些效果的方法。
2. 松弛压力中包括突发性崩溃。

运营隧道病害处治施工不可避免地会对行人和行车造成干扰,因此在制订处治方案和措施时,应以保证运营和施工安全为前提,尽量减少施工与行车的相互影响,制订可靠的安全措施和周密的交通组织设计,确保行车和施工人员的安全。公路隧道是土建结构和机电设施的集合体,在制订处治方案和措施时,应尽可能减少施工对机电设施的影响,在施工完毕后应恢复机电设施、排水设施及附属设施。

三、隧道土建结构典型病害处治

1. 衬砌破损

1) 衬砌破损的类型

(1) 衬砌变形。衬砌变形有横向变形和纵向变形两种,其中横向变形是主要变形。衬砌横向变形是指衬砌由于受力原因而引起拱轴形状的改变。

(2) 衬砌移动。衬砌移动是指衬砌整体或其中一部分出现转动(倾斜)、平移和下沉(或上抬)等变化,也有纵向与横向移动之分。

(3) 衬砌开裂。衬砌开裂是指衬砌表面出现裂纹(或龟裂)和裂缝(宽度较大)或贯通衬砌全部厚度的裂纹的总称,是衬砌变形的结果。衬砌开裂包括张裂、压溃和错台三种。

衬砌破损技术状况的评定标准见表6-16。

衬砌破损技术状况评定标准 表6-16

状况值	技术状况描述	
	外荷载作用所致	材料劣化所致
0	结构无破损、变形和背后空洞	材料无劣化
1	出现变形、位移、沉降和裂缝,但无发展或已停止发展	存在材料劣化,钢筋表面局部腐蚀,衬砌无起层、剥落,对断面强度几乎无影响
2	①出现变形、位移、沉降和裂缝,发展缓慢; ②边墙衬砌背后存在空隙,有扩大的可能	材料劣化明显,钢筋表面全部生锈、腐蚀,断面强度有所下降,结构物功能可能受到损害
3	①出现变形、位移、沉降,裂缝密集,出现剪切性裂缝,发展速度较快; ②边墙处衬砌压裂,导致起层、剥落,边墙混凝土有可能掉下; ③拱部背面存在大的空洞,上部落石可能掉落至拱背; ④衬砌结构侵入内轮廓界限	①材料劣化严重,钢筋断面因腐蚀而明显减小,断面强度有相当程度的下降,结构物功能受到损害; ②边墙混凝土起层、剥落,混凝土块可能掉落或已有掉落
4	①衬砌结构发生明显的永久变形,裂缝密集,出现剪切性裂缝,裂缝深度贯穿衬砌混凝土,并且发展快速; ②由于拱顶裂缝密集,衬砌开裂,导致起层、剥落,混凝土块可能掉下; ③衬砌拱部背面存在大的空洞,且衬砌有效厚度很薄,空腔上部可能掉落至拱背; ④衬砌结构侵入建筑限界	①材料劣化非常严重,断面强度明显下降,结构物功能损害明显; ②由于拱部材料劣化,导致混凝土起层、剥落,混凝土块可能掉落或已有掉落

2) 衬砌破损的处治措施

(1) 原则

①处治衬砌破损病害先要消除已有的衬砌破损对结构及运营带来的一切危害,并防止破损再加大。

②采取以稳固围岩为主,稳固围岩与加固衬砌相结合的综合治理措施。

(2) 稳固围岩的工程措施

①治水稳固围岩。地下水的浸泡与活动对各种围岩的稳定性削弱巨大。采取治水措施疏干围岩含水,是稳固岩体的根本措施之一。

②锚杆加固围岩。对较好的岩体(小于Ⅴ级),自衬砌内侧向围岩内打入一定数量和深度(3~5m)的金属锚杆、砂浆锚杆,可以把不稳定的岩块固定在稳定的岩体上,提高破碎围岩的黏结力。

③注浆加固围岩。通过向破碎松动的岩体压入水泥浆液和其他化学浆液(如铬木素、聚氨酯等),加固围岩。

④支挡加固围岩。对于靠山、沿河偏压隧道或滑坡地带,除治水稳固山体外,还可采用支挡措施[包括设支挡墙、锚固沉井、锚固钻(挖)孔桩等]来预防山体失稳与滑坡,这种工程措施仅用于洞外整治。

⑤回填与换填。如果衬砌外周围存在着各种大小空隙(如因超挖而没有回填等形成的空隙),要采取回填措施,用砂浆或混凝土将围岩空隙回填密实。如果隧底存在厚度不大的软弱不稳定岩体或有不稳定的充填物,可以采取换填办法处理。

(3) 衬砌更换与加固

①压浆加固

a. 圬工体内压浆加固。若衬砌破损发展非常缓慢或者已稳定,可以进行圬工体内压浆,一般以压环氧树脂浆为主,并选择在无水季节施工。

b. 衬砌背后压浆加固。主要是针对衬砌的外鼓和整体侧移。在拱后压浆增加对拱的约束可以起到提高衬砌刚度和稳定性的作用,所以一般可以在局部应用,主要用在发生外鼓变形的部位。

②嵌补加固。对已呈稳定状态暂不发展的裂缝,如果不能采取压浆加固,则采用嵌补加固,如图6-11所示。

③喷锚加固。在破损衬砌的所有内鼓变形和向内移动的破损部位,采用(预应力)喷锚加固,可将衬砌与岩体嵌固在一起,形成一个均匀压缩带,以增强围岩的稳定性,如图6-12所示。

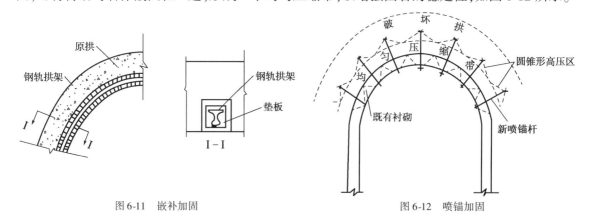

图6-11 嵌补加固 图6-12 喷锚加固

④套拱加固。如果混凝土质量差,厚度不够,或受机车煤烟侵蚀,掉块剥落严重,并且拱顶净空有富余时,可对衬砌拱部加筑套拱(图6-13)或全断面加筑套拱(图6-14)。

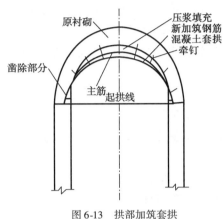 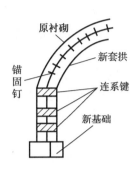

图6-13 拱部加筑套拱　　　　图6-14 全断面加筑套拱

⑤更换衬砌。拱部衬砌破坏严重,已丧失承载能力,用其他整治补强手段难以保证结构稳定,或者衬砌严重侵入限界,采用其他整治措施有困难时,可进行全拱更换,彻底根除病害。

⑥其他加固手段。当仅有墙脚内移而不下沉和隧底岩土隆起时,可在墙基处增设混凝土支撑以扩大基础,如图6-15所示。隧底围岩软弱下沉或隧底填充上鼓时,可加设仰拱,如图6-16所示。

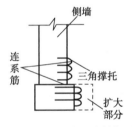 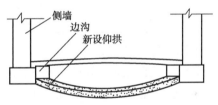

图6-15 墙基混凝土支撑加固　　　图6-16 增设仰拱加固

2. 隧道水害

隧道水害是指在隧道的修建或运营过程中遇到水的干扰和危害,如图6-17、图6-18所示。

 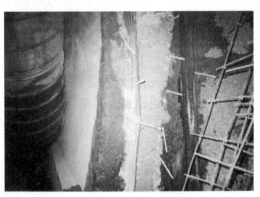

图6-17 边墙溶洞出水　　　　图6-18 潜流冲刷

1)水害的种类及其危害

(1)初砌漏水。

隧道衬砌的漏水现象一般表现为渗、滴、淌、涌几种,衬砌渗漏水技术状况评定标准见表6-17。根据出露部位与水量的不同,对隧道产生不同的危害。

①对于电力牵引区段和电力配线,初砌漏水会使电绝缘失效,发生短路、跳闸等事故,危及行车安全。

②洞内空气潮湿,影响养护人员身体健康,并使洞内设备(包括通信、照明、钢轨等)锈蚀。

③混凝土衬砌风化、腐蚀、剥落,造成衬砌结构破坏。

④涌水病害造成衬砌破坏,隧底积水造成路基基底被软化或掏空,使路基翻浆冒泥或下沉开裂,中断行车。

⑤有冻害地段的隧道漏水会造成衬砌挂冰侵限和冻融破坏。

衬砌渗漏水技术状况评定标准　　　　　　　　　　　　　　　　　　　　表6-17

状况值	技术状况描述
0	无渗漏水
1	衬砌表面存在浸渗,对行车无影响
2	衬砌拱部有滴漏,侧墙有小股涌流,路面有浸渗但无积水,拱部、边墙因渗水少量挂冰,边墙脚积冰,不久后可能会影响行车安全
3	拱部有涌流,侧墙有喷射水流,路面积水,沙土流出,拱部衬砌因渗水形成较大挂冰、胀裂,或涌水积冰至路面边缘,影响行车安全
4	拱部有喷射水流,侧墙存在严重影响行车安全的涌水,地下水从检查井涌出,路面积水严重,伴有严重的沙土流出和衬砌挂冰,严重影响行车安全

(2)衬砌周围积水。

衬砌周围积水主要是指运营隧道中地表水或地下水向隧道周围渗流汇集且水不能迅速地排走。衬砌周围积水可能导致以下情况发生:

①水压较大时会导致衬砌破裂。

②使原完好的围岩及围岩的结构面软弱夹层因浸水而软化或泥化,失去承载力,对衬砌压力增大而导致衬砌破裂。

③使膨胀性围岩体积膨胀,导致衬砌破坏。

④在寒冷地区发生冰胀和围岩冻胀,快速导致衬砌破坏。

(3)潜流冲刷。

潜流冲刷主要是指由于地下水渗流和流动而产生的冲刷和溶蚀作用。其危害包括:

①衬砌基础下沉,边墙开裂或者仰拱开裂。

②围岩滑移错动导致衬砌变形开裂。

③对超挖回填不密实或未全部回填形成的孔隙冲刷,引起围岩坍塌,导致衬砌破坏。

④侵蚀性水对衬砌的侵蚀。

2)水害产生的原因

隧道的修建破坏了山体原始的水系统平衡,使隧道成为所穿过山体附近地下水集聚的通道。当隧道围岩与含水地层连通,而衬砌的防水及排水设施失效时,就必然导致隧道水害。具体可能由下列原因造成：

(1)勘测与设计。在防水设计之前，设计人员对工程地质和水文地质情况了解得不够仔细，对衬砌周围地下水源、水量、流向及水质情况掌握不准等，导致隧道的防排水设计很难在隧道的使用期内完全满足防排水的要求。

(2)隧道穿过含水的地层。

①穿过砂类土和漂卵石类土含水地层。

②穿过节理、裂隙发育，含裂隙水的岩层。

③穿过石灰岩、白云岩等可溶性地或有充水的溶槽、溶洞或暗河等与隧道相连通时。

④在浅埋隧道地段，地表水可沿覆盖层的裂隙、孔洞渗透到隧道内。

(3)隧道衬砌防水及排水设施不完善。

①原建隧道衬砌防水、排水设施不全。

②混凝土衬砌施工质量差，蜂窝、孔隙、裂缝多，自身防水能力差。

③防水层(内贴式、外贴式或中间夹层)施工质量不良或材质耐久性差，经使用数年后失效。

④混凝土的工作缝、伸缩缝、沉降缝等未做好防水处理。

⑤衬砌变形后，产生的裂缝渗透水。

⑥既有排水设施(如衬砌背后的暗沟、盲沟以及无衬砌的辅助坑道、排水孔、暗槽等)，年久失修阻塞。

(4)施工不当。施工不当也可产生水害，施工单位一味地追求施工速度，忽视二次衬砌质量，对排水设施不按施工规范要求操作等，使地下水丰富地区的隧道造成严重的渗漏水。

(5)材料不达标。如果所选用的防水材料达不到国家质量标准，会导致隧道的渗漏水病害。

(6)匹配度不高。防水技术的匹配是指防水设计、防水材料和防水施工工艺与防水工程相适应的问题。当这几项防水技术的匹配度不高时也会引起隧道水害。

3)水害的防治

隧道水害防治的基本方法有引排疏通、注浆堵水、增设内防水层。具体措施包括：

(1)因势利导，给地下水以排走的出路，将水迅速地排到洞外。

(2)将流向隧道的水源截断，或尽可能使其水量减少。

(3)堵塞衬砌背后的渗流水，集中引导排出。

水害整治的关键在于正确分析病害成因，对症整治；合理选择防水材料；严格控制施工质量。

3.隧道冻害

1)冻害的种类及其危害

(1)行程冰溜子、冰柱、冰塞子。

①地下水通过混凝土裂缝逐渐渗出，在渗漏出口处受低温影响积成冰柱，尤其在施工接缝处，渗水点多，结晶明显，累积形成十多厘米至几十厘米厚的冰溜子(又称为挂冰)。若不清理，冰溜子将越积越大，侵入限界，危及行车安全。

②拱部渗漏逐渐形成冰柱(冰葫芦)。

③隧道排水沟槽设施，保温不良引起冰冻形成冰塞子。因结冰堵塞，排水沟(管或槽)冻裂破损，地下水不易排走，衬砌周边因水结冰而冻胀，致使隧道内各种冻害接踵而来。

(2)衬砌发生冰楔。一旦衬砌壁后有空隙，渗透岩层的地下水在排水不通畅时就积在衬砌与壁后围岩间,结冰后冻胀产生冰冻压力,传递给衬砌。

(3)围岩冻胀破坏。

①隧道拱部衬砌发生变形与开裂。

②隧道边墙变形严重。

③隧道内线路冻害。

④衬砌材料冻融破坏。

⑤隧底冻胀和融沉。

2)冻害的成因

(1)寒冷气温的作用。隧道冻害与所在地区的气温(低于0℃或正负交替)有直接关系。

(2)季节冻结圈的形成。沿衬砌周围各最大冻结深度连成的一个圈称为季节冻结圈。在冻结圈范围内的岩土,由于受强烈频繁的冻融破坏,风化破碎程度与日俱增,也是冻害成因之一。隧道的排水设备如埋在冻结圈内,冬季易发生冰塞。

3)冻害的处治措施

(1)综合治水。隧道冻害的根本原因是围岩地下水冻结,如果将水排除到冻结圈外,就能够达到整治冻害的目的。

(2)更换土壤。更换土壤实质就是把冻胀性土改造为非冻胀性土,其方法主要有:

①向冻结圈内注入水玻璃、水泥浆或其他化学浆液,使围岩固结而消除冻胀性。

②向冻结圈内注入憎水性填充材料,使之堵塞所有孔隙、裂隙,从而阻止水分的迁移和聚冰。

(3)保温防冻。通过控制温度使围岩水分达不到冰点,从而达到防治冻害的目的,主要方法如下:

①在隧道内加筑保温层,防止衬砌周围形成季节性冻结圈。

②作局部处理时可向围岩注入一些化学防冻的材料,降低水的冰点。

③供热防冻,常作为临时措施采用,主要有红外线融冰、电热、锅炉采暖等。

(4)防止融塌。隧道洞内要防止基础融沉,可采用加深边墙至冻土上限以下或冻而不胀层;路基春融翻浆可采用加强底部排水,疏干底部围岩含水或采用换土法。

(5)加强结构:

①加大侧向拱度,使拱轴线能更好地抵抗侧向冻胀。

②拱部衬砌厚度增加,一般加厚10cm左右。

③提高衬砌混凝土强度等级或采用钢筋混凝土。

④隧底增设混凝土支撑。

课题6-5 隧道机电设施的养护与技术状况评定

一、机电设施的养护内容

机电设施的养护包括日常巡查、清洁维护、机电检修与评定和专项工程等内容。

(1)日常巡查是指在巡视车上或通过步行目测以及其他信息化手段对机电设施外观和运行状态进行的一般巡视检查,并对检查结果及时记录。

(2)清洁维护是指对隧道机电设施外观的日常清洁,以经常保持机电设施外观的干净整洁。

(3)机电检修与评定是指通过检查工作发现机电设施完好情况,系统掌握和评定机电设施技术状况,确定相应的养护对策或措施。机电检修工作的主要内容包括经常检修、定期检修和应急检修。其中,经常检修是指通过步行目测或使用简单工具,对设施仪表读数、运转状态或损坏情况进行的检查并对检查结果定性判断,对破损零部件及时进行维修更换;定期检修是指通过检测仪器对机电设施运转状态和性能进行的全面检查、标定和维修;应急检修是指公路隧道内或相关机电设施发生异常事件、重大事故或自然灾害后对机电设施进行的检查和维修。供配电设施、照明设施、通风设施、消防设施、监控与通信设施的经常检修、定期检修主要项目及其检修频率应符合现行《公路隧道养护技术规范》(JTG H12)的要求。

(4)专项工程是指对机电设施进行的集中性、系统性维修,使其满足原有技术标准。专项工程可根据设备运行状态启动。

二、机电设施的养护要求

(1)养护人员应经上岗培训,并熟练掌握设施的使用要领和技术特性;特殊工种上岗前应进行专门培训,并符合国家相关规定,经考核持证上岗。

(2)机电设施养护应使各类设备技术状况达到产品说明书、设计文件和有关规范的要求。

(3)公路隧道机电设施技术状况评定应不少于1次/年。

(4)机电设施养护应考虑通行车辆、养护人员的安全。

(5)机电设施养护应配备专门的电工工具、测试仪器、清洁工具、安全防护设备,而高速公路还应配备高空作业设备。对配备的专用工具应定期检定,耐高压工具试验应不少于1次/半年,测试仪器校对应不少于1次/年,安全防护设备及高空作业设备检查应不少于1次/半年。

(6)机电设施养护应准确记录各种设备的检查情况,建立专门的技术档案。

(7)机电设施故障应按月填报,准确记录,建立专门的技术档案。

(8)机电设施应按应急预案定期进行联调联试。

三、日常巡查

(1)日常巡查内容

日常巡查应检查机电设施是否处在正常工作状态和是否存在故障隐患,并应符合下列规定:

①供配电设施日常巡查,应观察变压器、高低压配电柜及变配电室内相关设备的外观及运行状态,判断是否有外观破损、声响、发热、气味、放电等异常现象。

②照明设施日常巡查,应观察照明设备的外观及运行状态,判断有无异常。

③通风设施日常巡查,应观察通风设备的外观及运转状态,判断是否存在隐患。

④消防设施日常巡查,应观察各类消防设备的外观,并判断有无异常。

⑤监控与通信设施日常巡查,应巡检隧道内各种监控设备、信息采集和发布设备、监控室

各类监视设备的外观和主要功能,并判断有无异常。

(2)日常巡查频率,高速公路应不少于1次/d,其他各级公路可按1次/(1~3d)进行。极端天气和交通量增加较大时,应提高日常巡查的频率。

(3)日常巡查可采用人工与信息化手段相结合的方式。发现异常情况时,应予以报告,并做好记录,必要时应进行拍照和摄影。

四、清洁维护

机电设施应根据养护等级、交通组成、污垢对机电设施功能影响程度、清洁方式和环境条件等因素进行清洁维护。机电设施清洁维护频率宜不低于表6-18的规定值。

机电设施清洁维护频率　　　　　　表6-18

清洁项目	养护等级		
	一级	二级	三级
供配电设施	1次/月	1次/季度	1次/半年
照明设施	1次/季度	1次/半年	1次/年
通风设施	1次/2年	1次/3年	1次/4年
消防设施	1次/季度	1次/半年	1次/年
监控与通信设施	1次/季度	1次/半年	1次/年

当机电设施采用湿法清洁时,应注意保护人员安全和机电设施内部电气元件安全,并应防止液体渗入设施内;当采用干法清洁时,应采取必要的降尘措施,对清扫不能去除的污垢,经判别可用湿法清洁时,可用清洁剂进行局部特别处理。

机电设施的清洁维护应保持外观干净、整洁、无污垢,并保证机电设施完好。

五、机电设施技术状况评定

机电设施技术状况评定等级应根据日常巡查、经常检修和定期检修资料,结合设备完好率统计确定。

机电设施技术状况评定宜采用考虑机电设施各项目权重的评定方法。

机电设施技术状况应采用设备完好率进行评定,设备完好率按式(6-4)计算,各种机电设施可分系统并按对运营单位的重要度建立设备完好率考核指标。

$$设备完好率 = \left(1 - \frac{设备故障台数 \times 故障天数}{设备总台数 \times 日历天数}\right) \times 100\% \qquad (6-4)$$

机电设施各分项技术状况的评定值分为0、1、2、3。机电设施各分项技术状况评定按表6-19执行。

机电设施各分项技术状况评定表　　　　　　表6-19

分项	状况值			
	0	1	2	3
供配电设施	设备完好率≥98%	93%≤设备完好率<98%	85%≤设备完好率<93%	设备完好率<85%

续上表

分项	状况值			
	0	1	2	3
照明设施	设备完好率≥95%	86%≤设备完好率<95%	74%≤设备完好率<86%	设备完好率<74%
通风设施	设备完好率≥98%	91%≤设备完好率<98%	82%≤设备完好率<91%	设备完好率<82%
消防设施	消防设备完好率100%	95%≤设备完好率<100%	89%≤设备完好率<95%	设备完好率<89%
监控与通信设施	设备完好率≥98%	91%≤设备完好率<98%	81%≤设备完好率<91%	设备完好率<81%

当机电设施各分项中任一关键设备的设备完好率为该分项各类设备完好率最低时,该分项技术状况按该关键设备的设备完好率评定。

机电设施技术状况评分应按式(6-5)计算。

$$\text{JDCI} = 100 \times \left(\frac{\sum_{i=1}^{n} E_i \omega_i}{\sum_{i=1}^{n} \omega_i} \right) \quad (6-5)$$

式中:JDCI——机电设施技术状况评分,值域 $0 \sim 100$;

E_i——各分项判定的设备完好率,$0 \sim 100\%$;

ω_i——机电设施各分项权重,按表6-20取值;

i——机电设施分项类型;

n——机电设施分项类型总和。

机电设施各分项权重表 表6-20

分项	分项权重 ω_i	分项	分项权重 ω_i
供配电设施	23	消防设施	21
照明设施	18	监控与通信设施	19
通风设施	19		

机电设施技术状况评定分类界限值按表6-21执行。

机电设施技术状况评定分类界限值 表6-21

技术状况评分	机电设施技术状况评定分类			
	1类	2类	3类	4类
JDCI	≥97	≥92,<97	≥84,<92	<84

对评定划定的各类机电设施,分别采取不同的养护措施:

(1)1类机电设施进行正常养护。

(2)2类机电设施或评定状况值为1的分项,进行正常养护,并对损坏设备及时修复。

(3)3类机电设施或评定状况值为2的分项,实施专项工程,并加强日常巡查。

(4)4类机电设施或评定状况值为3的分项,实施专项工程,加强日常巡查,并采取交通管制措施。

(5)当各类机电设施的关键设备出现故障时,均应及时进行修复。

课题 6-6 隧道其他工程设施的养护与检查评定

隧道其他工程设施养护包括日常巡查、清洁维护、检查评定、保养维修等内容。其中,日常巡查包括日常巡查中发现、记录、报告或处理明显异常;清洁维护包括缆沟与设备洞室的清理、洞口联络通道内垃圾清扫、洞口限高门架与洞口环保景观设施脏污清除、附属房屋设施的清洁维护;检查评定包括发现其他工程设施的异常,掌握并判别其技术状况,确定相应的养护对策或措施;保养维修包括其他工程设施的结构破损修复、环保景观设施的恢复及附属房屋的保养。

其他工程设施的日常巡查、检查评定一般与隧道土建结构同步进行。

一、日常巡查

日常巡查是对其他工程设施使用情况进行的日常巡视检查。

(1)巡查其他工程设施有无明显结构变形破坏,电缆沟、设备洞室是否存在明显涌水,洞外联络通道路面有无落物,洞口绿化区有无树木倾倒在行车限界范围内,污水处理设施有无明显淤积。

(2)对洞外联络通道隔离设施进行日常巡查,保证通道隔离设施完好,通道在正常状态下处于封闭状态。

(3)对日常巡查中发现的异常进行记录、报告或处理。

二、清洁维护

隧道其他工程设施清洁维护频率不低于表 6-22 的规定值。

隧道其他工程设施清洁维护频率 表 6-22

分项设施	清洁维护频率	分项设施	清洁维护频率
电缆沟、设备洞室	1 次/季度	减光设施	1 次/1 年
洞外联络通道	1 次/月	污水处理设施	1 次/1 年
洞口限高门架	1 次/1 年	洞口雕塑、隧道铭牌	1 次/3 年
洞口绿化	1 次/1 年	房屋设施	楼地面、墙台面 1 次/周,吊顶、门窗 1 次/月,地基基础、屋面 1 次/年;风机房、变电所、监控房按机电设施的相关规定确定清洁维护频率
消音设施	1 次/季度		

其他工程设施清洁维护的内容和要求如下:

(1)定期清除电缆沟、设备洞室内的杂物积尘,清理排水设施,保持电缆沟内整洁、设备洞室内无积水。

（2）定期清扫洞外联络通道内路面、清除隔离设施脏污、清理排水设施，确保紧急情况下车辆、人员正常通行。

（3）定期清除洞限高门架脏污，保持限高标志清晰醒目，清除、修复门架撞击痕迹，矫正门架变形，保证满足限高要求。

（4）洞口绿化与植被应与周围环境协调，清洁维护工作应满足下列要求：

①定期修剪隧道进出口两侧 30～50m 范围内的乔木，避免侵入行车限界或影响行车视距。

②适时修剪、抚育树木，保持树木透光适度、通风良好，减少病虫害的发生。

③适时修剪草皮，保持美观。

（5）洞口雕塑、隧道铭牌宜定期清洗，保持整洁、美观。

（6）定期清洗消声设施脏污，修复或更换损坏部位、部件。

（7）定期扫除遮光棚顶垃圾、清除脏污，保持减光设施正常减光效果及外观的干净、整洁。

（8）定期清除污水处理池和净化池沉积的泥沙、杂物，保证污水处理池和净化池容积不受挤占。

（9）定期进行附属房屋设施清洁维护，保持房屋及周围环境的整洁、美观，周围场地应排水畅通，并应符合下列规定：

①清除地基基础周围堆物、杂草，疏通排水系统，保证勒脚完好无损，防止地基浸水、冻害等。

②清除楼地面脏污、积尘，保持楼地面清洁；风机房、变电所、监控房等主要生产房屋地面无积尘和油污；疏通用水房间排水管道，楼地面应有效防水，避免室内受潮与虫害。

③清除墙台面及吊顶脏污、积尘，清洁墙台面及吊顶。

④清除门窗脏污、积尘，修复或更换破损部位（件），门窗应处于正常使用状态。

⑤清除屋面积雪、积尘，保证屋面不渗漏。

三、检查评定

隧道其他工程设施的检查可分为经常检查和定期检查，如遇设备洞室渗漏水、房屋地基变形、基础沉降等异常情况可根据需要进行应急检查或专项检查。附属房屋的防雷接地装置应在每年雷雨季前后进行检查。隧道其他工程设施检查的主要内容见表6-23。

隧道其他工程设施检查的主要内容　　　表6-23

分项设施	经常检查内容	定期检查内容
电缆沟	是否完好，有无涌水	是否完好，有无杂物、积尘、积水
设备洞室	是否完好，有无渗漏水，标志是否齐全	是否完好，有无渗漏水、杂物、积尘，标志是否齐全、清晰
洞外联络通道	隔离设施是否完好，标志是否齐全，路面有无落物	隔离设施是否完好，标志是否齐全、清晰，路面是否清洁、有无隆起积水
洞口限高门架	门架有无变形，结构是否完好，标志是否齐全	结构是否完好，标志是否齐全、清晰，门架有无变形，净空误差是否能满足限高要求

续上表

分项设施	经常检查内容	定期检查内容
洞口绿化	树木是否妨碍行车,有无树木枯死	树木是否妨碍行车,有无树木枯死、草皮失养,整体绿化效果是否美观
消音设施	是否完好	是否完好,是否具备消音功能
减光设施	结构是否完好	结构是否完好,标志是否齐全、清晰,减光效果是否正常
污水处理设施	是否渗漏,有无淤积	是否渗漏,有无杂物、泥沙沉积
洞口雕塑、隧道铭牌	是否存在毁损	表面是否脏污,是否存在毁损
房屋设施	承重构件有无变形,非承重墙体有无渗漏,屋面有无渗漏,楼地面、门窗是否完好	承重构件有无变形、裂缝、松动;非承重墙体有无渗漏、破损;屋面排水是否通畅、有无渗漏;楼地面、门窗是否完好;顶棚有无变形;水卫、电照、暖气等设备是否完好,能否正常使用

根据各分项设施的完好程度、损坏发展趋势、设施使用正常程度等检查结果,确定各分项设施状况值。根据各分项设施状况值,按照式(6-6)计算技术状况分值,确定其他工程设施技术状况。多处同类分项设施应逐处评定,以 $QTCI_i$ 最高的一处纳入技术状况评分计算公式。

$$QTCI = 100 \times \left[1 - \frac{1}{2} \sum_{i=1}^{n} \left(QTCI_i \times \frac{\omega_i}{\sum_{i=1}^{n} \omega_i} \right) \right] \quad (6\text{-}6)$$

式中:$QTCI$——其他工程设施技术状况评分;

$QTCI_i$——其他工程设施各分项设施状况值,值域为 $0 \sim 2$;

ω_i——其他工程设施各分项设施权重,按照表 6-24 取值;

i——其他工程设施分项类型;

n——其他工程设施分项类型总和。

其他工程设施各分项权重　　　表 6-24

分项	分项权重 ω_i	分项	分项权重 ω_i
电缆沟	10	消音设施	3
设备洞室	10	减光设施	10
洞外联络通道	9	污水处理设施	4
洞口限高门架	14	洞口雕塑、隧道铭牌	2
洞口绿化	3	房屋设施	35

隧道其他工程设施技术状况可分 3 类评定,分类判断标准及界限值按表 6-25 执行。

隧道其他工程设施分类判定标准及界限值　　　表 6-25

设施技术状况分类	技术状态	QTCI 界限值
1 类	设施完好无异常,或有异常、破损情况但较轻微,能正常使用	≥70
2 类	设施存在破损,部分功能受损,维修后能使用,应准备采取对策措施	40～70
3 类	设施存在严重破损,使用功能大部分或完全丧失,必须停用并采取紧急对策措施	<40

对评定划分的各类设施,分别采取不同的养护对策:

(1)设施技术状态为 1 类及状况值评定为 0 的分项设施,正常使用,正常养护。

(2)设施技术状态为 2 类及状况值评定为 1 的分项设施,观察使用,保养维修。
(3)设施技术状态为 3 类及评定状况值为 2 的分项设施,停止使用,尽快进行维修加固。

四、保养维修

(1)电缆沟、设备洞室应进行保养,对破损的沟壁、洞室壁应维修恢复,对设备洞室的渗漏水查明原因并进行处治,保持电缆沟、设备洞室的完好和正常使用。电缆沟、设备洞室的结构破损及渗漏水的保养维修可与土建结构的保养维修或病害整治同时进行。

(2)洞口限高门架与减光设施的结构应进行保养,门架结构破损或变形应进行维修恢复,保证门架满足限高功能要求;减光设施的结构破损、遮光顶棚缺失应进行维修恢复,保持减光效果正常。

(3)对损坏的洞口雕塑、隧道铭牌应进行维修或拆换;污水处理池和净化池的渗漏应查明原因并处治,保持池壁、池底无渗漏。

(4)屋面渗漏维修工程根据房屋防水等级、使用要求、渗漏现象及部位,查明渗漏原因,找准漏点,制订相应的维修方案;选用材料要与原防水层相容,与基层结合牢靠;屋面防水层维修完成后平整,不得积水、渗漏;墙体渗漏维修前,应对渗漏墙体的墙面、外部粉刷分格缝、门窗框周围、窗台、穿墙管根部、阳台和雨棚与墙体的连接处、变形缝等渗漏部位进行现场查勘,确定渗漏部位,查明渗漏原因,制订相应的维修方案;墙体维修后不得出现渗漏水现象,在完工 3d 后进行检验,墙面冲水或雨淋 2h 后无渗漏水。

(5)房屋墙体粉刷后,凿除起壳、剥落、疏松等损坏部位,清理干净后重新粉刷;房屋的木门窗可两年油漆一次,并修理或更换损坏的门窗;定期进行房屋钢构件的保养维修,清除锈蚀,并按规定涂刷防锈漆和油漆。

(6)修换防雷接地装置前,对接地体进行接地电阻测试,修理或更换焊接开焊、断裂的接地线和接地体,完好的应除锈、刷防锈漆;当接地体锈蚀严重无法修复时,按设计要求换装新接地体;修换防雷装置前,修复发生开焊、变形的避雷网、避雷带、引下线等,防锈漆出现脱落的进行除锈、刷漆;修换接地装置及固件均宜采用镀锌制品,各部连接点应牢固可靠。

(7)进行周期性的防冻保温设施保养维修,宜不少于 1 次/年。

课题 6-7 隧道安全管理

一、一般规定

(1)隧道的安全管理包括养护作业和发生突发事件时的交通组织和安全防护。
(2)宜借助监控、专项监测、人员值守等手段,及时掌握公路隧道的异常信息,作出研判并采取必要的交通组织和安全防护。
(3)隧道养护作业及处理突发事件时,应在隧道入口设置相应的提示、警告标志。
(4)隧道上方和洞口外 100m 范围内,严禁从事采矿、采石、取土、倾倒废弃物、爆破作业等危及公路隧道安全的活动。

(5)隧道内严禁存放易燃、易爆、剧毒、放射性等危险物品,隧道内的紧急停车带、车行(人行)横通道不得堆放杂物。

二、养护作业的安全管理

(1)养护作业宜选择在交通量较小时段进行,应少占道,减少对行车的影响。

(2)养护作业应保护隧道设施、设备不受损坏。

(3)隧道养护作业应制订交通组织方案,影响车辆通行时,应按相关规定向社会公告。

(4)隧道内进行养护作业,应执行现行《公路养护安全作业规程》(JTG H30)的有关规定。

(5)车流量较大、交通组织较为困难的隧道内养护作业占道施工时,除应利用标志或可变情报板等进行提示外,尚宜采取固定隔离、强制减速、防撞装置等安全保障措施。

(6)养护作业应保证养护作业人员、机械设备的安全。

(7)在进行养护作业前,应制订周密的施工组织设计,确定合理的养护作业控制区;作业人员应接受专门的安全教育和作业规程训练;检测隧道内 CO、烟雾等有害气体的浓度及能见度,判定施工的安全性;观察隧道结构状况是否会影响作业安全,如有危险,应先处理后作业;检查施工信号灯是否准确、明显,施工标志设置是否规范;对养护机械、台架应进行全面的安全检查,并应在机械上设置醒目的反光标志,在台架周围设置防眩灯,显示作业现场的轮廓。

(8)在隧道内进行养护作业时,养护作业控制区经划定后不得随意变更;作业人员不得在养护作业控制区外活动或将机械设备、材料置于养护作业控制区以外;养护施工路段内的照明、空气质量和养护作业用电安全应符合相关规定。

(9)养护作业完成后,应及时清理作业现场,并逆车流方向拆除交通管制标志,恢复隧道的正常使用状态。

(10)电力设施、高空作业、特种设备等有特别要求的维护,应按有关部门的安全操作规程执行。

三、突发事件的安全管理

(1)隧道突发事件的处置按下列原则执行:
①按相关规定报送相关单位和向社会发布信息。
②配合实行交通管制,采取措施减少次生事故发生。
③进行人员救护和疏散,尽量减少人员伤亡。
④配合所在地政府和相关专业机构做好处置工作。
⑤尽快清除障碍,恢复交通。

(2)定期检查隧道救援设备、设施,保证其处于良好的技术状态。

(3)隧道管养单位应制订突发事件的应急预案并进行预案演练。特长、长隧道应制订专项应急预案,其他隧道可制订通用应急预案。应急预案应包括下列内容:
①适用范围和事件类型。
②处置目标和原则。

③指挥调度体系和信息报送发布规定。

④处置方案和步骤,包括交通管制、处置队伍进场、疏散和人员救护、现场处置、损失检查与通行条件评估。

⑤应急队伍的组成,包括人员和装备的来源、规模、作用和现场安全防护等要求。

1. 简述隧道养护要求和养护工作的内容。
2. 隧道土建结构的检查分为哪几类?
3. 试述公路隧道技术状况评定流程。
4. 隧道土建结构定期检查完成后,检查报告内容应包括哪些方面?
5. 衬砌破损的处治措施有哪些?
6. 衬砌更换与加固的方法主要有哪些?
7. 试分析隧道水害产生的原因。
8. 简述隧道冻害的整治措施。
9. 隧道其他工程设施养护包括哪些内容?
10. 隧道突发事件应急预案包括哪些内容?

单元7 UNIT SEVEN
路线交叉养护

1. 了解路线交叉养护的一般规定;
2. 熟悉公路与公路平面交叉的有关养护要求及规定;
3. 熟悉公路与公路立体交叉的有关养护要求及规定。

1. 能够进行路线交叉养护施工的安全维护;
2. 能够进行路线交叉养护维修施工。

路线交叉养护范围应包括公路与公路平面交叉、公路与公路立体交叉和其他交叉等。

一、一般规定

(1) 路线交叉养护应经常保持技术状况良好,功能和运行安全满足设计要求,路线交叉范围内的路基、路面、桥涵、隧道、交通工程及沿线设施、绿化与环境保护等的养护应符合标准的规定。

(2) 路线交叉养护应加强通行能力和运行安全水平的维护工作,应经常保持跨线桥下和各类通道净空满足公路建筑限界的要求。

二、公路与公路平面交叉、养护

公路与公路平面交叉养护应包括日常养护、预防养护和修复养护。

(1) 公路与公路平面交叉日常养护和预防养护,除应满足各类基础设施的有关养护要求外,还应符合下列规定:

①应经常保持平面交叉交通管理设施、分隔岛和导流岛等渠化设施干净整洁、齐全完好、系统运行正常,当有轻微损坏时,应限时修复。

②应经常保持平面交叉停车视距、通视三角区引道视距和安全交叉停车视距范围内的通视要求,视距范围不得受到固定物体的遮挡或影响。

③当平面交叉范围内的各类视距范围受到植物、临时结构物等固定物体的遮挡或影响时，应及时清除。图7-1为公路与公路平面交叉。

a)　　　　　　　　　　　　　　　b)

图7-1　公路平面交叉

(2)公路与公路平面交叉修复养护应符合下列规定：

①基础设施局部出现一般性损坏时，应按相关基础设施的养护规定实施修复养护。

②局部通行能力不足时，应根据专项评定结论，采取局部调整车道数、加宽路口、增加辅助车道、优化渠化或交通管理方式等措施予以改造。

③局部存在交通安全隐患时，应根据专项评定结论，采取清除视距范围的固定障碍物、优化渠化、加设信号灯或完善安全设施等措施予以改造。

④平面交叉范围内出现经常性积水时，应采取局部调整路面横坡或增设排水设施等措施予以改造。

三、公路与公路立体交叉养护

公路与公路立体交叉养护范围应包括互通式立体交叉和分离式立体交叉的基础设施通行能力和运行安全维护等。图7-2为公路立体交叉。

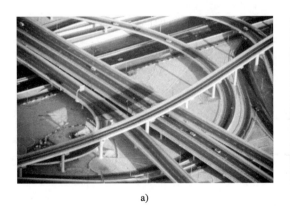

a)　　　　　　　　　　　　　　　b)

图7-2　公路立体交叉

1. 互通式立体交叉养护

互通式立体交叉养护应包括日常养护、预防养护、修复养护和专项养护等。

(1)互通式立体交叉日常养护和预防养护除应满足各类基础设施的养护要求外,还应符合下列规定:

①应经常保持分流鼻端前的缓冲设施、墩台前的防撞护栏、被交叉路侧平面交叉设施和跨线桥下排水设施等干净整洁、齐全完好、功能正常,当有轻微损坏时,应实施小修工程限时修复。

②应保障立体交叉范围内主线和匝道的停车视距、分流鼻端前的识别视距、合流鼻端通视三角区视距及平面交叉各类视距范围内的通视要求,视距范围不得受到固定物体的遮挡或影响。

③当立体交叉范围内的各类视距范围受到植物、临时结构物等固定物体的遮挡或影响时,应限时予以清除。

(2)互通式立体交叉修复养护应符合下列规定:

①基础设施局部出现一般性损坏时,应按相关基础设施的养护规定实施修复养护。

②局部通行能力不足或存在交通安全隐患时,应根据专项评定结论,采取局部调整标线、侧向余宽、超高和鼻端构造,或改善匝道视距和完善交通安全设施等措施予以改造。

③当匝道端部平面交叉通行能力不足或存在交通安全隐患时,应按规定实施修复养护。

(3)互通式立体交叉专项养护应符合下列规定:

①基础设施出现较大损坏或整体出现一般性损坏时,应按相关基础设施的养护规定实施专项养护。

②通行能力不足时,应根据专项评定结论,采取局部加宽匝道、调整匝道线形、加长交织段、变速车道长度或增加车道数等措施加以改造。

③交通安全隐患突出时,应采取局部调整出入口设置方式、改善路段视距、改善连接部几何构造和优化匝道线形等措施予以改造。

④当匝道端部平面交叉通行能力明显不足或交通安全隐患突出时,应按规定实施专项养护。

(4)当互通式立体交叉整体通行能力不足或交通安全隐患突出,且实施专项养护难以解决时,应通过论证提出整体实施改扩建工程的建议。

2.分离式立体交叉养护

分离式立体交叉养护应符合桥梁养护的有关规定。当桥下道路积水过深时,应封闭桥下交通,引导车辆绕行。

四、其他交叉养护

公路其他交叉养护应包括对公路与铁路交叉、公路与乡村道路交叉、公路与管线交叉和通道等的养护。图7-3为公路与铁路平面交叉。

(1)公路上跨铁路立体交叉时,跨线桥养护应符合桥梁养护的有关规定;公路下穿铁路立体交叉时,应符合规定。

(2)公路与铁路平面交叉的养护应符合下列规定:

①应经常保持铁路道口前公路上的标志、护桩和道口路段标线等清晰、完整。

②应经常保持铁路行业规定的道口瞭望视距要求,当交叉公路养护范围内有阻碍视线的植物或其他障碍物时,应予以清除。

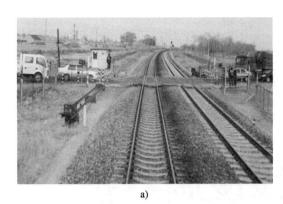

a)   b)

图 7-3   公路与铁路平面交叉

③当交叉公路与铁路交角较小时,应采取交叉公路局部改线等专项养护工程措施,使交叉公路与铁路正交,有困难时,交角不应小于 45°。

(3)公路与乡村道路交叉,且乡村道路接入交叉路段为长陡下坡时,应采取乡村道路改善纵坡或设置减速设施等措施改善安全条件。

(4)汽车、非机动车、行人和动物通道养护,应经常保持干净整洁、构件完好,通道内无障碍物并符合规定。根据通道结构形式,应符合钢筋混凝土结构或砌体结构及其基础等养护的有关规定,桥梁式通道应符合桥梁养护的有关规定。

1. 简述路线交叉养护的一般规定。
2. 公路平面交叉日常养护和预防养护应符合哪些规定?
3. 互通式立体交叉日常养护和预防养护应符合哪些规定?

单元8 UNIT EIGHT
交通工程及沿线设施养护

  知识目标

1. 熟悉交通工程及沿线设施养护的一般规定及要求；
2. 掌握交通安全设施养护的基本要求；
3. 熟悉各种交通标志的作用及使用条件；
4. 掌握各种交通标志的养护方法、要求与要点。

  能力目标

1. 能够正确识别及使用各种交通标志；
2. 能够进行各种交通标志的养护。

课题8-1　交通工程及沿线设施养护对象及要求

一、交通工程及沿线设施养护对象

交通工程及沿线设施养护对象应包括交通安全设施、机电设施、管理服务设施、绿化与环保设施，并应包括下列分项设施及设备：

（1）交通安全设施：包括交通标志、标线、护栏、栏杆、视线诱导设施、防眩设施、隔离栅、防落网和避险车道，以及防风栅、积雪标杆和限高架等。

（2）机电设施：包括公路监控、收费、通信、供配电、照明和监测，以及隧道通风和消防等设施及设备。

（3）管理服务设施：包括管理中心、管理站（所）、养护工区、道班房、服务区（站）和停车区（点）用房及设备。

（4）绿化与环境保护设施：包括公路用地范围内各类绿化，以及声屏障、污水处理设施和水土保护设施等。

二、交通工程及沿线设施总体养护要求

交通工程及沿线设施的各分项设施应齐全完好、功能正常,各类设备应齐全完好、工作可靠。

三、交通安全设施养护要求

(1)交通安全设施养护包括日常养护、预防养护、修复养护和专项养护。

①交通安全设施日常养护应加强日常巡查工作,定期清洗和保养各类设施,发现轻微损坏或局部缺失时,应及时修复或补设。

②交通安全设施预防养护应结合日常养护工作,经常和定期检修各类设施;在技术状况等级为优、良时,应适时实施预防性维护和保养措施。

③交通安全设施出现下列情况时,应采取修复养护或专项养护措施:

a. 技术状况等级为中,局部路段设施出现损坏,或设施局部丧失使用功能时,应及时实施修复养护。

b. 技术状况等级为次,较大范围设施出现损坏时,应根据损坏数量和严重程度,实施修复养护或专项养护,及时修复或更换。

c. 技术状况等级为差,整路段设施出现较大损坏,或重要设施不能满足功能和安全需求时,应实施专项养护,及时更换、增设或升级改造。

(2)交通标志养护应保持版面清晰、视认性良好、结构安全,标志数量、位置、尺寸、字符、图形、标志板和支撑件等应符合有关标准的要求。标志版面被遮蔽时应及时清理;版面和金属构件出现损伤、支撑件出现歪斜变形时,应及时修复或更换。

(3)交通标线应保持良好的夜间视认性、颜色均匀、边缘整齐,标线颜色、形状、设置位置和标线材料等应符合有关标准的要求。标线出现局部脱落时应及时补划,出现大面积脱落或明显褪色时应及时重划,补划和重划前应除掉原有残线。突起路标出现污损、松动、破裂或缺失时,应及时清洁、修复、更换或补设。

(4)护栏养护应保持结构完好、稳固,满足阻挡、缓冲和导向等功能要求,防撞等级、最小设置长度、材质、几何尺寸和安装方式等应符合有关标准的要求,并应符合下列规定:

①波形梁钢护栏出现部件缺损、锈蚀、松动或立柱倾斜等缺陷时,应及时修复、加固或更换。

②水泥混凝土护栏出现明显裂缝、破损或变形等缺陷时,应及时修复或加固。

③缆索护栏出现部件缺损、锈蚀、明显变形、松动或立柱倾斜等缺陷时,应及时修复、调整或加固。对事故多发路段的缆索护栏,应经论证及时调整或加固。

④活动护栏应方便开启与关闭,出现损坏时应立即修复或更换。

⑤因路面加铺致护栏高度不足时,应及时增加护栏高度。

(5)轮廓标、诱导标等视线诱导设施养护应保持良好的夜间视认性。出现破损、缺失或反光色块剥落时,应及时修复、更换或补设。

(6)隔离栅和防落网养护应保持网孔均匀、结构牢固、围封严密。隔离栅和防落网出现断丝、锈蚀,或隔离栅立柱出现损坏、倾斜等缺陷时,应及时修复或加固。

(7)防眩板养护应保持完整、清洁、牢固、防眩有效。出现部件缺失、污损或松动等缺陷时,应及时修复、加固或更换;凹形竖曲线底部等路段防眩效果不足时,应增加防眩板高度。

(8)避险车道养护应经常保持制动床、减速消能设施及其他配套设施完好、功能有效,清障车道和驶离匝道应经常保持通畅状态。移除驶入的失控车辆后,应及时清理现场,整理制动床集料至原设计状态,及时修复损坏的缓冲装置等设施。图 8-1、图 8-2 为避险车道及救援车道。

图 8-1　避险车道

图 8-2　避险车道及救援车道

(9)防风栅、防雪栅、积雪标杆、限高架、减速丘、凸面镜、里程碑、百米桩、公路界碑、安全岛、缓冲设施和隔离设施等其他交通安全设施,应保持完好、清洁、牢固、功能正常,出现损坏或缺失时,应及时修复、补设或加固。

四、机电设施养护要求

(1)机电设施养护应保持各类设备及系统的技术状况达到产品说明书、设计文件和有关规范的要求。

(2)机电设施养护应建立日常清洁及维护、预防性维护、经常性和定期维护制度,对各类设施及其设备、部件、软件和工作环境进行检测、保养和维修,并应符合下列规定:

①各类维护周期应根据维护内容、设备及部件类型和技术特征等确定。

②设备和部件出现一般故障,或软件辅助功能失效时,应及时修复。

③设备和部件出现一般故障、达到使用年限或软件局部功能失效时,应及时修复、更换部件,或局部升级软件。

④系统设备出现重大故障时,应及时抢修,难以修复或系统不能满足使用功能和安全需求时,应及时进行系统改造、扩容、更换设备,或全面升级系统软件。

⑤机电设施修复、更换或升级改造后,应对设施及设备性能进行测试。

⑥机电设施的检测和维修等应由经专业培训的人员或具有专业资质的单位实施。

⑦事关安全的设备和部件应提前准备应急备件,发生重大故障时应能即时更换。

(3)监控系统养护应包括车辆检测、气象检测、闭路电视监视和可变信息标志等公路设备、环境检测、报警和诱导等隧道内设备,以及监控中心软件和硬件设备等的维护工作。监控系统维护应保持各类检测器和监视系统等数据采集准确、传输可靠,可变标志等设备发布信息准确、及时,监控中心各类设备工作正常,应用软件运行稳定。

(4)通信系统养护应包括光纤数字传输、数字程控交换、紧急电话与广播和以太网网络平台等系统,通信电源、通信管道和光电缆线路等的维护工作。通信系统维护应保持数据传输和程控交换系统安全通畅,紧急电话与广播系统功能正常,并应保证通信电源的正常供电和应急供电。通信系统维护时不宜中断通信传输。

(5)收费系统养护应包括收费车道、收费站或收费中心设备及软件、内部有线对讲及紧急报警系统、闭路电视监视、计算机网络、车牌自动识别、电子不停车收费、计重收费及超限检测等系统的维护工作。收费系统维护应保持收费设施各类设备工作正常,应用软件运行稳定,数据传输安全可靠,报警系统处于良好工作状态。

(6)供配电系统养护应包括高压、中压和低压配电设备、配电线路、电力变压器、继电保护及信号装置、补偿电容和其他附属设备等的维护工作。供配电系统维护应保持公路机电设备供电正常,高、中、低压配电设备供电稳定,配电线路运行安全,变压器工作状态正常,电源设备电能输出稳定,电力监控系统数据检测、传输和控制保护安全可靠。

(7)照明设施养护应包括路段、互通式立体交叉、收费广场、服务区、收费天棚、隧道和桥梁等照明设施的维护。照明设施维护应保持各类照明设施运行安全、稳定、可靠,系统照度、均匀度和控制功能等指标满足使用要求。当路面平均照度衰减至规定值的70%时,应更换光源。

(8)监测系统应定期对数据采集设备进行检测和校准,适时升级系统软件。当监测数据异常时,应及时对监测系统进行核查。

五、管理服务设施养护要求

(1)管理服务设施养护应保持各项设施及设备完好、齐全,环境整洁,服务功能、使用功能和安全满足设计要求。

(2)管理服务设施各类房屋养护应建立日常维护、定期检查和定期修缮制度,并应符合下列规定:

①日常维护应包括室内外保洁,房屋各组成部分、设施及设备完损状况的日常和季节性检查、维修等,出现渗漏水、局部损坏或污染时,应及时修复。

②定期检查应包括上部承重结构状况、地基基础状况和使用荷载情况等内容,应委托房屋专业检测单位实施,检查周期应根据房屋结构类型、已使用周期、使用环境和相关行业规定等确定。

③定期修缮周期应按不同的修缮项目,根据已使用年限和相关行业规定等确定。经检查确认存在结构安全或公共安全状况时,应及时修缮。

六、绿化与环境保护设施养护要求

(1)公路绿化应以安全为前提,在满足交通安全的基础上,综合考虑景观、生态、环境保护等因素。

(2)声屏障、污水处理设施和水土保护设施应齐全完好、功能正常,结构及使用安全可靠。

课题 8-2 交通安全设施养护

一、交通标志养护

1. 交通标志的类型

公路交通标志是用图形符号和文字传递特定信息,用以管理交通,保证交通安全,协助车辆顺利通行的安全设施,主要起到提示、诱导、指示等作用。公路交通标志可分为主标志和辅助标志两大类。其中,主标志包括警告标志、禁令标志、指示标志、指路标志、旅游区标志、道路施工安全标志等;辅助标志包括附设在主标志下的为表示时间、车辆种类、区域或距离、警告、禁令理由等辅助说明作用的标志。

公路交通标志的形状、颜色、尺寸、图案种类和设置地点均按现行《道路交通标志和标线 第 2 部分:道路交通标志》(GB 5768.2)的规定执行。

1)主标志

(1)警告标志。

警告标志起警告作用,即是警告车辆、行人注意危险地点的标志。其颜色组成为黄底、黑边、黑图案,形状为顶角朝上的等边三角形。常见的警告标志有平面交叉路口标志、连续弯道标志、陡坡标志等。图 8-3 ~ 图 8-5 为部分警告标志。

图 8-3 施工标志　　　　图 8-4 注意行人标志　　　　图 8-5 注意危险标志

(2)禁令标志。

禁令标志起到禁止某种行为的作用,即是禁止或限制车辆、行人交通行为的标志。除个别标志外,其颜色组成为白底、红圈、红杠、黑图案,图案压杠;形状为圆形、八角形、顶角朝下的等边三角形。设置在需要禁止或限制车辆、行人交通行为的路段或交叉口附近。常见的禁令标志有禁止驶入标志、限制质量标志、限制高度标志等。图 8-6 为部分禁令标志。

(3)指示标志。

指示标志起指示作用,即是指示车辆、行人行进的标志。其颜色为蓝底、白图案;形状有圆形、长方形和正方形;设置在需要指示车辆、行人行进的路段或交叉口附近。常见的指示标志有直行标志、向右行驶标志、准许掉头标志等,如图 8-7 所示。

(4)指路标志。

指路标志起指路作用,即是传递道路方向、地点、距离信息的标志。其颜色组成除里程碑、百米桩外，一般为蓝底、白图案；高速公路一般为绿底、白图案；形状除地点识别标志、里程碑、分合流标志外，一般为长方形和正方形；设置在需要传递道路方向、地点、距离信息的路段或交叉口附近。常见的指路标志有里程碑、分界碑、指路牌等。图8-8为指路标志。

a)　　　　　　　　　　　　　　　　　　b)

图 8-6　禁令标志

a)限速标志；b)减速让行标志

图 8-7　指示标志　　　　　　　　　　图 8-8　指路标志

(5)旅游区标志。

旅游区标志是指提供旅游景点方向、距离的标志。其颜色组成为棕色底、白色字符图案；形状有长方形和正方形。旅游区标志又可分为指引标志和旅游符号两大类，通常设置在需要指示游景点方向、距离的路段或交叉口附近，如图8-9所示。

(6)道路施工安全标志。

道路施工安全标志是指通告道路施工区通行的标志，用以通告高速公路及一般道路交通阻断、绕行等情况，用以提醒车辆驾驶人和行人注意。通常设在道路施工、养护等路段前适当位置。图8-10为道路施工安全标志的设置情况。

2)辅助标志

辅助标志附设在主标志下，主要起表示时间、车辆种类、区域或距离、警告、禁令理由等辅助说明作用。其颜色组成为白底黑字、黑边框，形状为长方形，如图8-11所示。

在实践中，可因地制宜、就地取材，采用石头、竹子或木头等材料制作一些有特色的标志，丰富公路景观。图8-12为石刻标志，图8-13为竹编标志。

图 8-9 旅游区标志

图 8-10 道路施工安全标志

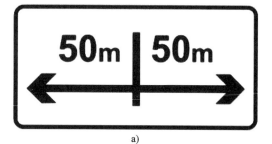

图 8-11 辅助标志

图 8-12 石刻标志

图 8-13 竹编标志

2. 交通标志的检查和养护

1) 交通标志的检查

除日常巡回检查交通标志是否受到树木等物体的遮挡,以及标志牌、支柱是否受到损坏外,一般还应进行定期检查。遇到有风暴等异常天气及洪水、地震等自然灾害或交通事故时,应进行临时检查。检查内容包括下列内容:

(1) 标志牌、支柱的变形、损坏、污秽及腐蚀情况。

(2) 油漆及反光材料的褪色、剥落情况。

(3) 标志牌设置的角度及安装情况。

(4)照明设施情况。

(5)基础或底座情况。

(6)反光标识的反射性能。

(7)缺失情况。

2)交通标志的养护

(1)交通标志有污秽时,应进行清洗。

(2)有树木等遮蔽物时,必须清除阻碍视线的物体或在规定范围内变更标志的设置位置。

(3)定期刷漆。

3)交通标志的维修

(1)标志变形,支柱弯曲、倾斜应尽量修复。

(2)标志牌、支柱损伤及生锈引起油漆剥落,其范围不大时,可对剥落部分重新涂漆;油漆严重剥落或褪色,应重新涂漆。

(3)标志牌或支柱松动时,应及时紧固。

4)交通标志更换及其设置位置的变更

(1)由于腐蚀(生锈)、破损而造成辨认性能下降或夜间反光反射能力降低的标志,应予以更换。

(2)缺失的标志应及时补充。

(3)当设置的标志有类似、重复、影响交通的情况,或设置位置和指示内容不对应时,应进行必要的变更。

除上述位置固定的交通标志外,在公路养护管理、交通事故处置等作业过程中,为保证车辆、行人安全和施工正常进行,还应按国家标准规定设置路栏、锥形交通标志、导向标志等告示性和警告性标志。

5)应经常检查是否按照规定设置标志,并应保持标志的良好状态。这些标志主要包括:

(1)在施工作业、落石、塌方等危险路段或周围设施设置路栏。

(2)在指引车辆绕过的施工、维修作业区或其他障碍物路段应设置锥形交通标志。

(3)在路线方面发现明显变化处,应设置指示性导向标,在施工和维修作业区两端应设置警告性导向标。

路栏、锥形交通路标和导向标,既有移动性临时设置设施,也有固定的永久性设施,应分别采用不同养护和修理方法。

(4)为预估前方公路阻断情况,指示车辆改变行车路线或提醒驾驶员提高警惕的路段两端,应设置临时性的信息告示牌。

当前方公路因路面翻浆、路基塌陷、桥梁破坏、隧道冒顶或水毁等原因发生阻断需要指示车辆改变行驶路线时,宜采用"前方××,注意瞭望""××,车辆慢行"等标示的信息告示牌,设置位置在需要告示地点前100~200m处的右侧路肩外。信息告示牌应保持牌面清洁,字体工整、醒目。公路一旦修复、恢复正常行车后,应立即将信息告示牌撤除。

在公路上进行开挖沟槽等作业以及禁止车辆驶入的施工区,除按规定设置醒目的施工标志外,夜间应设置施工标志灯。施工标志灯可因地制宜选用,但必须具备夜间有足够的照明时间、亮度和不易被熄灭的功能。

(5)在高速公路和一级公路上,宜设置因交通、天气等状况变化可改变显示内容的可变信息标志。

3. 交通标志的养护要求

交通标志的养护应符合下列要求:
(1)应保持交通标志设置合理、结构安全,版面内容整洁、清晰。
(2)标志板、支柱、连接件、基础等标志部件应完整、无缺损且功能正常。
(3)标志应无明显歪斜、变形,钢构件无明显剥落、锈蚀。
(4)标志面应平整,无明显褪色、污损、起泡、起皱、裂纹、剥落等病害。
(5)标志的图案、字体、颜色等应符合相关标准要求。
(6)反光交通标志应保持良好的夜间视认性。

二、交通标线养护

1. 交通标线的类型及设置

交通标线是指在道路的路面上用线条、箭头、文字、立面标记、突起路标和轮廓标等向交通参与者传递引导、限制、警告等交通信息的标识。其作用是管制和引导交通,既可与交通标志配合使用,也可单独使用。交通标线的形状、颜色、尺寸和设置地点均按照现行《道路交通标志和标线》(GB 5768)的规定执行。图8-14~图8-18为部分路面标线。

a)

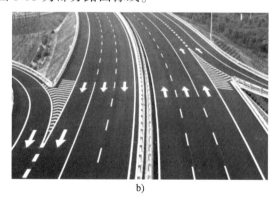

b)

图8-14 路面标线

图8-15 彩色立体标线

图8-16 彩色防滑标线

图 8-17　突起振动标线

图 8-18　（全天候）雨夜标线

高速、一级、二级公路和城市快速路、主干路应按标准规定设置反光交通标线，其他道路可根据需要按标准设置交通标线。

道路交通标线主要划设于道路表面，经受日晒雨淋、风雪冰冻，遭受车辆的冲击磨耗，因此对其性能有严格的要求。首先，要求其干燥时间短，操作简单，以减少交通干扰；其次，要求其反射能力强，色彩鲜明，反光度强，使白天、夜晚都有良好的能见度；最后，要求其具有抗滑性和耐磨性，以保证行车安全和使用年限。

2. 交通标线的养护与维修

（1）当路面标线脏污，影响辨认性能时，应及时进行清扫或冲洗。

（2）当路面标线磨损严重或脱落，影响辨认性能时，应重新喷刷或修复，并注意避免与原标线错位。

（3）进行路面局部修理使路面标线局部缺损或被覆盖，应在路面修理完工后予以修补或喷刷。

3. 交通标线的养护要求

（1）具有良好的可视性，边缘整齐、线形流畅，无大面积脱落。
（2）颜色、线形等应符合相关标准要求。
（3）反光标线应保持良好的夜间视认性。
（4）重新画设的标线应与旧标线基本重合。

三、突起路标养护

1. 突起路标

突起路标，又称为道钉，是固定于路面上起标线作用的突起标记块，可在高速公路或其他道路上用来标记中心线、车道分界线、边缘线；也可用来标记弯道、进出口匝道、导流标线、道路变窄、路面障碍物等危险路段，突起路标及其夜间工作状态如图 8-19、图 8-20 所示。它一般配合路面标线使用或以模拟路面标线的形式使用。道钉根据材料不同划分为塑料道钉、铸铝道钉及有源道钉；根据发光方式不同分为被动发光型道钉和主动发光型道钉；镶嵌反光晶格片或者粘贴反光膜，利用反光晶格片或反光膜反光的称为被动发光型道钉；利用控制器，发光管通电使用的称之为主动发光型道钉。

图 8-19 突起路标

图 8-20 突起路标夜间发光

道钉的规格一般为 100mm×100mm×20mm,高度不超过 25mm。

2. 突起路标的养护要求

(1)突起路标应无严重的缺损。
(2)破损的突起路标应不对车辆、人员等造成伤害。
(3)突起路标应无明显的褪色。
(4)突起路标的光度性能应保持其在夜间良好的视认性。

四、轮廓标养护

1. 轮廓标

轮廓标是指设置于道路边缘,用于诱导视线的一种设施。轮廓标上具有逆反射体或逆反射材料,在夜间车灯的照射下,显示出道路边缘的轮廓,对行车进行安全引导,如图 8-21 所示。

图 8-21 轮廓标

设置示警桩和护栏路段,以及路肩上已种植整齐的行列式乔木路段,可不再设置路边轮廓标。路边轮廓标与百米桩结合设置时,应在桩下部标明百米桩号。

2. 轮廓标养护与维修内容

(1)反光矩形色块剥落,应及时补贴。

(2)轮廓标被杂草、树木物体遮挡的,应清除表面脏污。
(3)油漆剥落的,应重新涂漆。
(4)标柱倾斜或松动的,应予以扶正固定;标准已变形或损坏的,应尽量修复或变更。
(5)丢失的,应及时补充。

3. 轮廓标的养护要求

(1)轮廓标应进行表面清洗。
(2)轮廓标应无缺损。
(3)轮廓标应无明显的褪色。
(4)轮廓标的光度性能应保持其在夜间良好的视认性。

五、护栏养护

护栏是指诱导驾驶员视线,增加驾驶员和乘客的安全感,防止失控车辆驶出公路外或进入对向车道,减轻对车辆、人员和财产的损害程度,控制行人随意穿越公路,保障行人安全的设施。护栏包括波形梁钢护栏、水泥混凝土护栏、缆索护栏等,不同类型护栏的养护要求不同。

1. 波形梁钢护栏的养护要求

(1)保持波形梁钢护栏的结构合理、安全可靠(图8-22)。
(2)护栏板、立柱、柱帽、防阻块(托架)、坚固件等部件应完整、无缺损。
(3)护栏质量符合相关标准要求。
(4)护栏的防腐层应无明显脱落,护栏无锈蚀。
(5)护栏板搭接方向正确,螺栓坚固。
(6)护栏安装线形顺畅,无明显变形、扭转、倾斜。

图 8-22　波形梁钢护栏

2. 水泥混凝土护栏的养护要求

(1)保持水泥混凝土护栏线形顺畅、结构合理。
(2)水泥混凝土护栏应无明显裂缝、掉角、破损等缺陷。

(3)水泥混凝土护栏使用的水泥、砂、石、水、外加剂、钢筋等材料质量应符合相关标准和规范。

(4)水泥混凝土护栏的几何尺寸、地基强度、埋置深度,以及护栏各块件之间的连接、护栏与基础之间的连接应符合设计要求。水泥混凝土护栏如图8-23所示。

3.缆索护栏的养护要求

(1)缆索护栏各组成部件应无缺损(图8-24)。

(2)缆索护栏各组成部件应无明显变形、倾斜、松动、锈蚀等现象。

(3)缆索护栏使用的缆索、立柱、锚具等材料质量应符合相关标准和规范。

图8-23 水泥混凝土护栏

图8-24 缆索护栏

六、隔离栅养护

隔离栅的养护应符合下列要求:

(1)应保持隔离栅的完整无缺,功能正常。

(2)隔离栅金属网片、立柱、斜撑、连接件、基础等部件无缺损。

(3)隔离栅质量应符合相关标准和规范。

(4)隔离栅应无明显倾斜、变形,各部件稳固连接。

(5)隔离栅防腐涂层应无明显脱落、锈蚀现象。

七、防眩设施养护

1.防眩板

防眩板是指为使夜间行车的驾驶员免受对向来车前灯眩光干扰而设置在中央分隔带上的交通安全设施。根据材质不同,防眩板可分为塑料防眩板、玻璃钢防眩板和钢防眩板。根据外观形状不同,防眩板可分为直板、反S形、树叶形、芭蕉叶形和人字形等,如图8-25、图8-26所示。

2.防眩板的养护与维修

(1)应对防眩板损坏部分及时修复,歪斜的应扶正。

(2)定期对防眩板重新涂漆,锈蚀和变形严重的应予以更换。

图 8-25　防眩板

图 8-26　有反光装置的防眩板

3. 防眩设施的养护要求

（1）防眩板等防眩设施应完整、清洁，具有良好的防眩效果。
（2）防眩设施应安装牢固、无缺损。
（3）防眩设施应无明显变形、褪色或锈蚀。
（4）防眩设施的质量应符合相关标准和规范要求。

八、其他交通安全设施养护

（1）应保持里程碑、百米桩、道口标柱、公路界碑、防落网、锥形交通路标、公路防撞桶、减速垫、安全岛、平曲线反光镜、声屏障、示警标柱等交通安全设施的清洁、完整和功能正常。

（2）应选择恰当及可行的方法对里程碑、百米桩、道口标柱、公路界碑、防落网、锥形交通路标、公路防撞桶、减速垫、安全岛、平曲线反光镜、声屏障、示警标柱等交通安全设施进行养护。

复习思考题

1. 试述交通工程及沿线设施养护的一般规定。
2. 试述交通安全设施养护的基本要求。
3. 公路交通标志的主标志有哪几类？
4. 公路交通标志的检查内容主要有哪些？
5. 公路交通标志的养护应符合哪些要求？
6. 路面标线的养护应符合哪些要求？
7. 波形梁钢护栏的养护应符合哪些要求？
8. 隔离栅的养护应符合哪些要求？

单元9 UNIT NINE
绿化养护与环境保护

 知识目标

1. 了解公路绿化的功能；
2. 了解公路绿化的栽植与管护；
3. 熟悉公路绿化的一般规定；
4. 了解公路施工期与营运期的主要环境问题；
5. 了解公路环境保护的一般规定；
6. 了解目前常见的交通环保工程及其作用与适用条件。

 能力目标

1. 能够进行公路绿化养护；
2. 能够进行公路环保设施养护。

课题9-1 绿化养护

一、公路绿化的功能

1. 交通功能

公路绿化的交通功能主要包括中央分隔带的防眩功能以及沿线绿化带的视线诱导功能。在夜间行驶时，对向行驶的车辆之间会因车前灯光造成驾驶员眩目，给交通安全带来极大的隐患，如果在高速公路中央分隔带内栽植一定高度和冠幅的灌木，能够有效地起到防眩遮光的作用，保障行车安全；同时，公路绿化可以提示公路线形的变化，有效地诱导驾驶员的视线，提高车辆行驶安全性。

2. 景观功能

公路绿化具有景观功能,公路绿化景观是公路景观的重要组成部分。公路绿化以其婀娜多姿、富于变化的形态使本来生硬、单调的公路线形变得丰富多彩,使由于大量开挖土方而裸露的地表披上绿装,使公路建设对景观环境的负面影响降低,使公路构造物巧妙地融入周围的环境,进而创造优美的公路景观环境,以提高行车的舒适性和安全性。由图 9-1 和图 9-2 对比可知,锥坡绿化后景观大大改善。

3. 生态功能

公路绿化具有生态功能。公路建设过程中由于开挖大量土体,改变了原地形地貌和原生态系统的稳定性,造成一系列的环境问题,如水土流失、环境污染、生物多样性降低等。公路建成开放交通后,又造成了空气污染和噪声污染。此时公路绿化的生态功能便得以体现。公路绿化的生态功能体现在其能减缓公路建设对生态环境的冲击,如可以吸尘防噪、净化空气、保持水土、降低路面温度、维持公路沿线生物多样性等,有助于实现公路建设与环境保护的协调统一。

图 9-1 锥坡绿化前

图 9-2 锥坡绿化后

二、公路绿化养护的一般规定

(1)公路绿化养护范围应包括中央分隔带、边坡、边沟、路线交叉、服务设施和管理养护设施等路域范围内的树木、花卉、地被植物和草坪等公路绿地。

(2)公路绿化养护应经常保持公路绿地整洁美观、植物生长良好、成活率高,并应满足坡面防护和交通安全等的相关要求。

(3)公路绿化养护应加强日常养护、预防养护和定期维护工作,对植物应适时灌溉、排涝、施肥、中耕除草、整形修剪、补植和改植,并应加强病虫害日常防治自然灾害防治等工作。

(4)植物灌溉应根据绿地的土壤质地、土壤墒情、天气情况和植物的生理需水量等,确定灌溉时间和灌溉量。当雨后绿地出现积水时,应及时排出积水;对经常性积水的绿地,宜增设排水设施。

(5)植物施肥应根据绿地土壤肥力、季节及植物生理需肥特点等合理进行。

(6)植物整形修剪应结合植物的生物学特性、生态习性、景观需求和树木健康管理要求等,适时适量进行。当路侧乔木、灌木影响建筑限界和路侧安全净空,遮挡视距、标志,或与路灯、架空线及其他变电设备等安全距离不足时,应及时修剪、清除或改植。

(7)病虫害防治应加强日常巡查、定期检疫和预报工作,发现疫情应及时处置。病虫害防治宜采用生物防治和物理防治为主、化学药剂防治为辅的方法。采用化学药剂防治时,不应使用有机磷类药剂。

(8)缺失植物的补植和改植应符合下列规定:

①当草皮生长不良导致边坡或边沟防护不足时,应及时补植、复壮或改植。

②当植物枯死时,应及时清理,并在适宜季节补植或改植。

③植物补植或改植宜采用原有物种,不得引入外来物种。

④必要时应对栽植土进行补缺或更换。

(9)公路绿化养护应加强自然灾害防治工作,在灾害性天气来临前,应提前采取防御措施;灾害性天气期间,应加强巡查和针对性管理等工作;灾害性天气之后应及时做好清理和补植等工作。

课题 9-2　公路环境保护

一、公路环境主要问题

公路施工期和营运期对环境的影响因素有很大差别。

1. 施工期

1)生态环境影响

公路施工期的环境问题,主要表现为非污染型生态环境影响。与公路施工有关的生态环境影响一般有植被破坏、局部地貌破坏(如高填、深挖、大切坡等引起局部地貌破坏)、土壤侵蚀、自然资源(土地、水、草地、森林、野生生物等)影响、景观影响及生态敏感区(著名历史遗产、自然保护区、风景名胜区和水源保护区等)影响,如图9-3、图9-4所示。每条公路所涉及的具体生态问题各不相同,主要因为所经区域的自然环境、生态环境及地貌状况等条件不同。每条公路对环境的影响程度取决于该公路的等级,因高速公路及一级公路的工程技术标准较高,它们对生态环境的影响最大,普通公路的影响则相对较小。

图9-3　公路施工导致生态环境破坏严重

图9-4　公路建设占用大量土地

2）占用大量土地

据统计,4车道高速公路及一级公路建设,每千米占用土地约80亩,其中一般耕地约占其中70%~90%,6车道高速公路则占地更多。因此,在公路设计、施工及养护等各个环节,必须珍惜每一寸土地,合理利用每一寸土地。

2. 营运期

公路营运期的环境问题,主要是指对沿线地区居民的生活环境造成影响,如出行阻隔、噪声影响、汽车尾气污染、水污染等,其中噪声影响最为突出。

位于自然保护区、水源保护地、森林、草原、湿地和野生生物栖息地的公路,公路营运还会对动物出行、迁徙等造成影响,如图9-5、图9-6所示。

图9-5 大象出行受阻

图9-6 牛羊群出行受阻

二、公路环境保护一般规定

（1）公路及沿线设施周围环境的保护应符合下列要求：

①公路养护应积极推广和应用快速养护、无污染或少污染的新工艺、新技术、新材料和新设备。养护施工中挖除的路面材料应通过再生技术加以利用,拆除的桥涵部件和材料等宜再利用,无法利用的材料应进行收集并妥善处理,不得对环境造成污染。

②公路环境保护应体现经济效益、社会效益,各种环境保护设施应因地制宜,做到技术可行、经济合理。

③公路养护工程应以维护生态、降低污染、保护沿线环境为目标,对施工与营运期产生的污染应采取相应的处治措施。

④位于自然保护区、水源保护地、森林、草原、湿地和野生生物及其栖息地的公路,养护作业时应妥善处理施工废料、废水。废方弃置应注意保护自然水流形态,避免阻塞河道水流或造成水土流失；废水不得直接排入饮用水体和养殖水体。

⑤位于环境敏感区的路段或场地,应按有关规定对环境实施长期监测,当监测数据不能达标时,应采取相应的治理措施。养护施工周期长、影响范围较大且对环境影响明显时,宜进行施工期间环境监理。

⑥增强生态保护和水土保持意识,保护生态资源,少占土（耕）地,做好公路用地范围内的水土保持工作；对边坡、荒地的水土流失,应做好治理工作。

⑦公路服务设施、管理养护设施等区域产生的污水和污染物应经处理后排放或运至指定位置,污水排放标准应符合国家有关标准的规定。

⑧污水处理和声屏障等环境保护设施养护应保持其功能符合有关技术要求,并应加强日常检查、定期检查和维护工作,出现损坏或不满足使用要求时,应及时修复或改造。

(2)公路养护应注意防治下列生活环境污染:

①养护施工作业噪声对声环境的污染。

②搅拌站(场)的烟尘、施工扬尘、路面清扫扬尘对环境空气的污染。

③公路服务区等的生活污水、路面径流、施工废水和废渣等对水环境的污染。

④养护施工中的废弃物对环境的污染。

(3)公路养护环境污染防治应采取下列有效措施:

①积极试验和采用无污染或少污染环境的新工艺、新技术、新产品。在路面养护施工中,应积极推广再生、快速修补等环保工艺,减少工程废料。

②环境空气污染防治应结合景观绿化,选择有吸附或净化能力,适合当地气候、土壤条件的花草、灌木和乔木。在用地许可时,宜种植多层次的绿化林带。

③沥青混合料一般应集中场站搅拌,其设备污染物排放应符合现行《工业炉窑大气污染物排放标准》(GB 9078)的有关规定。

④石灰、粉煤灰等路用粉状材料运输和堆放应有遮盖,有条件时其混合料应集中拌和,减轻对空气、农田的污染。

⑤养护作业应考虑对施工路段及便道适时洒水,减轻扬尘污染。

⑥公路服务区、停车区等产生的废水排放应符合现行《污水综合排放标准》(GB 8978)的有关规定。

(4)公路养护作业应采取有效措施,减少对生态环境、水环境、声环境、环境空气、社会环境等的影响,并注意保护公路沿线文物古迹。

1.简述公路绿化的功能。
2.公路施工期的主要环境影响有哪些?
3.公路运营期的主要环境影响有哪些?
4.公路及沿线设施周围环境的保护应符合哪些要求?

单元10 UNIT TEN
防灾与突发事件处置

1. 了解公路防灾与突发事件处置的一般规定、内容与要求;
2. 熟悉公路水毁的常见防治措施;
3. 熟悉公路防冰的预防与抢修措施;
4. 熟悉公路防雪设施与措施;
5. 熟悉公路防沙固沙的方法及工程措施。

1. 能够进行公路防洪检查;
2. 能够进行公路水毁抢修作业;
3. 能够进行公路除冰、除雪作业;
4. 能够进行突发事件处置。

课题 10-1 一般规定、内容与要求

一、一般规定

（1）公路养护阶段防灾与突发事件处置应坚持"预防为主、防治结合、平急结合"的原则，应加强公路灾害及突发事件的风险管控、灾害防治、应急处置、恢复重建等工作。

（2）公路突发事件应包括由自然灾害和事故灾难等引发或者可能引发交通中断、阻塞、重大人员伤亡、财产损失、生态环境破坏和严重社会危害等的紧急事件。其中，自然灾害应包括地质灾害、地震灾害和气象灾害等;事故灾难应包括基础设施安全事故、交通安全事故和养护作业安全事故等。图10-1、图10-2所示为严重的公路突发事件。

图 10-1　公路水毁

图 10-2　山体滑坡

（3）公路防灾应结合实际情况制订防灾规划和计划，或在公路养护规划和年度计划中增加防灾工作内容。

（4）针对可能突发的各类风险事件，制订公路突发事件应急预案。必要时，应针对可能发生的重大突发事件制订应急专项预案。

二、风险管控

（1）风险管控应包括对各类灾害和事故等风险事件的风险评估及风险控制等工作。其中，风险评估应包括风险识别、风险分析和风险评价等工作。

（2）风险识别宜采用资料分析与现场调查相结合的方法，并应符合下列规定：

①资料分析所用的资料收集内容应包括建设阶段各类灾害风险评估报告、交通安全评价报告、地质勘察报告、设计和竣工资料等，已发生过的各类灾害和事故及其治理资料，以及已有的防灾巡检、监测及评定资料等。

②现场调查应对有各类灾害和事故记录的路段或基础设施进行专项检查，对没有记录的路段或基础设施进行一般性调查，重要情况应拍照或摄像。

③通过现场调查，结合资料分析，对建设阶段识别出的各类灾害和事故风险进行确认、调整或补充，对各类风险源、影响范围、事件及其原因和潜在后果等进行分析、识别。

④对识别出的各类风险应进行编录，生成一个全面的风险列表，并编制调查报告。

（3）风险分析可采用定性法、定量法、半定量法及其组合等方法，应根据风险事件类型和范围、潜在的严重程度、信息和数据的可获得性等确定，并应符合下列规定：

①对识别出的各类风险事件发生的可能性、危害性和接受度等应进行分析。

②根据分析结果，对公路安全风险等级进行评估，风险等级划分定性描述应符合表 10-1 的规定。

公路安全风险等级划分定性描述　　　　表 10-1

安全风险等级	风险描述		
	可能性	危害性	接受度
一级	小	小	可忽略
二级	较小	较小	可接受
三级	中等	中等	有条件接受
四级	较大	较大	不希望有
五级	大	大	不可接受

③公路各单位工程或分部工程应根据不同工程类型,结合技术状况评价,对各类风险事件发生的可能性、危害性和安全风险等级逐一进行评估。

(4)风险控制应在风险评估的基础上,制订公路防灾规划或计划,提出改变风险事件发生的可能性或危害性的应对措施。不同安全风险等级的风险控制措施应符合表10-2的规定。

风险控制措施　　　　　　　　　　　　　　　　表10-2

安全风险等级	风险控制措施
一级	日常养护、预防养护,不采取风险控制措施
二级	防灾巡检,加强日常养护和预防养护
三级	重点巡检,现场简易监测,提出必要的治理计划
四级	重点巡检,在线监测,实施灾害治理措施
五级	预警,立即实施灾害治理措施,突发时启动应急预案,封闭交通,应急抢险

三、灾害防治

(1)应加强公路地质灾害预防、治理和气象灾害防御等工作。地质灾害包括降雨、融雪和地震等自然因素以及工程开挖、堆载和弃土等人为活动引发的崩塌、滑坡、泥石流和崩塌等。气象灾害应包括暴雨、洪灾、雪灾、大雾、道路积冰、台风和沙尘暴等。

(2)公路灾害预防加强防灾巡检和长期监测工作,及时排查灾害风险和事故隐患,并应符合下列规定:

①公路防灾巡检应结合日常巡查、经常检查和定期检查等工作进行。

②在汛期、雨季、雪季、台风和沙尘暴等到来之前或基础设施监测预警时,应进行抗灾能力专项检查。

③对安全风险达到四级的基础设施或路段应采用监测系统进行长期监测,对安全风险为三级的,可进行简易监测。

④根据巡检和监测资料,应定期进行公路抗灾能力评定。

(3)应加强公路灾害预防养护,及时消除安全隐患。根据抗灾能力评定结果,应及时采取处治措施控制病害的发生和发展,及时修复或完善出现损坏或抗灾能力不足的防灾设施。

(4)当安全风险等级达到四级时,应实施专项养护工程进行灾害治理,达到五级时应立即实施,并应符合下列规定:

①应根据灾害风险评估、防灾规划和计划等,明确需要治理的灾害点。

②应通过专项检查、评定及资料分析,进一步确定治理方案,必要时应进行工程方案决策分析。

③灾害治理工程应进行施工图设计。

四、应急处置

(1)当突发事件发生且达到应急预案响应启动条件时,应立即上报并启动应急预案(**资源10-1**),并立即采取控制危险源、控制和疏导交通、应急救援、防止发生次生和衍生事件等应急措施,如图10-3、图10-4所示为部分突发事件发生后现场处置。

10-1　应急处置

图10-3 柴油污染路面,紧急抢修

图10-4 塌方抢修

(2)因突发事件造成公路损毁时,应及时开展应急检查和实施应急工程,并应符合下列规定:

①应急检查后应编制应急检查报告。

②应急工程应按照"先抢通、后修复,先干线、后支线,先路基桥涵、后路面"的原则,进行抢修和抢通。

③根据应急检查及评定结果,经应急加固可继续使用的结构物和设施,可采取应急加固措施进行抢修。

④抢修和抢通工程应加强施工监测,防止发生衍生灾害和次生灾害。

⑤保通路段应加强灾害监测和交通组织工作。

(3)公路突发事件应急预案应与地方和上级单位相关应急预案相衔接,内容应包括突发事件应急组织体系、预防与预警、应急处置和应急保障等,并应符合下列规定:

①公路养护管理单位应建立应急组织机构,明确相关职责。

②应加强基础设施监测、交通事件监控、风险管控和灾害防治等工作,适时收集国家有关部门的预报和预警信息,并应加强对各类预警信息的综合管理、分析和响应工作。

③突发事件得到控制后,应及时上报并终止应急响应。

④应加强应急队伍、装备物资、技术和资金等应急保障工作,定期检测和维护应急救援设备和设施。

⑤应定期组织应急演练(图10-5、图10-6)和应急培训。

⑥应急预案应根据实际需要和情势变化,适时修订。

图10-5 公路突发事件应急演练

图10-6 桥梁水毁加固应急演练

五、恢复重建

(1) 因自然灾害和事故灾难等引发的突发性损毁,经抢修、抢通后,应组织灾后调查工作,进一步实施专项检查和评定,并应符合下列规定:

①对灾害、次生灾害和隐患,应进行全面调查。

②对遭受损毁及经应急加固的结构物和设施,应进行承载能力、抗灾能力和材料检测等专项检查。

③根据调查和检查资料,应进行灾害评估、承载能力、抗灾能力、结构安全和使用性能等专项评定。

(2) 在专项检查和评定的基础上,应制订恢复重建计划,内容应包括灾后恢复重建总体计划、基础设施建设、防灾减灾和生态修复计划等。

(3) 根据恢复重建计划,应进一步制订恢复重建专项工程方案,并应符合下列规定:

①灾后继续使用的结构物和设施,应经专项检查和评定,明确是否需加固或改造。

②经应急加固过的结构物和设施,应经专项检查和评定,确定重新加固或拆除重建方案。

③对严重损毁路段,应根据灾害评估和抗灾能力等专项评定结果,确定原址重建或改线新建方案。

④完全损毁且存在重大安全隐患路段需改线新建时,应避开地震活动断层、生态脆弱区或可能发生洪灾、山体滑坡、崩塌和泥石流等灾害的区域。

⑤专项工程方案应通过决策分析后确定。

(4) 恢复重建专项工程应进行施工图设计。重大自然灾害后,地震动参数、设防要求和工程建设标准有修订时,应严格按修订后的设防要求和强制性标准进行设计。

(5) 恢复重建专项工程施工,应加强施工监测和安全保通工作,并应采取防止衍生灾害和次生灾害的有效措施。

课题 10-2　公路防洪与水毁抢修

一、公路防洪检查

公路防洪检查应符合下列要求:

(1) 汛前检查。在每年汛期到来之前,应落实专人对公路及其沿线设施进行防汛抗汛的全面检查,建立健全检查档案,对检查中发现的病害及时处治。汛前检查的重点包括如下内容:

①公路防排水系统。

②公路上、下边坡路基的稳定性。

③各类结构物的稳定性和桥涵的泄洪能力。

(2) 洪水观测。

①在汛期进行必要的水文观测,对照水文资料和实地观察情况判断洪水对公路的危害性,

作为今后确定公路改善和加固措施的依据。洪水观测的主要内容是水位观测、流速观测、河床横断面和冲刷深度观测,以及流向观测等。一般情况下主要进行水位观测。

②特大桥、大桥和河床处于不良状态的中桥,洪水观测的主要内容是桥位处及桥下洪水水位变化、流速、流向、浪高、漂流物等,以及河床断面变化的观测。一般情况下,对于桥梁只观测和记录当年的最高水位。

③沿河公路受洪水顶冲部位和平曲线凹岸,洪水观测的主要内容是洪水水位、顶冲角(或洪水流向)、流速的观测,并测记洪水前后路基的变化情况。一般情况下主要进行水位观测。

④导流堤、丁坝和护岸等调治构造物应观测洪水时的工作情况,重要地段的调治构造物应观测最高洪水位及洪水前后基础附近河床的冲刷深度。一般情况下不进行专门的水位观测。

二、公路水毁及其防治

(1)公路塌方、滑坡的防治。对可能发生塌方、滑坡的路段,应采取下列措施进行防治:

①在坍、滑体上方,按其汇水面积及降雨情况,结合地形设置截水、排水沟,防止地表水,地下水流入坍、滑体。

②设置挡土墙或抗滑桩等,维持土体平衡。公路水毁及防治如图10-7、图10-8所示。

③种植草皮、表面喷混凝土(水泥砂浆)、砌筑护坡或进行刷坡减轻土体,稳定边坡。

图10-7 公路水毁严重

图10-8 水毁防治

(2)泥石流的防治应遵循下列原则:

①发生频率高的黏性泥石流及规模较大的稀性泥石流路段,经技术经济比较,宜改线绕避;无法绕避时,应避重就轻选择线路。

②布设调治构造物,应根据路段和桥梁所在位置,结合地形、沟槽宽度、发生泥石流性质、流势及其发展变化规律,综合考虑确定,宜导不宜挑。

③对于危害性大、涉及面广的泥石流,且当地人类活动、经济建设有可能促使泥石流发育时,宜与有关部门协商,进行工程和生物水土保持相结合的综合治理。

④在泥石流易形成区,平整山坡、堵塞勾缝、修建阶梯和土埂等控制水土流失和滑坍发展。

⑤泥石流流通区,在地形、地质及储淤条件较好处,可修建拦挡或停淤场。

图10-9为泥石流严重损坏公路,图10-10为泥石流防治工程。

图10-9　泥石流严重损坏公路

图10-10　泥石流防治工程

（3）沿河路基水毁的防治可采取设置丁坝、浸水挡土墙和抛石等防治措施。

（4）桥梁水毁防治：

①稳定、次稳定河段上桥梁水毁防治措施，可根据调整桥下滩流、河床冲淤分布的实际需要以及水流流向等情况选择修建调治构造物。

②在不稳定河段上进行桥梁水毁防治，可根据河岸条件、河床地貌以及桥孔位置等情况修建调治构造物。

③根据跨径大小、墩台基础埋置深度、桥位河段稳定情况，增建基础防护构造物。当河床稳定，冲刷范围较小时，宜采用立面防护措施；当河床稳定，冲刷范围较大时，宜采用平面防护措施。

课题10-3　公路防冰与防雪

一、一般规定

（1）公路防冰、防雪措施应根据当地的气候条件、公路状况因地制宜地实施，分析并掌握公路的抗灾能力，并制订必要的预防措施和应急抢修技术方案。对重要工程和冰害、雪害多发路段，应制订应急抢修预案，保障公路正常通行。

（2）公路冰害防治应根据灾害性质和以往治理经验，制订经济适用的预防和抢修措施，以提升治理效果，降低工程造价，并对治理措施进行全面记录。

①采取有效措施防止路面积冰，对发生河水漫路造成路面积冰的路段，应加强冬季养护，重点防范。路面一旦出现积冰，应采取除冰或防滑措施。

②当路面或结构物表面发生涎流冰覆盖时，应采取措施清除，并查找水源，进行疏导、拦截、排放，避免形成新的涎流冰。

③当由于气温突变河流解冻产生大量流冰，可能对桥涵墩、桩柱、台和导流坝产生冲击时，应采取措施进行防治。

（3）公路防雪工作应做到：

①制订防雪工作预案，备好防雪材料和设备，保持防雪设施的良好状态。

②及时了解现有防雪设施的防护功能,增添必要的防雪减灾设施,切实防治风雪流和雪崩。

(4)风雪流的防治应符合下列要求:
①公路路基应有利于风雪越过,避免积聚。
②根据需要增设防风雪设施。
③当公路受风雪流影响形成雪阻时,应及时清除,恢复交通。
④在冬季风雪流频繁发生的平原和微丘荒野地区,可选择沿公路另建辅道。

(5)在雪季前后,应对防雪崩工程(如水平台阶、稳雪栅栏、导雪堤、导雪槽等)及时进行检查、维修。

(6)雪崩的防治应符合下列要求:
①路线(特别是盘山公路)多次通过同一雪崩地带时可选择改线。
②保护公路上山坡坡面树木,以阻止雪体滑移形成雪崩。
③采取铺撒除雪材料、机械(炮轰)等措施破坏雪体,降低形成雪崩的可能性。

二、公路防冰

1. 预防与抢修措施

公路冰害的防治,是公路养护的重要组成部分。在冰冻前要制定好预防措施与抢修措施。

①要实现路面防滑,须在冻前备好砂砾、石屑及其他防滑材料,对急弯、陡坡、桥头引道和村屯路段进行重点防护,积极防治涎流冰。
②桥涵等构造物在河流解冻时如有流冰冲击、冰阻水坝等威胁,应采取相应措施防护。
③对冻土地区路基防护,在冻前疏通边沟、排水沟,积极将地表积水引向路基外排除,保护冻土层稳定,在路基上侧开挖与路线平行的深沟,截断活动层水流。

2. 养护维修方法

(1)冰坎。寒冷地区,路外水流随流随冻,冰层不断增厚,延伸至公路上,形成冰坎。其防治方法是:在冰冻前挖沟排水,或在临水一侧公路外筑堤埂,或在公路外侧修筑储冰坑池等,避免路外水流溢流上路。

(2)涎流冰。在寒冷气候条件下,地下水或地面水漫溢到公路及构造物上,自下而上逐层冻结,随流随冻的现象称为涎流冰。涎流冰不仅损害公路,而且严重影响交通安全。路面上的涎流冰应及时进行清除,撒布防滑料,并设置明显标志(图10-11、图10-12)。其防治方法与冰坎相同。

(3)冰池。河床纵坡不大的河流,入冬初,在桥下游筑土坝,使桥上下游各约50m范围形成水池,水面结冰坚实后,即成为冰池。在冰池上游开挖人字形冰沟,以集中水源,同时开挖下游河床最深处的土坝,放尽池内存水,使河水在冰层下流动。

(4)冰坝。解冻前,在流速降低的河湾、浅滩处,流冰可能互相挤压、重新聚结,形成巨型冰块乃至冰坝,造成水位抬高,威胁桥梁安全,应组织专业人员进行处理,必要时用炸药爆破清除。

图 10-11 撒盐除冰

图 10-12 除冰作业

（5）流冰期。冰封之前或解冻之初，河面上冰块随水漂浮流动的时期称为流冰期。流冰对桥梁墩台、桩、破冰体和导流坝等会产生不同程度的冲击，应采取相应的防护措施。

三、公路防雪

公路上的雪害有积雪和雪崩两类。必须根据雪害的发生、发展规律做好雪害防治，要保持已有的防雪设施完好，同时增添必要的新设施和机具设备，以减少雪崩和积雪对公路及交通造成的危害。在雪崩发生后，应由人工或机械及时清除路面积雪，尽快恢复交通。

（1）风雪流与导风板。风雪流是穿过雪原的气流达到一定的速度后带动大量雪粒随风运动的现象。防风雪流设施包括导风板，有下导风板和屋檐式导风板两类。

①下导风板。下导风板设在公路上风侧路基边缘，设置时应先埋设立柱，然后在立柱上部固定钉以木板或涂以沥青的铁丝网，阻挡风雪流，以加大路基附近的贴地风速，使风雪流通过路基时不沉积，同时可以吹走路上疏松的积雪。

②屋檐式导风板。在山区背风山坡路段设置，板面与山坡自然坡度一致，并有足够长度，使风雪流沿"屋檐"流通。

（2）防雪栅。防雪栅是一种防风雪流的设施，如图 10-13 所示。它是用木料或其他材料制作，由立柱、栅栏板条和加固板条等组成，用以阻挡雪流移动的栅栏。防雪栅按设置形式可分为固定式和移动式；按构造不同可分为透雪栅和不透雪栅。

（3）防雪墙、防雪堤、防雪网。

①防雪墙。防雪墙是设在公路上风侧的阻雪设施，可用木、石、土、树枝或雪块等筑成，其高度不小于 1.6m，与路基边缘的距离为其高度的 10 倍左右，使风雪流通过路基时无大量雪沉积。

②防雪堤。防雪堤是设在雪阻路段迎风口一侧的阻雪设施，距离路基 15~20m，高度不低于 1.6m，边坡为 1:1，长度与雪阻路段同长。

③防雪网（图 10-14）。防雪网用以制成防雪网结构。防雪网结构是采用锚杆、锚绳、立柱和固定压板等固定方式将防雪网垂直安装在需要防护的路段，形成栅栏式的拦截吹雪的柔性防护系统。防雪网以价格低廉、取材方便的聚乙烯高分子作为基料，采用紫外线吸收剂、光稳定剂和抗氧剂等对聚乙烯（PE）进行改性制备而成。

图 10-13　防雪栅

图 10-14　防雪网

(4)防雪林带。防雪林带是防治风雪流的重要措施。防雪林带应栽植在雪季主导风向的上风侧,与同侧路基边缘距离应为防雪林带高度的 10 倍左右。防雪林带宜选用不同树种组成具有一定宽度、高低错落的林带,以更好地起到阻雪、防雪的作用。

(5)防雪走廊(图 10-15)。对雪崩运动区和堆积区的公路,可在公路上修建形式与隧道明洞相似的构造物,称为防雪走廊,可能使雪崩的雪从其顶上越过,也可防止风雪堆积(**资源 10-2**)。

10-2　防雪走廊

(6)导雪槽、导雪堤。

①导雪槽。导雪槽是在公路上修筑的构造物,内侧与山坡联结,外侧以柱支撑,可使雪崩的雪从其顶上越过的工程设施,适用于防治靠近公路一侧上方的小雪崩。

②导雪堤(图 10-16)。导雪堤是为改变雪崩运动方向,使雪崩堆积到指定地点的防雪崩设施。导雪堤有土堤、浆砌石堤、铅丝笼石堤等结构形式。

图 10-15　防雪走廊

图 10-16　导雪堤

(7)人工雪崩。在发生大雪崩前,可制造一些小规模的"人工雪崩"化整为零。例如可用炮轰或人工爆破损坏雪檐、雪层的稳定性,也可在雪崩体坡面从两端用拉紧的绳索将下部的积雪刮去,使其上部失去支撑,造成小规模的"人工雪崩",以减轻雪崩对公路的危害。

(8)雪楔。雪楔是指在雪崩运动区下部和堆积区上部设置的楔状构造物群,其主要作用是分割、阻挡、滞留雪崩体。雪楔多采用三角形,有浆砌片石、轻轨木桩、装配式混凝土构件等形式,其高度应大于雪崩体峰面高度,呈梅花形布置。

课题 10-4 公路防沙

一、一般规定

(1) 公路防沙治沙的原则如下：
① 预防为主、防治结合。
② 固、阻、输、导结合。
③ 坚持日常维护，及时处治沙害。
(2) 公路风沙防治工程措施应符合下列要求：
① 工程防护措施有固、阻、输、导等方法，既可单独使用，也可几种方法配合使用。
② "固"是指增加地表粗糙度。应使用各种材料作覆盖物，或设置各种沙障，将贴地层风速控制在引发起风沙的风速之下或用不易被风吹的物质把沙粒与风隔离。
③ "阻"是指阻滞风沙流，拦截过境流沙，切断沙源。应利用各种材料，在迎风路侧设置人工障碍物，减少和抑制沙丘前移，减轻或防止流沙对公路的危害。
④ "输"是指通过改变建筑物的几何形态，采取措施增大通过建筑物的风动沙运移强度，使原饱和风沙流在通过建筑物时处于非饱和状态，从而不产生沙的停留。
⑤ "导"是指通过导风工程设施改变气流方向，采取各种措施引导风沙流所挟的沙改变沉积位置，从而使建筑物本身免遭风沙危害。
(3) 植物固沙措施是利用植物的生态特点防止沙移并稳固沙漠的一种措施，包括固结活动沙丘、阻沙、稳定边坡以及设置沙地林带。植物固沙措施（生物防沙）应符合下列要求：
① 应采用耐风蚀和沙埋、耐旱、耐盐的防沙植物。
② 对于大范围的固沙，应以种植低矮的灌木或半灌木为主，种植范围在路基的上风侧应不小于500m，下风侧不小于200m。
③ 对于大面积防沙，可设置防风沙林带。林带可由草、灌木、乔木合理结合种植。林带至公路的最短距离，迎风面应不小于100m，背风面不小于50m。
④ 防沙植物的选择根据沙层情况及地下水位的深浅情况，合理选择适合生长的物种。
(4) 沙漠地区公路养护与维修应符合下列要求：
① 加强全面养护。在养护好公路本身的同时，应加强对公路防沙治沙设施的养护与维修。
② 及时消除可能导致公路沙害的因素，加强对沙害隐患的防治。
③ 掌握养护路段的气候规律，加强风期的养护，公路发生沙害应及时排除。
④ 对重大沙害路段的养护应集中力量，尽快排除因沙害引起的阻车现象。
⑤ 公路遭沙埋后，应及时清除干净，并将沙子搬运到公路下风侧的洼地或20~30m外地形开阔处摊平撒开，严禁堆弃在迎风面或路肩上。
⑥ 加强对沿线机械沙障、阻沙堤和下导风栅板等防沙设施的检查。如发现损坏，应及时维修、扶正及抽拔提高，或适当调整位置，必要时加设防沙设施。
⑦ 对路基两侧栽植的草木应加强培育管理，对风蚀严重、根系裸露的应及时扶正，重新埋

好,并做好浇水、补苗、除虫、整枝或间伐工作。

二、公路防沙方法

1. 固沙

路基固沙的主要措施包括:

(1)路基表面的固沙。一般采用柴草、土、砾卵石、无机结合料(水泥、石灰、水玻璃加固土等)、有机结合料(石油沥青土、煤沥青土等)等材料作为覆盖物,将沙质表土与风的作用隔开,以抵抗风蚀(图10-17、图10-18)。

图10-17　公路旁固沙带

图10-18　沙漠公路两旁固沙带

10-3　草方格固沙

(2)沙障固沙。利用柴草(扎成草方格,如图10-19所示)、黏土(堆砌小土埂)、树枝(做成篱笆状)等材料设置成沙障,以降低地表风速,减小风沙流活动(**资源10-3**)。

(3)生物固沙。生物固沙是防治沙害的根本措施。在路基边坡及两侧沙地种草育林,种植防沙林带,草、灌木、乔木合理结合将沙固定,并将风沙流的流沙拦截下来。

2. 阻沙

在适当位置设置若干沙障,以降低近地面风速,减弱风沙流的作用,可使沙粒沉积在一定的区域内,常用的沙障包括:

(1)直立式防沙栅栏。用灌木枝条或玉米秸秆、高粱秸秆、芦苇等成行埋入沙内30~50cm,外露1m以上。

(2)挡沙墙(堤)。就地利用沙土或砂砾修筑挡沙墙(堤),一般高度为2~2.5m,用沙修筑需用土或砂砾封固,堤两侧边坡坡度为1:1.5~1:2(图10-20)。

阻砂设施也可采用栅栏与墙(堤)结合的形式。

3. 输(导)沙

采用人工构造物或人为改变地形,加大地面风速,使公路两侧成为非堆积搬运带,达到防沙目的。其主要措施包括:

(1)修筑路旁平整带,用固沙材料固封。

(2)设下导风板。

图 10-19　草方格固沙

图 10-20　挡沙墙

（3）设有浅槽与风力堤的输沙法。

（4）将路堤做成输沙断面，加大边坡。

（5）当路线与沙垄延长线锐角相交时，在上风侧布设与路线大体平行、尾部外摆的沙障或导沙堤，将风沙流导出路外。

4. 浅槽与风力堤

在沙源较丰富的流动沙丘地区，在路基迎风侧设置浅槽与风力堤，借助浅槽特有的气流升力和风力堤的综合作用加大风速，达到公路的输沙目的。

1. 公路突发事件应包括哪些内容？
2. 公路不同安全风险等级的风险控制措施应符合哪些规定？
3. 公路防洪汛前检查的重点是什么？
4. 公路防雪常见的方法和设施有哪些？
5. 常见的公路防沙方法有哪些？

单元11 UNIT ELEVEN
养护作业安全

 知识目标

1. 掌握养护作业安全的有关术语及基本规定；
2. 掌握养护作业控制区的组成及要求；
3. 熟悉常用的公路养护安全设施；
4. 熟悉特殊路段及特殊气象条件下的养护安全作业要求。

 能力目标

1. 能够正确设置与使用公路养护安全设施；
2. 能够进行公路养护作业控制区的布置。

公路养护作业可分为长期养护作业、短期养护作业、临时养护作业和移动养护作业，并应根据养护作业类型制订相应的安全保通方案。

一、术语

(1)长期养护作业：定点作业时间大于24h的各类养护作业。

(2)短期养护作业：定点作业时间大于4h且小于或等于24h的各类养护作业。

(3)临时养护作业：定点作业时间大于30min且小于或等于4h的各类养护作业。

(4)移动养护作业：连续移动或停留时间不超过30min的动态养护作业。移动养护作业分为机械移动养护作业和人工移动养护作业。

(5)养护作业控制区为公路养护安全作业所设置的交通管控区域，分为警告区、上游过渡区、缓冲区(分为纵向缓冲区和横向缓冲区)、工作区、下游过渡区、终止区等区域。

(6)警告区：从公路养护作业控制区起点布设施工标志到上游过渡区起点之间的区域，用以警告驾驶员已进入养护作业区域，按交通标志调整行车状态。

(7)上游过渡区：保证车辆从警告区终点封闭车道平稳地横向过渡到缓冲区起点侧面非封闭车道之间的区域。

(8)纵向缓冲区：上游过渡区终点到工作区起点之间的安全缓冲区域。

（9）横向缓冲区：布置于纵向缓冲区和工作区与非封闭车道之间，保障养护作业人员和设备横向安全的区域。

（10）工作区：从纵向缓冲区终点到下游过渡区起点之间的施工作业区域。

（11）下游过渡区：保证车辆从工作区终点非封闭车道平稳地横向过渡到终止区起点之间的区域。

（12）终止区：设置于下游过渡区后调整车辆恢复到正常行车状态的区域。

（13）大型载重汽车停靠区：设置于桥梁搭板前或隧道入口前，控制大型载重汽车间歇放行或引导通行的停车区域。

（14）逐级限速：设置两块及以上限速标志，限速值按一定梯度递减的限速方法。

（15）最终限速值：逐级限速中最小的限速值。

（16）封闭车道养护作业：封闭一个或多个行车道的各类养护作业。

（17）封闭路肩养护作业：封闭硬路肩或土路肩的各类养护作业。

二、基本规定

（1）长期养护作业应加强交通组织，必要时修建便道，宜采用稳固式安全设施并及时检查维护，加强现场养护安全作业管理；短期养护作业应按要求布置作业控制区，可采用易于安装拆除的安全设施；临时和移动养护作业控制区布置可在长期和短期养护作业控制区基础上，根据实际情况，在保障安全的前提下进行简化。

（2）养护作业应在保障养护作业人员、设备和车辆运行安全的前提下，充分考虑养护作业对交通安全保通状况的影响，保障交通通行。养护作业安全维护如图11-1所示。

a)　　　　　　　　　　　　　　b)

图11-1　养护作业安全维护

（3）养护作业应利用可变信息标志、交通广播、网络媒体、临时性交通标志等沿线设施、信息服务平台，及时发布前方公路或区域路网内的养护作业信息。

（4）长期养护作业应组织制订养护安全作业应急预案。当发生突发事件时，应及时启动应急预案。

（5）养护作业前，应了解埋设或架设在公路沿线、桥梁上和隧道内的各种设施，并与有关设施管理部门取得联系，采取必要的保护措施。当通航桥梁养护作业影响到航运安全时，应在养护作业前向有关部门通报。

（6）养护作业开始前，应覆盖与养护安全设施相冲突的既有公路设施，结束后应及时恢复被覆盖的既有公路设施。

(7)养护作业未完成前,不得擅自改变作业控制区的范围和安全设施的布设位置。

(8)养护作业人员应按有关规定穿着反光服,佩戴安全帽。交通引导人员还应符合下列规定:

①交通引导人员应面向来车方向,站在可视性良好的非行车区域内。

②高速公路及一级公路养护作业时,交通引导人员宜站在警告区非行车区域内。

(9)养护作业人员必须在作业控制区内进行养护作业。养护作业人员上、下作业车辆或装卸物资必须在工作区内进行。

(10)过渡区内不得堆放材料、设备或停放车辆。摆放的作业机械、车辆和堆放的施工材料既不得侵占作业控制区外的空间,也不得危及桥梁、隧道等结构物的安全。

(11)养护安全设施在使用期间应定期检查维护,保持设施完好并能正常使用。用于夜间养护作业的安全设施必须具有反光性或发光性。

(12)夜间进行养护作业应布设照明设施和警示频闪灯,并应加强养护作业的现场管理。

(13)养护作业控制区安全设施的布设与移除,应按移动养护作业要求进行。安全设施布设顺序应从警告区开始,向终止区推进,确保已摆放的安全设施清晰可见;安全设施移除顺序应与布设顺序相反,但警告区标志的移除顺序应与布设顺序相同。

(14)公路检测宜根据作业时间按相应的养护作业类型布置作业控制区,并应加强现场检测作业管理。

三、养护作业控制区

(1)养护作业控制区应按警告区、上游过渡区、纵向缓冲区、工作区、下游过渡区和终止区的顺序依次布置。

(2)长期和短期养护作业应布置警告区、上游过渡区、缓冲区、工作区、下游过渡区、终止区等区域;临时养护作业控制区布置可在长、短期养护作业基础上减小区段长度,有移动式标志车时也可不布置上游过渡区;移动养护作业控制区仅布置警告区和工作区,警告区长度可减小。四级公路养护作业控制区布置可在二、三级公路养护作业基础上简化。不同作业类型及公路技术等级条件下,养护作业控制区的组成应符合表11-1的规定。

养护作业控制区的组成　　　　　表11-1

作业控制区组成路段		警告区	上游过渡区	缓冲区	工作区	下游过渡区	终止区
长、短期养护作业	三级及以上公路	√	√	√	√	√	√
	四级公路	√	√	—	√	√	—
临时养护作业、移动养护人工作业	高速公路、一级公路	√	√	√	√	√	√
	二、三级公路	√	√	—	√	√	—
	四级公路	√	—	—	√	—	—
移动养护机械作业	各级公路	√	—	—	√	—	—

注:"√"为应设置路段;"—"为可不设置路段。

(3)各种工况养护作业的具体布置方法应按有关规定执行。

①限速过程应在警告区内完成。

②限速应采用逐级限速或重复提示限速的方法。逐级限速宜每100m降低10km/h。相邻限速标志间距不宜小于200m。

③最终限速值不应大于表11-2的规定。当最终限速值对应的预留行车宽度不符合要求时,应降低最终限速值。

公路养护作业限速值　　　　　　　　　　　　　　　　　表11-2

设计速度(km/h)	限速值(km/h)	预留行车宽度(m)
120	80	3.75
100	60	3.50
80	40	3.50
60	30	3.25
40	30	3.25
30	20	3.00
20	20	3.00

④高速公路及一级公路封闭路肩进行养护作业时,表11-2中的最终限速值可提高10km/h或20km/h。

⑤不满足超车视距的二、三级公路弯道或纵坡路段进行养护作业时,最终限速值宜取20km/h。

⑥隧道进行养护作业时,表11-2中的最终限速值可降低10km/h或20km/h,但不宜小于20km/h。

(4)警告区最小长度应符合表11-3、表11-4的规定。当交通量Q超出表中范围时宜采取分流措施。

高速公路及一级公路警告区最小长度　　　　　　　　　　表11-3

公路等级	设计速度(km/h)	交通量$Q[pcu/(h \cdot ln)]$	警告区最小长度(m)
高速公路	120	$Q \leqslant 1400$	1600
		$1400 < Q \leqslant 1800$	2000
	100	$Q \leqslant 1400$	1500
		$1400 < Q \leqslant 1800$	1800
	80	$Q \leqslant 1400$	1200
		$1400 < Q \leqslant 1800$	1600
一级公路	100、80、60	$Q \leqslant 1400$	1000
		$1400 < Q \leqslant 1800$	1500

二、三、四级公路警告区最小长度　　　　　　表 11-4

设计速度 （km/h）	平曲线半径 （m）	下坡坡度 （%）	交通量 Q [pcu/(h·ln)]	警告区最小长度（m）	
				封闭路肩双向通行	封闭车道交替通行
80、60	≤200	0~3	Q≤300	600	800
			300<Q≤700		1000
		>3	Q≤300	800	1000
			300<Q≤700		1200
	>200	0~3	Q≤300	400	600
			300<Q≤700		800
		>3	Q≤300	600	800
			300<Q≤700		1000
40、30	≤100	0~4	Q≤300	400	500
			300<Q≤700		700
		>4	Q≤300	500	600
			300<Q≤700		800
	>100	0~4	Q≤300	300	400
			300<Q≤700		600
		>4	Q≤300	400	500
			300<Q≤700		700
20	—				200

（5）封闭车道养护作业的上游过渡区最小长度值应符合表 11-5 的规定，封闭路肩养护作业的上游过渡区长度不应小于表 11-5 中数值的 1/3。

封闭车道上游过渡区最小长度　　　　　　表 11-5

最终限速值（km/h）	封闭车道宽度（m）			
	3.0	3.25	3.5	3.75
80	150	160	170	190
70	120	130	140	160
60	80	90	100	120
50	70	80	90	100
40	30	35	40	50
30	20	25	30	30
20	20	20	20	20

（6）缓冲区可分为纵向缓冲区和横向缓冲区，其应符合下列规定：

①纵向缓冲区的最小长度应符合表 11-6 的规定。当工作区位于下坡路段时，纵向缓冲区的最小长度应适当延长。

②在保障行车道宽度的前提下，工作区和纵向缓冲区与非封闭车道之间宜布置横向缓冲区，其宽度不宜大于 0.5m。

纵向缓冲区最小长度　　　　　　　表11-6

最终限速值(km/h)	不同下坡坡度的纵向缓冲区最小长度(m)	
	≤3%	>3%
80	120	150
70	100	120
60	80	100
50	60	80
40	50	50
30、20	30	30

(7)工作区长度应符合下列规定：

①除借用对向车道通行的高速公路及一级公路养护作业外,工作区的最大长度不宜超过4km。

②借用对向车道通行的高速公路及一级公路养护作业,工作区的长度应根据中央分隔带开口间距和实际养护作业而定,工作区的最大长度不宜超过6km。当中央分隔带开口间距大于3km时,工作区的最大长度应为一个中央分隔带开口间距。

(8)下游过渡区的长度不宜小于30m。

(9)终止区的长度不宜小于30m。

四、公路养护安全设施

(1)公路养护安全设施包括临时标志、临时标线和其他安全设施,各类安全设施应组合使用。

(2)临时标志应包括施工标志、限速标志等,其使用应符合下列规定：

①施工标志宜布设在警告区起点(图11-2)。

②限速标志宜布设在警告区的不同断面处(图11-2)。

③解除限速标志宜布设在终止区末端(图11-3)。

④"重车靠右停靠区"标志应用于控制大型载重汽车在特大、大桥和特殊结构桥梁上的通行。

(3)临时标线应包括渠化交通标线和导向交通标线,应用于长期养护作业的渠化交通或导向交通标线,宜为易清除的临时反光标线；渠化交通标线应为橙色虚、实线；导向交通标线应为醒目的橙色实线。

(4)其他安全设施包括车道渠化设施、夜间照明设施、语音提示设施、闪光设施、临时交通控制信号设施、移动式标志车、移动式护栏和车载式防撞垫等。

①车道渠化设施包括交通锥、防撞桶、水马、防撞墙、隔离墩、附设警示灯的路栏等,其使用应符合下列规定：

a.交通锥宜布设在上游过渡区、缓冲区、工作区和下游过渡区。布设间距不宜大于10m,其中上游过渡区和工作区的布设间距不宜大于4m。

图 11-2　施工和限速标志　　　　　图 11-3　解除禁止超车标志和解除限速标志

b. 防撞桶顶部可附设警示灯,可用于三级及三级以上公路下坡路段养护作业,宜布设在工作区或上游过渡区与缓冲区之间。使用前应灌水,灌水量不应小于其内部容积的90%。在冰冻季节,可采用灌沙的方法,灌沙量不应小于其内部容积的90%(图11-4)。

c. 水马颜色应为橙色或红色,高度不得小于40cm,可用于三级及三级以上公路下坡路段养护作业,宜布设在工作区或上游过渡区与缓冲区之间。使用前应灌水,灌水量不应小于其内部容积的90%。在冰冻季节,可采用灌沙的方法,灌沙量不应小于其内部容积的90%(图11-5)。

图 11-4　防撞桶　　　　　　　　　图 11-5　水马

d. 隔离墩(图11-6)和防撞墙(图11-7、图11-8)颜色应为黄、黑相间,可用于三级及三级以上公路下坡路段养护作业,宜布设在工作区或上游过渡区与缓冲区之间,并宜组合使用(图11-6~图11-8)。

e. 附设警示灯的路栏颜色应为黄黑相间,宜布设在工作区或上游过渡区与缓冲区之间(图11-9)。

②照明设施和语音提示设施可用于夜间养护作业,其使用应符合下列规定:

a. 照明设施应布设在工作区侧面,照明方向应背对非封闭车道。

b. 语音提示设施宜根据需要布设在远离居民生活区的养护作业控制区。

③闪光设施可包括闪光箭头、警示频闪灯和车辆闪光灯。其中,闪光箭头宜布设在上游过渡区;警示频闪灯宜布设在需加强警示的区域,宜为黄蓝相间的警示频闪灯;车辆闪光灯应为360°旋转黄闪灯,可用于养护作业车辆或移动式标志车。

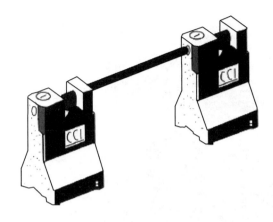
图11-6 隔离墩(长×宽×高=500mm×400mm×500mm,连接使用)

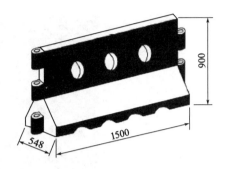
图11-7 防撞墙(尺寸单位:mm,连接使用)

图11-8 带导向线的桥梁防撞墙

图11-9 路拦及交通锥

④临时交通控制信号设施灯光颜色应为红、绿两种,可交替发光,用于双向交替通行的养护作业,宜布设在上游过渡区和下游过渡区。

⑤移动式标志车颜色应为黄色,其顶部应安装黄色警示灯,后部应安装标志灯牌,可用于临时养护作业或移动养护作业。

⑥移动式护栏应符合现行《公路交通安全设施设计规范》(JTG D81)中的有关防护等级规定,可用于三级及三级以上公路下坡路段养护作业。

⑦车载式防撞垫颜色应为黄黑相间,可安装在养护作业车辆或移动式标志车尾部(图11-10)。

五、特殊路段及特殊气象条件养护安全作业

在特殊路段(包括穿城区、村镇路段,易发生地质灾害的傍山路段,路侧险要路段等)和特殊气象(包括高温季节、雨季、暴雨台风天气、雾天及沙尘天气、大风天气等)条件下进行养护作业时,应采取相应的安全防范措施。

(1)在穿城区、村镇路段进行养护安全作业时,除应按相应的养护作业控制区布置外,还应布设车道渠化设施,并采取强制限速与行人控制措施。

图 11-10　车载式防撞垫

(2)在易发生地质灾害的傍山路段进行养护安全作业时,除应按相应的养护作业控制区布置外,还应设专人观察边坡险情。

(3)在路侧险要路段进行养护安全作业时,除应按相应的养护作业控制区布置外,还应加强路侧安全防护。

(4)冬季除冰雪养护安全作业时,作业人员及车辆还应做好防滑措施,切实保障自身安全。对于人工除冰雪作业,还应增设施工标志,且第一块施工标志与工作区净距应为50~100m。

(5)高温季节养护安全作业时,应采取防暑降温措施,并适当调整作息时间,尽量避开高温时段养护作业。

(6)雨季养护安全作业时应符合下列规定:

①应加强作业现场管理,及时排除作业现场积水。

②应在人行道上下坡挖步梯或铺沙,脚手板、斜道板、跳板上应采取防滑措施,加强对临时设施和土方工程的检查,防止倾斜和坍塌。

③应对处于洪水可能淹没地带的机械设备、施工材料等做好防范措施,作业人员应提前做好全面撤离的准备工作。

④长时间在雨季中养护作业的工程,应根据条件搭设防雨棚,遇暴风雨时应立即停止养护作业。

⑤暴雨台风前后,应检查工地临时设施、脚手架、机电设备、临时线路,当发现倾斜、变形、下沉、漏电、漏雨等现象时,应及时维修加固。暴雨、台风天气除应急抢险、抢修作业外,严禁进行公路养护作业。

(7)雾天及沙尘天气下进行养护安全作业时应符合下列规定:

①除应急抢险、抢修作业外,严禁进行公路养护作业。

②应急抢险、抢修作业时,应会同有关部门封闭交通,安全设施上应间隔布设黄色警示灯,相邻警示灯间距不应超过相邻交通锥间距的3倍。

(8)大风天气养护安全作业应符合下列规定:

①除应急抢险、抢修作业外,严禁进行公路养护作业。
②应急抢险、抢修作业时,应防范沿线架设各类设施的高空坠落。

本单元有养护作业安全警示片,可扫描二维码观看资源 11-1。
公路养护安全作业规范解析动画可扫描二维码观看资源 11-2。

11-1　养护作业安全警示片　　11-2　公路养护安全作业规范解析

1. 养护作业控制区由哪几部分组成?
2. 养护安全设施主要有哪些?
3. 雨季养护安全作业应符合哪些规定?
4. 雾天及沙尘天气养护安全作业应符合哪些规定?

单元12 UNIT TWELVE
技术管理

 知识目标

1. 了解公路养护技术管理的一般规定；
2. 熟悉公路养护文件归档范围及内容；
3. 了解数据管理的内容及规定；
4. 了解公路养护信息化管理系统的内容及规定。

 能力目标

1. 能够从事文件归档及数据管理的有关内业工作；
2. 能够熟练使用养护管理系统。

公路养护技术管理应加强文件归档和数据管理工作，为公路全生命周期资产管理提供数据支撑。同时宜根据管养范围和规模，以公路资产管理为核心，分级建立公路养护信息化综合管理系统，或分步建立路基、路面、桥梁和隧道等专项养护信息化管理系统，逐步集成为信息化综合管理系统。

一、一般规定

（1）公路养护文件归档工作，应纳入养护工作各环节和有关人员的职责范围。每套归档文件应同时编制一套电子档案，随纸质档案一并保管或移交。

（2）公路养护数据管理工作，宜建立公路资产数据库，配备数据管理专业人员。建有公路养护信息化管理系统时，数据库宜集成于养护管理系统，实施统一管理。

（3）公路养护文件归档和数据管理应充分应用现代技术和手段，逐步实现数据采集、管理、提取和应用的信息化及自动化。

二、文件归档

（1）公路养护文件归档范围应包括路况检查、路况评定、养护决策、养护设计和养护作业

等各环节形成的、具有保存价值的各种载体的文件,并应包括下列内容:
　　①日常巡查记录、各类检查记录和报告、养护决策分析报告等。
　　②养护工程项目技术方案设计文件和施工图设计文件,以及相关的专项检查报告、勘测和验算资料等。
　　③养护工程项目的施工文件、监理文件、质量检验评定验收文件和竣工图,以及日常养护形成的技术文件等。
　　(2)养护管理单位应负责养护工程文件的收集、整理、归档、验收和移交等工作。归档文件应包括养护规划及计划、养护工程项目前期形成的文件和各养护参与单位立卷归档的文件等。
　　(3)养护实施单位应将各自形成的养护工程文件立卷后移交养护管理单位,归档时间应符合下列规定:
　　①养护检测、设计单位应在任务完成后。
　　②养护施工、监理单位应在养护工程项目交工或竣工验收前。
　　③养护周期承包单位应在每年年底前。
　　④对于改建、扩建等专项养护工程,设计、施工单位应对改变部位据实编制新的工程档案,在工程交工或竣工验收后3个月内向建设单位移交。
　　(4)公路养护归档文件应符合下列规定:
　　①归档文件应随养护工作进度同步形成,不得事后补编,文件内容必须真实、准确,与工程实际相符合。
　　②归档的纸质文件应为原件。
　　③纸质文件应采用耐久性强的书写材料,并应字迹清楚、图样清晰、图表整洁、签字盖章手续完备。
　　④归档的电子文件内容必须与其纸质文件一致,并应包含原数据。
　　⑤电子文件应采用开放式文件格式或通用格式存储,可采用在线式和离线式两种方式归档。
　　(5)公路养护各阶段归档文件的具体内容、立卷、归档、验收和移交等,应符合现行《建设工程文件归档规范》(GB/T 50328)等有关标准的规定。

三、数据管理

数据管理应包括数据采集、数据录入、数据核查和建立数据库等内容。
　　(1)数据采集内容包括基础数据、路况数据和管理数据等,并应符合下列规定:
　　①基础数据包括公路权属信息和建设年代等。
　　②路况数据应符合现行《公路技术状况评定标准》(JTG 5210)规定。
　　③管理数据包括养护管理单位、养护单位及负责路段、养护规划和计划等养护管理信息,以及路政管理信息等。
　　(2)录入的数据信息应具有可重复利用性和易搜索性。数据编目、编码和数据元的编制应符合现行《公路数据库编目编码规则》(JT/T 132)、《交通信息基础数据元　第1部分:总则》(JT/T 697.1)和《交通信息基础数据元　第2部分:公路信息基础数据元》(JT/T 697.2)等的规定。

(3)录入数据后,应对数据的完整性、异常值和拓扑关系等进行核查;有条件时,宜由数据库自动运行核查功能;对发现的问题,应进行甄别和核实处理。

(4)数据库设计应遵循结构可扩充性、拓扑可维护性、数据完整性、空间与属性关联性、空间数据多源性和数据安全性等原则,并应符合下列规定:

①数据库设计可采用地理信息系统技术。

②入库数据宜按全生命周期维度、视图模型维度和应用领域维度形成三维空间模型体系。

③数据库应提供信息共享接口,满足各类数据共享和应用的需要。

④应严格按照国家规定的保密制度要求,对数据库采取安全措施,及时备份数据,防止数据丢失和非法使用。

四、养护管理系统

(1)公路养护信息化管理系统应具有数据管理、养护决策、养护工程和日常管理、长期监测管理、可视化展示和输出等功能及其子系统。

(2)数据管理应建立公路数据库,并应符合现行《公路技术状况评定标准》(JTG 5210)规定。

(3)养护决策系统应具备路况性能预测、养护需求分析、投资效益分析、养护方案综合评价和比选等功能,各类模型宜根据动态数据的更新,具有自动校正功能。养护决策方法和技术要求应符合规定。

(4)养护工程管理系统应包括日常养护和各类养护工程项目管理流程及内容。日常管理系统应包括档案、材料、设备、计划和综合管理等内容。

(5)长期监测管理系统的技术要求应符合规定。

(6)可视化展示和输出系统应具备基于地理信息的多维空间展示平台和开放的输出功能,输出内容及格式应满足各子系统的功能要求。

1. 公路养护技术管理的一般规定有哪些?
2. 公路养护文件归档范围应包括哪些?
3. 数据管理应包括哪些内容?

单元13 养护质量检验评定

 知识目标

1. 了解养护质量检验评定的一般要求；
2. 熟悉养护单元质量检验的内容与要求。

 能力目标

能够进行养护质量自检。

一、一般规定

（1）公路日常养护应定期进行养护单位质量自检、养护管理单位质量检查和验收工作。

（2）公路预防养护、修复养护、专项养护和应急养护工程施工完成后，应及时完成质量检验评定工作。适用于一阶段验收的养护工程项目，宜在完工交付使用后6个月之内完成验收；适用于两阶段验收的养护工程项目，在工程完工后宜及时组织交工验收；养护工程质量缺陷期满后12个月之内宜完成竣工验收。

（3）公路养护工程质量评定等级应分为合格和不合格，并应在施工单位自检合格的基础上进行。

二、养护单元质量检验

养护单元质量检验包括基本要求检查、外观鉴定、项目实测、合格评定和质量保证资料检查。

（1）基本要求检查应对养护单元所用原材料、半成品、成品和施工工艺等逐项进行检查，不符合基本要求的养护单元不得进行质量检验评定。

（2）外观鉴定应对养护单元的工程外在质量和功能状态等进行现场全面检查和判定。当发现有明显的外观缺陷时，养护工程施工单位应整修或返工处理后，再提交质量检验评定。

（3）项目实测应对养护单元的各检查项目进行实测，并应符合下列规定：

①检查项目应根据养护单元的主要养护设计指标和施工技术指标等确定。

②对各检查项目应现场随机抽取检查点(组)并实测其技术指标,所抽取检查点(组)应满足分布均匀、具有代表性的要求。

③当实测值符合规定值或允许偏差要求时,该检查点(组)应判断为合格。

④检查项目的合格率应为该项目检查点(组)的合格数与总数的百分比。

(4)对各检查项目应进行合格评定,并应符合下列规定:

①几何尺寸类的一般项目,其合格率大于或等于80%,且任一单个实测值的偏差小于允许偏差的2倍时,可评定为合格。

②涉及结构安全和使用功能的关键项目,其合格率大于或等于95%时,可评定为合格。

③工厂加工制造的桥梁金属构件和机电工程等项目,合格率达到100%时,可评定为合格。

④路面平整度和沥青路面弯沉值等项目,其合格率大于或等于85%时,可评定为合格。

⑤路基和路面压实度、弯沉值,路面结构层厚度、半刚性材料强度、水泥混凝土抗压和抗弯拉强度等检查项目,宜采用数理统计方法进行评定。

⑥有规定极值的项目,任一单个实测值突破规定极值时,应评定为不合格。

评定为不合格的检查项目,应进行返工、加固或补强等处理,并通过基本要求检查后,可重新进行检验评定。无法处理或经重新检验评定达不到设计要求,但经原设计单位核算认可,能满足安全和使用功能要求的,可予以评定。

(5)质量保证资料检查应对养护单元的养护施工原始记录、试验数据和质量检验评定资料等进行检查,各项资料应真实、准确和齐全,不符合要求的不得进行下一步质量评定。

三、养护工程质量评定

(1)公路养护工程质量评定应在养护单元质量检验的基础上,自下而上按养护单元、分部养护工程、单位养护工程和养护工程项目逐级进行。

(2)养护单元所属全部检查项目评定均合格,且基本要求检查、外观鉴定和质量保证资料均符合要求时,养护单元质量应评定为合格。

(3)分部养护工程所属全部养护单元均合格时,分部养护工程质量应评定为合格。

(4)单位养护工程所属全部分部养护工程均合格时,单位养护工程质量应评定为合格。

(5)养护工程项目的总体质量评定等级,应根据单位养护工程或养护单元评定结果,结合交工或竣工资料验收结果确定,所属全部单位养护工程或养护单元均合格,且项目交工或竣工资料符合要求时,养护工程项目的总体质量应评定为合格。

1. 养护质量检验评定的一般规定有哪些?
2. 养护单元质量检验应包括哪些基本内容?

参 考 文 献

[1] 浙江省公路管理局.公路养护技术规范:JTG H10—2009[S].北京:人民交通出版社,2010.
[2] 中交第一公路勘察设计研究院有限公司.公路桥涵养护规范:JTG 5120—2021[S].北京:人民交通出版社股份有限公司,2021.
[3] 交通运输部公路科学研究院.公路技术状况评定标准:JTG 5210—2018[S].北京:人民交通出版社股份有限公司,2019.
[4] 江苏省交通厅公路局.水泥混凝土路面技术委员会.公路水泥混凝土路面养护技术规范:JTJ 073.1—2001[S].北京:人民交通出版社,2001.
[5] 交通运输部公路科学研究院.公路沥青路面养护技术规范:JTG 5142—2019[S].北京:人民交通出版社股份有限公司,2019.
[6] 中公高科养护科技股份有限公司.农村公路养护技术规范:JTG/T 5190—2019[S].北京:人民交通出版社股份有限公司,2019.
[7] 交通运输部公路科学研究院.公路养护安全作业规程:JTG H30—2015[S].北京:人民交通出版社股份有限公司,2015.
[8] 重庆市交通委员会.公路隧道养护技术规范:JTG H12—2015[S].北京:人民交通出版社股份有限公司,2015.
[9] 交通运输部公路科学研究院.公路沥青路面再生技术规范:JTG/T 5521—2019[S].北京:人民交通出版社股份有限公司,2019.
[10] 交通运输部公路科学研究院.公路沥青路面养护设计规范:JTG 5421—2018[S].北京:人民交通出版社股份有限公司,2018.
[11] 中交第一公路勘察设计研究院有限公司.公路环境保护设计规范:JTG B04—2010[S].北京:人民交通出版社,2010.
[12] 中华人民共和国国家标准.道路交通标志和标线 第2部分:道路交通标志:GB 5768.2—2022[S].北京:中国标准出版社,2022.
[13] 交通运输部公路科学研究院.公路路基养护技术规范:JTG 5150—2020[S].北京:人民交通出版社股份有限公司,2020.
[14] 交通运输部公路科学研究院.公路养护技术标准:JTG 5110—2023[S].北京:人民交通出版社股份有限公司,2023.